北京市社会科学基金成果文库
ACHIEVEMENTS LIBRARY OF BEIJING SOCIAL SCIENCE FUND

绿色创业导向研究

Green Entrepreneurial Orientation

李华晶 著

中国人民大学出版社
· 北京 ·

北京市社会科学基金成果文库

出版说明

为扩大北京市社会科学基金项目的影响力和示范作用，推动首都社会科学学科建设健康发展，北京市哲学社会科学规划办公室于2015年启动“北京市社会科学基金成果文库”出版工作。按照“打造精品力作，占领社会科学研究学术前沿，代表北京市社会科学基金项目成果最高学术水平”的定位，面向各类北京市社会科学基金项目成果，采取同行专家评审的方式，择优推出具有较高学术水平和出版价值的研究成果，按照“统一标识、统一规格、统一版式、统一印刷”的总体要求策划出版。

北京市哲学社会科学规划办公室

2016年5月

目　录

第一章
绪　论

第一节　研究目标与研究意义

一、研究目标

本研究的总体目的在于，瞄准绿色创业研究前沿，以中国可持续发展情境下的高新技术企业作为研究对象，将创业导向作为研究线索，从绿色创业导向与高新技术的融合出发，按照跟踪式案例研究与问卷调查相结合的研究设计，运用案例研究、文献分析、比较研究、扎根理论和统计分析等方法，考察高新技术企业绿色创业导向影响因素和价值实现过程的本质联系，揭示基于社会创业导向和生态创业导向的高新技术企业绿色创业导向对可持续发展的作用机理，据此提炼绿色创业环境优化对策，挖掘出提升高新技术企业对可持续价值创造贡献水平的解决方案，解答高新技术企业绿色创业发生和作用机制的本源和方向问题，以紧扣中国创业情境的基础研究来丰富绿色创业研究、指导绿色创业实践。

围绕总体研究目的并基于各部分研究内容，本研究的具体研究目标包括：第一，剖析高新技术企业绿色创业的独特属性和内部结构，揭示高新技术企业绿色创业导向的动态环节和演化机制，为从创业导向视角深化绿色创业研究提供理论依据。第二，探查高新技术与绿色创业的联系，基于绿色技术转移和创新理论，搭建绿色高新技术与企业绿色创业导向实施的关系模型，为企业绿色创业过程中更新技术的能动性来源提供理论支撑。第三，廓清高新技术企业绿色创业路径的影响因素，探讨基于绿色技术转移和创新的企业绿色创业路径选择机制，构建绿色创业的价值创造模型并进行检验，为发挥中国可持续发展背景下高新技术对企业绿色创业的驱动作用提供分析框架。第四，提炼可持续发展导向下绿色创业路径的优化方案，探寻中国高新技术企业情境嵌入下绿色创业、技术转移和可持续价值实现之间的传导机制和优化方案，为提升高新技术企业绿色创业绩效和环境贡献水平提供决策参考和指导。

二、研究意义

1. 理论意义

其一，本研究有助于拓展绿色创业理论。绿色创业作为一个新兴的研究领域，目前的成果大多集中于对绿色创业形态、类型、概念外延和重要地位的讨论，欠缺从微观层面基于特定企业情境开展绿色创业导向规律的探寻。本研究围绕创业导向这一创业研究核心议题，以高新技术企业的创业行为作为研究对象，针对实施路径及优化展开系统分析和检验，将绿色创业研究从宏观层面的分析，延展至对高新技术企业组织行为的揭示，重点构建并验证绿色创业导向与路径优化的分析框架，有助于深化和完善绿色创业基础理论的研究脉络。

其二，本研究有助于促进绿色高新技术研究与创业理论的融合。在可持续发展背景下，绿色高新技术成为企业创业的重要驱动力量，技术创业、绿色创业等相关主题研究日益兴起，但将绿色高新技术转移与创新的动态过程与企业绿色创业相结合的研究还十分鲜见。本研究致力于解决绿色高新技术如何在为企业增加绩效的同时为更广泛的社会群体创造福祉的问题，遵循绿色技术转移和创新的阶段过程，延揽绿色创业的典型活动，挖掘并提炼基于二者互动的高新技术企业绿色创业过程体系，有助于促进两个研究理论的融合和创新。

其三，本研究有助于丰富新企业绿色成长研究。经济社会可持续发展导向和环境资源的约束，都需要新企业实行“绿色成长”，因此，创业者需要在机会开发过程中兼顾环境、社会和经济多重目标，实现成长数量、质量和社会福祉的动态平衡。本研究在现有的创业与企业成长理论基础上，立足中国可持续发展的独特情境，开展基于高新技术的企业绿色创业路径研究，总结和提炼组织管理和宏观环境的优化对策，有助于以绿色创业导向丰富新企业成长理论，揭示企业可持续价值创造的规律，为完善绿色成长相关理论提供依据。

2. 实践意义

一是有助于指导高新技术企业的绿色创业实践。企业在绿色创业过程中需要兼顾可持续发展的多重目标，除了社会责任属性的公益行为，高新技术也可以为企业提供新的可持续价值创造路径。但是，义利兼顾的冲突、绿色技术的创新门槛，都对创业者的认知和能力提出了挑战。本研究立足中国作为发展中国家的实际情境，总结绿色高新技术、企业绿色创业与可持续发展之间的作用规律，指导创业者更好地发挥绿色创业精神与技能，有助于激励更多企业投身绿色创业实践，提高绿色创业成功率和质量水平。

二是有助于指导绿色创业环境的健全。实现经济绿色增长已经成为政策制定者的共识。但是，当前多数创业政策还局限在创业活动数量和经济产出层面，在引导和鼓励绿色创业活动更好地符合可持续发展诉求方面，政策还不够完善和有效。尤其在制度变革和经济转型的动态环境中，政策制定者如何实现包括自身在内的不同利益主体协同演化，是亟待解决的现实问题。本研究从社会互动视角，挖掘包括制度环境要素在内的绿色创业发生和发展机制，提炼出绿色创业宏观系统与适应性主体之间的作用规律，有助于提高创业政策制定的有效性。

三是有助于指导创业教育的发展。绿色创业对创业者素质、技能和理念等都提出了新要求，追求商业价值最大化的传统创业教育难以适应当前对创业实现生态和社会价值的新需要。近年来，一些国内外大学开始尝试开展绿色创业教育，但是在教育内容、教学方法和社会创业理论知识体系上，仍存在较大的发展空间。本研究积累的绿色创业典型案例和代表性数据分析结果，可以促进社会创业理念在创业教育中的推广，还有助于提升社会创业技能培养的理论基础，同时也可以为推动管理教育的改革发展提供参考。

第二节　研究思路与研究内容

一、基本思路

本研究内容的基本思路是：立足中国创业情境，基于绿色创业等理论，聚焦高新技术企业绿色创业过程，借鉴建构主义研究范式，关注绿色创业导向这一核心链条，遵循可持续发展三重底线原则，分别探讨企业绿色创业导向概念体系和绿色创业价值实现路径，据此挖掘高新技术企业绿色创业过程的内在规律，探寻其对企业可持续价值创造和区域可持续发展的影响，由此开发出优化制度环境的解决方案，提炼企业绿色创业的科学规律。本研究的基本假定是：高新技术企业绿色创业是组织创业的一种重要类型，需要面对高度不确定性情境。而绿色高新技术为企业绿色创业兼顾生态、社会和经济三重底线提供了行动方向，有助于企业提升绿色创业开发水平和质量，从而更好地服务于区域可持续发展。

在充分考虑中国创业情境独特性的前提下，本研究重点回答以下几个问题：高新技术企业绿色创业如何兼顾商业、生态和社会多重目标的实现？绿色创业导向为何、如何有助于企业可持续价值创造活动？在上述过程中，基于绿色技术转移和创新的企业绿色创业路径的影响因素有哪些、发挥着何种作用？其作用机理又是什么？如何有效优化绿色创业路径从而更好地提升绿色创业对可持续发展的贡献度？

二、研究内容

根据总体研究思路，本成果主要内容具体包括以下四个部分：

1. 绿色创业内涵体系研究

本部分研究内容的理论出发点在于，企业绿色创业在创业管理领域中具有重要地位。这是因为，绿色创业并不局限于非营利组织或环保组织的创生，而企业作为重要经济主体可以有效地参与绿色创业活动。尤其是在效果逻辑理论看来，在高不确定性情境下，绿色创业者能够充分发挥主观能动性甚至创造新手段来形成动态的“手段—目的”链条，这也为企业绿色创业导向提供了理论依据。

为此，本部分研究内容包括以下两个要点：（1）绿色创业基础理论。介绍绿色创业研究的源起和发展脉络，廓清绿色创业、社会创业、生态创业、商业创业等基本概念，通过对“第一桶金”颜色的辨析，构建系统的绿色创业导向研究架构，并指出企业绿色创业对经济社会可持续发展的意义。（2）绿色创业与高新技术关系研究。揭示绿色高新技术与创新、企业成长的关系，基于技术转移阶段探索学术型创业方式，并与绿色创业进行融合，据此分析绿色高新技术企业的创业模式，以及企业内部管理团队的影响作用，总结经验和规律，为高新技术企业绿色创业研究提供理论支撑。

2. 高新技术企业绿色创业实践过程研究

本部分研究内容关注绿色高新技术与绿色创业在企业层面的理论融合及其实践方式。创业者在可持续发展的背景下进行创业活动，常会面临决策困境，尤其对于绿色创业者而言，当价值诉求呈现多重性，如何在经济收益与可持续发展之间甚至如何在善恶之间进行取舍或平衡，就成为创业者绕不开的冲突和挑战。为此，有必要对绿色创业内部过程和影响因素进行深入考察。

因此，本部分研究内容围绕两个基本问题展开：（1）绿色高新技术企业的创业过程研究。围绕双螺旋模型视角，探查绿色高新技术企业的创业过程，将具体企业作为分析对象，剖析围绕知识技术开展的企业绿色创业活动如何实现可持续价值。（2）绿色创业的影响因素研究。从商业模式视角，以社会企业为对象，分析影响绿色创业的关键要素，并结合企业转型的需要，揭示绿色技术创业价值最大化的行动方向。以上两点研究内容，将绿色创业实施聚焦在绿色高新技术领域，并结合中国企业和产业发展实际，开展组织和区域层面的统计分析和案例比较，提炼基于企业绿色创业行动框架。

3. 高新技术企业绿色创业导向价值实现路径研究

本部分作为研究成果的重点内容之一，聚焦高新技术企业绿色创业导向的实施过程及价值创造机理，依据知识溢出和学术创业的观点，结合团队和环境等关键管理要素，对高新技术企业绿色创业导向开展了实证分析，以期提炼中国高新技术企业情境下绿色创业的动态过程和贡献水平，进一步明确绿色创业导向各环节和企业可持续价值创造之间的内在联系。

鉴于此，本部分在理论演绎工作基础上，以高新技术企业作为研究对象，开展了以下两项具体的研究工作：（1）高新技术企业绿色创业导向实施研究。在管理团队、成长阶段、组织行为和研发过程四个管理要素或活动的嵌入下，分析高新技术企业绿色创业导向的具体环节和发展过程，同时开展绿色创业与团队管理、成长管理、行为科学和研发设计之间的整合研究，对相关前沿问题展开探索，提出基于情境实践来建构和实现绿色创业导向的现实作用。（2）绿色创业导向的价值实现路径研究。围绕社会创业和生态创业两类重要绿色创业活动，依据创业导向的研究范式，运用问卷调查、深度访谈、扎根理论和统计建模等多种手段，分析了北京等地区的高新技术企业绿色创业导向的关键维度以及对绩效和创新价值的影响，同时，考察了内外部组织要素的调节效应，从而揭示绿色创业实现价值创造的整个过程，总结高新技术企业绿色创业导向的作用规律。

4. 高新技术企业绿色创业路径优化研究

本部分研究内容立足可持续发展的现实需求，着眼于绿色创业路径的优化方向，在组织和区域多个层面，开展提升绿色创业水平和贡献度的对策方案研究，围绕组织管理的关键要素和政策环境的建设重点，同时结合创业研究领域的前沿问题，揭示经济转型背景下高新技术企业如何更好地提高绿色创业对企业可持续成长和区域绿色增长的贡献水平。

据此，本部分研究内容从组织管理角度，分析了有助于实现绿色创业路径优化的对策方案。研究要点包括：(1) 构建基于可持续发展底线的绿色创业管理架构。(2) 推动高新技术的价值创新。(3) 着眼于绿色创业者培养和塑造问题，提出了开展可持续创业教育的建设思路。

第三节 研究框架与研究方法

根据研究基本思路，本研究内容分为四个主要部分，各部分研究内容之间的逻辑框架及其与成果各章之间的对应关系，如图 1—1 所示。

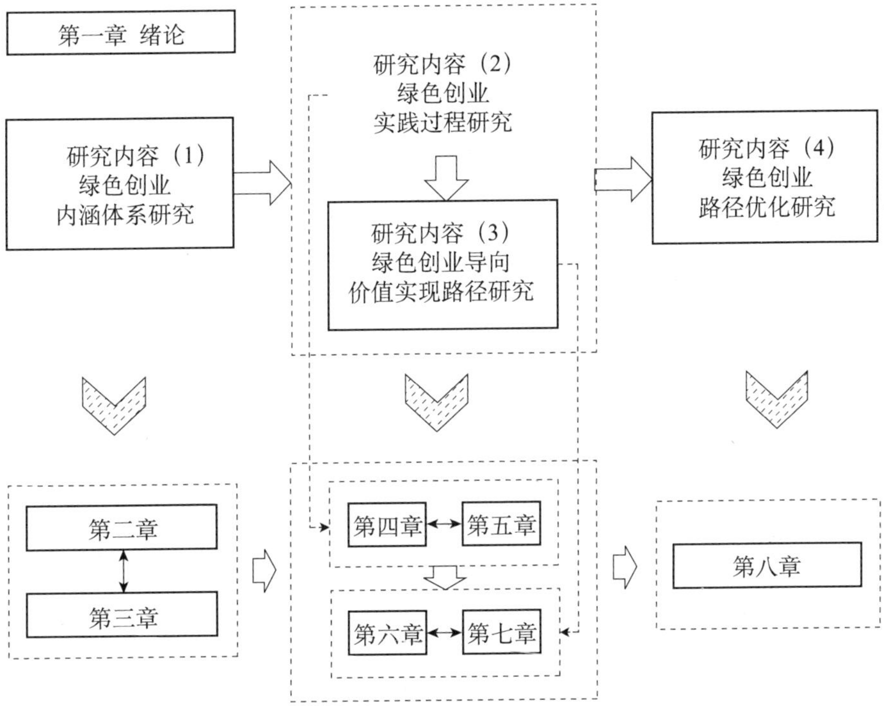

图 1—1 研究内容逻辑框架及其与各章关系示意图

本研究以高新技术企业绿色创业为研究主线，强调管理学与社会学、心理学、经济学等多学科理论的交叉研究，本着动态、整体、连续的研究思路，注重发挥量化研究与质性研究的长处，运用跟踪式案例调查与问卷调查相结合的研究设计，运用案例研究、文献分析、比较研究、扎根理论和统计分析等方法，考察企业绿色创业、高新技术转移和创新，以及与可持续发展之间的作用链条，借助深度访谈和现场观察等手段，着力于探索一套解决"绿色"属性研究数据难以全面衡量和规范获取的问题的方法。各部分研究内容侧重使用的研究方法主要有：

第一，关于绿色创业内涵体系研究，主要采取文献分析、案例研究和扎根理论等方法。通过对绿色创业和绿色高新技术主题的国内外前沿成果进行内容分析，提炼高新技术企业绿色创业导向的理论架构；同时，结合现场观察和深度访谈以及专家咨询，建立高新技术企业绿色创业过程分析框架。

第二，关于绿色创业实践过程研究，主要采取案例研究、问卷调查、多元统计分析等方法，从创业理论、知识溢出理论和技术转移等理论的融合和推演出发，借鉴相关量表，开展回顾式调查，开展因子分析和相关分析等统计检验，揭示绿色创业的动态发展机理，提炼主要影响因素。

第三，关于绿色创业导向价值实现路径研究，主要采取扎根理论、问卷调查和统计分析方法，辅以文献分析和深度访谈，检验不同属性绿色创业与可持续价值创造之间的联系，通过坐标轴方法测度绿色创业导向和创新价值的水平，结合调查问卷和二手统计资料开展聚类分析、因子分析、回归分析和结构方程模型分析，验证此部分内容的理论假设与模型；同时，结合代表省区的个案访谈研究，为企业绿色创业的技术驱动和环境引导的动态机理提供理论解释。

第四，关于绿色创业路径优化研究，主要运用了统计分析、内容分析、案例研究等方法，通过组织和地区等宏微观层面的数据构建模型并进行因果联系的检验。针对可持续发展导向下绿色创业环境优化研究，则运用专家咨询、理论推演、文本分析和案例比较等方法，结合不同行业、不同成长阶段的企业特点，总结绿色创业和可持续价值实现之间的传导机制，从多个层面为提升企业绿色创业贡献水平提供优化方案和决策参考。

第四节 主要结论与对策建议

一、主要结论

第一，绿色创业导向是一个具有动态性和多维度的重要管理过程和理论体系。企业绿色创业导向是在可持续发展诉求下，对传统公司创业导向理论的批判和继承，并且基于“三重底线”（triple bottom line）原则和经典创业导向研究成果，目前正在发展成为多维度的概念体系；同时，由于生态友好和社会福祉的多重诉求，绿色创业导向可以划分为社会创业和生态创业等多种形式，并且在现实中体现为在创业者领导下的动态管理过程。具体而言，绿色创业导向并不等同于创业导向与绿色导向的简单组合，也不是将传统创业导向维度简单绿色化的结果，而是具有自身属性并相对独立的内涵体系。可以说，绿色创业导向是一个独特的组织运作过程和战略决策模式，用可持续性和发展性作为绿色创业导向的两个基础维度，可持续性是指绿色创业要保证自然、生命支持系统、公众团体的持续性，发展性是指绿色创业要让个体、经济和社会得到发展。关于两个维度之间的关系，本研究遵循创业导向与不同维度之间关系的研究范式，认为可持续性与发展性是共变关系，即绿色创业导向是这两个维度的整合。兼具可持续性和发展性的二元结构绿色创业导向，为本研究开展实证检验提供了理论基础。

第二，绿色创业导向是高新技术企业实现健康成长的必然选择。基于绿色高新技术的企业创业活动，有助于发挥创业过程的能力性资源价值，从而给组织的可持续发展带来积极的外部效应。相比较而言，生产性资源主导的创业活动容易借助复制途径产生，也容易因此而失败，这类创业活动容易给外部环境带来较大的压力甚至损失。而能力性资源是一种包括团队工作、组织文化、员工之间的信任等在内的看不见的资产，具有复杂性和专有性，不容易被竞争对手复制，被视为可持续竞争优势的来源。更为重要的是，这类资源重视企业资源之间的相互作用，关注创业者对资源的管理配置，是企业异质性的根源。因此，能力性资源主导的高新技术企业绿色创业活动，有助于创业者从组织内部挖掘创业机会、突破成长障碍，从而更具绿色属性。当今社会迫切需要企业通过绿色创业以更为积极主动的“超前行动”方式来服务于可持续发展，可以说，涵盖环境和社会等非经济性要素的绿色创业成为企业在可持续发展方面承担相应的责任并做出力所能及贡献的必然选择。

第三，高新技术企业绿色创业导向有助于提升组织绩效和价值创造水平。在全球可持续发展的背景下，创业应该符合三重底线“经济繁荣、社会平等和环境友好”的基本要求，创业者和企业可以从绿色创业中获取积极回报，可以说，绿色创业是组织价值创新的有效途径，会对组织长期发展和利润乃至区域发展发挥明显推动作用。究其原因，创业者是一支重要力量，会对企业内部过程和管理决策产生较大影响，从而对绿色创业导向与绩效关系产生调节作用。绿色创业往往瞄准了国家没有或无法满足的社会需求，因此，创业者通过发扬创业精神、运用社会网络和管理手段，可以将绿色创业的社会使命感和价值发扬光大。同时，绿色创业导向能够整合机会、团队和资源的作用，通过识别机会、创立创业团队、动员创业所需的资源来实现绿色新事业的创建和发展。最终，高新技术企业绿色创业的内核和发展结果并不囿于三重底线范围内，而是通过突破性创新等推动超越企业边界的可持续价值创造。换言之，绿色创业并不仅仅是一个“问题解决方案”，而且是包括经济价值和非经济价值在内的“新价值创造路径”。

第四，完善组织治理结构和健全创业环境体系，能够优化高新技术企业绿色创业对经济社会可持续发展的贡献度。本研究成果认为，绿色创业并不是一个单纯利润最大化的商业活动，需要兼顾社会和商业多重目标，因此，仅仅依靠个体的社会创业热情，很难形成大范围和高水平的社会创业活动，对此，需要重视创业环境与绿色创业和可持续发展的紧密联系，发挥环境的引导作用。具体而言，可以通过优惠的鼓励政策激发绿色技术领域新企业的创生和传统企业的转型或升级，发挥认知在规制激发社会创业过程中的护航作用，聚焦规范对社会创业可持续性向发展性转化的推进作用，发挥规范在环境要素中的续航效应。总体上，为了提升企业绿色创业水平，制度环境优化不能将各种环境要素“眉毛胡子一把抓”，需要发挥规制、认知和规范的不同驱动作用，形成相互配合的制度驱动体系，促进高新技术企业绿色创业在环境、经济、社会“三重底线”基础上创造更多可持续价值。

二、对策建议

经济发展新常态下的经济增速变化、结构调整优化、发展动力转换，将使得企业经营的生态环境约束更加趋紧，追求经济效益与保护生态环境的“两难”问题将会更多显现。本研究成果立足北京市社科基金项目“北京市高新技术企业绿色创业导向与路径优化研究”，通过对部分高新技术企业调查研究和理论探析，认为要改变这种“两难”局面，应该激发企业内部绿色创业潜能，通过绿色创业活动将生态导向内化为企业核心价值，最终实现企业经济效益与生态环境的和谐统一。对此，提出以下五点对策建议：

第一，突出绿色价值创造，引导企业树立绿色创业理念。绿色创业不同于企业履行社会责任，也非一种公益事业，而是企业为开拓新事业、创造新价值而对绿色机会进行识别和开发的过程。要突出企业的绿色价值创造导向，引导企业树立绿色创业理念，自觉引入、识别和开发绿色技术，寻找到经济效益与生态环境保护“激励兼容”的契合点，不断创设新的绿色产品和服务，使企业对保护生态环境从“不得不为”转化为“主动而为”，成为良好生态环境的创造者。

第二，坚持问题导向，以高新技术引领企业绿色创业。具有绿色特征的高新技术，是新兴科技知识与企业生产运营活动紧密结合的产物。要根据不同区域经济社会的不同发展阶段的外部约束条件，紧紧围绕企业所处的行业、成长时期、发展规模，坚持以解决问题为导向，寻找企业生产经营与绿色高新技术的契合点，充分把握高新技术转移的动态特征和关键环节，通过企业内部研发、技术市场转移、产学研联盟、中介组织联络等多种途径，使高新技术引领企业实现高效绿色价值创造。

第三，强化信息平台建设，畅通企业与社会组织的绿色创业多领域合作。随着全社会生态文明理念的逐步深入，一些以生态环境保护理念宣传和技术推广为主业的社会非营利组织正在蓬勃发展，为企业绿色创业活动提供了良好的外部环境和助力。要进一步强化企业与社会非营利组织之间的信息沟通平台建设，通过政府和市场多种有效耦合手段，一方面，使企业能够充分借助社会组织的绿色技术和成熟产品，借鉴社会组织的相关组织范式和重点开发方向，借力社会组织的人员、信息、服务和运营流程；另一方面，也使社会非营利组织能够借道企业的市场网络，加快自身公益目标的实现，形成双赢格局。

第四，优化资源配置，为企业绿色创业提供坚实保障。绿色创业投入回报期长，一些投资可能会形成外部正的溢出效应，却不能转化为当期收益。除了需要企业经营者保持很强的战略定力之外，需要从绿色创业的回报周期和效应特征入手，通过完善绿色投融资服务平台、建立绿色创业引导基金等多种方式，整合企业内部和外部的绿色创业资源，优化政府与市场的相关要素配置，降低企业绿色创业活动成本，提高企业绿色创业活动稳定性。

第五，加强绿色创业教育，提供知识保障和智力支持。企业绿色创业成功与否，不仅取决于企业经营者的生态环境意识和价值认知水平，而且受制于各方面的相关知识和专业能力。要积极引入绿色创业教育的理念、体系和方法，加强北京市的绿色创业教育，把首善之区打造成为绿色创业之都：一是强化企业经营者知识培训，学习绿色创业的体系架构，通过典型案例剖析、现场操作和情境实验等方法，掌握并不断提升绿色创业能力；二是加强对绿色创业管理教学科研的支持引导，加大对教学科研成果的转化力度，普及全社会的绿色创业理念；三是将绿色创业知识培训引入政府管理人员知识培训体系，提升相关管理的自觉性、前瞻性。

第五节　创新之处与应用前景

一、创新之处

第一，研究成果聚焦企业绿色创业导向，将绿色创业研究从对宏观产业的考察，拓展到对企业这一典型营利组织的探寻，挖掘企业绿色创业导向的动态架构，揭示绿色创业过程的本质和逻辑。绿色创业作为兼顾创业价值和社会福祉双重诉求的重要研究主题，已经受到了国内外学者的关注。但是，现有研究多是从外部较为宏观的视角，考察绿色创业的基本概念和类型等表征问题，而且不少研究是从非营利组织创生角度开展分析。本研究突破已有研究在分析层次和对象上的局限，以企业绿色创业作为研究主题，引入高新技术企业这一具体情境发展绿色创业理论，构建企业绿色创业的动态架构，丰富绿色创业理论内核。

第二，研究成果融合绿色高新技术理论，将绿色创业价值实现方式从偏重结果考量层面，拓展到关注技术机会源起的领域，挖掘高新技术转移和创新对企业绿色创业的影响机理，揭示企业绿色创业的多元路径选择规律。高新技术为创业者与社会的有效互动提供了有效途径，但是，现有绿色创业研究对上述重要视角关注不够，不少研究还将绿色创业局限在生态效益层面的考察。本研究突破已有文献在技术视角上的研究不足，借鉴建构主义研究范式，以绿色高新技术转移和创新为线索，凝练绿色创业与高新技术的动态作用过程，并提炼出可持续价值实现方案和环境优化对策，为理论融合和创新提供支撑。

第三，嵌入中国创业实践情境，将企业绿色创业价值实现从经验假说层面，推进到科学研究层面，挖掘绿色创业的价值实现机制。绿色创业的积极作用，尚有待在中国创业实践中进行实证检验，尤其是中国可持续发展的客观现实，使得中国高新技术企业绿色创业具有自身的独特属性。本研究突破已有研究在研究手段上的局限，立足中国创业实际，遵循跟踪式案例访谈和问卷调查相结合的研究设计，运用案例研究、文献分析、扎根理论和统计建模等科学规范的方法，细致刻画绿色创业对可持续发展诉求的贡献体系，有助于为中国企业绿色成长以及相关政策制定提供可操作性指导。

二、应用前景

本研究成果在企业创业管理领域的应用前景主要体现在：一是帮助创

业者和企业管理者认识和熟悉企业绿色创业的知识体系，重视绿色创业对企业可持续成长的现实价值和长远意义，改变创业与履行社会责任相冲突的片面观念，指导创业者基于已有企业开展绿色创业活动，并将这种理念在企业内外进行传播。二是帮助高新技术创业者和企业管理者将高新技术与绿色创业活动结合起来，为已有企业绿色成长开拓新的技术领域，尤其是指导企业在社会引领和互惠互利等原则下，通过产学研结合、衍生企业、技术市场、许可授权等多种途径，实现技术与创业的有机整合，从而最大化发挥绿色技术的商业价值。三是帮助企业更好地实现可持续发展导向的转型和提质，尤其在强调绿色增长的宏观背景下，无论是传统企业还是新兴企业，不仅需要满足环境可持续发展的诉求，还要在新的市场条件下寻找持续成长的空间，而基于绿色技术转移的社会创业路径，有利于企业兼顾绩效提升和社会福祉创造的双重目标。

在创业环境建设领域的应用前景主要体现在：一是在政策制定层面，为相关部门制定鼓励绿色创业的政策提供参考。当前各地创业政策的关注点，大多集中在以经济价值为单一目标的传统创业活动，政策结构和内容的设计也都是为了更好地促进新企业生成、鼓励吸纳就业和获取更多商业利润等，但是，片面强调创业的商业属性，也容易带来负面作用，如部分新企业由于初期管理的不规范，有可能给社会和生态环境带来压力。因此，本研究成果可以为政策制定者提供基于高新技术的绿色创业环境建设框架，为企业的“绿色成长”提供保障条件。二是在社会规范层面，为公众传播和普及绿色创业理念及相关知识。中国作为发展中国家，不仅需要通过经济增长和创新满足发展需求，同时还要面临诸多生态环境约束条件，这两股力量的冲突会造成一些社会问题，而仅仅依靠政府是难以解决或妥善处理的，为此，依靠社会公众和市场的力量就十分必要。本研究成果不仅有助于公众科学认识绿色创业这一对中国发展具有重要意义的新兴主题，而且也有助于激发更多人投身社会创业实践。

在创业人才培养领域的应用前景主要体现在：一是引导高校创业教育和绿色创业培训关注和充实绿色创业教育的内容。商业创业导向下的传统创业教育培训，尚未对社会创业主题给予足够重视。相比较国外的绿色创业课程和项目发展水平，中国绿色创业人才培养体系还十分欠缺。本研究成果通过典型案例剖析和经验总结，有助于为绿色创业教育提供素材，相关理论发现也能够为绿色创业教育提供学习框架。二是为中国绿色创业教育创新提供借鉴。绿色创业概念起源于欧美国家，在理论发展和实践操作领域取得的成果，并不能够直接服务于中国创业情境下的绿色创业研究和教育。本研究成果立足中国实际，基于高新技术企业积累的研究成果和总结的实践规律，可以在丰富教学素材的同时，启发创业教育工作者结合教育对象的特点，开展教学内容的创新，取得符合中国企业实际需求的绿色创业人才培养效果。

第二章

绿色创业基础理论

第一节 绿色创业研究的兴起

一、问题的提出

在世界各国追求可持续发展的时代背景下，各种商业实践逐渐被赋予了推动可持续发展的使命。与此同时，创业也日益被视为推动社会经济进步的重要力量。那么，创业的兴起是否必然带来社会的可持续发展？在可持续发展的进程中，创业者个体和组织又扮演着何种角色？

传统观点认为，环境导向的企业管理研究重心在于既有企业为何以及如何实现绿色化，为此，不少研究花费了大量时间和精力去开发各种方法以推动企业成长更具可持续性和环境责任感，也有一些研究分析企业在当前可持续发展背景下对环境的不同响应类型，或是揭示企业绿色化进程中的阻碍和推动力量。但是，最近几年，越来越多的学者认识到，除了既有企业外，还有一些重要的新主题应予以关注，例如可持续性和创新、中小企业与可持续发展、可持续性在企业战略中的重要性、特殊行业的绿色实践等。这些主题表明，绿色视角可以并且应该向企业成长的前端延伸，绿色化也是灵活敏捷的新创企业实现创新和成长的重要基础。因此，目前国外研究开始关注对可持续发展商业模式起到奠基石作用的绿色创业（green entrepreneurship）主题，以揭示创业者通过识别可持续发展中的绿色机会、开发一种现实可行的商业创意从而开拓一片利基市场并从中获得成功的内在规律和外部效应。

综上可见，绿色创业不仅仅是开启和发展一项新事业的新方法，从整个社会层面看，更是一种创造和传播价值的新模式，可以从一项创意转化为在更广泛社会领域产生影响的商业模式。因此，基于当前可持续发展的时代背景，本部分围绕绿色创业这一新兴主题，对国外相关研究进行梳理和提炼，在分析绿色创业研究演进脉络的基础上，剖析绿色创业的基本内涵、主要类型和作用特点，并对未来研究进行展望，同时，总结国外绿色创业研究给我国可持续发展现实所带来的借鉴和参考价值。

二、绿色创业研究的演进

1. 绿色创业的早期研究

20 世纪 60 年代以前，极少有人和组织关心他们的决策和行动对环境造成的后果。之后，随着大量触目惊心的生态问题和环境危害的出现，社会掀起了个人、团体和组织环境保护主义的浪潮，管理者开始逐步面临更多有关组织对自然环境影响的问题。这种认为组织决策和活动与组织对自然环境的影响之间存在紧密联系的意识被称为管理的绿色化（greening of management）。在这一背景下，商业实践活动对环境问题的响应为创业者开辟了一片新的机会资源。在向可持续商业模式转化的过程中，个人和企业可以成功地识别出许多能够创造成功收益的利基市场，包括新产品和服务的开发、提高现有企业效率、新的市场营销方法、已有商业模式和活动的再造等。但是，当时甚至目前在绿色管理领域的绝大多数文献成果解决的都是既有企业组织的绿色化问题。

20 世纪 70 年代，有学者提出，绿色化也为可持续的新企业机会奠定了基础。例如，Quinn（1971）最早在《哈佛商业评论》发表了一篇前沿文章，指出“生态活动”（ecology movement）不只是经济活动的一种消耗，更能够为企业成长开拓一片富有利润的新市场。直到 20 世纪 80 年代后期，这种思想开始成为主导，不少研究认为创新性的商业模式不仅可以被用来提升环境水平，同时也可以为新企业开拓新市场创造条件，而这些新机会往往被主流的既有企业所忽视。巧合的是，这个时期的创业研究也开始备受关注，但有关绿色管理的绝大多数文献成果解决的仍然都是既有企业组织的绿色化问题，探索绿色创业问题的成果相对要少一些。

2. 绿色创业的当前研究

进入 20 世纪 90 年代，针对绿色创业问题的研究日益增多，一些学者围绕“环境创业”（environmental entrepreneurship）、“生态创业”（eco-entrepreneurship 或 ecopreneurship）、“可持续创业”（sustainable entrepreneurship 或 sustainopreneurship）、“绿色创业”（green entrepreneurship）等概念展开研究，不过研究在 90 年代中期有所停顿。从 90 年代末期以后，绿色创业研究呈现出不断丰富的发展态势，虽然现有成果的数量并不繁多，但是，研究文献的涌现速度却日益递增，而且已经扩散并影响到更广阔的创业领域当中，环境和可持续发展目前已经逐步开始与一些创业主题发生融合。随着绿色创业研究的逐步繁荣，在学术领域，一些大学成立了研究机构；在实践领域，小额金融业务和企业基金项目的开展为绿色企业的创建和成长提供了资金支持，人们日益关注那些非营利组织在促进创业活动、满足可持续发展需要方面的贡献。

今天，学者普遍认为绿色创业对经济和社会体系可持续发展具有至关重要的作用，其价值不仅仅在于它为那些识别和应用环境机会的快速反应且超前行动的创业者提供新的机会，更重要的是，绿色创业还有可能成为一股社会力量：推动企业范式朝向更具可持续性的方向进行转换。在以市场为基础的经济条件下，绿色创业者发挥着关键的作用，他们通过对其他企业的影响，领导绿色创业理念扩散到更广阔的商业领域当中。通过践行绿色创业并获得经济收益，绿色创业者扮演着“拉动”（pull）的角色，引导其他企业也积极地转向绿色，而这与政府监管部门所扮演的“推动”（push）角色正好相反，后者往往受制于风险最小化的因素以及股东或利益集团的压力。

需要说明的是，绿色创业研究的发展与近年来在全球范围内兴起的社会创业问题存在紧密联系。社会创业旨在实施追求社会价值和商业价值并重的创业活动，既包括营利组织为充分利用资源解决社会问题而开展的创业活动，也包括非营利组织支持个体创立自己的小企业；强调个人和组织运用商业知识来为社会创造更多的价值，而不是为了替股东或企业所有人谋取最大的利益。绿色创业与社会创业之间存在一定的差别。首先，社会创业的社会使命通常涵盖环境方面的问题，因此，有学者将绿色创业视为社会创业研究的分支。其次，绿色创业的研究对象以拥有环境目标的商业组织为主，而社会创业的关注对象通常是非营利组织。但是，不少学者也指出二者在基本概念上是相通的，因为社会创业创造社会价值的根本目的与绿色创业的本质是相同的。

三、绿色创业内涵的认识

1. 绿色创业的定义

作为一个新兴的研究主题，绿色创业在名称表述上如前文所列还不完全一致，概念界定上也尚未统一，但这并不影响研究者对绿色创业基本内涵达成共识。目前关于绿色创业的代表性定义有：绿色创业就是“识别、评价和利用经济机会的过程，这些机会出现于市场失灵状态下，有利于企业保持可持续发展，而且与环境具有密切联系”；绿色创业关注的是那些把“未来”产品和服务带到现实当中的机会，绿色创业就是对这种机会的识别、创造和利用的过程，同时还包括由谁完成以及将会产生什么经济、心理、社会和环境结果等问题。总体来看，现有研究对绿色创业的理解基本一致，即整合商业创业和可持续发展两个概念分析企业创业活动，强调对机会的识别与利用，目的是实现环境、社会和经济的共同发展。

从绿色创业的概念层次看，本研究认为绿色创业的内涵有狭义和广义之分。狭义的绿色创业是指既有企业出于追求在成本、创新或者营销方面的优势而实现绿色化，或是创立一个提供环保类产品和服务的创新性企业，这种绿色创业是短期的、局部的；广义的绿色创业则是建立在环境创新基础上的一种创新性、市场导向、个体推动的价值创造形式，或是出于绿色化目的而创建新企业，并且这类企业是以“可持续”为目标，这种绿色创业是长期的、全面的。绿色创业的实施个体被称为“绿色创业者”，他们通过创建那些在设计、工艺等每一环节都“绿色化”的企业，寻求如何实现事业可持续发展的途径。对绿色创业者而言，追求个人伦理价值观推动了环保主义理念和创业动机的整合。环保主义体现了关怀自然、保护生态的“可持续”价值观，创业活动则是创业者个人环境价值观推动的结果。环境价值观引起的创业动力是第一位的，其次才是识别某些机会领域，创业是唯一一种可以直接把个人价值观融合进来的商业模式，因而比其他强制性变革更有可能推动环境保护。同时，环境保护的伦理属性还可以强化创业。

2. 绿色创业的特征

理解绿色创业的基本内涵，还要把握如下三个特征。首先，在组织途径、形式和方式上，绿色创业是创业型的。所有的绿色创业者都承担了创业的风险，他们的创业结果是无法预计的，失败的可能性也随时存在的。与其他创业者相同，他们必须敏锐地认知并开发一个商业机会，通过资源的整合将创意转化为现实，同时构建和发展一套新事业规划并管理其成长过程。与任何新创事业的产出都具有不确定性一样，绿色创业不是政策制定者一声令下就能实现或自动存活成长，其成功也需要一个合适的创业系统：一个创业者或小的领导团队，他们负责创业项目的实施；同时，存在一个合适的市场利基；配备相应的人力资源；足够的启动和成长资本；获取便利的商业支持和建议，不论是从个人还是从公共机构。但这仍然不全面，环境、机会和外部市场等创业因素对绿色创业同样重要。

其次，绿色创业的商业活动总体上会对自然环境产生积极的影响，促使其发展更具可持续性。一种可能的情况是，绿色创业作为一种结构体系，内部的各个要素和环节都会对环境产生或中立或积极的影响；但另一种更现实的情况是，整个绿色创业过程中某些方面是绿色的，而其他方面仍有可能是“棕色的”（不利于环境的）。事实上，因为我们生存在一个并不完美的世界，现实情况是很少有新创企业保持100%的绿色，浪费、污染或非环保资源的使用随处可见。不过，绿色创业创造并实施的项目对所处环境体系的综合影响是积极的。这也反映了组织与环境互动的关系。创业环境在本质的意义上是一种制度环境，需要组织遵从“合法性”（legitimacy），也就是某一组织向相同层次或更高层次体系正当化其存在权利的过程，因此，绿色创业也为组织获取其生存和成长所需要的其他资源提供了可能。

再次，绿色创业者具有“意向性”（intentionality）。绿色创业者有自己的个人信仰体系——自身一整套价值观和理想抱负，往往能认识到自然环境的保护问题，并有一种推动环境向可持续道路发展的意愿，而且这对自身都具有重要意义。但是，这种对绿色创业的“意向性”也不是至高无上的，不同绿色创业者的“意向性”程度往往也是不同的。在一些新创企业中，利他主义（altruistic）的目标要比财务收益和财务流动性还重要；还有一些企业，利他主义的地位与传统的经济和财务收益是相当的；同时仍有其他企业仍然把利他作为排在财务流动性之后的第二位目标。但是，针对“意向性”这一方面，我们可以把绿色创业与“无意识绿色创业”进行区分，后者指的是创业者开办的新企业经营是具有环境友好的特质的，但是，这种结果更多的是一种商业过程之外不曾预料到的副产品，而不是源于有意识地对绿色问题的关注。

四、绿色创业的研究视角

根据已有文献在研究视角上的差异，绿色创业研究目前分为三种基本类型，并形成了不同的绿色创业结构模型。

1. 战略视角的绿色创业

第一类研究将绿色创业视为一种战略，基本主张是绿色创业活动能够创造竞争优势，这类研究的大多数成果都强调了绿色创业的根本特点在于绿色创业者将环境方面的问题视为他们主要的商业目标之一，并把绿色创业界定为绿色创业者从环境创新中识别、创造和利用市场机会的过程。从某种程度上说，这类研究讨论的核心问题集中在何种因素促进或者阻碍了绿色创业，而战略执行是剖析绿色创业的关键线索。图 2—1 是战略视角下绿色创业的一个代表性模型，反映了三种绿色创业战略执行的类型及创新作用。

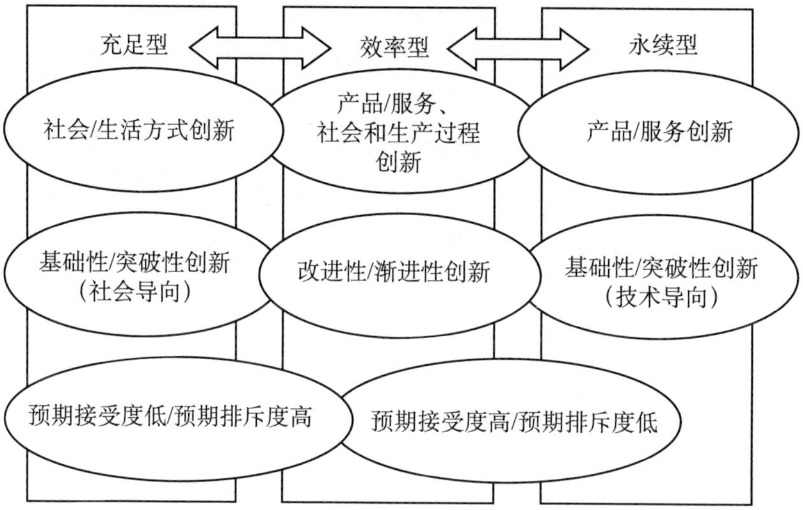

图 2—1　创新在三种绿色创业战略执行中的作用

充足型战略（sufficiency strategy）的核心思想是，自然资源是有限的，会束缚经济的增长。根据“多少算够”（how much is enough）的思路，充足型战略要重新思考当前的消费和生产方式。这类战略的拥护者本着预防、谨慎和节约的准则，寻求现今生活方式的变化，以达到一种理想的健康状态。显而易见，充足型战略执行关注的是社会创新，但这种创新具有突破性，很可能由于缺少社会接受度而被压制。

效率型战略（efficiency strategy）建立在资源生产力概念的基础上，把经济理论用在了生态环境和社会背景下。这类战略支持生产过程的非物质化（dematerialisation），目的是优化当前产品和生产过程而不是寻找替代品。有研究指出，效率型战略强调的是方法的修正而非目标的修正，因此，有学者批评该战略仅仅局限于在微观层面上使用更少的资源来获取收益，但在宏观层面上仍避免不了资源消费和增加，从而会弱化该战略的作用。

永续型战略（consistency strategy）与其他两种侧重数量问题的战略不同，其主要关注点在于提升原料消费方式的质量。具体而言，在绿色创业背景下，这类战略意味着适应性和一致性，要求原料流动与自然资源的循环相符。与效率型战略减少原料数量不同，永续型战略是改善原料流动质量。因此，该战略的创新目标是用适宜的原料流动代替有害环境的原料流动，而这需要的是基础性创新。

这三种战略并不是相互孤立的，在现实当中通常是组合在一起应用的。这种战略执行的分析视角表明，绿色创业不只是一个多种利益相关者（multi-stakeholder）作用的过程，还是一个多维创新（multi-innovation）的过程，这就意味着各种创新在绿色创业中是并行不悖且彼此影响的。

2. 认知视角的绿色创业

第二类研究则采用了认知方法（cognitive approach）来回答如何提高环境机会的识别水平以促进环境内创业（environmental intrapreneurship）的问题，同时，还揭示了环境承诺和态度在绿色创业中发挥的作用。例如，这类研究者通常将机会识别的意图模型（intentions-based model）运用在绿色创业分析当中，以发现那些能够提高环境创新活动意愿和可行性认知水平的关键因素。

图 2—2 是在外部结构化影响的背景下，依据绿色创业者个人动机的差异对绿色创业进行的分类。其中，纵向两个维度分别是前文所介绍的构建绿色创业内涵的两个基本问题：经济导向和可持续导向。横轴则代表了影响绿色创业者认知的两种力量：硬结构影响（hard structural influences）主要包括外部环境中的监管、环境压力群体、绿色消费者、市场和经济刺激等；软结构影响（soft structural influences）则涉及社会文化的问题，如个人网络、教育、家庭和社会关系、过去经历等。

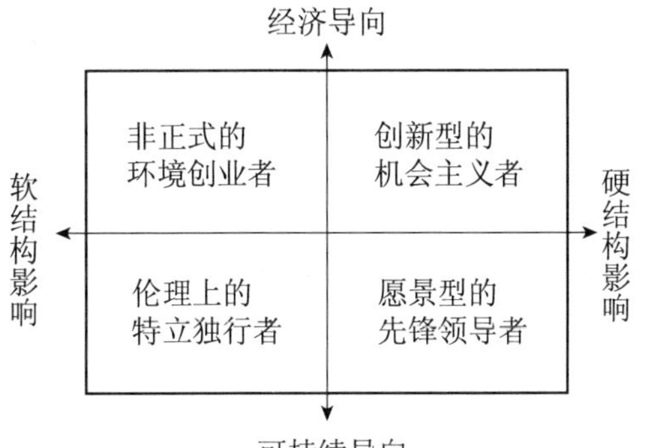

图 2—2　基于认知的不同绿色创业者

创新型的机会主义者（innovative opportunist）主要受硬结构要素影响并强调经济导向。这类创业者的例证是康奈尔集团（Connell Group）的埃文·康奈尔（Evan Connell）。由于新颁布的欧盟环境法规要求所有的CFC（氟氯烃，电冰箱和冷气机所使用的制冷材料，会破坏大气臭氧层）必须被再利用，为此，康奈尔在英国建立了第一家安全回收冰箱的工厂，采用曼彻斯特城市大学（Manchester Metropolitan University）开发的新型技术，把有害的CFC从废旧冰箱内层泡沫中提取出来，然后安全地进行报废处理。

愿景型的先锋领导者（visionary champion）抱有变革、可持续的理念，他们着眼于对世界进行可持续导向的改造，正视各种硬结构因素的影响，在可持续发展根基上建立新事业，并处于领导者的地位。这类创业者与Dana（1995）研究所提出的“巴特主义”（Barthian Agent）的创业者相似，他们在美国阿拉斯加靠近北极的小镇里感知到社会对社区的影响，寻找机会对社区进行社会化的变革。他们的创业活动就像在两种文化——商业常态（business-as-usual）和可持续社会——之间搭建了一座联系的桥梁。还有一个典型例子就是著名化妆品牌美体小铺（Body Shop）的创建者安妮塔·罗迪克（Anita Roddick），她和这一杰出的品牌始终坚持五个信念：反对动物实验、支持社区公平交易、唤醒自觉意识、捍卫人权和保护地球。在此基础上，为了满足各种顾客需求和完善产品品质及功效，美体小铺开发并生产出了头发和皮肤的数百种绿色美容保养品。

伦理上的特立独行者（ethical maverick）主要受亲友、社会网络和过去经历而非改变世界的愿景的影响。受可持续价值导向的激励，他们往往在社会边缘选择较可行的新事业，而不愿争取在主流或商业大街上赢得一席之地。这类创业者的一个典型例子是位于曼彻斯特的“第八天”（On the 8th Day）素食主义咖啡和健康食品商店，合伙团队成立于1970年，那时嬉皮之风盛行，而他们拥有相同的价值观念和环境诉求。

非正式的环境创业者（ad-hoc enviropreneur）是一种随机型的绿色创业者，他们的动机是经济导向而非价值导向，个人网络关系、家庭和朋友对其的影响最大。一个典型的例证是从事有机农业生产的农户的子女。以英国长篇连续广播剧《阿什家族》（*The Archers*）中的主人公汤姆·阿什的故事为例，他创办了自己的有机猪肉生产厂，但这一创业行为并不受政府部门监管或者市场上消费者推动的影响，而是由于他身处的社会文化背景：他的父母在有机农业经营方面业绩突出，他本人一直想要独立并凭借自己的力量成为一名成功的管理者来证明自身实力。

3. 社会历史视角的绿色创业

第三类研究的切入点是社会历史（socio-historical）视角，通过挖掘环境经济学和创业的理论基础，从环境主义和企业发展的本质入手，运用社会历史方法探索绿色创业对社会变革所产生的工具性作用。表 2—1 对这一研究视角下的两类绿色创业进行了比较，从中可以看出绿色创业在环境/商业定位、创业机会缘起、机会开发方式和应用行业特征上存在差异，同时在绿色创业规划以及健康产品、过程和价值方面具有共性。

表 2—1　　社会历史视角下两类绿色创业的比较

	环境意识型创业	绿色导向型创业	相同之处
背景	创业者意识到环境问题，但是不处于环境型市场当中	创业者意识到环境问题，并且身处于环境型市场当中	·追求可持续发展 ·创新的目标是为时常发生的冲突找出市场化的解决措施 ·健康产品：天然成分的运用、环境安全的采购和包装 ·健康价值：愿景、企业文化、社会责任规划、参与社区环境主义
机会	·基于环境维度，以商业为中心 ·缘起：已有市场中的冲突 ·开发方式：公司创业推动（新部门、新分支、合资）或者重新启动新企业	·兼顾利益层面，以环境为中心 ·缘起：为开拓新市场而创造机会的冲突 ·开发方式：一般而言，重新启动新企业	
行业	各个行业，尤其是以下四个行业 ·化妆品行业 ·化工行业 ·能源行业 ·矿产行业	·代表性的是“环境行业” ·固体废物的循环使用和处置 ·污染地区的修复和改善 ·空气污染控制 ·有机农业	

环境意识型创业追求的是绿色创业的效率，即在使用更少量资源生产更好的产品和服务的同时，最小化对环境的不利影响。这符合可持续发展的“三重底线”原则——经济繁荣、社会平等和环境友好。例如，美国经营农产品的嘉吉公司（Cargil）和陶氏化学公司（Dow Chemical）通过合资方式成立了嘉吉陶氏公司（Cargil Dow）来制造和营销用于纤维和包装材料的聚合物，而所有原材料都来自每年的可再生资源。

绿色导向型创业追求的是以环境为中心并兼具较好利润预期的机会，

在环境行业表现突出。例如，农民的生产活动通常具有生态属性，他们期望农作物、家畜产量和土地生产能力提升；有机农业（也称为生物或生态农业）通过限制化肥、杀虫剂和农药的使用极大地减少了外部投入，成为一个快速增长的行业。而更为极端的绿色导向创业是那些对植物和动物群落实施保护的探索和尝试。例如，澳大利亚“家园保护区”（Earth Sanctuaries）上市公司将股票资本和偏远地区保护联姻，使那些想要挽救濒危动物的人不用捐款而是通过投资的方式达到相同的目的。

五、绿色创业研究展望

必须承认的是，当前绿色创业研究还是一个新兴的研究主题，仍处于待规范整合的阶段，需要在今后研究中展开更为深入细致的实证分析和检验，应在以下几个方面给予重点关注：

一是关于绿色创业的测度。目前，在研究中还没有形成较为完备和规范的测度绿色创业和绿色创业者的研究模型。是否有一些指标能够将绿色创业与其他创业区分出来？是否特定性别、年龄段或文化背景的人更有可能成为绿色创业者？是否某些行业（例如旅游）更容易孕育出新的绿色事业？在个体、组织和环境层面绿色创业的表征是什么？

二是绿色创业与其他创业的比较。在相同行业中，基于绿色创业形成的企业绩效是不是要高于（或低于）主流的或者“非绿色的”的创业企业？在管理风格、战略导向、成长模式、生存和失败比率方面又有什么差别？

三是绿色创业绩效的评价。绿色创业与组织绩效之间存在什么样的关系？测度和评价绿色创业绩效和成功的最佳方法是什么？主要的指标应该是可持续导向的（例如社会的和环境的指标），还是传统的企业绩效测度指标（例如财务指标、市场份额、成长性），抑或是“增加值”来反映绿色创业给更广泛的社会创造的价值。

四是绿色创业的阻力和动力的分析。什么因素阻碍或推动了绿色创业？什么是促进绿色创业的力量和作用过程？个人和企业如何识别机会并最大化地利用和选择一个项目开始从事这项事业？怎样从创业环境层面解决绿色创业的现实问题，从而采取相应措施鼓励在新创和既有企业中进行绿色创业？

无论从现实意义还是从学术价值看，绿色创业研究均存在着巨大的研究空间。尤其对于中国这个世界上最大的发展中国家而言，在保证经济快速发展的同时如何保持社会可持续发展，已经成为一个重要紧迫的现实问题；而且，中国的创业活动在全球处于较为活跃的状态，但是创业活动的机会导向作用并不显著优于生存导向，创业对社会可持续发展的影响也仍有待更具体细致的考证。事实上，我们经常看到“创业”与“绿色”在具体实施过程中分而治之、难以兼顾，表现为绿色创业与企业所提供的产品或服务的相关度通常较低或是对企业规模或经济发展水平的要求通常较高等问题。因此，了解国外绿色创业研究对于提升中国创业活动对社会可持续发展的贡献具有借鉴和指导意义。

第二节 社会创业研究：社会福祉诉求下的绿色创业

一、绿色创业与社会创业

基于可持续发展的生态、社会和经济“三重底线”原则，社会创业（social entrepreneurship，亦被译为“公益创业”）被视为侧重于社会福祉的绿色创业。这个概念最早出现在20世纪90年代，主要是指组织通过各种方式的创新把社会公众利益与自身的商业利益融合在一起，在实现自身发展的同时还增加社会福利。与商业创业相比，虽然社会创业是一个比较新的概念，还没有一个得到普遍认同的定义，但是，目前的社会创业研究总体呈现出坚持社会底线原则的取向，具体表现在三个方面：

第一，社会创业的目的是解决那些自由市场体系和政府没有解决的社会问题。例如，有学者研究认为，社会创业旨在创造创新性方法来解决社会问题，并运用创意、能力和社会资源配置机制来实现社会的可持续转型。还有研究提出，社会企业是一种致力于解决社会问题的私人组织，为弱势群体服务，提供对社会有益的产品。在他们看来，公共机构和自由市场体系并不能充分供给这类产品。Sharir 和 Lerner（2006）指出，福利国家没有或无法满足的需求，对于社会创业者而言，正是他们努力探寻和实现的创业机会。

第二，社会创业是由社会利益驱动的创业。社会创业的本质特点是创业者的创业活动受创造社会价值的使命驱动，这表现在，创业者面对道德困境时，始终保持创业目标和行动的一致性，通过探索和识别创业机会以创造更多的社会价值，并在关键的决策中表现出创新性、行动超前性和承担风险的倾向。Alvord 等（2004）认为，社会创业是一个多维的行动体系，包括为了履行某个社会使命而采取的纯创业行为。Bornstein（2004）把社会创业者视为用新方法解决重要社会问题并坚持不懈地追求自身社会使命的人。

第三，社会创业过程虽然不是抵制而是借助市场力量来实现创业目的，但是，社会创业在进行商业运作的过程中必须坚持创造社会价值的目的。Thompson（2002）把非营利机构创造性地采用商业运作模式来提升自身社会服务能力视为社会创业。同时，也有学者把企业通过创造性地满足社会需要来提升其自身的竞争能力与盈利空间看作社会创业，社会创业者虽然也是创业者，但关键是在坚持创造社会价值的前提下，通过运用营利性企业的商业化运作方式来获得尽可能多的盈利。

二、社会创业与商业创业

近 30 年的创业管理研究取得了很大进展，在研究内容和范围上，不仅对个体创业的研究从对个性心理特征的分析转向了行为和认知以及内容和过程的研究，而且逐步从个体创业的研究扩展到包括在各个层面组织环境下的新经济活动的研究，并提出和初步形成了共同的创业研究范式。在创业研究领域学者和专家的研究成果基础上，张玉利等总结认为，创业管理的范式可以概括为：以环境的动态性与不确定性以及环境要素的复杂性与异质性为假设，以发现和识别机会为起点，以创新、超前行动和勇于承担风险等为主要特征，以创造新事业的活动为研究对象，以研究不同层次事业的成功为主要内容，以心理学、经济学、管理学和社会学方法为工具研究创业活动内在规律的学说体系。

但是，在全球可持续发展的背景下，创业是否符合“三重底线”原则——在带来经济繁荣的同时，实现社会平等和环境友好——并未引起广泛关注。相反，却有一些现象表明，新企业的生成通常会带来更多的资源消耗和更大的环境压力。以哥本哈根气候变化会议为例，各方争执不下的根本原因在于，经济发展与排放总量降低存在矛盾。这就意味着，创业在助力经济发展的过程中，还有可能成为环境优化的阻力，如果放任不管，就会出现“创业活动越热，全球气候也越‘热’”的恶性循环。因此，要深刻理解社会创业的内涵，首先需要对社会创业与商业创业进行比较，通过二者的异同，来全面认识社会创业这一新兴研究主题。

从创业使命角度来看，社会使命是社会创业活动最重要、最核心的使命，主要目的是创造高的社会价值，利润的创造只是实现社会使命的手段。而商业创业的核心则是商业使命，主要目的是创造高的商业价值，盈利是其天职，社会财富是经济财富创造的副产品。从创业机会角度来看，社会创业者努力寻找为客户带来更多社会价值的市场机会，通过创新方法聚焦有效服务，满足社会基本的、长期的需要。而商业创业者不断寻找带来高商业价值的市场机会，注重当下社会的新需要。从创业者特质来看，社会创业者是具有卓越思想的开拓者，具有优秀的伦理道德品质和充满变革的胆识，具有较强的同情心和利他品格。而商业创业者利他品格不明显，他们关注商业价值的创造以及获取最高利润的市场机会，以获取个人利润为主。从创业资源整合角度来看，社会创业中人力、财力等资源的募集比较困难，常常依赖志愿者承担重要任务，主要依靠个人捐赠、基金投入和政府资助等。商业创业募集资源相对容易，可以利用良好的物质条件招聘和留住优秀的员工，有大量商业风险资金的投入，与金融机构合作密切。从创业动机角度来看，社会创业动机包括理性、公共利益、对公共利益的承诺、公共福利增加的欲望等维度，社会正义、爱国主义、情感和规范是社会创业动机的主要内容。而商业创业动机主要是基于利己的核心假设，商业创业不断追求利己的报酬，维度主要包括成就感、风险倾向、对模糊性的容忍、控制点、创业效能以及目标设定等。

基于创业教育之父 Timmons 的“机会、团队和资源”三个创业要素的分析模型，可以发现社会创业研究与商业创业研究的不同侧重点。社会创业研究侧重于对创业者或创业团队的关注。社会创业机会一般是指没有得到满足的社会需求或没有得到解决的社会问题，资源则包括私人捐赠、公益创投和政府资助等财务资源以及志愿者招募和会员收入等，而学者们的关注重点在于社会创业者（团队）。社会创业者与商业创业者之间存在明显差别，正是创业者的意识形态决定了他们选择不同的使命、方法和最终目标。Dees（1998）将创业者视为社会创业的核心，研究总结出了判断社会创业者的标准，即是否履行一项能持续产生社会价值的使命以及对目标群体负有高度的创造价值的责任感。Bornstein（2004）的研究把社会创业者等同于伟大思想的开拓者，他们有能力提出创造性的解决方案，具有强烈的道德意识，并能全身心地投入为实现他们社会变革愿景的奋斗之中。

商业创业研究侧重于对商业机会的识别和开发。商业创业研究关心财务和资产等资源要素以及创业带头人特质和创业团队素质等团队要素，但是其侧重点仍是机会要素，关键点落脚在市场需求结构和规模以及商业机会的识别和开发。研究对机会的聚焦还体现在，挖掘创业机会的来源和发展情况，按照机会识别过程将创业机会细分为机会搜寻、机会识别和机会评价三个阶段，通过对创业机会进行的多角度分类，提出包括市场机会和潜在危险、战略选择及组织绩效的理论框架。同时，关于创业中商业模式的研究，实质也是遵循机会识别、开发和利用的脉络，展开商业价值链的分析研究。总体而言，机会来源、形成、筛选、转化和评价等问题，一直是商业创业研究的主线。

三、社会创业的兴起

社会创业是在时代不断变化的情况下顺应新的需求而产生的。在传统的计划经济和纯粹的工业经济时代，政府部门、市场部门和非营利部门（也称为第三部门）这三大社会支柱是处于一种界限清晰、区别明显、分工明确和权责明晰的动态均衡状态下。但是随着经济和社会的动态演变，这三者间的界限逐渐模糊，边界逐渐交融，在政府和非营利部门等公共部门中逐渐出现并运用了商业化操作，而以盈利为终极目标的市场部门也为了目标的实现逐渐向市场靠近，并逐步提高自己的市场开放程度和与市场的互动频率。在此过程中，社会创业的新型模式逐渐从局部的、偶然的、模糊的萌芽阶段迈向了总体的、有规律的、清晰的成长阶段，而在这个过程中，对社会创业的萌芽、成长和发展起到根本作用的则是政治、经济、发展理念三个因素：首先，政治因素。20 世纪 80 年代以来，许多国家特别是发达国家采用的新自由经济政策导致政府对第三部门直接经费资助减少，无力继续维持过去从摇篮到坟墓的福利政策，但是人们对这些部门所提供的服务的需求不断增长，又导致了非营利组织继续增加；非营利组织为了应对政府资助骤减的事实，只能转向市场，期望通过更多的商业运作来获得收入，而事实上，商业收入也成为了当时非营利组织的主要收入来源；19 世纪 70 年代欧洲经济衰退和随后采用的公共服务外包形式的破产，使人们看到政府契约模式的狭小利润空间不足以满足社会服务需求，而必须寻求经济支持，从事生产性活动，将服务人群定位为“边缘人及失业者”并进而形成了社会企业的雏形；经济全球化和区域化使得国家和政府的力量逐渐弱化，政府职能转变，许多地区问题和社会问题需要通过非政府组织来解决，加速了社会创业的出现。其次，经济因素。社会创业模式在效率、稳定性和可持续性上的显著优点，不仅能解决非营利组织自身的成本问题，还能获得盈利；经济的市场化和全球化导致社会财富向私营组织和企业持续集中，社会问题的涌现则要求企业承担更多社会责任；商业和公益事业之间的分界正在消亡。Reis 提出，通过公益事业部门和商业部门之间结盟合作来实现整个社会的创新和福利增长是解决社会问题的全新范式。最后，发展理念的变化。可持续发展理念的出现要求正确处理多方面的关系和平衡多维目标。在经济社会、环境和投资行为中存在着“社会目标”这一个共同价值取向，而不是存在交替换位关系。

但是，在社会创业兴起和发展的过程中，其与政府、市场和社会之间的关系不断变化、交错，使得社会创业与三者之间的关系变得模糊、复杂，人们对它们之间的关系存在着错误或片面的认识。

四、社会创业内涵体系

对创业的研究在商业领域当中已经过了较长的时间，虽然不同学者对其定义仍存在差异，有人更强调机会的识别和利用，有人更强调创业者的品质，有人更强调新价值的产生，但其核心观点都是通过创新创造价值，这基本上已经赢得了学者和实业家的共识。但是创业作为一个促进社会进步和实现可持续发展的实践直到最近几年才受到研究者的关注，社会创业领域仍然处在婴儿期，目前缺乏丰富的理论研究和统一的定义，现在仅有的一些研究也只处于现象驱动型阶段，即只是单纯地从出现的个别案例出发研究单个现象发生的背景和内在机理，而没有从社会创业的理论研究层面进行有选择的现象排查和分析综合，表现出较大的随意性和离散性，正如 Shane & Venkataraman 所指出的“目前的研究仍然缺少统一的范例”。这与商业创业或传统创业是截然不同的，因为商业的定义已经获得了学者和实业家的普遍一致的认识，即“在商业努力中利用创新、商业操作和财务运作试图将创新转变为经济产品”，但是当创业被引入社会领域后，社会创业的定义则包括了更多样的内涵，它的概念对于不同的学者意味着不同的含义，社会创业的定义也并不是单一的。

从国内外有关社会创业内涵的研究来看，对社会创业的研究主要集中在社会创业与传统商业创业、政府角色、企业社会责任、商业组织以及社会效应的关系研究上。可以说，社会创业内涵现存的多样化理解正是由于缺乏对社会创业与三大支柱间确切关系的正确认识导致的。所以，正确理解社会创业含义首先应当理清社会创业在政府、市场和社会中的定位。

作为社会创业的结果之一，社会企业是社会创业实体。从 20 世纪 80 年代开始，多样化的非营利性组织（non-profit organization，NPO）走上历史舞台，代表着一种平衡的力量，引导着社会向政府、市场和非营利性组织组成的三元社会结构转型。但是，近些年来随着成本上升、政府拨款减少、市场竞争日益加剧等因素的陆续出现，众多非营利性组织亟待找到一种创新的发展路径来维持可持续发展，社会企业这种创新的组织模式也就成为了非营利性组织转型的首要选择。

20世纪70年代，出现在美国的非营利性组织（NPO）在教育、医疗、社区建设、地方自治、慈善事业等领域作为一种重要的社会力量发挥着不可替代的作用。但是在资源短缺、工作效率低下、与市场严重脱节、社会公信力低和过度依赖政府的现实情况下，NPO逐渐过渡为既能兼顾社会目标实现，又能赚取利润维持NPO可持续发展的组织形式——社会企业，转型流程如图2—3所示：

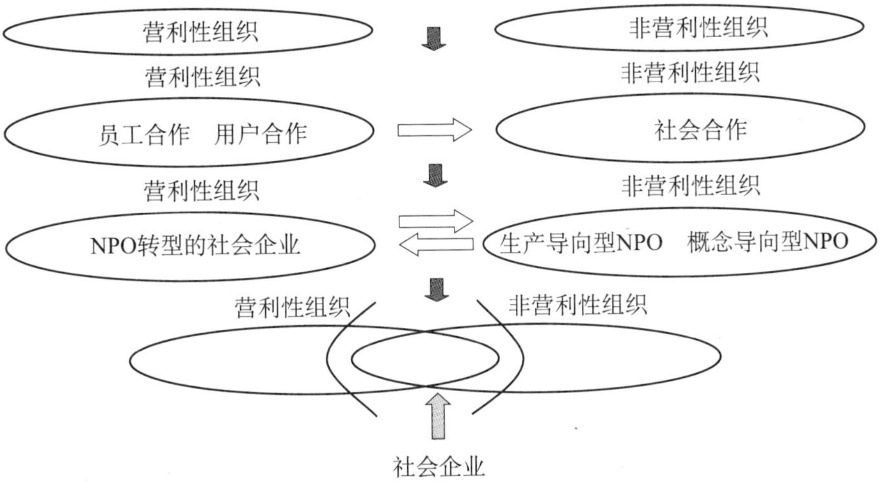

图2—3　非营利性组织转型流程图

社会创业是非营利性组织和营利性企业相联系的桥梁，二者本来是完全分离的两个组织类型，并没有任何交集，但是通过社会创业，二者之间开始进行员工合作、用户合作以及社会合作的交换，并最初表现为营利性企业向非营利性组织输入上述三种合作，开启第一步的交互活动。随着初步交互的深化，两种组织类型之间的交互从单方向的输入扩展为双向的互相输入，以生产为中心的非营利性组织和以概念为中心的非营利性组织也开始涉足营利性组织，成为转型后的非营利性社会创业组织。在此过程中，原本依赖政府补贴和社会捐赠的NPO与营利性组织的市场运作相结合，社会创业在保持与政府和社会的较明显关系的基础上，加强了其与市场和商业化运作间的关系，从而社会创业在三者之间扮演起了连接者的角色。

社会企业是社会创业的产物，英国政府将其定义为“一个社会企业是一个商业组织，它的主要目标是社会目标，而它的利润应主要用于对社会目标的支持性投资或直接投资到社区当中，而不是为了股东和所有人的利益最大化而进行投资”。在对社会企业进行判别时通常采用经济和社会双重标准，前者强调社会企业的经济特征，认为社会企业应当实行高度自治、持续生产并出售产品或服务，并在此过程中只包含最少量的付费工作，因而社会企业往往具有高度的经济风险；后者从企业目标和社会特性出发对社会企业进行判别，认为社会企业应是由一组公民发起的一项主动事业，以参与性为其本质，既包括社会企业中的人，也包括受其影响的人。并且社会企业应持有造福社区的明确目标，拥有不基于资本所有权的决策制定权和有限的利润分配。

与商业企业相比较，社会创业和社会企业的兴起背景及其判别标准赋予了社会企业特有的特征。首先，社会企业的目标是用于社会公益和社会问题的解决。其次，社会企业的经营收入是维持其生存和持续发展的主要来源。与传统的 NPO 相比，社会企业的生存空间更大、应对环境变化的灵活性更强，它既能够拥有传统 NPO 所获得的政府政策优惠和政府拨款，还能够自给自足，从产品销售中获得资金和利润，并且利润不得用于分红，而是必须投入到社会事业和企业发展中去，社会企业的独立生存能力更强。再次，社会企业虽然承担社会使命，但其运作方式是企业化的，具有明确的商业性，它更强调资源的充分有效利用和创新以及向企业界的学习和经验获取。最后，社会企业更关注个人成长和内心体验，力图从根本上解决社会面临的困境，而不是止步于“治标”，它关注社区中每一个人的物质和精神生活的发展。

从社会企业的判别标准和特征可以看出，社会创业以社会为使命，从企业、市场和政府三方获取资源，并运用商业化运作模式，以市场为场所进行交换，以此作为继续发展和实现使命的支撑。

五、社会创业的“目标—资源”行动体系

社会创业与其他创业类型一样是一个完整的体系，都是在目标的驱动下，通过吸收和整合各种可利用的资源来实现使命。但是社会创业体系相较于其他创业类型而言更加复杂、内容更加丰富。社会创业体系是由多目

标社会创业体系和多维社会创业资源体系两个子体系构成的，分别从目标和资源两个最重要的维度来刻画社会创业。

1. 多维目标体系

自 2006 年社会创业的概念传入中国开始，我国企业就一直在探索合适的社会模式路径，其中最常见的方式就是促进非营利性组织向社会企业的转变，有些企业是以单纯的社会目标为宗旨，例如，南宁安琪之家通过提供符合弱势群体购买力的商品和服务，采取分级收费、富人补贴穷人的方法，在为社会弱势群体服务的同时实现自身的可持续发展；有些企业则以辅助政府职能的履行为主要目标。但是最为理想的典型社会创业则是多目标的社会创业，它的目标结构呈现出三角形模式（见图 2—4），即以市场目标和政府目标为底边的基础目标，作为实现顶点社会目标的基础和保障，如果底部目标无法实现，那么就会动摇整个社会创业目标体系的三角结构的稳定性。

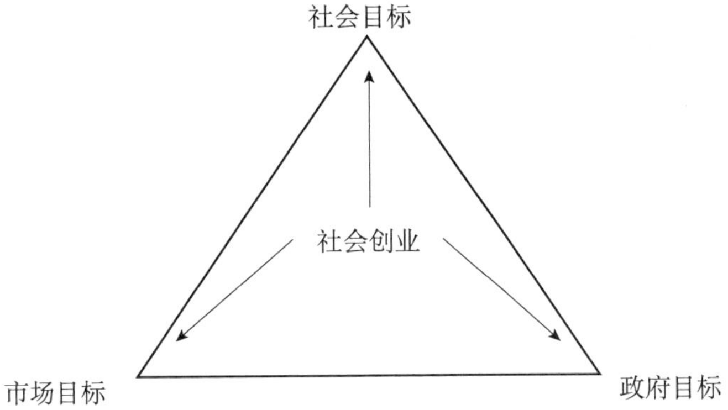

图 2—4　多目标社会创业体系

从目标角度来看，社会目标建立在市场目标和政府目标实现的基础之上，社会创业贯穿并连接三大目标，通过自身的运作在实现市场目标的同时，间接或直接地辅助了政府职能的履行和政府目标的实现，最后为企业自身社会使命的达成和整体社会目标的实现服务。从目标子体系中来看社会创业与政府的关系，社会创业是运用变革能力和可持续的财政创新来应对市场失灵的实践，旨在高效地协助政府官员解决国家最艰巨的社会问题，社会创业以改善公共设施、提高社会幸福度和人民生活水平为顶端社会目标，它对社会发展的重要性正如创业对经济发展的重要性一样，社会创业者每天都在研发和采用创新型方法来应对国内挑战，并且他们已经凭借较少的资源取得了更大的结果。正如公共投资在过去支持主要的首创性一样，未来城市、州和联邦管理当局可以支持社会创业者及其更有效的解决措施，从而使国内的有效的可测量的变化成为可能。这也正如2008年路易斯安那州副州长 Mitch Landrieu 指出的“并不是政府太小了或是太大了。它需要做得更好，我们需要找到方法用新的途径来解决旧问题，而社会创业就为我们提供了这种机会”。尽管社会创业的目标并不是获利，但是社会创业仍然不能等同于“政府再造”，或者任何通过公共组织创造一个更加动态的和消费者导向的产品服务传递的尝试。社会创业是在一个大的管理网络中对自己任务的执行情况的自我负责，而不是对政府任务负责，它对公共集资的依赖较小。

从目标子体系中来看社会创业与市场的关系，社会创业是非营利行业的一部分，社会组织是非营利性组织的一个分支，旨在向社会提供商品和服务。社会创业是将商业组织和基于市场的能力引入非营利性行业，从而使得这些行业在提供和传递服务上更加高效。同时，社会创业也被视为一种非营利性的首创精神主导的管理体制，为创业者提供多种资金供给战略以创造社会价值。社会创业是社会创业者运用商业技巧和知识来创立能够实现社会目标的企业的实践，它保留了商业色彩和商业可行性，旨在通过商业化运作和市场交易一方面满足市场需求，另一方面获得利润和盈余。因而，也有研究认为社会创业是跨行业合伙企业中商业活动的社会责任实践，是社会生活的一种现象和企业社会责任的特征，是创业者发现部分社会受限并提供方法来使社会继续发展的一种现象，是具有社会使命的创业者的活动。从这个角度可以看出，在社会创业与市场的关系研究中已经开始出现了对社会的描述。

从目标子系统中来看社会创业与社会的关系，社会创业是社会效应的创新，是促进社会转型的方式，是远超过初始解决方案的新的解决方法，是社会转型的催化剂。社会创业是一种促成社会转型的独特方式。社会创业者致力于创造社会价值，他们通过识别新的进程、服务、产品或者独特方法将创新意识与实践相结合，从而激生出解决表面上看似棘手的问题的模式突破型方式。社会创业是创业者在市场边缘的活动，这里风险最大，潜在的积极社会影响也是巨大的。社会创业以社会目标为最高级目标。从社会创业的定义被广泛用于社会问题解决的领域就可以看出，社会创业能够在短期的实践中产生小变化，并通过现有体系来促进长期大变化的产生，从而最终达到社会环境改善的目的。社会创业是通过创新和社会规划来解决社会问题，通常只是极少地关注经济可行性和普通的商业准则，它在创新运用和资源整合的活动过程中追求促进社会转型或满足社会需求的机会，并运用新的方法整合资源来创造价值，并且这些资源的整合最初是以探索和发掘机会来激励社会转型或满足社会需求并最终创造社会价值为目标的。

2. 多维资源体系

转型前的有些社会企业是以政府拨款和收取会费等服务费为主要生存来源的非营利性组织，企业和社会公众捐赠所占比例很小。政府改革后，许多 NPO 遭受了由于政府行政开支压缩的巨大影响，在寻求生存的过程中，不同的 NPO 主要表现出了以下三种不同的模式：首先，过度依赖政府资源的 NPO 在政府这棵大树所给予的输入骤减的条件下没能及时寻求新的资源来源而随着政府改革销声匿迹；其次，一些 NPO 开始意识到从市场上通过商业化运作和商品交换来获取资源补给，但是在从依附政府资源转化为依附市场资源的过程中，这些 NPO 没能把握好尺度，通过各种渠道开展商业活动，甚至偏离了自身的业务范围，造成了多种负面影响，走上了过分依赖单一资源的老路；再次，由于历史原因和经济原因，传统的 NPO 与政府之间有着千丝万缕的联系，在寻求资源转变的过程中，有许多 NPO 成为了安置政府离退休人员的场所，导致这些组织创新能力差，缺乏新的观念和知识，更是与市场完全脱离，而仅仅起到了辅助政府职能和促进社会稳定的作用。

非营利性组织社会创业过程中所呈现出的种种困境显示改变资源一元性、形成多层次社会资源至关重要，因为 NPO 为了实现可持续发展就必须积极开源，改变经营形态，从事营利活动，但是又不能过分依赖市场资源，而应当秉承社会使命，将市场资源和政府对资源的重新分配作为维持生存和发展的基础，以社会和组织间的互惠关系为核心，运用多层次社会资源的资源结构（见图 2—5）共同服务于社会使命的实现。

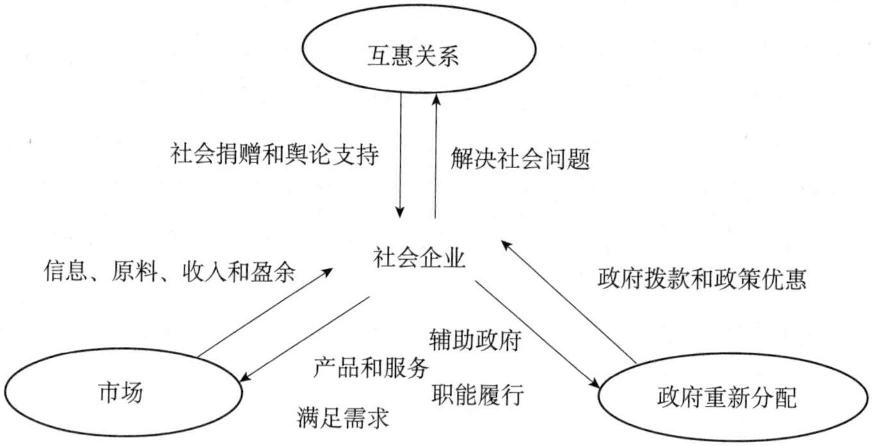

图 2—5　多维社会创业资源体系

从图 2—5 中可以看出，社会企业与政府、市场和社会互为资源供应方，摆脱了过去资源一元性的弊端。社会企业作为社会创业的产物，从市场上获取商业信息和需求偏好情况以及必要的原材料，再通过企业机器的生产加工后向市场出售，通过市场交易获取营业收入甚至利润盈余。同时，在这个投入—产出过程中，社会企业还可能获得政府津贴的资助和优惠政策的支持，以及来自社会的捐赠和舆论支持，这些有形或无形的投入又会转化为直接或间接的资金、形象支持，为企业进一步的商业化运作提供资源。而在企业通过市场交换获取收入后，它一方面通过雇用劳动力解决就业问题，帮助政府缓解就业压力，维持社会稳定，另一方面还能满足市场需求，丰富物质精神生活，而最终通过市场和政府目标的实现来达到社会进步和人民生活改善的目的，为下一轮社会资源的获取奠定基础。但是，这些资源互相补给的过程并没有明确的先后顺序，而是伴随着整个社会创业过程交融出现。

总体而言，社会创业作为一种新兴的创业模式，并不只是辅助政府职能的实施，也不是单纯以市场和利润为导向或者为社会服务，社会创业处于政府、市场和社会的交叉口，其产物——社会企业从三方获取资源，依靠政府支持，以市场为导向并在市场上进行商业化交易，用使用价值换取商品或服务的价值，为企业的生存与发展提供必要资源，而其最终目标则是为社会进步和发展提供促进因素。从目标上来看，社会创业和社会企业在表面上更多地表现为企业社会责任的履行和社会效应的提高，少数人会将其等同于企业社会责任和慈善组织；从形式上来看，社会创业和社会企业是在市场上进行交换，实行的是商业化运营模式，而不是提供免费的服务和产品，少数人会将其与商业组织混为一谈；从实际效果来看，社会创业和社会企业往往为社会提供了更多的就业岗位，为缓解就业压力做出了贡献，或者为改善设施和带动劣势地区经济发展开辟了道路。但是，我们不能将社会创业的以上特点分离看待，而应该看到社会创业与政府、市场和社会三者之间的紧密联系，它们是环环相扣、互相促进、共同发展的，社会创业是三者之间互相融合的结合点，是处于政府、市场和社会交叉口的新型创业模式。

第三节　生态创业研究：生态友好诉求下的绿色创业

一、生态创业概述

生态创业（ecopreneurship），又称环境创业（environmental entrepreneurship），最早由 Quinn（1971）提出。在 Quinn 看来，生态活动不应仅被视为经济活动以外的额外消耗，而有可能为企业成长开拓盈利前景看好的新市场。直到 20 世纪 80 年代后期，Quinn 的观点才开始引起关注，相关研究也不断表明：创新性商业模式不仅可以用来提升环保水平，还可以为新企业开拓新的市场创造机会，而这些新机会往往会被成熟的在位企业所忽视（Quinn，1971）。与商业创业研究相比，生态创业研究主要关注坚持环境底线原则的创业实践，具体主要围绕以下三个方面。

生态创业的定义和研究目的。Schaltegger（2002）把生态创业定义为“一种建立在环境创新基础上的具有主动创新性和市场导向性并由个体推动的价值创造形式，或是出于绿色化目的创建环境友好型新企业”。Isaak（2003）把生态创业看作创业者创建设计和工艺绿色化的企业以实现可持续发展的长期过程。Schaper（2010）在对近十年生态创业文献进行系统梳理以后指出，生态创业研究不是要探讨在创业过程中如何遵守相关规制，而是展现超前的管理理念和经营战略，引导企业以绿色化来实现经济效益，通过发挥创业的先导作用来形成一种“拉动”（pull）效应，激励其他企业更主动地走向绿色。与生态创业的拉动效应相比，政府规制和利益相关者或游说团体施加环保压力则是一种“推动”（push）效应。

以环保技术为要点的生态创业研究。生态创业研究以环保技术为要点，注重剖析技术创新对生态创业的重要推动作用。一些学者把企业视为环保技术转移和创新的核心力量，认为环保技术是企业实施生态创业的重要抓手和提高资源利用率的有效手段。Shrivastava（1995）基于新能源利用和节能减排等为企业提供的契机，研究了环保技术对提升竞争优势和创新价值的作用。Muchie（2000）通过分析非洲国家遇到的清洁技术创新障碍，Foxon 和 Pearson（2008）通过分析英国低碳能源创新案例，构建了具有复杂性和系统性的技术创新体系模型。Thiruchelvam 等（2003）研究发现，企业必须把环保技术投资与经营目标结合起来，才能有效催生环保技术创新，环保技术的商业化运作有利于实现社会价值的创造。

生态创业机会。生态创业机会研究更加侧重于环保机会创新性开发问题，而不是事后弥补环境亏损或者单纯满足生存需要。Hockerts 和 Wüstenhagen（2010）通过比较研究发现，只有突破性创新才是生态创业不同于企业履行社会责任等类似活动的关键，而渐进性创新不足以反映生态创业应对环境挑战的根本要义。有学者根据机会识别和开发的不同阶段总结了三种代表性生态创业战略：一是 Sachs（1999）针对生态创业机会识别阶段提出的充足型战略（sufficiency strategy），这种战略的出发点在于，有限的自然资源会制约经济的增长，因此应本着预防和谨慎的原则，谋求更加节约的资源利用方式；二是效率型战略（efficiency strategy），这种战略对应于生态创业机会的开发阶段，强调在生态环境和社会背景下，提高资源的利用率和生产力；三是永续型战略（consistency strategy），这对应的是绿色创业机会的评估阶段，其主要关注点在于资源所提供的产品或服务能够提供与环境相协调的服务。

二、可持续发展与突破性生态创新

生态创业的研究缘起于人们对可持续发展的认识。可持续发展的概念将自然系统的承载能力和面对人性的社会挑战联系在一起。早在20世纪70年代，可持续性就被用来描述经济在基本生态支持系统下的平衡状态。传统上，生态学家已经指出“增长的极限”，并要求“稳定状态的经济”来解决环境问题。可持续发展的辩论是基于这样的假设，即社会需要管理三种类型的资本（经济的、社会的、自然的），这三种资本可能是不可替代的，并且它们的消耗大多是不可逆转的。

Daly（1991）强调，经济资本不一定能替代自然资本。例如，森林提供造纸的原材料（这是容易替代的），但它们也保持生物多样性和吸收二氧化碳。自然和社会资本恶化的另一个问题在于它们的部分不可逆转性。此外，自然和社会资本的枯竭可能有非线性的后果。例如，湖水中的营养物质为湖中的生物提供生存条件，然而，一旦藻类密度过高，湖泊的生态平衡就会瞬间被破坏。

如果自然资本和社会资本的退化具有严重的后果，就产生了一个问题：为什么不采取更系统的行动来解决问题？Cohen和Winn（2007）提出市场失灵的四种类型作为可能的解释：第一，尽管自然资本或社会资本枯竭的好处被私有化了，成本却往往被外部化了。第二，很多时候，自然资本也被社会低估了，因为我们没有充分意识到由此引起的实际成本。第三，信息不对称被确定为第三个造成自然和社会资本枯竭的原因。第四，即与经济理论相反，许多企业并不是生态创业企业。由于社会中可持续发展意识的增强，Cohen和Winn讨论的市场失灵有可能减少。例如，他们希望社会在标榜其经济价值的同时，也逐渐重视自然和社会资源的价值。因此，企业将不得不将以前一直由社会来承担的成本内部化。这种变化被称为行业的可持续发展转型。

许多现象表明，世界的发展并没有很好地符合可持续发展的概念，全球气候变化和自然资源的加速枯竭便是其中的两方面。全球可持续发展所面临的严峻挑战，使得人们越来越意识到，增量解决方案将不足以维持自然资本和社会资本的临界水平。2010年英国石油公司引发的墨西哥湾漏油事件及中国紫金矿业环境污染事件，正是企业片面追求经济利益最大化所造成的生态负外部性影响。不断发生的环境污染事件表明，企业原有的以破坏生态环境为代价的经营模式与人们生态诉求之间的矛盾正在加剧，而解决这一矛盾的方法是兼顾经济利益与环境保护的新的企业运营模式——

生态创业。近年来，生态创业作为一种现象和一类研究课题受到广泛的关注。一方面，我们可以看到，小型企业的生态创业活动尤为活跃，它们的迅速成长对社会的发展有着不可忽视的影响。虽然小型企业的创业行为相当重要，但对整个产业的贡献则具有一定的局限性。另一方面，大型企业自身的发展也充满着机遇与挑战。随着经济的快速增长，自然资源的消耗日益加剧，环境污染日趋严重，经济发展与环境保护之间的矛盾不断激化，这些问题引起企业家们对原有的发展理念和发展模式的反思。

可持续发展与创新的关系推动了生态创业理论的发展。可持续发展驱动突破性创新这一观念已经变得很普遍。生态创业已经作为“突破性学科创新”“创造性的突破之源”以及“下一次工业革命的开始”被提出。这时出现的大量研究成果，都是有关通过环境创新推进新市场的建立。在Fussler（1996）的一本很有影响力的、关于生态创新的书中，他指出大部分企业并没有积极地将生态创业作为一种创造市场份额的策略。然而，他不认为这种“缺乏创新”在未来会持续下去。在运用了大量个案研究后，他表明，创新性的公司能够成功推动生态创新赢利，不是通过遵循目前客户的需求，而是通过创造未来的市场空间。Dyllick（2002）也提出，企业可以积极转变市场结构从而使它们更有利于生态创新。

Schaltegger 和 Wagner 甚至提出，促进行业转型的野心，是生态创业的一个决定性元素，这意味着生态创业企业不只将可持续性作为核心业务的重点，更在于促进（超出生态层面的）大众市场的转型。在生态创业的社会层面，“企业社会创新”这一概念提出的出发点在于认为企业应该利用社会问题作为学习实验室，来确定未满足的需求和提出创造新市场的方案。例如，Bankboston 银行努力建立了一个社区银行，而这家银行最终演变成了银行业的一个新市场。联合利华首席执行官 Patrick Cescau 将企业的社会创新定义为寻找新产品或服务的方法，这些新产品或服务不仅是满足消费者对于美食和干净衣服的功能需求，还包括满足他们作为公民的更大愿望。

企业社会创新的一个重要方面是聚焦低收入市场。在这样的背景下，Prahalad 和 Hart（2002）谈论到塔基（BOP）即低收入市场的潜力。BOP 的前提是，通过聚焦低收入人群（例如那些处于财富金字塔底部的人）未满足的需求，企业可以开拓有利可图的市场，同时也帮助低收入人群解决一些他们最迫切的需求。Prahalad 最著名的假设是，BOP 市场必须付出“贫困溢价”。这意味着，许多穷人必须比他们的中层或上层阶级同胞支付更多来获取产品或服务，如食物、水、药物、信贷或通信。通过运用 BOP 思想，跨国公司也许能够更好地定位他们的设计以及完善分销渠道，以便降低贫困溢价。

三、生态创业理论的兴起

生态创业理论是随着创业理论与环境管理理论两者的逐步融合而发展起来的。20 世纪 90 年代前期，有关创业和社会组织的研究经历了一段时间的独立发展。90 年代中后期，随着可持续发展价值观的逐步形成以及绿色市场的出现，新兴绿色市场所带来的经济利润成了连接创业与社会组织的纽带。正如 Hartman 和 Stafford（1997）所说的那样，可持续化并不会成为企业的负担，而更可能为企业的发展提供广泛的资源及广阔的空间。在生态导向和市场导向的双重作用下，生态创业在 20 世纪末便应运而生。

企业的基本目的就是获得利益的最大化和股东权益最大化。但是，企业在创立和发展的过程中都要考虑可持续性，即生态创业。广义上说，绿色创业可以视为生态创业，包含的范畴很广，包括社会创新、环境创新。尽管可持续发展的社会层面和环境层面是密不可分的，但是大部分关于生态创业的学术文献只涉及了其中一方。早期研究将环境创新作为工作的核心。这些文学贡献集中在生态创新的主题，这些主题催生了清洁技术创业的分支学科。后来的研究涉及了针对社会进步的创新（例如卫生、教育、社区发展）。这里，社会创新这个概念是指带有社会目的的产品或工艺创新。社会创新也用来指“开创和提高社会企业的过程”。

生态创业的概念是相当新颖的，而且仍然在形成当中。Dean 和 McMullen 将生态创业定义为“发现、评估和利用经济机会的过程，而那些机会出现在破坏可持续性的市场失灵中，包括那些与环境相关的市场失灵”，在他们的定义中，重点在市场失灵。同时，Cohen 和 Winn 也强调机会发掘的重要性，他们假定生态创业的研究在探讨“如何将机会变为未来的产品，同时由谁以及伴随什么样经济、社会和环境效应来发现、创造和开发产品或服务”。本研究认为生态创业是市场经济非均衡状态下的创新过程。我们把可持续性创业定义为在一个市场失衡的经济环境下探索和挖掘新的经济机会，引导社会各个产业向一个社会友好型、更加可持续发展的状态转变的过程。

作为一种全新的创业方式，生态创业不同于传统创业，可持续型企业也不同于传统的企业。具体而言，生态创业是一种兼具社会创新和环境创新的创业模式。最初一批学者把环境保护方面的创新作为生态创业研究的重点。这一方面的文献虽然对生态技术方面的进步做出了巨大的贡献，但这些技术往往需要高成本支撑。Fussler（1996）在《生态创新》一书中指出，大多数企业都不愿尝试将资金投入可持续创新的研发。他采用若干个案例进行分析，结果表明生态创业能够创造绿色市场潜力，创新型企业可以从中赚取利润，而不需要依赖在位大型消费需求市场展开可持续创新营销。Schaltegger 和 Wagner（2011）甚至提出，促进一个产业的可持续化发展应被纳入生态创业的定义中，这表明生态创业型的公司不仅要把可持续化发展融入其主营业务中，与此同时还要把生态创业从生态利基扩展到大众化市场中。

虽然现今关于生态创业的研究已有一定的成果，但已有的生态创业研究成果往往集中在生态创业的定义、分类、动因分析等偏重理论的方面，深入到个别企业的生态创业行为的研究则非常少。而对这些不同组织规模的企业的生态创业行为进行对比和分析，不仅可以为企业走生态创业道路提供参考依据，更有利于政府正确引导行业走向可持续化。因此，企业生态创业行为的研究十分有必要。

当前，生态创业研究主要关注三个主题。首先是生态创业者。Hockerts 和 Wüstenhagen（2010）基于新熊彼特主义的主张研究了生态创业者如何识别和利用市场失衡机会，以及推动环境和社会向更加可持续状态转型的作用。Parrish 和 Foxon（2009）将生态创业者视为运用商业手段提高环境质量的“环保资本家”。Gliedt 和 Parker（2007）以及 Zahra 等（2008）的研究都把生态创业者定位在特定公共产品创新的“金字塔”底层。其次是生态创业组织。当前研究普遍认为，生态创业的组织主体，既涉及非营利机构创造性的商业运作，也关注企业通过创造性地满足多重需求提升盈利空间和竞争能力；不仅涉及成熟企业出于绿色化目的而进行的内创业，也涉及绿色新组织的创生（Dixon & Clifford，2007）。Meek 等（2010）研究发现，不同国家背景下，营利性组织和非营利组织对生态创业的贡献具有差异，不同企业成长阶段的生态创业导向差别明显。York 和 Venkataraman（2010）基于理论推演，提出在不确定性和创新性等方面，新创企业与在位企业存在差异，例如，如果一个行业中的环境创新有可能导致既有产品被取代，那么，新创企业比既有企业更有可能引入这种创新。再次是生态创业制度。制度理论一直被用来剖析可持续发展问题（Chohen & Winn，2007）。Meek 等（2010）以美国各州为对象的实证检验表明，一个区域的可持续发展导向、环境责任消费甚至家庭内部的相互依赖，都是驱动当地生态创业的重要社会规范。Shepherd 和 Patzelt（2011）研究发现创业者有多种途径影响制度变革，例如通过研究项目或技术报告等供政府决策者参考等，这些行为从环境友好制度、社区制度以及制度平衡方面，有助于实现生态创业的目标。

四、生态创业与行业生命周期

行业生命周期（industry life cycle），又称为产业生命周期，源自产品生命周期的研究。较早提出这一概念的是 Gort 和 Klepper（1982）。行业生命周期的曲线形状和产品生命周期的曲线形状呈现 S 形，经过起步期、成长期、成熟期、衰退期或蜕变期四个阶段。

在行业的起步期，当出现某种新技术、新材料、新服务或者新的需求等刺激条件时，少数企业开始尝试进入以这些刺激条件为基础的新行业。该阶段最显著的特点是：进入该行业的企业相对较少；技术和服务还不完善，没有形成行业标准；由于大家都是新进入者，行业进入壁垒低；有潜在的顾客群体，顾客群体与企业一样对这个全新的行业掌握的信息较少，都处于尝试阶段。

在行业的成长期，技术、服务与产品质量趋于完善和稳定，行业标准逐步形成，市场需求急剧增加，顾客群体趋于理性与成熟；加入该行业的企业增加，产品的种类和数量也大幅增加，竞争强度增大，价格比较敏感；由于先入优势的形成，行业壁垒增高。

在行业的成熟期，行业标准已经形成，技术稳定，新产品开发困难；行业增长率和市场需求增长率降低；经过成长期的竞争与兼并，行业内企业的数量减少，企业的规模增大，一般最终只剩下少数几家实力强的企业。

在行业衰退期或蜕变期，市场需求下降，行业呈负增长；产品品种减少，竞争企业因行业利润减少而逐步退出，剩下少数几家满足市场的需求。蜕变期是指在衰退期，行业经过技术变革，在原来行业的基础上有了提升，适应了市场环境变化，满足了新的市场需求；本阶段的某些特点与行业的起步期有些类似，即有新材料、新技术或新的服务形式的出现，从而满足新的市场需要，但区别是，蜕变是在已有行业的基础上进行提升，而起步期是一个全新的领域。

处于不同行业生命周期的企业行为存在着显著的差异，如企业战略、企业能力、组织结构、投资与风险、企业重组与并购、竞争行为等，见表2—2。

表2—2　　行业生命周期特征

特征	起步期	成长期	成熟期	衰退期
消费者数量	少	增加	稳定	减少
产量	低	增加	稳定	减少
市场增长率	较高	很高	不高，趋于稳定	降低，负值
利润	较低，甚至为负	增加	最高	降低
竞争	对手数量少，不激烈	对手数量增加，开始激烈	对手数量最多，竞争最激烈	对手数量减少，竞争激烈程度降低
企业规模	较小	扩大	最大	降低或增加
产品品种	单一	增加	稳定，较多	减少
技术	不稳定	趋于稳定	稳定	落后
行业进入壁垒	低	提高	最高	部分企业退出

关于企业规模与生态创业关系的研究受到了许多学者的关注。是稳步前行的大型企业倾向于进行企业内部生态创业，还是朝气蓬勃的小型初创企业更勇于生态创业？现今关于生态创业的学术研究中很少有学者踏足这个领域。但是，在更宽泛的企业创新行为研究领域，企业规模与企业创新行为之间的关系已成为一个经典的研究课题。通过对近20项的研究成果进

行内容分析，Damanpour（1992）认为企业规模与创新行为呈正相关关系。即相对于市场占有率很低的初创企业，大型企业更具有创新性，因为占据市场主导地位的大型企业拥有雄厚的经济实力，这允许它们投入大量资金进行更高层次的创新研发。另一个同样流行的观点认为企业规模与创新行为之间呈负相关关系，原因在于小型企业相对于大型企业臃肿官僚的组织机构更具灵活性且易于变通。Kai Hockerts 和 Rolf Wüstenhagen（2010）在《商业风险杂志》发表的文章中则提出，初创企业和市场在位大型企业在生态创业中面临着不同的机遇与挑战，且在促进产业向可持续发展转型的过程中各自发挥着不同的作用。

初创企业的生态创业。当越来越多的新兴企业走可持续发展道路开拓绿色市场时，各个产业在与日俱增的压力下则不得不走向可持续发展。这些初创企业通常会向人们展示其产品及生产工艺的可持续性，去吸引那些秉承生态价值观的消费者。市场在位大型企业一般会担心它们已有产品的市场份额被挤占或是其已有投资贬值等问题而不敢尝试，初创企业则没有这方面的顾虑。另外，由于初创企业的身份是新进入者，作为问题解决者的它们比那些作为问题制造者的市场在位大型企业更值得信任。因此，在企业发展初期，初创企业比市场在位大型企业更有可能从事可持续发展的创业。

但这类新兴企业通常无法扩大自身业务，占据大众消费市场。Schumacher（1974）指出，在某些情况下，它们甚至没有拓宽市场的野心，而仅仅满足于保持在它们现有的生态利基上。这是因为可持续发展型的初创企业往往更注重保持企业一贯的可持续价值标准，以满足其顾客群对高质量无污染的产品的需求。在秉承生态可持续发展理念的创业者的经营下，Lockie 认为新兴企业往往不会选择降低企业产品或生产工艺标准这种做法来吸引更多的客户。这些小型企业意识到，作为行业的新进入者与市场在位大型企业进行市场竞争，它们的创新产品或生产工艺可能很容易被市场在位大型企业复制和改造。这些市场在位大型企业利用自身市场地位，通过其完善的分销网络将迅速占领整个市场，从而可能导致那些可持续发展型的初创企业的市场迅速萎缩直至走向灭亡。因此，可持续发展的初创企业更倾向于在一定的生态利基上发展，不致吸引在位大型企业争夺利益。随着时间的推移，初创企业将不断创新，从而提高可持续发展的绩效。

市场在位大型企业的生态创业。面对初创企业如雨后春笋般出现并争夺市场份额，越来越多的大型企业意识到：立足长远发展，走生态创业之路迫在眉睫。在产业向可持续发展转型的早期阶段，市场在位大型企业通常采用渐进式的工艺创新，例如更新企业信息系统和管理系统以适应企业内部可持续发展的要求。这些拥有一定的业务能力和稳定组织结构的大型企业往往会局限于其传统开发模式，开拓可持续发展的创新业务对它们来说并不容易。

虽然市场在位大型企业在可持续产品创新方面可能落后于那些可持续发展型初创企业，但它们具有得天独厚的优势实施企业工艺创新。先进的生产设备和生产工艺有助于降低生产成本、提高企业的劳动生产率，同时可以提高企业的产品质量，并能更好地推动产品创新成果的产业化、商品化，实现产品创新效益。因此，在某种程度上，市场在位大型企业在促进产业可持续发展中具有举足轻重的作用。同时，基于其强大的市场主导效应、财政资源和生产工艺能力，市场在位大型企业一旦下决心实施企业内部的生态创业，它们便能够发挥其优势迅速迎头赶上。这些老牌企业可能首先复制初创企业的创新技术，加以改进后在适当的时机推出市场，占据产品市场份额。一些市场在位大型企业也在持续关注那些不断发展的新兴创业企业，并趁机吞并那些具有发展潜力的初创企业。不可否认的是，不同于初创企业基于生态目标而进行生态创业，这些市场巨头通常是在企业盈利目标的驱使下开始关注绿色市场并展开生态创业。

Kai Hockerts 和 Rolf Wüstenhagen 认为，小型初创企业与大型企业在一个行业的可持续发展转型中发挥着各自的作用。他们通过建立概念化模型指出一个产业向可持续发展转型需要经历的几个不同阶段。

在第一阶段，可持续发展型的初创公司向市场推出可持续性发展的创新产品。Schaltegger（2002）在他的生态企业类型学中称这些兼具生态目标和盈利目标的企业为环保创业先锋。在这一阶段，这些生态创业先锋通常处于低市场份额、高环境和社会绩效的状态，只有在少数特殊情况下某些初创企业能在短期内迅速成长。市场中的在位大型企业的产品一般具有高市场份额，但它们对环境效益和社会效益的贡献却非常少。当这些生态创业先锋揭开可持续变革的序幕时，它们同时面临着产品被市场在位大型企业模仿甚至企业被吞并的威胁。

随着市场向可持续发展的持续转型，具有生命力的初创企业存活下来。在第二阶段，可持续初创企业开始进入高速发展的时代，这些初创型企业的背后是更务实且更专业的投资者在支持。它们将早期环保先锋的产品创新成果和市场老牌企业工艺创新上的优点结合起来。这些进化后的可持续发展初创企业，能更好地解读市场竞争环境，因此它们能够以更专业的经营方式来不断促进自身发展。它们并不满足于前辈们所恪守的“小而精”的创业原则（Schumacher，1974）。相反，它们有一个更明确的发展目标：实现利润增长和扩大市场份额，并与市场在位大型企业一较高下。

在第三阶段，也是最后一个阶段，生态创业模式逐渐成熟并开始延伸到大众市场中，市场在位大型企业受到来自初创企业的威胁，开始向绿色市场进军。和那些市场老牌企业相比，正在发展中的大型企业更多是在利润的驱使下加入生态创业的行列，因此它们在带动工艺创新的同时也推动着产品供应链的良性循环。

第三章

绿色创业与高新技术关系研究

第一节 基于中关村绿色技术企业的创业模式比较

一、研究思路

本节借助美国硅谷地区较为成熟的斯坦福—硅谷产学研合作模式，对北京中关村地区高新技术企业绿色高新技术转移过程中的产学研合作模式进行研究。

斯坦福—硅谷高校企业协同发展模式是产学研合作的成功典范。斯坦福大学与硅谷间的产学研合作主要通过高校与企业共建研究中心和大学衍生企业实现。此外，先进的技术转化支撑体系——斯坦福大学技术许可办公室（OTL）为学校科研成果的顺利转移提供保障。

共建研究中心是斯坦福大学与硅谷企业合作的重要形式。研究中心每年承担大量的高科技前沿课题，以校企研发人共同合作为基础，双方共同探讨先进技术。合作企业每年按规定向中心支付一定数量的会员费，作为中心的研究资金。合作企业按照双方协商享有对研究成果的使用权，从而加速了科研成果向生产力的转化。

大学衍生企业的运作模式来自斯坦福大学的技术发明人直接创业并将技术产品化。包括惠普、思科及谷歌等改变世界的大企业都属于斯坦福衍生企业。斯坦福大学不仅培养了这些企业的创始人，同时也是技术、产品最早的应用地、赞助人和推向市场的中介。相比技术许可办公室和共建研究中心，大学衍生企业的技术转移形式效率更高。

来自斯坦福大学的技术研究成果通过技术许可办公室转移至企业。技术许可办公室成立于 1970 年，其宗旨是促进斯坦福大学在技术上的成就转化成服务社会的切实产品，将收益返还给发明者和大学，用于进一步的研究和教学。技术许可办公室的运作模式为：技术许可办公室接受斯坦福大学院系、职员和学生的研究成果，并评估这些成果的商业可行性。如果技术商业化成功，技术许可办公室将从企业获得版税或转让金，并分配给发明者所在院系的基金及发明者本人。实践过程中，技术许可办公室通常与发明者就该发明的潜在应用进行讨论，分析技术及市场方面的风险，决定是否为该发明者申请专利权。明确了确实有市场前景、具备商业化条件后，再协助申请专利，并和企业谈判签订专利转让协定。斯坦福—硅谷产学研合作模式如图 3—1 所示。

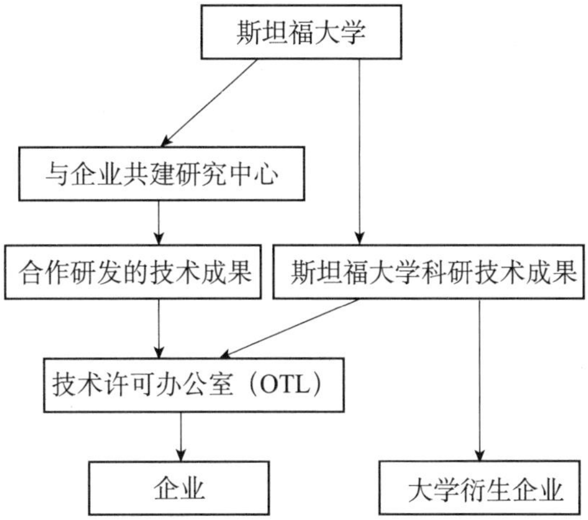

图 3—1　斯坦福—硅谷产学研合作模式图

本研究选取中关村 30 家上市公司，研究它们与高校或科研院所间的技术转移和产学研合作模式，并与斯坦福—硅谷模式进行对比。所选公司大都致力于利用生物膜技术解决水资源短缺、水污染问题，从事清洁生产，开发应用资源循环利用系统，研发节能减排的新材料等；均利用绿色高新技术发展生产力，存在与高校或科研院所间的绿色高新技术转移活动。本研究借助斯坦福—硅谷产学研合作模式的框架，探讨中关村高新技术企业绿色高新技术转移模式，进行案例分析。

二、产学研合作模式及案例分析

与斯坦福—硅谷模式相似，中关村地区高校或科研院所与企业之间也通过共建研究中心及大学衍生企业的方式实现合作研发，高校或科研院所内普遍存在负责技术转移的相关部门。30 家企业产学研合作形式及合作高校或科研院所情况如表 3—1 所示。

在选取的 30 家高新技术企业中，一半以上的企业通过与高校或科研院所共建研究中心、共建联合实验室等方式合作研发，研发成果双方共享，或公司依据双方约定投入研发经费，并享有研发成果的独家使用权。例如“碧水源”公司与清华大学共同建立“清华大学—碧水源环境膜技术研发中心”，双方共同申请专利。“万邦达环保”与北京师范大学建立联合实验室，共同进行水资源的检测及模拟实验，公司享有技术研究成果商业上的独家使用权。

表 3—1　　　　中关村地区 30 家企业产学研合作模式表

合作形式					
共建研究中心、联合实验室		高校及科研院所衍生企业		高校技术直接转移	
企业	合作高校及科研院所	企业	合作高校及科研院所	企业	合作高校及科研院所
碧水源	清华大学	中科三环	中科院	碧水源	清华大学
万邦达环保	北京师范大学	天元网络	北京邮电大学	三聚环保	清华大学、中国石油大学
四方继保	华北电力大学、清华大学	清华紫光	清华大学	蓝景膜	清华大学
天立环保	清华大学、北京大学	中科科仪	中科院	数码大方	北京航空航天大学
北新建材	清华大学	北大千方	北京大学	博朗	中科院工程热物理所

续前表

合作形式					
共建研究中心、联合实验室		高校及科研院所衍生企业		高校技术直接转移	
企业	合作高校及科研院所	企业	合作高校及科研院所	企业	合作高校及科研院所
科信必成	中国医学科学院	有研硅股	中科院	高盟新材	中国铁道科学研究院
金生金命	清华大学、中科院	禹光生物医药	北京大学	东方园林	北京林业大学
海鑫科金	清华大学	清华阳光	清华大学		
德清源	中国农业大学	有研半导体	中科院		
康辰医药	北京大学医学部、北京大学生命科学院				
亚都	清华大学				
数码大方	清华大学、北京航空航天大学				
绿伞化学	北京工商大学				
恒泰艾普	中国地质大学				
安泰科技	北京大学口腔医学院				
中和威	北京航空航天大学、国防科技大学				

部分上市公司为高校或科研院所的衍生企业，如中科三环、清华阳光等。这些企业的创始人来自高校或科研院所，利用在高校或科研院所研发出的科研成果创业，建立企业。而这些从高校或科研院所产生的绿色高新技术也成为企业立足的核心技术。

少数企业拥有不同数量的完全来自高校或科研院所的绿色高新技术，高校或科研院所通过相关技术转移机构将技术直接转让给企业。如“三聚环保”拥有清华大学与中国石油大学的技术转让专利；“蓝景膜”以清华大学为技术依托，享有清华大学转让的专利技术。不同合作形式的企业数量及比例见图3—2。

与斯坦福大学“技术许可办公室”类似，中关村地区的众多高校也设有从事科技成果转化、技术转移的部门。如清华大学的科学技术开发部专门负责与各企业单位进行技术合作，签订技术合同、专利实施许可合同。

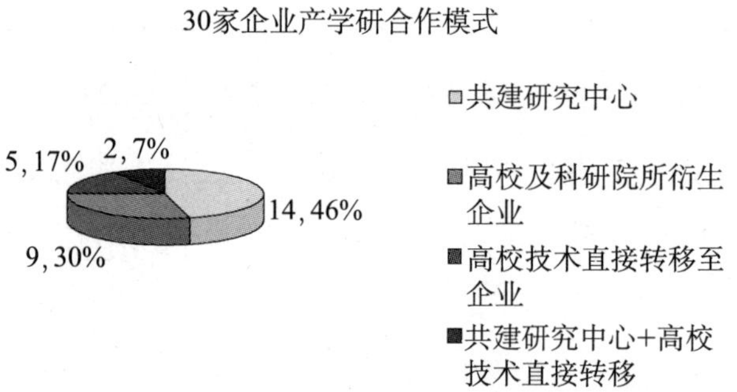

图 3—2　中关村地区 30 家企业产学研合作模式比例分布图

北京大学同样设有科技开发部，负责技术开发、技术成果转化和产业化合作等工作，代表北大签署技术合同。中国农业大学与北京交通大学均设有科技处，负责校企合作和技术转化工作等。

除了高校内的技术转移部门，中关村地区还分布着独立的技术转移中介机构。它们开展针对技术供需双方的技术交易和转移活动，购买和集成相关技术，然后出售技术成果，为技术供需双方提供技术转让中介服务。很多技术所有者倾向于选择独立的技术转移中介机构进行技术转让。

三、研究发现

与斯坦福—硅谷高校企业协同发展模式类似，中关村地区的绿色高新技术转移也通过高校与企业共建研究中心进行合作研发和大学衍生企业实现，各高校中也设有类似的技术转移和产学研合作部门，但具体内容却有较大差异。

中关村地区绿色高新技术合作研发多，高校向企业直接转化少。本研究选取的 30 家企业中，超过半数的企业通过与高校共建研究中心和联合实验室进行合作研发，只有 7 家企业通过技术转化获得完全由高校产生的技术。这与绿色高新技术本身的特点有关，也具有国内高校专利技术转让难的普遍原因。首先，本研究的企业均为新兴的高新技术企业，致力于节能减排和环境保护，这些企业大都成立时间不长，而企业的创始人多为相关领域的技术研究人员出身，所以很多企业在成立之初便已具备自主研发的能力，不需要完全依赖高校技术。其次，目前国内高校与企业间技术转化难现象较为普遍，有数据称，中国高校研发人员的专利 80%以上得不到转化。其中的原因是多方面的。如企业对高校专利技术缺乏信任，对专利的实用性存在担忧，出于投资收益的考虑，不少企业最终选择放弃高校技术。相比斯坦福大学产生的科研成果，中关村地区高校绿色高新技术的含金量相对较低，这也构成了中关村地区高新技术企业引进高校绿色高新技术较少的原因。

中关村地区大学及科研院所衍生企业数量较硅谷地区较少。硅谷地区聚集着大量的斯坦福大学衍生企业，相比之下，中关村地区以绿色高新技术为核心技术的大学衍生企业数量较少。这与硅谷发展的历史和其特有的创业文化有关。斯坦福大学自 20 世纪 60 年代起蓬勃发展，并通过产学研合作带动了硅谷经济的腾飞。中关村最初兴起于 20 世纪 80 年代后期，发展时间较硅谷地区短，所以中关村地区大学衍生企业的数量较硅谷相差较远；而以绿色高新技术为支撑的绿色产业属于新兴产业，是近几年才发展起来的，大学衍生企业中绿色高新技术企业数量较少。此外，斯坦福大学产生大量大学衍生企业的背后是硅谷地区特有的创业文化，这也是硅谷地区大学衍生企业蓬勃发展的最重要的原因。斯坦福大学自学生入校起便鼓励他们创业，鼓励将科研成果通过创业的形式转化为社会生产力。因此，其学生具有创业的意识和热情，有着创业的执着和为创业奉献的精神。再加上硅谷地区具有良好的创业外部环境，大量创业人从斯坦福大学走出，投入硅谷这片创业的热土，实现科研技术的产业化。而这一技术转移模式确实是其他地区难以复制的。

中关村地区高校技术转移部门发展欠缺。相比斯坦福大学技术许可办公室，中关村地区高校科学技术开发部门在促进高校科研成果转化工作上还有较大差距。首先，中关村地区高校内的科技开发部门不能完成科研成果转化的全套工作。如清华大学的科学技术开发部负责学校与企业的合作工作，代表学校签署技术合同和专利转让合同，而前期对专利的筛选评估及申请工作由另一个部门——知识产权管理办公室完成。相比之下，斯坦福大学技术许可办公室独立完成接受科研成果、评估科研成果商业可行性、专利申请、技术专利转让的整套工作，技术转移效率大大提高。其次，中关村地区的高校普遍缺乏专业的技术转移工作人员，各高校负责技术转移的部门人员配置不够、分工不明。如中国农业大学科技处就存在人员不足、工作衔接不够等问题。最后，中关村地区高校的技术转移部门对科研成果的转化数量远少于斯坦福大学技术许可办公室。除去斯坦福大学与中关村地区高校科研成果数量不同的原因外，中关村地区高校外独立的技术转移中介机构占据了很大部分科研成果的转化数量。斯坦福大学产生的技术基本均通过技术许可办公室转化，而对于中关村地区高校中产生的科研成果，很多技术所有者更倾向于选择独立的技术转移中介机构进行技术转让。中关村地区有不少这样的中介机构，它们开展针对技术供需双方的技术交易和转移活动，购买和集成相关技术，然后出售技术成果。中科院信息咨询中心便是其中的典型代表。其主要业务有：选择可产业化的科研成果，形成项目数据库供客户上网查询；为技术供需双方提供技术转让中介服务；项目投资可行性研究、科技项目评估、技术合同登记等。

通过分析对比可以看出，中关村地区绿色高新技术转移模式与斯坦福—硅谷高校企业协同发展模式有一定的相似之处，但整体水平还有一定差距。这与绿色高新技术产业兴起较晚、发展时间不长有关，也取决于中关村与硅谷地区文化的差异。要促进中关村地区绿色高新技术的转移和扩散，发展绿色高新技术产业，不能一味复制斯坦福—硅谷模式，而应在借鉴斯坦福—硅谷模式的基础上，探索适合于中关村地区高新技术企业发展的道路。高校应提高科研成果的质量，完善技术转化体系，增强大学生和科研人员的创新意识；企业方面，应积极寻求与高校科研院所的合作，将科研成果转化为绿色生产力，从而促进经济的可持续发展。

第二节　高新技术创业成长的管理团队影响分析

一、高阶理论评析

随着高层管理团队（top management team，TMT）在我国企业发展中作用的凸显以及高层管理团队变更的频繁发生，高层管理团队变更给企业经营带来的变革正逐渐成为人们关注的热点。TMT 变更有着复杂的社会经济文化背景，同时又会影响企业战略更新，进而对企业绩效发挥重要作用。中国企业在市场状况、产业结构、公司规模、管理结构等方面存在很大差异，难以一以概之。根据中国企业实际，采用权变方法分析 TMT 变更与战略更新及其对企业绩效的影响无疑有着重要的理论与现实意义。

“高阶理论”认为 TMT 具有战略决策性，有能力负责整个企业的组织与协调，从而对战略更新拥有很大的决策权与控制权。动荡环境下的高管人员需要具备风险承担能力和超前行动能力，这些都会使 TMT 变更带来战略更新的结果。Tushman 和 Romanelli（1985）认为，只有高层领导者才有资格和能力去发起和完成战略更新。已有学者研究证明，高层管理团队的变化性与企业创新的相关性要远远高于 CEO 与企业创新的相关性。还有学者以“财富 500”为样本，研究了高层管理团队与公司战略变化的关系，结果表明采取战略变更的公司和不采取战略变更的公司的高管团队成员在任期等方面存在差异，TMT 成员离职会影响企业管理资源的安排，从而改变企业战略结果。此外，也有研究发现 TMT 的异质性（包括多样性和变化性）会对战略创新和企业求变产生积极影响。

TMT 变更会影响战略制定过程，通过战略更新对组织绩效产生影响，这种潜在联系受到了管理学术领域的关注和研究。有学者研究认为，TMT 的人口统计特征和构成不可能直接影响组织绩效，而是通过高管团队的战略决策制定来间接影响组织产出。虽然成员特征和构成安排与企业利润之间积极相关，但是这并不重要。为了提高公司绩效，高管们应当改善战略决策方式。已有一系列经验性研究表明，企业 TMT 变更与组织战略之间的关系受到高管人员制定战略的能力和战略决策过程以及相关因素的影响，从而带来组织绩效的变化。由此可以假设 TMT 变更会促进技术转移等战略更新和企业绩效。

二、研究设计

本研究选取了中国电子信息业百强为研究对象，不仅保证了行业属性的统一，而且选择不确定性高的电子信息产业更能反映出当今新经济环境动态性和复杂性的特点。样本为由中国信息产业部每年评选的中国电子信息业百强企业，选择范围为从第 16 届至第 18 届连续三年名列百强的 68 家企业。根据资料的可得性和可靠性，最终确定了 56 家企业进行研究，采用了横截面和时间序列数据混合的面板数据估计模型，使研究观察数扩大至 168（56×3=168）个。资料来源是中国主要的经济网站（如“国研网”和“金融界”等）数据库。

变量的界定具体如下：(1) TMT 变更。高管团队位于企业战略高层，成员之间良性互动、认同共同目标，具有资源整合优化、高效能和高决策权。本研究的 TMT 由那些职位为副总经理及之上（董事长、副董事长、总经理、CEO、副总经理、财务总监）的人员构成，TMT 的变更则定义为团队成员职位的变更。(2) 战略更新。战略更新关系到企业战略变革的方式，是组织的信念、行动和学习不断反复的过程。企业在导入新产品和采用新技术等方面具有进取性是战略更新的表现之一，研究与发展投入被认为是企业战略更新的重要形式之一，而这需要 TMT 的管理和支持才能实现，因此，本研究用企业研究与发展支出代表战略更新。(3) 企业绩效。由于管理者薪酬往往与经营利润挂钩，而且其对经营利润的控制权要多于对市场的控制权，所以他们会有更大的动力去关注企业经营情况。所以，本研究更关注企业的经营结果而非市场反应，因此采用了财务指标资本收益率而非市场指标来衡量企业绩效。

基于此，我们主要收集了 168 个观察企业数据中的以下数据。首先，各企业各年度 TMT 非核心成员变更和核心成员（总经理和董事长）变更分别被处理为虚拟变量 *TTO*1 和 *TTO*2，没有发生变更的企业被标记为 0，发生变更的则被标记为 1。其次，为了动态地反映企业研发的情况，本研究收集整理了各企业各年度研发投入率（企业当年研究与发展经费支出与营业收入的比值）*RRD*1 和研发投入增长率（企业本期研发投入率与上期研发投入率的差额同上期研发投入率的比值）*RRD*2。前者反映了企业创新强度，后者则反映了变化程度，二者的同时使用有助于对企业研发投入情况进行更全面的分析。最后，是各企业各年度资本收益率 *ROE*1，即企业当年利润净值与净资产比值，代表了企业的获利能力；为了反映出企业获利能力的变化程度，也选取了 *ROE* 增长率 *ROE*2 一起比较分析研究的动态性。

需要特别说明的是，由于 TMT 变更后企业绩效一般不会马上变化，因此，本研究选择 TMT 变更一年之后的战略和绩效指标来更客观地反映和衡量变更所带来的影响和结果。例如，某企业 2002 年 TMT 变更对战略更新和企业绩效的影响要通过 2003 年的研发投入和收入利润情况来反映。

三、分析讨论

各指标描述性统计及相关系数如表 3—2 所示。可以看出，中国电子信息百强企业在转型经济环境下的 TMT 变更具有比总经理等核心成员个体变换更为频繁的特点，而且，虽然企业整体研发水平在提高、创新在加强，但是，两极分化现象严重。另外，企业在获利能力增长率上呈现趋同趋势，这与电子信息业日益残酷和激烈的竞争是分不开的。

表 3—2　　变量的统计描述和相关系数表

变量	均值	标准差	1	2	3	4	5	6
1. *TTO*1	0.600	0.494	—	−0.193	0.242	−0.175	0.001	−0.066
2. *TTO*2	0.750	0.434	−0.193	—	0.058	−0.222	0.001	−0.066
3. *RRD*1	3.327	3.439	0.242	0.058	—	0.020	0.028	−0.132
4. *RRD*2	3.311	2.362	−0.175	−0.222	0.020	—	0.035	−0.046
5. *ROE*1	3.940	10.589	0.001	0.009	0.028	0.035	—	0.284*
6. *ROE*2	5.429	11.035	−0.066	0.107	−0.132	−0.046	0.284*	—

说明：* 表示在 0.05（双尾检测）水平上显著。

在此基础上，本研究使用多元化回归分析方法对研究模型进行假设检验，结果如表 3—3 所示。可以看出，*TTO*1 和 *TTO*2 对战略更新指标 *RRD*1 的系数都通过了显著性检验，系数都为正，而 TMT 变更对指标 *RRD*2 的系数没有通过显著性检验，说明 TMT 变更会通过影响研发投入率而带来战略更新，会影响研发投入强度，但是在增长率上没有什么影响。在企业实践中不难发现一些企业的 TMT 变更往往会带来明显的战略更新举措，但其变化和发展速度并不明显。

*TTO*1 对指标 *ROE*1 的系数通过了显著性检验，而对 *ROE*2 的系数没有通过显著性检验。表明 TMT 变更与企业绩效的相关性还需要具体分析和讨论。企业 TMT 变更之后企业获利能力增加，表现为收入利润率的提升；但是企业获利能力变化不明显，其提升速度并不受 TMT 变更影响。

对此的解释是，在 TMT 变更与随后的组织绩效之间可能并不存在直接联系，这在国内研究中也有所反映，对中国上市公司的一些实证研究表明，总经理和董事长的更换往往并没有在两年内扭转企业经营绩效不良的局面，带给企业的仅仅是严重的盈余管理。

表 3—3 **多元回归结果**

变量	*RRD*1	*RRD*2	*ROE*1			*ROE*2		
	(1)	(2)	(3)	(4)	(5)	(6)	(7)	(8)
*TTO*1	3.089* (6.695)	164.567 (1.712)	4.484* (8.170)	—	2.785* (4.079)	3.631 (0.377)	—	−1.130 (−0.093)
*TTO*2	1.107* (2.576)	70.135 (1.667)	0.240 (1.143)	—	−0.147 (−0.680)	−0.150 (−0.676)	—	−0.187 (−0.834)
*RRD*1	—	—	—	0.821* (7.693)	0.772* (5.005)	—	1.644 (0.944)	1.787 (0.654)
*RRD*2	—	—	—	0.001 (0.966)	−0.000 (0.021)	—	−0.002 (−0.225)	−0.003 (−0.264)
R^2	0.550	0.222	0.449	0.468	0.487	0.114	0.245	0.249
$\triangle R^2$	0.540	0.197	0.334	0.329	0.324	0.110	0.224	0.193
F	49.986	78.164	39.510	37.216	29.323	21.162	20.522	59.300

说明：括号内为 *T* 值，* 表示显著性水平 $p<0.05$。

通过对 *RRD* 和 *ROE* 指标之间的分析可以看出，*RRD*1 和 *ROE*1 的系数通过了显著性检验，且系数为正，说明企业的研发投入率可以影响企业绩效大小，战略更新的强度影响了企业绩效产出程度。但是，其他相关系数没有通过显著性检验，表明企业研发投入率并不会引起企业收入利润率、增长率的变化，而企业研发投入率的增长情况也没有对企业收入利润率及其增长速度产生影响。这反映出企业战略更新可能提高企业的获利能力，但没有直接推进企业绩效的提升速度。

对 TMT 变更和战略更新与企业绩效相关性的检验表明，只有 *TTO*1 和 *RRD*1 对 *ROE*1 的系数通过了显著性检验，而且系数为正，说明 TMT 变更和企业研发投入率可以影响企业收入利润率。但是，综合其他未通过显著性检验的系数可以看出，TMT 变更和战略更新会对企业绩效在一定层面上产生积极影响，但对企业绩效的变化程度和提升速度作用不明显。对此的解释是，企业可以通过 TMT 的变更和战略更新带来企业绩效在点上的增加，但在整体发展过程中，并没有表现出绩效增速的趋势，反映出 TMT 变更和战略创新可能带来的只是短期绩效的改善，长期效果不突出。

总之，以上回归结果验证了本研究的假设，但是只是在部分内容上通过了检验，一些要素的相关性并未得到验证。具体如图 3—3 所示。从中可以看出，TMT 变更对战略更新的强度会产生影响，具体表现在 TMT 成员变更后通过增大研究与发展经费支出比率等方式来推动企业的战略更新，从而会带来企业绩效的增加，如企业收入率的提高等。但是，TMT 变更并不会影响战略更新和企业绩效增加速度，说明以电子信息业百强为代表的企业 TMT 变更只是改变了战略更新和企业绩效，并未提升二者的发展速度。同时，TMT 变更和战略更新强度的变化共同会对增加企业绩效发挥积极作用，但同样不会影响其改善速度，反映出 TMT 变更的短期效应。

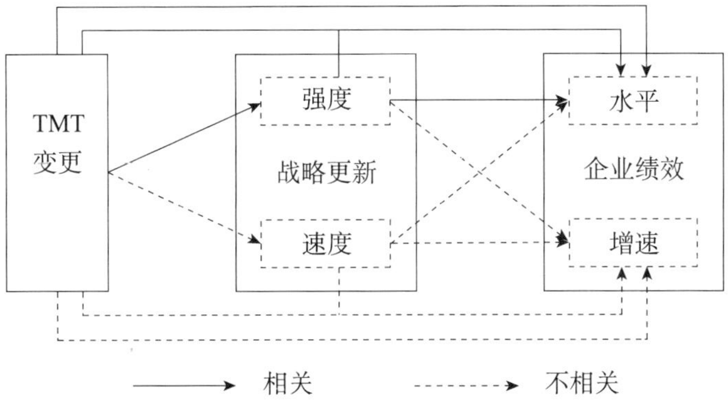

图 3—3 TMT 变更、战略更新和企业绩效关系示意图

第四章

绿色高新技术企业的创业过程研究

第一节 技术转移视角的分析

一、研究依据

1. 宏观背景

世界范围内的环境污染、能源危机困扰着人类的可持续发展，而致力于减少污染、降低能耗、改善生态的绿色技术受到越来越多的关注。

在政府政策方面，截止到2010年底，我国政府在清洁能源领域已斥资达3 540亿元人民币，成为全球第一的清洁能源投资方；同时，风电装机容量达44.7百万千瓦（GW），成为世界之最；此外，太阳能、生物质能方面也在大力推进，其中包括到2020年拥有50GW的太阳能装机容量（2011年底时仅有2GW）、2015年拥有13GW的生物质能装机容量的目标。并且，国务院于2010年提出优先发展战略性新兴产业的决议，其中涉及的七大产业即包括了研发、运用绿色技术的节能环保、新能源、新材料等朝阳产业。

在经济环境方面，根据《中国绿色科技报告 2012》所述，尽管近年来面临出口减缓、银根紧缩、基础设施投入增速降低等宏观经济影响，但我国对于环境技术与能源的大量需求仍将继续推动绿色技术市场的快速发展，中国在短短数年内已经迅速成长为全球范围内绿色技术行业的市场领军者。

在社会文化方面，绿色、环保、节能等概念已经为越来越多的人所接受和认可，特别是 2013 年中国华北地区持续的雾霾天气更是唤起了公众对于绿色科技以及健康生活的高度关注。

在技术环境层面，各国均十分重视对于绿色技术的研发投入，西方发达国家更是已经积累了颇为丰硕的经验成果，我国的绿色技术在政府、企业以及众多研究机构的共同努力下，也从一度落后转型为达到众多领域的领军水平。

2. 行业背景

绿色技术的界定并不拘泥于某个具体的行业，而是作为一种绿色理念的实际载体为多个行业所共同创造和运用。随着“十二五”节能环保、新能源等产业发展规划的出台及其细则的日渐完善，绿色技术行业的发展呈现出蓬勃生机。图 4—1 是绿色技术涉及的行业板块以及各板块主要研究领域，由图中可以看出绿色技术涉及能源、建筑、交通、农业等多个板块，覆盖行业非常广泛。

节能环保产业作为七大战略性新兴产业之首，其行业涉足面既广且深，包含与之相关的产品、服务、设备等诸多领域；与之理念相近的新能源产业同样涉及太阳能光伏、地热、潮汐、生物质能、风能等可再生能源以及清洁煤、核能等清洁常规能源的多个行业。受国家利好政策的感召，越来越多的行业加入到研究及应用绿色技术的行列中。

3. 企业背景

受国家宏观调控影响，资本市场上绿色技术相关企业方兴未艾，我国沪市和深市两大交易所上市企业中相继推出节能环保、新能源、新材料等概念股板块，包含了研发生产风电设备、太阳能光伏设备、新能源电池、污水处理设备、脱硫脱硝除尘设备等产品的数百家企业。

近年来，随着互联网、交通业的高速发展，国家、地区、行业、企业

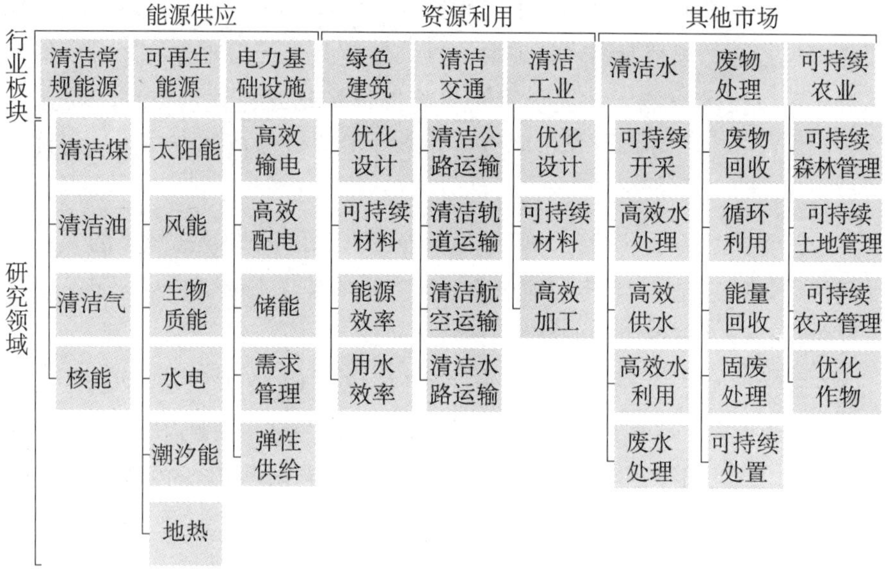

图 4—1　绿色技术行业分布情况

资料来源：CGTI《中国绿色科技报告 2012》。

各个层面间的技术交流日渐频繁，技术转移作为技术交流的重要形式之一，其涉及对象、内容、途径均在向广而深的方向发展。技术许可证、企业孵化器、大学产业园等科技成果转移的形式层出不穷，我国许多地区均成立了技术转移中心，以协助和促进技术转移活动的顺利进行。

相较于发达国家而言，我国涉及绿色技术的相关产业大都还处于起步阶段。在绿色技术的创新和优化过程中，企业自主研发固然必不可少，而通过有效的技术转移途径吸收已有的技术成果也不失为良策，不但可以为绿色技术企业的发展提供助力，也能够有效避免绿色科技成果的闲置和资源的浪费。作为技术转移活动的重要途径，以大学、科研机构的技术成果为依托的产学研合作受到诸多绿色技术企业的青睐，其具体的合作方式仍在不断地尝试探索和推陈出新中。

二、研究目的

（1）了解企业层面的绿色技术转移现状。本研究从 200 余家节能环保、新能源上市企业中遴选出数据披露最为完整的73家企业，研究对象均为在沪深两证券交易所节能环保、新能源概念股板块上市的绿色技术企业，并设置了6项指标对各绿色技术企业的技术转移情况进行测度，所选用的数据为2009、2010、2011三年的年报数据，力求从企业层面深入剖析我国绿色技术上市企业的技术转移情况。

（2）探索绿色技术转移与企业绩效的关系。企业的技术转移与内化的活动最终是为了绩效的优化与可持续竞争力的提升。本研究除了6个涉及技术转移的解释变量之外，还设置了净利润作为表征绿色技术企业绩效成果的指标，并对企业规模等同样影响绩效的因素进行了控制，以期较为准确地探究绿色技术转移与企业绩效之间是否存在相关性。

（3）剖析绿色技术转移各维度对绩效影响的程度和方向。在数据分析的部分，本研究运用多元回归分析，基于“企业—高校—政府”三螺旋模型的分析框架，逐一探究绿色技术转移的三个维度六项指标与企业绩效指标的相关程度和影响方向，并对各维度指标的差异性进行分析；此外，本研究还设置了企业成长阶段作为调节变量，用以探索该项因素对绿色技术转移与企业绩效的关系是否有调节作用。

（4）为绿色技术企业绩效优化提供启示性建议。通过指标数据分析及结果评析，可以明确高校、政府、企业三者导向的绿色技术转移对绩效的作用方式，进而从众多因素中发掘出影响企业绩效结果的重要指标，从而为绿色技术上市企业以及诸多非上市企业提出合理化建议，在资源稀缺的情况下进行人、财、物力的合理配置、重点布局，以优化企业的绩效结果。

三、研究意义

目前文献对于绿色技术、技术转移以及产学研技术转移、企业绩效等方面分别已经有了较长的研究历史、较成熟的研究理论以及丰硕的研究成果。但从产学研角度专门研究绿色技术的技术转移活动的文献尚不多见，亦鲜有针对绿色技术企业实施产学研技术转移的绩效结果进行实证研究的资料，本研究对绿色技术领域产学研技术转移与企业绩效的关系进行了初步探索和实证分析，在一定程度上有助于促进技术转移理论的深化应用与发展。

本研究样本均取自现实的绿色技术企业，所属行业主要集中在提供绿色技术相关设备研发与生产的制造行业，且均为获得上市资格至少三年的规范性公司。随着绿色技术产业日益成为社会所关注的焦点，本研究中所获得的对绿色技术企业发展的规划建议不但可为样本中所涉及企业的发展借鉴，更能够为诸多处于起步阶段的绿色技术企业提供方向性指导，因此具有较强的现实意义。

四、研究方法

（1）文献研究法。本研究首先对国内外绿色技术转移相关的文献进行了综述，在梳理文献的基础上形成了文章的思路与研究内容。此外，在样本数据的收集阶段，同样运用文献研究法及内容分析法对250家节能环保、新能源上市公司2009—2011三年间的年度报告进行阅读整理，从而完成数据的收集工作。

（2）比较研究法。在一定意义上，客观事物在相互比较中更能明确自身的属性以及在系统中的作用。本研究基于三螺旋模型，依据技术转移活动涉及的主体将指标体系分为企业、政府、高校三类，并根据统计分析结果比较三方力量对企业绩效影响之强弱。

（3）归纳—演绎法。作为方向相反的两种逻辑思维方法，归纳法与演绎法在管理研究中常常相辅相成。一方面，本研究从绿色技术转移这个抽象的概念出发，推演出三类六项变量以作为其测度指标；另一方面，又从70余家绿色技术企业的数据中分析归纳出产学研各类技术转移指标对企业绩效的影响作用。此外，在最后的结果讨论部分，也分别进行了结论的归纳与演绎。

（4）定性分析与定量分析法。在样本分析的章节中，本研究采用定量与定性主辅结合的研究方法，对遴选出的70余家样本企业三年的面板数据进行了描述统计和回归分析，并在统计结果的基础上进行了定性分析。

（5）理论假设与实证检验法。在研究思路上，本研究采用理论假设与实证检验的方法，首先在分析文献的基础上对自变量与因变量的关系提出理论假设，进而通过样本选取、数据收集与统计分析进行实证检验。

图 4—2 为本研究的技术路线图。

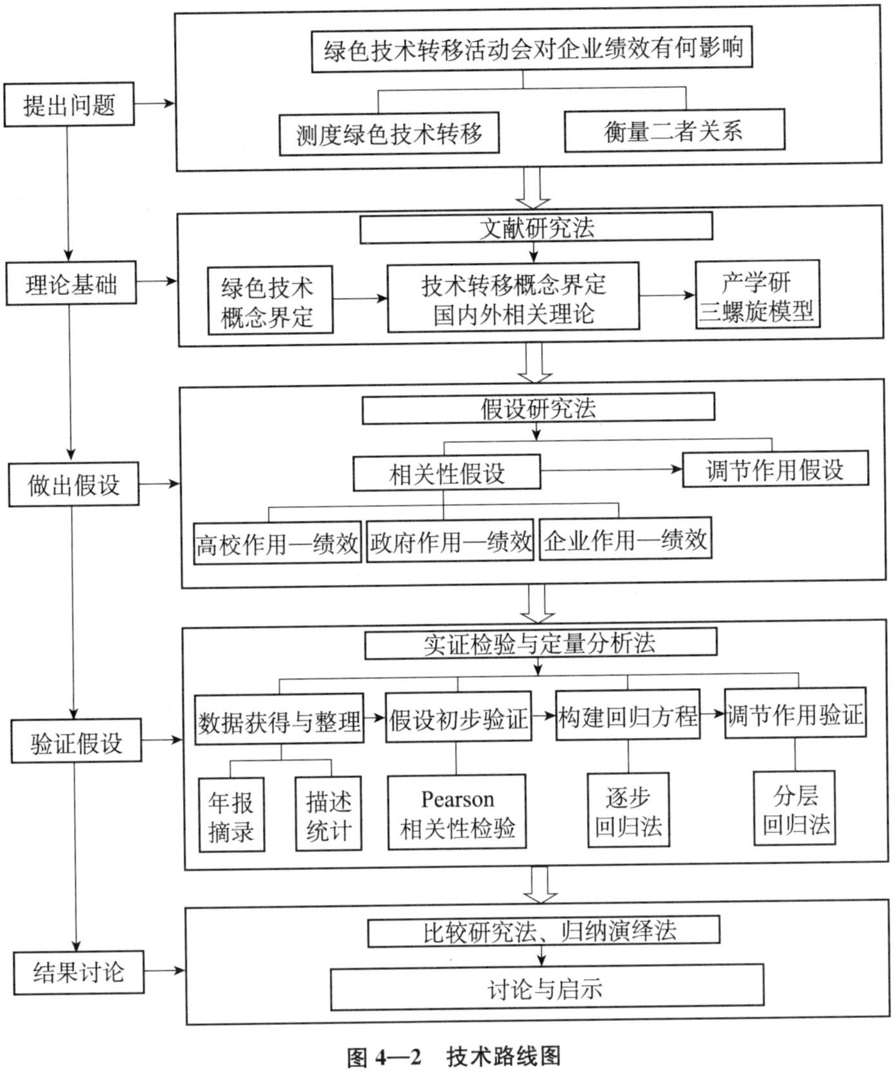

图 4—2　技术路线图

五、理论基础

在能源危机和环境问题日益凸显的今天，以环境友好为前提的绿色技术的推广迫在眉睫，但由于绿色技术的外部经济性，使得企业独立承担研发和应用绿色技术的重任难以得到有效实施，而科研机构、政府、企业三位一体、互为助力的产学研合作方式不失为促进绿色技术应用的良策。在产学研技术转移模式下，科研机构向企业输送人才与技术，政府则提供相应的经费补助和政策支持。而诸多的绿色技术企业技术转移情况千差万别，最终的绩效结果表现也不尽相同，其中的关系及影响因素具有一定的研究价值和指导意义。对于相关方面的问题，国内外学者从不同领域、不同层面、不同视角进行了探索，以下将从绿色技术转移涉及的基本概念、产学研合作视角下的绿色技术转移以及对现有研究结果的评述三方面对相关文献进行梳理。

1. 绿色技术转移概述

（1）绿色技术的基本概念。

绿色技术（green technology）又被称作环境友好技术（environmental sound technology，EST）或生态技术（ecological technology），其思想发端于20世纪六七十年代西方工业化国家的社会生态运动。对于绿色技术的概念，国内外学者从不同角度进行了阐述和界定，我国学者刘晓音（2012）把绿色技术定义为“能避免或降低环境污染，节约原材料、资源和能源消耗，改进生产效率，提高成本的有效性，使生态负效应较小化，有利于经济社会可持续发展的方法、工艺和产品的总称”。此外，他还对绿色技术的种类进行了归纳，指出绿色技术主要包括污染控制和预防技术、循环再生技术、生态工艺、净化技术、监测与评估技术、修整与恢复技术等。

（2）绿色技术的特征。

我国近年来广泛推行的新能源、新材料、节能环保等技术被普遍认为属于绿色技术的范畴。对于绿色技术的特征，美国《未来学家》曾概括描述为“持续利用、可持续能源为基础、高效利用能源资源、高效回收废弃物、智能化、充满活力”等六个特点。韩帅（2010）则把绿色技术的主要特征归纳为复合性、动态性、层次性、多元性、复杂性五个方面。此外，还有学者从绿色技术的范围、属性等方面归纳出四个绿色技术的基本特征：首先，绿色技术不只是指某一单项技术，而是一整套技术；其次，绿色技术具有高度的战略性，它与可持续发展战略密不可分；再次，随着时间的推移和科技的进步，绿色技术本身也在不断变化和发展；最后，绿色技术和高新技术关系密切。

（3）技术转移的内涵。

技术转移（technology transfer）一词在国际经济理论和技术理论中首次被使用是在20世纪60年代中期，出自联合国支援发展中国家的报告。关于技术转移的概念，国外有很多种解释。Roessner（1990）在他的专著*Technology Transfer*中将技术转移定义为“技术诀窍、知识或技术从一个组织向另一个组织的移动”。

1985年联合国《国际技术转让行动守则（草案）》中把技术转移定义为：“技术转让指转让关于制造一项产品、应用一项工艺或提供一项服务的系统知识，但不包括只涉及货物出售或只涉及货物出租的交易”。该定义明确了技术转移的标的是“软件”技术，而单纯的不带任何“软件”技术的“硬件”转移不属于“技术转移”的范畴。

（4）西方技术转移研究理论概述。

早期的西方学者涉及技术转移的理论主要集中在技术转移发生的原因。20世纪60年代，Posner（1961）提出了技术差距理论，该理论认为技术转移的原因在于国际间存在着技术差异。随着对技术差距理论研究的逐步深入，美国学者P. Krugman（1979）提出了一般均衡条件的商品周期贸易模式，成为保持技术差距的依据。

美国经济学家提出了技术转移选择理论（国际生产折中理论），把国际直接投资、国际贸易、技术转移三者有机地统一起来，通过建立国际生产选择模型来分析国际技术转移发生的机制。

另一方面，日本学者斋藤优从供需的角度提出了NR关系论，该理论提出：一个国家如果资源R（resource）不能满足需求N（needs），则形成瓶颈现象，进而刺激技术转移的发生。

此后，A. Frohman和D. Bitondo（1981）提出了技术生命周期理论，该理论认为技术的优势、技术创新成果最终都要体现在产品的工业化生产以及技术实施的经济效果上。技术生命周期理论可应用于技术差距理论，并可进一步说明技术差距的具体演变过程、创新技术及其产品对国际技术贸易所产生的影响。

与技术生命周期理论同时期，美国学者巴克利、卡森和拉格曼（1976）提出了技术转移内部化理论，并用内部化理论分析跨国公司内部市场结构，并进一步把内部化理论扩大运用到分析跨国公司内部交易市场与技术转移。

（5）我国技术转移研究概述。

我国学者从20世纪90年代初开始关注技术转移问题。结合西方技术转移理论和我国实际情况，学者们从不同视角探索并发展了技术转移理论。赵黎明（1992）提出了技术转移有序论，认为由于社会、经济、技术发展程度不同，自然资源各具特色和文化、价值观点的不同，造成了不同地区生产力发展水平的不平衡，因此需要对不同地区技术转移的排序问题进行深入研究。学者康荣平（1984）认为技术转移所用的平均时间随着历史的进展在不断缩短，总地呈现一种加速状态，即技术转移加速律。此外，学者何钟秀（1983）提出了技术转移的梯度理论，即“先进技术”向“中间技术”地带和“传统技术”地带转移，成为国家宏观区域发展政策的潜在指导理论。

（6）绿色技术转移及相关领域研究。

绿色技术转移属于技术转移的一个子范畴。结合上述对于绿色技术以及技术转移的界定，可以将绿色技术转移定义为：“能避免或降低环境污染，节约原材料、资源和能源消耗，改进生产效率，提高成本的有效性，使生态负效应较小化，有利于经济社会可持续发展的方法、工艺和产品从一个组织向另一个组织移动。”从目前来看，专门针对绿色技术转移进行研究的文献并不多见，较为相近的领域主要涉及绿色技术的扩散及外部性问题。

随着社会的发展，绿色技术创新日益先进，新技术研发速度不断加快，但有关绿色技术的扩散现状却并不乐观，许多厂商仍然愿意采用旧技术，节能环保新技术的扩散普遍存在困难。

Ginliana（2008）考察了英国的4项绿色技术扩散率，发现经过近40年的时间，仍然有10%～25%的厂家未使用过已有的新技术。Kaivan（2004）对印度大米绿色种植技术推广情况的调查也得出了类似的结论。陈艳莹、游闽（2009）从技术互补性的角度探索了绿色技术扩散低效率的问题，指出目前的绿色技术创新成果绝大多数属于渐进式创新，新技术只是对现有技术的局部调整，效率优势并不显著，这是导致新技术在很长一段时间内不能完全取代旧技术的直接原因；对于绿色技术而言，降低新旧技术之间互补性的一个途径是加大根本性创新的力度。张群（2012）则从社会资本因素视角对绿色技术扩散的低效率进行了解析，指出通过构建社会网络以消除完全市场机制和纯粹政府行为所产生的外部性和逆向选择问题，从而促进绿色技术扩散。

2. 产学研合作视角下的绿色技术转移

（1）产学研合作技术转移的西方理论背景——三螺旋模型。

1995年，以阿瑟的技术锁定理论为基础，美国学者Etzkowitz和荷兰学者Leydesdorff提出了大学、企业、政府三螺旋进化网络模型（如图4—3所示），认为各创新主体相互关联结构才最有利于创新活动的开展。该理论模式被众多学者誉为创新研究的最新范式，在国际学术界引起了很大反响。“三螺旋”（Triple Helix）理论也是研究产学研技术转移的重要理论依据。

“三螺旋”模型与我国部分学者所提的“官产学”模型基本一致，它的构建将产学研合作作为一个综合的交互系统进行分析，重点由对三者不同的社会属性分析，转向三者在创新系统中的重叠交叉部分分析。它强调政府在产学研合作中的作用，为我们研究产学研技术转移中的政府行为提供了一个新的理论视角。

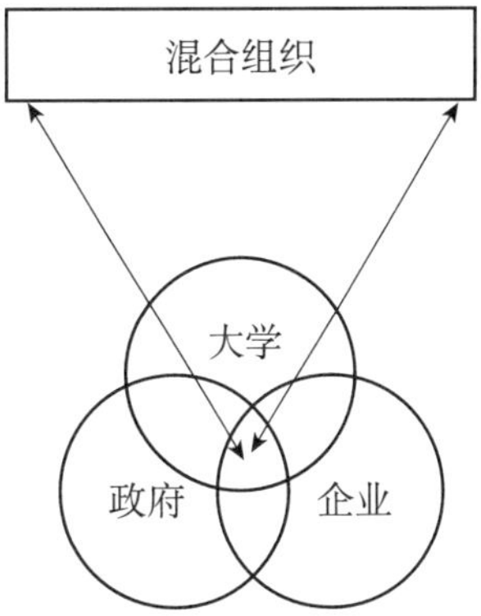

图4—3　三螺旋模型

（2）产学研技术转移研究概述。

学者们对于产学研技术转移的研究大体可以总结为对于其形式、途径和影响因素等的论述，以下是其具体观点。

a. 产学研技术转移的形式。在我国，产学研技术转移主要有三种常见形式：技术授权、衍生企业和合作参与。技术授权主要表现为大学、科研单位与各企业之间开展的技术转让、技术咨询和技术服务等形式的合作；衍生企业主要是指大学以自身的科技成果为基础，创办高新科技企业；合作参与则指的是大学与企业从技术开发阶段就相互合作，共同完成技术开发和生产的全过程。合作参与的一个突出表现是双方建立了长期的合作关系或共同建立了技术开发中心或研究所。

b. 产学研技术转移的途径。我国学者从多个角度考察了产学研技术转移的途径。龚玉环、王大洲（2005）指出，公开发表或出版的学术文章或者科学论著中，不仅体现着科学知识，也蕴含着大量的技术知识。其潜在辐射面很广，能够同时转移至许多需求方，并可能连续发生多次转移。同样，技术人员之间的非正式交流也会导致技术和知识的转移。除此之外，技术转移的方式还包括各种形式的科技文献交流、学术会议、展览会、交易会等，这一类的技术转移在我国也常常被部分学者称为非商业性质的技术转移。

c. 产学研技术转移的影响因素。产学研技术转移的影响因素也是学者们关注的重点，刘丽秋（1997），郭燕青（2004），孟浩、周立、何建坤（2007），李文波（2003）等学者根据视角不同，一般将影响产学研技术转移的因素归纳为内在因素和外在因素两种。内在因素主要是指技术的供体、受体以及技术本体。技术转移过程是技术本体、技术供体和技术受体这三位变量互相制约、协调互动的过程。外在因素也是影响技术能否成功转移的一个重要因素。技术政策、技术价值的不确定性、法制建设情况、金融市场的发展程度都是需要在技术转移过程中额外注意的，但最终起决定性作用的仍是内在因素。本研究拟从内在因素角度，探索作为技术受体的企业的生命周期、规模、高管团队背景等因素对产学研技术转移的影响和调控作用。

d. 产学研绿色技术转移。更近一层，也有学者关注了产学研绿色技术转移。王建华（2010）基于三重螺旋模型的角度，分析了绿色创新中的官产学合作，指出由于绿色技术创新存在外部经济性问题，仅把企业作为绿色技术创新的唯一主体具有很大的局限性，从三重螺旋模型理论看，绿色技术创新是企业、政府、大学等多元行为主体共同参与的系统过程，官产学三方相互合作、互为因果，形成一股“三重螺旋”的合力，推动企业持续、有效地开展绿色技术创新活动。

3. 研究评述

目前文献对于绿色技术、技术转移以及产学研技术转移、企业绩效等方面分别已经有了较长的研究历史、较为成熟的研究理论以及丰硕的研究成果。但从产学研角度专门研究绿色技术的技术转移的文献尚不多见，亦鲜有针对绿色技术企业实施产学研技术转移后的绩效进行实证研究的资料，具体体现为以下四个方面。

（1）界定绿色技术转移的文献较少。

尽管目前学界对绿色技术和技术转移这两个名词尚未形成一致认可的定义，但诸多学者也都分别从不同的角度对绿色技术和技术转移的内涵和外延进行了学术上的界定，而绿色技术转移作为技术转移的一个子范畴，还未曾得到学者们的重点关注和聚焦研究，在现有文献中鲜有被独立提及，也没有相关的概念界定，故本研究只能结合现有的对于绿色技术和技术转移的概念阐述尝试对绿色技术转移进行新的界定。

（2）从产学研合作视角探索绿色技术转移的研究有待丰富。

从现有文献来看，从产学研合作视角探索技术转移形式、途径、影响因素等方面的文献已经颇为丰富，也积累了大量的研究成果和研究方法，但是，仍然少有学者将研究范围细致到绿色技术的产学研技术转移，而绿色技术作为新型的生态友好型技术，在诸多方面都与传统技术有着不同之处，因此，从产学研的视角对绿色技术的转移进行独立研究具有重要的理论和实践价值。

（3）从企业层面探索绿色技术转移的实证研究不足。

在文献查阅的过程中也可以发现，现有研究多是从宏观的国家层面或是中观的产业层面对绿色技术转移进行理论上的论述，即使有企业层面的探索，也往往止步于定性的管理建议或是概括性的企业行为描述，较少有运用实际企业单元和定量分析的方法对企业绿色技术转移进行实证研究的文献；而企业是绿色技术转移活动的中心和载体，对于企业层面绿色技术转移的实证研究有利于填补相关文献的不足，同时也对企业管理者具有实际指导意义。

（4）针对绿色技术转移与企业绩效结果关系的研究较少。

企业的绩效是管理者决策的出发点与落脚点，对于绿色技术转移的研究亦需要理清其与企业绩效之间的关系。目前有关各种因素与企业绩效之间关系的文献不胜枚举，亦有学者涉足知识、技术转移与企业绩效关系的研究领域，曾辉（2012）对创业板上市企业知识转移与企业绩效关系进行了实证研究，并得出了“个体之间、部门之间和企业之间的知识转移活动对企业绩效存在显著正面的影响”的结论。彭伟（2011）从产学研合作的视角探究社会网络、知识创新与企业绩效的关系，指出产学研知识创新活动能够很好地促进企业绩效的提升。相似地，杨雪绒（2011）、冀明飞（2010）、苑贤德（2010）也进行了类似方面的研究。

另一方面，也有部分学者重点关注产学研合作企业绩效衡量维度问题。目前，国内外学者对产学研合作企业的绩效维度研究没有形成统一的认识，综观国内外相关文献，学者对企业绩效的维度分析主要分为单一维度和多重维度。比较著名的单一维度研究是以 Robert Cooper 为代表的 Project Newprod 项目。Cooper 在研究的第一阶段，主要设置了 70 多个与产学研合作绩效有关的变量，通过采用随机抽样的方法，对影响产学研合作企业的财务指标绩效进行了研究（Cooper，1979，1979a，1980b）。另外，还有 Medesto A. Maidique 研究的斯坦福大学创新项目，也是单独用财务指标来衡量产学研合作企业的绩效。

对于多重维度方面的研究，Simonin 和 Helleloid（1997）认为组织合作产生的绩效不仅包括财务绩效、市场、专利等方面的有形收益，还包括对新产品或工艺创新项目的主观评价等合作的无形收益。

此外，魏诗洋（2007）将产学研合作企业的绩效分为产品创新绩效（销售利润、市场份额、机会窗口、专利申请数量）、学习绩效（新知识的利用、新知识维持企业竞争力的作用、企业技术竞争能力的提升、企业响应用户需求能力的提升）来研究产学研合作中的知识管理对于企业绩效的影响。

从上述的研究成果可以看出，无论是整体探究技术转移及其相关领域与企业绩效的关系，还是重点研究产学研合作企业绩效的测度指标，都已经有了一定的研究成果积累，但是，目前尚少发现有将绿色技术企业作为独立研究对象、对其技术转移活动与绩效结果关系进行探索的文献成果。

对于绿色技术创造与运用的主体——绿色技术企业的技术转移与绩效结果的研究，具有十分重要的理论和现实意义。从时代背景上看，绿色技术产业作为当下朝阳产业，对其技术转移活动的研究成果有助于企业的优化发展；而从绿色技术的性质方面看，因其存在较特殊的外部经济性问题，故而从微观层面对绿色技术企业技术转移与企业绩效关系的针对性研究具有较大的研究价值。

鉴于绿色技术企业技术转移与绩效结果的研究成果尚少，加之其重要的研究背景与意义，本研究拟通过实证研究的方式，从产学研合作的视角，对绿色技术企业技术转移活动情况进行描述和评价，并分析技术转移与企业绩效之间的关系，进而探索技术转移效果相关影响因素。

六、研究假设

1. 产学研绿色技术转移与企业绩效关系假设

在知识经济时代，技术更新换代的速度与日俱增，而利用高校成型技术、借助政府支持，迅速完成新技术的引进和投产，对于维持企业竞争力来说不啻于一剂良方；技术的高效与超前又直接与产品的市场占有率、营业收入相挂钩，最终作用于企业绩效。本研究依据上一节中的三螺旋模型，将绿色技术转移的导向维度分为高校输入、政府支持和企业投入三类，并基于现有研究成果，做出假设如下：

H1　绿色技术转移对企业绩效有正向影响

H1.1　高校输入导向的绿色技术转移对企业绩效有正向影响

H1.2　政府支持导向的绿色技术转移对企业绩效有正向影响

H1.3　企业投入导向的绿色技术转移对企业绩效有正向影响

2. 企业成长阶段调节作用的假设

在进行实证研究的过程中，需要考虑样本企业间较明显的差异性，企业成长阶段便是其中的一项重要因素。在运用绿色技术的企业中，既有运营不足 10 年的新兴企业，也有成立逾 30 年的老企业，前者或许更加灵活多变、勇于尝试，后者则多在积淀雄厚、经验丰富上占优。成长阶段对企业的各项活动具有综合性的调节作用，黄全花（2012）在绩效相关的研究中就曾验证了企业成立年限的调节作用。基于此，本研究在 H1 的基础上做出如下假设：

H2　企业成长阶段对绿色技术转移与企业绩效的关系起到调节作用

H2.1　企业成长阶段对高校输入导向的绿色技术转移与企业绩效的关系起到调节作用

H2.2　企业成长阶段对政府支持导向的绿色技术转移与企业绩效的关系起到调节作用

H2.3　企业成长阶段对企业投入导向的绿色技术转移与企业绩效的关系起到调节作用

第二节　基于双螺旋模型的检验

一、研究设计

1. 样本选取

（1）样本范围确定。

由于本研究主题是绿色技术转移与企业绩效关系，因此需要将样本定位为绿色技术企业，而绿色技术概念较为宽泛，在此将其细化到比较典型的节能环保、新能源技术企业，并且根据统计学经验需要30家以上的样本量以进行实证分析。

鉴于指标中涉及诸多公司财务与非财务数据，作为外部信息使用者，只能获取企业的公开资料，而我国上市公司有每年发布年度报告的义务，年报是企业对外信息最为规范性的文件，具有较高的可信度和较全面的披露度。因此，本研究的样本范围锁定为新能源以及节能环保类上市公司。

（2）样本选取原则。

首先，是对于年报年份的确定。由于仅使用一年的面板数据可能存在一定的片面性，故本研究拟采用三年数据的均值。因此，对于每个样本企业，需要获取其连续三年的年报全文数据。样本收集阶段，部分公司2012年年报尚未公布，综合考虑数据可得性和研究时效性两方面因素，本研究选取2009—2011三年的年报作为分析对象，故在样本选取时排除2009年、

2010 年、2011 年三年年报不全的上市公司。

其次，是对于上市公司业绩的考虑。《证券法》明确规定，交易所对三年连续亏损的上市公司施以特别处理，即股票前冠以 ST（special treatment）字样，另外还有冠以* ST、PT（particular transfer）等字样的更严厉的处理方式。对于此类连年业绩不佳的企业，如将其纳入样本中，会对正常分析产生一定的干扰，其数据也无法反映企业正常经营下技术转移与绩效水平，故在样本选择时剔除三年间曾被冠以 ST、* ST、PT 字样处理的企业。

最后，是对于指标数据披露程度的遴选。由于本研究指标设置较多，各个上市公司对于部分非财务数据或财务数据的明细科目披露程度、方式不尽相同，造成部分数据不可得，对于此类公司，亦将其排除在最终分析样本的范围之外。

2. 数据来源

本研究样本均来源于金融界网站（http：//www.jrj.com.cn）股票频道节能环保及新能源板块名录中 290 家上市公司，剔除两板块重复企业，剩余 250 家备选样本，再根据样本选择原则，排除了三年年报不全、业绩不佳（ST、* ST、PT）、指标所需数据披露不完整的企业，最终参与分析的样本数为 73 家企业 2009 年、2010 年、2011 年三年的年报，其中，上海证券交易所上市公司数量为 38 家，深圳证券交易所为 35 家，两者基本持平。图 4—4 为样本企业在沪深上市交易所的分布情况。

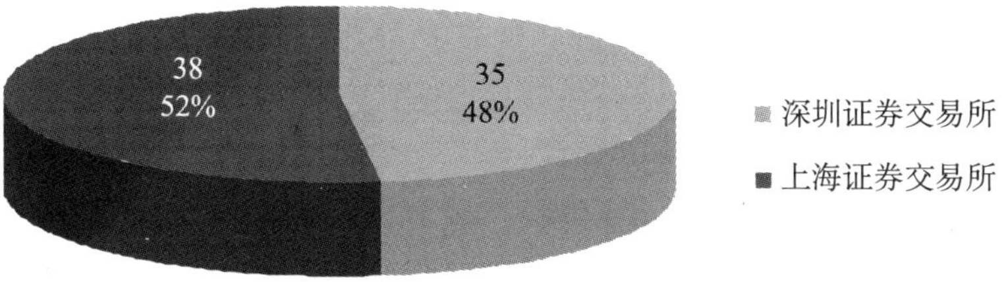

图 4—4　样本企业上市交易所分布情况

需要特别说明的是，在本研究选取的 9 项指标中，高管科研机构背景、员工硕士及以上学历水平、技术人员比例这三项涉及企业人力资源的指标选用的是截止期限为 2011 年 12 月 31 日的时点数据，而非三年平均数据，主要是考虑到三年内企业人员出现大幅变动的可能性较小，故取三年中的最新数据作为分析样本，而其余指标均为三年均值。

本研究采用 Excel 2010 软件对数据进行基础拣选、处理及描述性统计，相关及回归分析部分使用 SPSS 16.0 软件。

3. 样本基本情况

在获得了样本企业三年年报数据后，首先对其行业分布、资产总额、成长阶段、地域分布等情况进行初步梳理，以期更直观地了解样本情况。

（1）企业所属绿色技术行业情况。

由本研究行业背景介绍中所列示的绿色技术行业分布情况可知（根据《中国绿色科技报告》的分类方式），我国主要的绿色技术企业可归属于清洁常规能源、可再生能源、电力基础设施等九大类别，以下根据各样本企业年报中董事会报告所披露的主营业务情况对所研究企业所属绿色技术行业进行简单梳理。

图 4—5 可知，样本企业中涉及较多的绿色技术行业为可再生能源（23 家）、电力基础设施（19 家）以及清洁工业（13 家），其中可再生能源具体涵盖太阳能光伏、风电、生物质能等领域，电力基础设施主要为我国目前大力发展的智能电网的配套设备、材料，清洁工业则主要与企业节能减排改造工程相关。

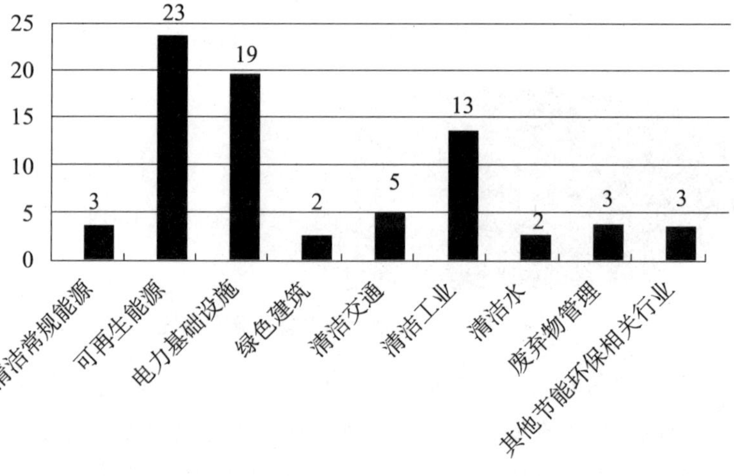

图 4—5 样本企业绿色技术行业分布情况

(2) 企业资产总额分布。

考虑到表征企业规模的总资产金额庞大，仅列示数据难以形成直观的印象，且企业规模又是本研究重要的控制变量，故在此进行分级统计，根据总资产的数量级分为亿级、十亿级、百亿级和千亿级。

由于样本企业均为上市公司，故规模最小的公司其总资产也在亿级水平；由图 4—6 可以看到，十亿级规模的公司数量最多，有 50 家，占 68%，百亿级和亿级持平，均为 11 家，唯一一家千亿级企业为上汽集团。

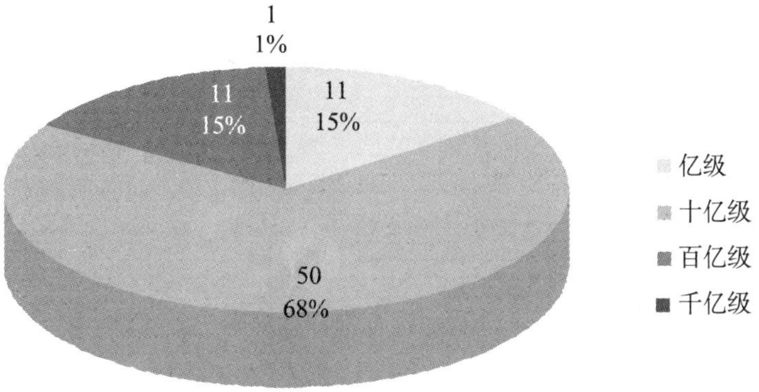

图 4—6　样本企业总资产级别分布

(3) 企业成长阶段分布。

本研究将考察企业成长阶段的调节作用。企业成立年限作为成长阶段的测度指标，需要对其有一个直观的认识。图 4—7 按照 5 年的间隔对企业

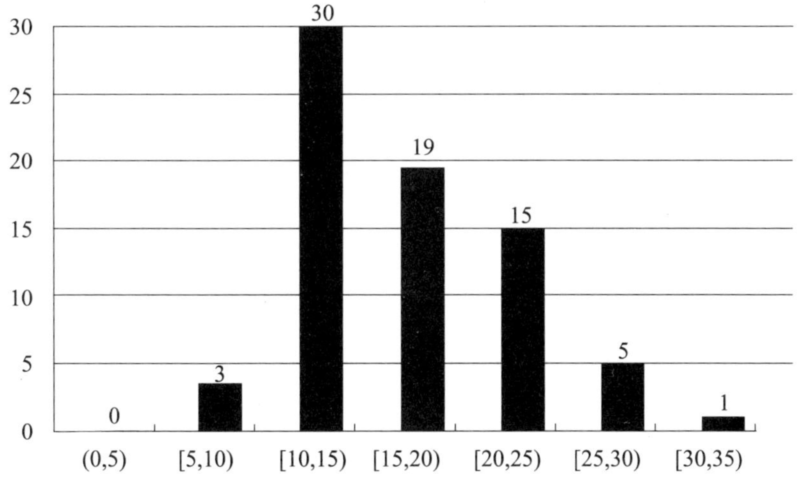

图 4—7　样本企业成立年限分布

成立年限进行了分类，落在［10，15）区间的企业数量最多，［15，20）、［20，25）依序次之，成立年限大于30年或小于10年的均较少。此外，根据前面章节的描述可知，样本企业的平均成立年限为16.26年。

（4）企业地域分布。

节能环保、新能源板块的上市公司遍及全国各地，为了了解样本企业所在地域，本研究对年报中披露的企业注册地点进行了统计，现将各省、自治区、直辖市分布的企业数量以及中、东、西三大地区所属企业数和比例列示如图4—8、图4—9所示。此外，由于深圳市属于经济特区，在此将其等同于直辖市看待，从广东省分离出来单独统计。

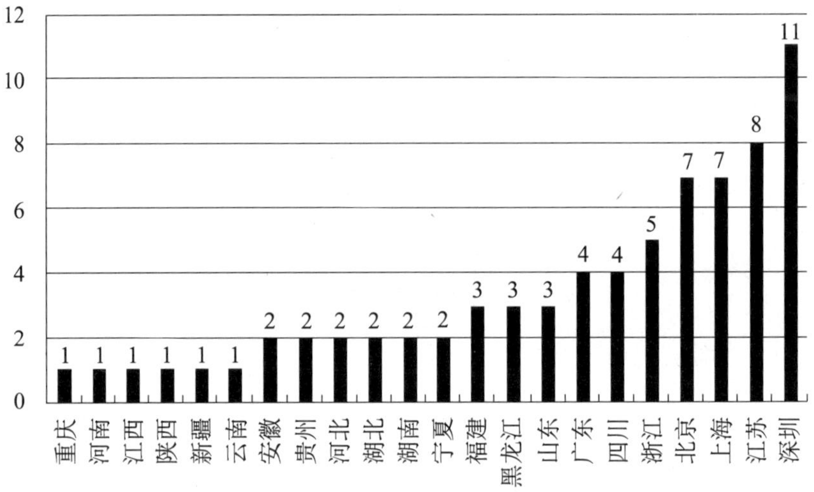

图4—8　样本企业注册地省份分布

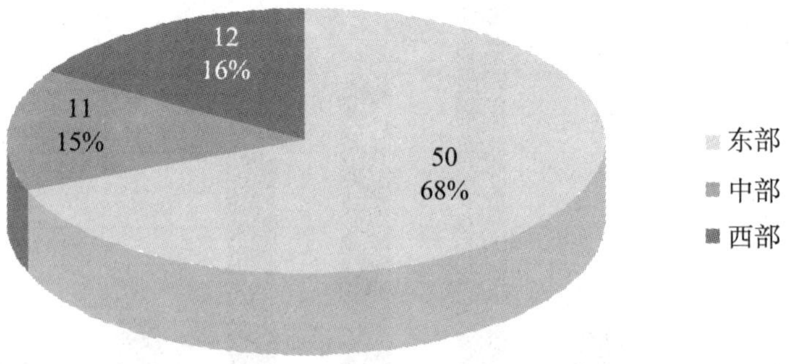

图4—9　样本企业注册区域分布

由图4—8可以看出，在本研究选取的73家样本企业中，注册地位于深圳市的企业数量最多，为 11 家，占比 15.07%，其次为江苏省（8 家，10.96%）、上海市（7 家，9.59%）、北京市（7 家，9.59%），可见北京、上海、深圳等地因其政策或区位优势，成为众多上市公司青睐的注册地。就区域而言，东部省份拥有上市公司数量多于中西部省份，注册地在东部省份的样本企业达 50 家，多于中西部地区的总和，这也与我国整体经济态势相吻合（见图 4—9）。

4. 变量设计

技术转移是一项涉及技术供方、技术受方、转移渠道等多主体的综合性活动，因此，绿色技术转移的测度也需构建多项变量构成的指标体系。本研究主题是绿色技术转移与企业绩效的关系，以表征绿色技术转移的各项指标作为解释变量，衡量企业绩效的指标作为被解释变量，另外分别添加了一项控制变量与调节变量。

（1）解释变量。

本研究是基于产学研三螺旋模型的视角，因此，描述绿色技术转移的指标体系分为高校输入类、政府支持类、企业投入类三个一级指标，每个一级指标下设两个二级指标，构成了共 6 个二级指标的解释变量指标体系，指标汇总见图 4—10。

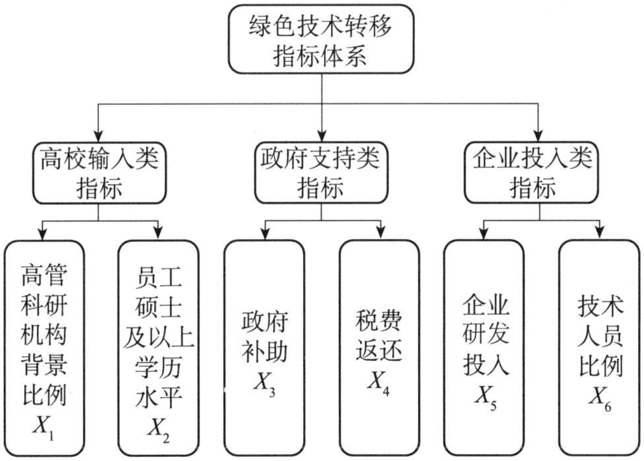

图 4—10　绿色技术转移指标体系

第一，高校输入类指标。

对于高校输入类绿色技术转移指标，分别从企业高管和员工两个层面进行指标构建，以期衡量高校、科研机构在绿色技术转移活动中的作用。

a. 高管科研机构背景比例（X_1）。高层管理人员对绿色技术企业的发展起着战略性和引导性的作用，无论是从技术的来源、甄选，还是从技术在企业中的成功实施方面，高管的科研机构背景均有助于企业绿色技术转移活动的顺利进行，因此，将高管科研机构背景比例纳入高校输入类指标中。

本研究中，企业高管包括了董事、监事及高级管理人员，其科研机构背景是指该高管曾经或当下在高校、科研机构任教、任职或取得博士学位，以及该高管是享受国家特殊津贴的专家、学者、高级工程师等人员。

在指标计量方面，高管科研机构背景比例指标的数据采用百分比形式，数据整理自公司年报“董事、监事、高级管理人员及员工情况”章节高管履历的部分，计算公式为：

$$X_1=\frac{\text{拥有科研机构背景的高管数}}{\text{高管总人数}}\times 100\% \tag{4—1}$$

b. 员工硕士及以上学历水平（X_2）。员工是企业各项运营活动的实际参与者和执行者。一方面，员工学习企业现有的各项技术为公司创造价值；另一方面，员工也是技术转移的重要渠道之一，无论是其在社会网络中的非正式技术沟通，还是正式的技术引荐，都有助于促进企业的技术进步。在此，以员工硕士及以上学历比例作为高校输入导向的另一项指标，主要是考虑到拥有硕士及以上学位的员工接受过正式的研究训练，在一定程度上对技术转移的贡献较大。

在指标计量方面，员工硕士及以上学历指标同样采用百分比的数据形式，数据整理自年报中对于员工学历的相关披露，其计算公式为：

$$X_2=\frac{\text{员工硕士及以上学历人数}}{\text{员工总数}}\times 100\% \tag{4—2}$$

第二，政府支持类指标。

政府对于绿色企业技术转移的支持方式，可以体现为政府补助和税费返还两种情况。一方面，在绿色企业取得经营成果之前，通过诸如科技进步奖励、科技创新奖励、高新技术企业认证及奖励等多种形式提供经费补助或成果认证，为企业的技术转移活动提供利好的政策支持；另一方面，在企业取得经营成果之后，对绿色技术企业进行税费返还，有助于促进企业的资金运转，为下一轮的技术转移奠定基础。

a. 政府补助（X_3）。本研究的政府补助数据来源于年报中非经常性损益项目下的计入当期损益的政府补助条目，由于各企业位于不同区域，地方政府间的补助政策不同，故企业间数据差距较大，存在从几十万元到上亿元的金额跨度，为了方便数据处理和比较，本研究借鉴蒋娜（2006）对数据进行无量纲化处理的方法，对政府补助金额进行了归一化处理，使其数据位于［0.1，1］的无量纲区间中，其计算公式如下：

$$
\begin{aligned}
& X_{ij}' = 0.1 + \frac{X_{ij} - b_j}{a_j - b_j} \times 0.9 \\
& a_j = \max_{1 \leqslant i \leqslant 73} (X_{ij}) \\
& b_j = \min_{1 \leqslant i \leqslant 73} (X_{ij})
\end{aligned}
\tag{4—3}
$$

b. 税费返还（X_4）。政府对企业的税费返还包括了企业之前所缴纳的所得税、营业税、增值税等相关税费，多是以现金形式进行返还。本研究的税费返还指标数据来自绿色技术企业合并现金流量表中“收到的税费返还”会计科目，同样因其金额差异性较大，对其进行归一化处理，计算方法见公式 4—3。

第三，企业投入类指标。

绿色技术转移活动的主体和中心还是企业本身。一项优秀的外来技术只有经过“本地化”的过程、真正被企业消化吸收，才能发挥出其价值，而这个“本地化”的过程离不开财力和人力的投入，企业研发投入与技术人员数量指标便可以在一定程度上衡量企业绿色技术转移过程中人力、财力的投入情况。

a. 企业研发投入（X_5）。企业研究与开发投入是绿色技术能够成功转移的重要影响因素。在会计计量中，研究与开发支出分为研究阶段支出和开发阶段支出，其中处于研究阶段的计入当期损益，开发阶段按照是否满足一定条件进行分别计量。由于开发阶段支出计量较为复杂且牵涉到无形资产的确认等问题，部分年报披露不详细，造成数据难以获得的情况，故在本研究中仅以计入当期损益中的研发费用作为企业研发投入的衡量指标，数据均取自年报合并利润表管理费用科目的明细项。

在指标计量方面，由于各绿色技术企业研发投入的金额跨度同样比较大，故在取得绝对数量的基础上，对企业研发投入亦实施了归一化处理，方法见公式 4—3。

b. 技术人员比例（X_6）。在绿色技术转移的过程中，人力的因素同样也起着举足轻重的作用，技术人员是技术转移的实际落实者和执行者，技术人员在员工中的比例能在一定程度上反映公司技术人力资源的存量及其对绿色技术转移过程的贡献程度。本研究中技术人员比例数据取自年报中对员工专业情况的统计数据。

在指标计量方面，与高管科研机构背景比例和员工学历比例相一致，技术人员比例也采用百分比的计量形式，从而排除了各企业员工总数差异对技术人员绝对数量造成的影响，其计算公式如下：

$$X_6 = \frac{\text{技术人员数量}}{\text{员工总数}} \times 100\% \qquad (4—4)$$

第四，调节变量——企业成长阶段。

解释变量和被解释变量之间关系的强弱和方向有时会受到某些因素的影响，这些因素被称为调节变量。企业成长阶段作为一项既显化又综合的指标，对绿色技术企业的各方面表现存在诸多影响。本研究借鉴以往文献的研究经验，将企业成长阶段作为调节变量，以企业首次注册年份距今的年限作为计量依据，并设置了 6 项解释变量与调节变量相乘的交互项。

（2）控制变量。

本研究以企业规模作为控制变量。控制变量通常是与研究问题无关但又对被解释变量有较大影响的因素。在本研究中，虽然企业规模并不属于表征绿色技术转移的指标体系，但根据微观经济学的理论及大量的实证研究结果，在一定的范围内，规模较大的企业会因内部经济性而拥有边际报酬递增的优势，更容易取得良好的绩效，因此，本研究选取企业规模作为控制变量，以改善因其存在而对绿色技术企业绩效造成的隐性影响。

在指标计量方面，企业规模采用绿色技术企业年报会计数据中的资产总额（亦称为总资产）科目。为了消除控制变量的某些非线性因素对线性回归分析造成的干扰，使数据具有明显的线性特征，本研究借鉴之前大量相关实证分析文献对作为控制变量的资产总额的处理方法，对企业资产总额取其自然对数，计算公式如下：

$$\text{企业规模} = \ln(\text{企业资产总额}) \qquad (4—5)$$

（3）被解释变量。

本研究只定义了一项被解释变量——净利润，作为表征企业绩效的指标，其原因主要有以下两点。

其一，从指标本身考虑。企业净利润作为一项极为重要的财务指标，是公司管理者、员工、股东、债权人等众多利益相关方关注的重点。对于上市公司，净利润更是管理层与股东密切关注的焦点，上市公司连续三年净利润为负将会面临特别处理甚至是退市的风险。

此外，净利润的计算过程涉及了收入、成本、费用等诸多数据，涵盖了企业盈利能力、成本控制、资产管理水平等众多因素，数据所呈现的信息量较广、整合度较高，因此，净利润在一定意义上是衡量企业绩效较为直接和综合的指标。

其二，从研究的简洁性考虑。由于本研究涉及6项解释变量指标体系，加之还有控制变量和调节变量各一项，牵涉变量数已经较多，故而如果被解释变量亦设计成多维度、多变量的形式，将会使研究过程变得错综复杂，研究结果也失于清晰明了，因此，在此仅拟定净利润一项作为被解释变量。

在指标计量方面，净利润数据取自年报会计数据摘要部分“归属于上市公司股东的净利润”科目，同样对数据进行了归一化处理。

二、数据分析

1. 描述性统计

表4—1是根据未经归一化或取对数处理的9项指标原始数据计算的样本最小值、最大值、均值和标准差，由描述性统计结果可知，样本企业三年净利润的均值约为4.6亿元，最大的超过百亿元，最小的则约为－2.3亿元；高管科研机构背景比例从4%到40%不等；员工硕士及以上学历水平普遍比例较低，样本均值不足4%；政府补助亦有从不足30万元到4亿元的跨度；部分企业2009—2011年未得到税费返还，但整体平均值逾5 000万元；平均研发费用过亿元，技术人员比例也在20%的均值上下浮

动。此外，净利润、政府补助、税费返还、研发投入以及资产总额这些涉及金额的变量的标准差很大，即样本企业的收入、支出、利润等方面数据的离散性较强、差距较大。

表 4—1　　　　　　　　　　描述性统计数据

	N	最小值	最大值	均值	标准差
净利润（Y，单位：元）		−2.34E8	1.44E10	4.62E8	1.75E9
高管科研机构背景比例（X_1）		4.00%	40.00%	19.11%	10.45%
员工硕士及以上学历水平（X_2）		0	22.46%	3.97%	4.42%
政府补助（X_3，单位：元）		248 501	4E8	3.68E7	7.14E7
税费返还（X_4，单位：元）		0	1E9	5.19E7	1.38E8
企业研发投入（X_5，单位：元）		344 366	4E9	1.56E8	5.35E8
技术人员比例（X_6，单位：元）		3.00%	65.41%	20.36%	14.21%
企业资产总额（*Size*，单位：元）		5.04E8	2.47E11	1.14E10	3.26E10
企业成长阶段（*Age*，单位：年）		6	30	16.26	4.96
有效样本量	73				

说明：（1）表中的“E”代表一种科学计数法，用指数表示法显示数字，以“E 加 n”形式替换部分数字，其中“E”（代表指数）表示将前面的数字乘以 10 的 n 次幂；（2）表中数字均经过四舍五入。

2. 信度与效度分析

本研究对绿色技术转移设置了三类 6 项指标体系，并通过企业年报进行数据收集。为了明确所设置指标体系的合理程度，以下进行信度和效度检验。

（1）信度分析。

信度是指采用同样的方法对同一个对象重复测量，所获得结果的一致性程度。信度分析系数大体可以分为 3 种类型：稳定性、等值性和内在一致性系数，分别用来表示测量对象跨时间、跨形式与跨项目的一致性。

由于本研究采用的是年报事实性数据摘录的方法，故数据的稳定性与等值性不存在问题，只需要考察一下绿色技术转移指标体系的内在一致性的问题。

目前 Cronbach's α 信度系数是测量项目间内部一致性最常用的方法。通常来说，Cronbach's α 系数达到 0.7 即为可接受信度，大于 0.8 即为较高信度。

运用 SPSS 16.0 信度分析选项（Reliability Analysis）对于绿色技术转

移 6 项测度指标进行内部一致性检验。表 4—2 中显示 Cronbach's α 系数为 0.732，大于 0.7，故而指标体系有较高的信度。

表 4—2　　信度分析结果

Cronbach's α 系数	项目数量
0.732	6

（2）效度分析。

效度即有效性，是指测量活动中所运用工具的准确性程度，分为内容效度、准则效度与结构效度三种类型。

在内容效度与准则效度上，由于本研究依据已经较为成熟的三螺旋理论作为指标维度分类标准，并选取了能在较大程度上表征各维度力量的 6 项指标，故从定性方面考虑属于大体可以接受的效度范围。

在定量方面，本研究主要运用因子分析法对指标的结构信度进行测量，首先进行 KMO（Kaiser-Meyer-Olkin）测度和 Bartlett 球形检验，确定数据是否适合做因子分析。通常情况下，KMO 值越接近 1，Bartlett 球形检验显著性概率越小，说明越适合做因子分析。表 4—3 是检验结果。

表 4—3 中数据显示，Bartlett 球形检验的显著性概率为 0.000，低于 1%的设定水平，而 KMO 值为 0.636，虽然不是十分理想，但仍可以做因子分析。

表 4—3　　KMO 和 Bartlett 球形检验结果

KMO 样本检测		0.636
Bartlett 球形检验	Approx. Chi-Square	201.620
	自由度 df	15
	显著性概率 Sig.	0.000

由于本研究是基于政府、高校、企业三个维度进行分析的，故在因子分析中设置公因子的数量亦为 3。因子分析结果数据中，共同度（公因子解释原变量的有效程度）、累计方差贡献率（公因子的累计有效程度）、因子载荷（原变量与公因子的相关程度）常常被用于评价结构效度，上述三项指标分别见表 4—4、表 4—5、表 4—6。

由表 4—4 第三列可见，6 个变量的因子共同度均在 0.7 以上，部分达到了 0.9 以上，亦即所选取的三个公因子对原变量的信息概括比较全面。

表 4—5 总方差解释表是整个因子分析结果中非常重要的部分，从第四栏转轴平方和负荷量可以看出，提取的三个公因子的累计方差贡献率为 86.188%，说明这 3 个公因子包含了 6 个原始变量总信息量的大多数，解释能力较强。

表 4—6 是进行了方差最大化正交旋转之后的因子载荷矩阵，其中，公因子 1 与政府补助、税费返还这两项原变量相关度很高，分别为 0.944、0.856，可以将其看作政府支持因子；公因子 2 与技术人员比例、员工硕士及以上学历水平的相关度较高，公因子 3 与高管科研机构背景比例相关度较高，可分别视作企业投入因子、高校输入因子。

综合以上分析，绿色技术转移指标体系具有较好的信度和效度，因此可以用于后续分析。

表 4—4　　变量共同度表

	原始	提取公因子
高管科研机构背景比例	1.000	0.968
员工硕士及以上学历水平	1.000	0.872
政府补助	1.000	0.911
税费返还	1.000	0.796
企业研发投入	1.000	0.784
技术人员比例	1.000	0.840

公因子提取方法：主成分分析法。

表 4—5　　总方差解释表

成分	原始特征根			平方和负荷量萃取			转轴平方和负荷量		
	总和	方差贡献率(%)	累计方差贡献率(%)	总和	方差贡献率(%)	累计方差贡献率(%)	总和	方差贡献率(%)	累计方差贡献率(%)
1	2.759	45.978	45.978	2.759	45.978	45.978	2.286	38.103	38.103
2	1.649	27.485	73.463	1.649	27.485	73.463	1.883	31.380	69.483
3	0.764	12.725	86.188	0.764	12.725	86.188	1.002	16.705	86.188
4	0.443	7.385	93.573	—	—	—	—	—	—
5	0.237	3.951	97.524	—	—	—	—	—	—
6	0.149	2.476	100.000	—	—	—	—	—	—

公因子提取方法：主成分分析法。

表 4—6　旋转后的因子载荷矩阵

指标名称	公因子		
	1	2	3
高管科研机构背景比例	0.187	0.226	0.939
员工硕士及以上学历水平	0.096	0.920	0.126
政府补助	0.944	0.001	0.142
税费返还	0.856	−0.078	0.240
企业研发投入	0.786	0.404	−0.063
技术人员比例	0.018	0.903	0.153

3. 变量的相关性分析

在进行回归分析之前，先对各个变量进行基本的 Pearson 相关性分析。相关性分析常用来研究变量之间的密切程度。本研究运用相关系数检验的方法主要有两个目的：一是对被解释变量与解释变量的相关性做出初步判断；二是考虑到指标间的多重共线性会对多元回归分析造成干扰，而通过 Pearson 相关系数即可判断解释变量间是否存在多重共线性。表 4—7 所示为本研究 8 项指标的相关系数矩阵。

表 4—7　相关系数简表

	净利润	高管科研机构背景比例	员工硕士及以上学历水平	政府补助	税费返还	企业研发投入	技术人员比例	总资产
净利润	1.000 0	0.171 2	0.488 6**	0.479 3*	0.356 3*	0.919 5*	0.324 0*	0.589 4*
高管科研机构背景比例	0.171 2	1.000 0	0.334 3**	0.302 0**	0.297 1*	0.260 0*	0.312 3**	0.173 4
员工硕士及以上学历水平	0.488 6*	0.334 3**	1.000 0	0.116 8	0.065 1	0.392 2**	0.747 0**	0.200 5*
政府补助	0.479 3*	0.302 0**	0.116 8	1.000 0	0.793 0**	0.680 8**	0.052 3	0.716 8*
税费返还	0.356 3*	0.297 1*	0.065 1	0.793 0**	1.000 0	0.475 8**	0.059 8	0.545 7*
企业研发投入	0.919 5*	0.260 0*	0.392 2**	0.680 8**	0.475 8**	1.000 0	0.287 4*	0.647 7*
技术人员比例	0.324 0*	0.312 3**	0.747 0**	0.052 3	0.059 8	0.287 4*	1.000 0	0.065 8
总资产	0.589 4*	0.173 4	0.200 5	0.716 8**	0.545 7**	0.647 7**	0.065 8	1.000 0

说明：* 表示在 0.05 的水平上显著相关（双尾）；** 表示在 0.01 的水平上显著相关（双尾）。

由表 4—7 可知，净利润与各技术转移变量间的双尾检验相关系数均为正，其中，除了高管科研机构背景比例之外（相关系数仅为 0.171 2），净利润与其余五项指标的相关系数均在 0.01 的置信水平上显著相关，企业研发投入与净利润的相关系数更是高达 0.919 5。

此外，从相关系数矩阵中也可以看出，部分解释变量（如员工硕士及以上学历水平与技术人员比例，相关系数为 0.747 0）之间有较显著的相关性，存在多重共线性问题。

4. 多元回归分析

由于 Pearson 相关性分析只能对指标体系间两两变量的相关程度做出初步衡量，无法详细刻画各解释变量与被解释变量的数学模型，因此，还需要构建回归方程，对各指标进行多元回归分析。

之前分析出解释变量之间存在多重共线性问题，故在此采用多元回归分析中的逐步回归法以消除多重共线性。逐步回归法的基本思想在于，在被解释变量对解释变量的回归过程中，对已解释变差贡献最大的变量被逐步筛选出来，并纳入多元回归方程。

（1）逐步回归指标筛选。

表 4—8 所示，是指标逐步进入模型的情况，每经过一次运算，后一模型均比前一模型多纳入一个变量。由表 4—8 可知，在绿色技术转移的指标体系中，高校输入导向绿色技术转移指标“员工硕士及以上学历水平”，政府支持导向指标“政府补助”“税费返还”，企业投入导向指标“企业研发投入”以及控制变量“企业资产总额”进入了最终的回归模型；而高校导向的“高管科研机构背景比例”、企业导向的“技术人员比例”，由于其对被解释变量贡献较小，不符合所设置的 F 检验标准，未进入模型。

表 4—8　　进入模型变量

逐步回归模型	进入模型变量				
模型 1	企业研发投入				
模型 2	企业研发投入	政府补助			
模型 3	企业研发投入	政府补助	企业资产总额		
模型 4	企业研发投入	政府补助	企业资产总额	员工硕士及以上学历水平	
模型 5	企业研发投入	政府补助	企业资产总额	员工硕士及以上学历水平	税费返还

（2）方差分析。

方差分析是用来判断若干个分析方案的效果是否有显著差别的统计方

法，本研究中用统计值 F 的显著性概率与设定水平 α 进行比较，据此判断模型 5 的效果差异。由表 4—9 可知，在变量逐步增多的模型 5 中，回归平方和（Sum of Squares 列与 Regression 行交汇处数据）不断增大，从 0.702 增加到 0.757，说明随着逐步回归中模型的改进，自变量对因变量的解释程度递增（即已解释变差越来越大）。此外，从方差分析表中最后一列可以看出，每个模型的 F 统计量的显著性概率都小于 0.01（各个模型的 Sig. 值均为 0.000），即 5 模型总体回归效果都是显著的。

表 4—9　　方差分析表

模型		方差和	自由度 df	均方差	F 值	显著性概率 Sig.
1	回归	0.702	1	0.702	388.46	0.000^{a}
	残差	0.128	71	0.002	—	—
	总和	0.831	72	—	—	—
2	回归	0.736	2	0.368	271.01	0.000^{b}
	残差	0.095	70	0.001	—	—
	总和	0.831	72	—	—	—
3	回归	0.745	3	0.248	199.418	0.000^{c}
	残差	0.086	69	0.001	—	—
	总和	0.831	72	—	—	—
4	回归	0.752	4	0.188	162.331	0.000^{d}
	残差	0.079	68	0.001	—	—
	总和	0.831	72	—	—	—
5	回归	0.757	5	0.151	137.495	0.000^{e}
	残差	0.074	67	0.001	—	—
	总和	0.831	72	—	—	—

说明：表中上标“a”“b”“c”“d”“e”代表数值间差异显著。后文各表同此说明。

（3）复相关系数及复可决系数。

在表 4—10 中，首先，对表示被解释变量与多个解释变量之间线性相关程度的指标——复相关系数 R 进行观察，5 个模型的复相关系数均为 0.9 以上，非常接近于 1，表明双方线性相关程度非常密切。

其次，对表示样本回归方程对样本拟合程度的修正复可决系数进行观察（表中调整 R^2 列），5 个模型的修正复可决系数均在 0.8 以上，自变量对因变量的解释能力较强。

此外，模型 5 的 D-W 值为 1.692，接近 2，说明序列相关问题不明显。

表 4—10　　总体参数表

模型	R	R^2	调整 R^2	标准估计的误差	更改统计量					$D-W$ 值
					R^2 更改	F 更改	$df1$	$df2$	Sig. F	
1	0.919[a]	0.845	0.843	0.042 517 9	0.845	388.46	1	71	0.000	—
2	0.941[b]	0.886	0.882	0.036 839 4	0.040	24.575	1	70	0.000	—
3	0.947[c]	0.897	0.892	0.035 281 7	0.011	7.317	1	69	0.009	—
4	0.951[d]	0.905	0.900	0.034 028 1	0.009	6.177	1	68	0.015	—
5	0.955[e]	0.911	0.905	0.033 179 8	0.006	4.522	1	67	0.037	1.692

（4）回归系数与显著性检验。

表 4—11 中第二列是逐步回归中最终进入模型的 5 个指标，指标由上到下的排列表示其进入模型的先后顺序，亦即对已解释变差贡献由大及小的排序；其中，“企业研发投入”最先进入到回归模型中来，说明其偏回归变差（对净利润的贡献程度）最大，变量“税费返还”最后进入模型，说明其对净利润的影响在 5 者中最小。

另一方面，表 4—11 中，在 0.05 的显著性水平上，常数项及经过逐步回归筛选出的其余 5 个指标的 T 统计量的显著性概率（Sig. 值）均小于 0.05，表示常数项与其余各项的系数均显著性异于零，故企业研发投入、政府补助、税费返还、员工硕士及以上学历水平应当作为解释变量出现在方程中。

此外，从表 4—11 中最后一列中可以看出，回归方程各变量的 VIF 值均小于 10，而根据统计学理论，VIF 小于 10 即不存在多重共线性问题。

表 4—11　　回归系数与显著性检验表

类别	变量	非标准化系数		标准化系数	T 值	显著性水平	VIF
		B	标准误差				
	常数项	−0.239	0.099		−2.413	0.019	
企业投入导向	企业研发投入	0.841	0.048	1.016	17.620	0.000	2.508
政府支持导向	政府补助	−0.278	0.050	−0.436	−5.512	0.000	4.727
控制变量	企业资产总额	0.013	0.005	0.154	2.793	0.007	2.283
高校输入导向	员工硕士及以上学历水平	0.248	0.099	0.102	2.509	0.015	1.246
政府支持导向	税费返还	0.120	0.056	0.128	2.126	0.037	2.752

（5）回归方程构建。

根据标准回归系数表，建立多元回归方程如下：

$$Y = 1.016X_5 - 0.436X_3 + 0.154\ln(Size) + 0.102X_2 + 0.128X_4 \quad (4—6)$$

其中，Y 为企业净利润，X_5 为企业研发投入，X_3 为政府补助，X_2 为员工硕士及以上学历水平，X_4 表示税费返还；ln（$Size$）为企业总资产的自然对数，作为控制变量。

从回归方程可以看出，在控制企业规模的前提下，企业研发投入、员工硕士及以上学历水平、税费返还这三个指标对绿色技术企业绩效有显著正向影响，且企业研发投入对绩效影响很大；而政府补助与绿色技术企业绩效呈现显著负相关。

综上，在绿色技术转移的三维度指标中，高校输入导向绿色技术转移对企业绩效存在正向影响（员工硕士及以上学历水平系数为正），政府支持导向的绿色技术转移对企业绩效具有不确定性影响（税费返还与政府补助系数一正一负），企业投入导向的绿色技术转移对绩效产生正向影响（企业研发投入系数为正），假设 H1.1、H1.3 得到验证，假设 H1.2 未得到验证。

5. 企业成长阶段的调节作用

通过上述分析可知，绿色技术转移指标体系的部分变量与企业绩效呈现出显著的线性回归关系，并形成了明确的回归方程加以描述。此处再纳入企业成长阶段作为调节变量，探究其是否对绿色技术转移与企业绩效的关系起到调节作用。

验证变量调节作用的常用方法是对解释变量、解释变量与调节变量相乘的交互项实施分层次回归，对比加入调节变量前、后回归统计量的变化，从而判断调节作用的强弱和方向。

根据层次回归法步骤，净利润仍作为被解释变量，通过上文逐步回归筛选出来的四项解释变量和一项控制变量作为第一层自变量，在第二层自变量中添加企业成长阶段变量，第三层自变量中添加企业成长阶段与四个解释变量的交互项，以下是层次回归结果分析。

如表 4—12 所示，三个模型的 F 统计量均通过了显著性水平检验，说明总体回归效果均显著。

如表 4—13 所示，模型 1 和 2 的复相关系数相等，均为 0.955，说明模型 2 中添加的企业成长阶段变量与被解释变量无相关关系。从表中复可决系数（R^2）一列可看出，加入交互项之后，模型的解释能力得到增强。

如表 4—14 所示，在模型 1 中，员工硕士及以上学历水平、政府补助、税费返还、企业研发投入、企业资产总额 5 个变量 T 统计量的显著性概率均小于 0.05，均对企业绩效有显著影响；模型 2 在模型 1 的基础之上添加了企业成长阶段变量，但该变量未通过显著性检验（$p=0.924$），企业成长阶段变量未进入方程。

在模型 2 的基础之上，模型 3 进一步添加了企业成长阶段与四个技术转移解释变量的交互项。模型显示，企业成长阶段对硕士及以上学历水平与企业绩效的关系未起到调节作用（$p>0.05$），对政府补助（$p<0.05$）、税费返还（$p<0.01$）、企业研发投入（$p<0.01$）与企业绩效的关系起到调节作用，且对后两者调节作用非常显著。从表 4—14 回归方程的标准化系数（*Beta*）可以看出，企业成长阶段与政府补助、税费返还的交互项的回归系数为负，说明存在负向调节作用，而与研发投入的交互项系数为正，即存在正向调节作用。

综上，企业成长阶段对高校输入导向绿色技术转移与绩效的关系无调节作用，对政府支持导向绿色技术转移与绩效的关系有负向调节作用，而对企业投入导向绿色技术转移与绩效的关系有正向调节作用。假设 H2.2、H2.3 得到验证，而假设 H2.1 未得到验证。

表 4—12　　分层回归方差分析表

模型		方差和	自由度 df	均方差	F 值	显著性概率 Sig.
1	回归	0.757	5	0.151	137.495	0.000[a]
	残差	0.074	67	0.001	—	—
	总和	0.831	72	—	—	—
2	回归	0.757	6	0.126	112.879	0.000[b]
	残差	0.074	66	0.001	—	—
	总和	0.831	72	—	—	—
3	回归	0.817	10	0.082	366.916	0.000[c]
	残差	0.014	62	0	—	—
	总和	0.831	72	—	—	—

表 4—13　　分层回归总体参数表

模型	R	R^2	调整 R^2	标准估计的误差
1	0.955[a]	0.911	0.905	0.03
2	0.955[b]	0.911	0.903	0.03
3	0.992[c]	0.983	0.981	0.01

表 4—14　　分层回归系数与显著性检验表

		模型 1				模型 2				模型 3			
		B	*Beta*	Sig.	*T* 值	*B*	*Beta*	Sig.	*T* 值	*B*	*Beta*	Sig.	*T* 值
第一层	(Constant)	−0.239	—	0.019	−2.413	—	—	—	—	—	—	—	—
	员工硕士及以上学历水平	0.248	0.102	0.015	2.509	—	—	—	—	—	—	—	—
	政府补助	−0.278	−0.436	0.000	−5.512	—	—	—	—	—	—	—	—
	税费返还	0.120	0.128	0.037	2.126	—	—	—	—	—	—	—	—
	企业研发投入	0.841	1.016	0.000	17.620	—	—	—	—	—	—	—	—
	企业资产总额	0.013	0.154	0.007	2.793	—	—	—	—	—	—	—	—
第二层	企业成长阶段	—	—	—	—	0.002	0.003	0.942	0.072	—	—	—	—
第三层	员工硕士及以上学历水平×成长阶段	—	—	—	—	—	—	—	—	−0.010	−0.080	0.247	−1.169
	政府补助×成长阶段	—	—	—	—	—	—	—	—	−0.020	−0.378	0.023	−2.338
	税费返还×成长阶段	—	—	—	—	—	—	—	—	−0.030	−0.368	0.001	−3.496
	企业研发投入×成长阶段	—	—	—	—	—	—	—	—	0.097	1.681	0.000	9.111

第三节　结果讨论与启示

一、数据分析结果

1. 假设检验结果

本研究选取沪深上市的73家应用绿色技术的节能环保、新能源公司，在控制企业规模的前提下，基于产学研三螺旋模型作为分析框架，设置了两大类研究假设，对绿色技术转移与企业绩效的关系进行了探究，进而考察了企业成长阶段对二者的调节作用。表4—15所示为假设的验证情况。

表4—15　研究假设验证结果

假设编号	假设内容	验证结果
H1	绿色技术转移对企业绩效有正向影响	部分验证
H1.1	高校输入导向的绿色技术转移对企业绩效有正向影响	验证
H1.2	政府支持导向的绿色技术转移对企业绩效有正向影响	未验证
H1.3	企业投入导向的绿色技术转移对企业绩效有正向影响	验证
H2	企业成长阶段对绿色技术转移与企业绩效的关系起到调节作用	部分验证
H2.1	企业成长阶段对高校输入导向的绿色技术转移与企业绩效的关系起到调节作用	未验证
H2.2	企业成长阶段对政府支持导向的绿色技术转移与企业绩效的关系起到调节作用	验证
H2.3	企业成长阶段对企业投入导向的绿色技术转移与企业绩效的关系起到调节作用	验证

（1）高校输入导向绿色技术转移对绩效的正向影响。

在绿色技术企业的技术转移活动中，高校输入导向的技术转移对企业绩效有正向影响，说明在绿色技术发展日新月异的今天，高校的知识、人才输送对企业当下和长远竞争力的提升均有十分积极的作用。从现实生活中也可以看出，越来越多的企业对所聘员工的学历要求设置较高标准。

从两项子指标看，高管科研机构背景比例对企业绩效的影响较小，未能进入回归方程。其原因可能是两方面的。从现实层面上看，说明我国目前绿色技术企业高管层面的技术转移尚未成为企业价值提升的有效途径；从数据层面上看，由于各样本公司对高管履历的披露程度差别很大，部分年报叙述较为简单，因而对数据收集的全面准确性造成障碍，此方面也会对分析结果造成影响。另外，员工硕士及以上学历水平，则对企业绩效有显著正向影响。员工是企业事务的直接执行者，拥有硕士、博士学历的员工更是技术转移活动的生力军，并成为促进企业绩效提升的重要力量。总体而言，高校作为技术转移的重要力量之一，在企业的绩效提升中扮演着积极促进者的角色。

就高校本身来说，出于对国家宏观政策的响应和人类可持续发展的实际需要，越来越多的高校、科研机构成立了新能源、节能环保实验室、科研基地进行绿色技术的基础研究与应用研究，并积累了大量的科研成果，培养了诸多拥有扎实的理论基础和实践创新能力的科研人员，其中不乏处于国内甚至国际领先水平的技术人才，而技术的实现最终要靠人的作用，高校作为产学研技术转移中一脉重要的力量，其对于绿色技术人才的输送对企业的发展起着至关重要的作用。

绿色技术作为诸多高新技术的集合，其研发和应用需要耗费大量的时间、精力，企业从高校处获得已经研发成熟的先进技术，一方面节约了大量人力、物力投入，另一方面也增强了整体科技实力，因此企业绩效提升的积极作用不言而喻。

（2）政府支持导向绿色技术转移对绩效的不确定性影响。

从数据分析结果可以得知，绿色技术企业技术转移活动中的政府导向力量对企业绩效会产生不确定性的影响。其中，与假设所不同的是，子变量政府补助对企业绩效起着反方向的作用。其原因可以解释如下：绿色技术企业作为战略性新兴产业政策重点发展对象之一，受到地方政府的大力支持，但也存在因地方政绩工程、口碑工程等而盲目补贴的问题。政府补助作为营业外收入，可以在短时间内提升企业的盈利水平，但从长期角度看，政府的此种非市场性干预可能造成企业怠于竞争、乏于创新，进而绩效下滑；而另一项子变量税费返还则对企业绩效有正向影响，可以理解为税费返还是在企业形成利润之后对其的一种奖励，有助于激励企业形成新一轮的良性循环。

此外，《中国绿色科技报告 2012》也从绿色技术行业和企业实际层面指出，过分地强调国家对能源行业的引导作用可能会导致绿色技术行业效率和创新的降低。综合来说，绿色技术转移中政府的力量对企业绩效起着双刃剑的作用，企业和政府都应当认真思考自己的角色定位，力争将政府的作用保持在积极促进一方。

（3）企业投入导向绿色技术转移对绩效的正向影响。

绿色技术大多数属于资金密集型的高新技术，许多节能减排改造技术耗资庞大，即使转移的是成型的技术，也需要结合企业实际情况确保平稳对接，因此，研发投入在绿色技术转移的各个阶段均起着不容忽视的作用，特别是最后的技术本地化阶段，研发投入的充分及时与否与其能否成为有效生产力休戚相关。

从数据分析中也可以看出，绿色技术转移中企业投入作用的正向影响力非常显著。其中，子指标研发投入在相关性分析中即表现出与绩效极强的相关度，其回归方程系数亦是远高于其余指标，说明研发投入对于绿色技术企业绩效的提升有着举足轻重的作用；而另一方面，与假设不同的是，技术人员比例未能对绩效产生有效作用。此结果说明，目前的绿色技术企业中，技术人员比例的高低并未成为影响绩效涨落的关键性因素，可以做出合理性推测，拥有核心技术人才比例对于绩效结果可能会有更强的解释作用，此方面有待后续的研究，综合来看，绿色技术转移中企业的力量对其绩效提升起着不可或缺的积极作用。

2. 企业成长阶段的调节作用

（1）无调节作用的维度。

在绿色技术转移高校输入导向维度中，企业成长阶段对此维度与绩效的关系无调节作用，说明高校输入导向的绿色技术转移对绩效的影响作用并不会因为企业成立年限的长短而产生显著变化，更进一步可以理解为，高校的技术转移作用在绿色技术企业成长的各个阶段都起着十分重要的作用，并不随时间的推移而有所改变。

（2）有负向调节作用的维度。

在绿色技术转移政府支持导向维度中，企业成长阶段对此维度与绩效的关系有负向调节作用，亦即政府导向的技术转移对绿色技术企业绩效的影响会随着企业成立年限的增长而有所降低，这一点可以理解为，成立年限较短的绿色技术企业普遍规模较小，更容易享受我国对中小企业和新上市企业的优惠政策，因此政府支持的作用力较强，加之由于成立年限短，处于成长期，企业业务流程、管理制度都不甚成熟，业绩也不太稳定，较易受外界环境的影响；政府政策作为企业外部环境中极为重要的组成部分，其影响有时会起到举足轻重的作用。

而成立年限较长、处于成熟期的绿色技术企业，各方面都趋于稳定，对于外界环境的适应能力增强，政府政策变化对其绩效的冲击力度会相应减弱许多。

(3) 有正向调节作用的维度。

最后，在绿色技术转移企业投入导向维度中，企业成长阶段对此维度与绩效的关系有正向调节作用，即在目前样本成立年限范围内，随着企业成立年限的递增，绿色技术转移中企业投入对绩效提升的积极作用越来越明显，对此可以解释为成立较久的企业拥有更多的技术转移经验和默会知识，因此更容易产生协同效应，在投入相同资源的情况下比年轻企业更容易完成技术的内化和价值实现，具有更大的边际效益。

二、研究发现与展望

1. 基本发现

本研究针对绿色技术企业技术转移活动与企业绩效的关系问题，在对国内外文献进行梳理的基础上，明确了以产学研三螺旋理论作为分析框架，并对二者关系以及一项调节指标进行了合理假设，进而展开了假设验证研究。在假设验证的过程中，首先定位了我国节能环保、新能源上市企业作为研究对象，通过互联网下载企业年报落实数据来源，进而设计了绿色技术转移的指标体系，并进行了指标信度、效度分析，在此基础上展开数据分析工作。在数据分析部分，通过描述性统计、相关性分析、逐步回归分析构建了多元回归方程，并得出了绿色技术企业技术转移活动中高校输入导向和企业投入导向对绩效产生正向影响，而政府支持对绩效产生不确定性影响的结论（见图 4—11）。在此基础上，运用分层回归的方法验证了企业成长阶段对政府、企业维度具有调节作用，而对高校维度不具有调节作用（见图 4—12）。

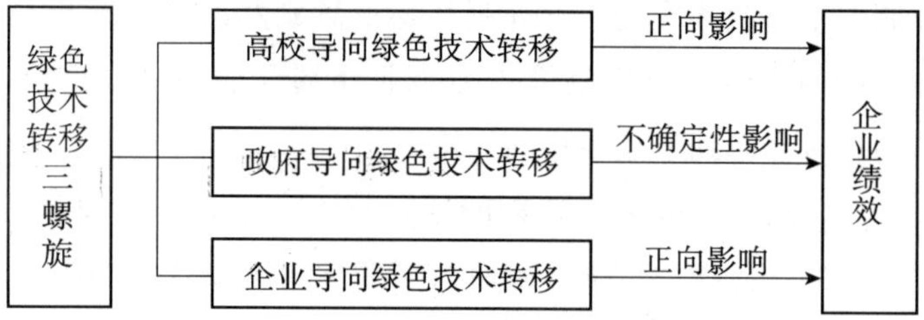

图 4—11　绿色技术转移与企业绩效关系

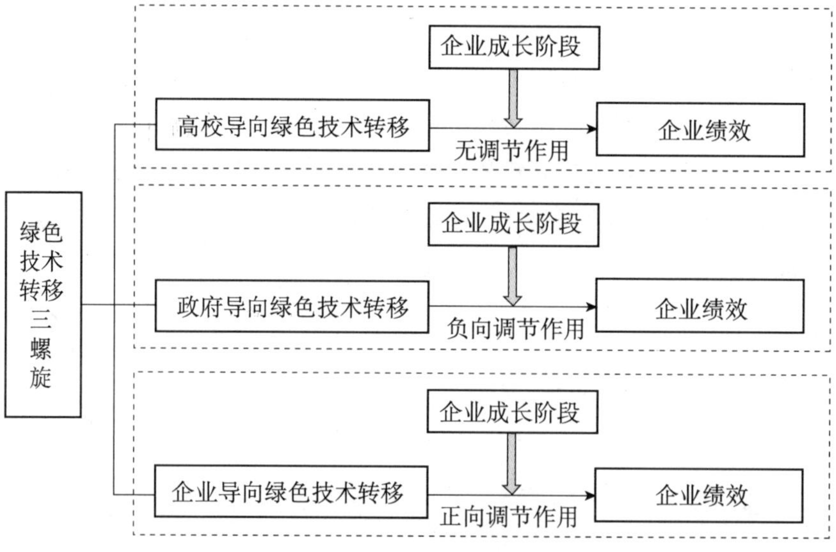

图 4—12　企业成长阶段的调节作用

2. 结果讨论

（1）绿色技术企业层面。

a. 重视高校的绿色技术资源输入。绿色技术企业身处新兴产业，各方面都在不断探索之中，在内部创新的同时，也应该努力寻找外援，强化技术实力，这样也可以避免绿色技术成果的浪费。近年来，诸多相关高校将研究重心向绿色技术方面转移，并积累了大批前沿科技成果，绿色技术企业应当重点关注，主动疏通与高校合作的渠道，搭建人才和技术转移的平台，从而在长期内保持企业的活力和竞争力，促进绩效提升。

b. 正视政府支持的双向作用。绿色技术企业作为战略性新兴产业的重要单元，可以预见在未来将会得到中央和地方政府的大力支持，具体可能涉及政策、经费、奖励等各个方面。政府的支持在一定程度上是有助于绿色技术企业的茁壮成长的，但若超出了一定的范围，造成政府越位，将不利于绿色技术市场稳定和公平竞争，并且在长期内会侵蚀企业的竞争力。所以绿色技术企业应正视政府支持的双刃剑作用，不可一味依赖政府补助，更不能因此而产生懈怠情绪，而是应当将政府奖励视为一种激励措施，督促自身取得更加长足的发展。

c. 明确自身投入的关键作用。绿色技术在我国发展时间较短，还需要经过漫长的完善和优化的过程，如果说通过转移活动引进的绿色技术是一株幼苗，企业的投入就是培育幼苗茁壮成长的养分。企业始终是三螺旋模型中最为核心的组成部分，本研究中，绿色技术企业应建立严密的研发投入计划，并将其上升到企业战略层面，并挖掘和发挥高管与技术人员的主观能动性，在重视财力作用的基础上，落实人力因素在技术转移过程中的关键作用，进而优化公司业绩。

（2）政府层面。

从研究分析结果可知，政府支持导向维度中对绿色技术企业有着不确定性的作用，这说明政府应当对自身在绿色技术转移三螺旋模型中的角色重新加以审视，可适当从以往的直接扶持转换为间接助力，营造更加稳定有利的外部环境。首先，可以通过健全相关法律制度、规范行业标准等措施来为绿色技术企业创造公平竞争的环境；其次，可提供优惠的税收政策，增加绿色技术企业技术转移力度；此外，政府部门也可开发透明化的绿色技术转移信息发布平台以优化解决技术信息的不对称问题。

（3）高校层面。

高校、科研机构是技术转移活动中人力资源和技术资源的重要输出单位，在促进我国绿色技术发展方面，应当承担起加快培养绿色技术应用型科研人才的重任。我国目前硕士及以上学历培养方式主要还是以学术型人才为主，近年来逐步有扩大专业型硕士的趋势，各大高校、科研机构绿色技术相关专业应当从企业实际需求出发，在课程、培养方案设置方面注重创新性实践，为绿色技术企业输送高水平的复合型技术人才；在专业设置和生源录取方面，也应当与产业发展趋势相适应，以节能环保、新能源为代表的绿色技术产业作为未来的朝阳行业，其发展需要大量的相关人才，高校应在供给上予以匹配，避免出现人才结构性失调问题。

另一方面，高校分配科研资源的时候也需要重点考虑国家宏观政策和可持续发展的需要，对包括绿色技术在内的战略性新兴产业涉及的研究领域应当投入更多的人力、物力资源，协助企业研发出更多优质、先进的设备和技术。

3. 不足与展望

鉴于时间和能力所限，研究还存在诸多不足之处有待完善，并对后续的研究做出期待和展望。

首先，关于样本数量。由于时间有限，本研究只选取了节能环保、新能源两个上市板块的企业作为样本选取范围，经过重重筛选，最终确定了73家绿色技术企业作为研究对象。在未来的研究中，可以扩大样本容量，将研究对象扩展至新材料、新能源汽车、生物技术等更广泛意义上的绿色技术企业，以期得到更加全面的分析结论。

其次，样本企业虽然归属于节能环保、新能源上市板块，但其主营业务并非单纯的绿色技术相关领域，因此各指标中的数据可能包括部分非绿色技术的部分，但因数据来源所限无法进行区分，未来的研究可以在获得更加全面的数据基础上进行聚焦分析。

再次，关于绿色技术转移指标体系设置。本研究依据产学研三螺旋模型分成三个维度对指标进行了设计，在具体的变量选取过程中，由于考虑到数据可得性，多选取的是比较显化的财务指标，而对于校企、企企之间具体的绿色技术转移项目未设置指标进行测度，使得整体指标体系对于技术转移的表征不够全面，希望以后的研究能够获取到企业详尽的产学研合作数据，进行更加精确的指标设置。

最后，关于调节作用。本研究只选择了企业成立年限作为调节变量，并得出了相关结论，在后续研究中，可以继续探索其他变量对绿色技术转移与绩效的调节作用，对理论和实践加以完善和指导。

第五章

企业绿色创业的影响因素研究

第一节　社会创业商业模式的视角

一、研究背景

1. 问题的提出

20 世纪 90 年代，随着社会经济的不断发展、政府职能的不断转变，中国面临越来越多的社会矛盾，其中之一就是日益增长的社会公共需求和公共服务之间的矛盾，传统的第三部门正悄然发生变化，一种新型组织形式正在形成——社会企业。社会企业不同于传统意义上的第三部门，最突出的就是其公益性与商业性并存的组织特性。社会企业很好地弥补了政府组织在儿童保育、义务教育、环境保护、弱势群体就业、救灾救助等领域的缺失，因此受到社会各界的广泛关注。

社会企业虽是新型组织，但其涵盖的现象最早可追溯到 1601 年《伊丽莎白济贫法》中所规定的贫民习艺所，西方发达国家对此有较丰富的实践经验。在英国，政府分别在 2001 年和 2005 年成立了社会企业局和第三部门办公室，相继发布了两项社会企业发展战略，支持社会企业传播其优秀实践经验，消除社会企业发展的阻碍；2006 年出台的《社会企业行动计划：登上新高度》明确提出政府在促进社会企业发展上的职责，为社会企业的发展指明了方向；同时，政府在税收方面给予优惠政策，还成立各种基金会，建立许多支持社会企业的机构，为社会企业提供资金保障。在美国，社会企业成长为美国主流世界的显学，出现顶尖商学院和行政学院争相研究和开课的现象，为社会企业的成长提供了政策体系。在德国，政府自 20 世纪 70 年代开始趋向运用积极的劳动政策去解决本国的就业问题，德国大多数社会企业的目标是为长期就业困难的人提供工作岗位。

在我国，社会企业的发展主要得益于各类研究、研讨和交流会议等。会议如：环球协力社和中国非营利组织网共同举办的“社会企业（中英）研讨会/NPO 法人”；阿拉善 SEE 生态协会和北京布鲁克斯中心举办的“社会企业家和公共福利”；由中国比较政治与经济研究中心编译局、英国文化委员会和青年基金会三个机构联合主办的“社会创新与建设创新型国家”；浙江大学管理学院全球创业研究中心、牛津大学斯克尔中心和亚洲企业家学院在杭州市联合举办的“社会企业家的国际论坛”；等等。与此同时，许多学术期刊发表了关于社会企业的文章，如《21 世纪商业评论》《东方企业家》等；另外，与国外政府人士、学者、企业家的交流也促进了社会企业在中国的研究发展。

2. 研究意义

相比国外较为丰富的实践经验，国内社会企业的发展凸显出不足，对于社会企业的研究是近几年才出现的，理论体系尚未建立，导致实践中缺乏指导，阻碍了社会企业的进一步发展。

社会企业的发展一方面像非营利部门那样满足人们日渐增长的社会公共需求，解决就业、教育、环保等公共领域的问题，另一方面也像企业一样具有营利性，利用商业化运作自给自足，满足自身发展的资金需求，减少对政府、企业的资金依赖，从而改变了传统意义上非营利部门的资金匮乏局面；另外，其有效的商业模式也可以充分、高效运用资源，推动可持续发展。因此，社会企业在未来的前景不可估量。

目前，对社会企业的研究还不尽全面，理论研究主要集中在社会企业的概念界定、特征描述和发展路径研究三个方面，对于社会企业的商业模式研究较少，该研究领域处于空白阶段。虽然概念较新，但是其商业化形式已经出现。我国非政府组织大多还停留在单纯依赖募捐和政府拨款的阶段，因此要解决我国非政府组织资金短缺问题，商业化经营是很值得尝试的方法，也是必然的趋势。因此，研究社会企业的商业模式很有必要，可以为社会企业的发展提供理论依据和实践基础。

本研究正是在现有的理论研究结果的前提下，对北京市五家社会企业进行案例分析，从而总结现有社会企业的商业模式，描述北京市社会企业的发展现状，分析模式的利弊，提出建议和意见，充实社会企业商业模式的理论研究，为社会企业的发展提供帮助与理论支持。

3. 研究内容和分析框架

社会企业商业模式的研究尚处于空白阶段，可以参考的研究结论较少，因此本研究主要采用案例分析法和实证分析法进行研究。本章内容主要分为五部分。

第一部分描述国内外社会企业的发展与研究现状，总结社会企业的地位与作用，说明社会企业对社会及经济发展的重要性以及发展社会企业的必要性，同时结合现状提出理论研究的不足，从而引出研究的意义。

第二部分整理现有的研究结果与理论，一方面梳理社会企业的概念与特性，并总结具有代表性的界定作为样本选择的模板，一方面梳理商业模式的概念和组成要素，并选择经典的加里·哈默尔（Gary Hamel）模型作为分析基础，最后结合两方面总结社会企业商业模式的发展现状，为下文的研究奠定基础。

第三部分描述研究设计，介绍本研究运用的研究方法，简要阐述运用此研究方法的原因，对模型进行梳理分析。

第四部分对选择出的 4 家社会企业做探索性的案例分析，基于哈默尔模型对四大要素三大界面进行详细的分析梳理，描述现有社会企业在这些方面的表现。

第五部分针对上述研究结果，讨论社会企业的商业模式，并用一家模式完善、经营成功的社会企业作为案例逐一描述，以印证对社会企业商业模式的讨论具有科学性，最后为未来北京社会企业的发展、商业模式的创新提供可行建议。

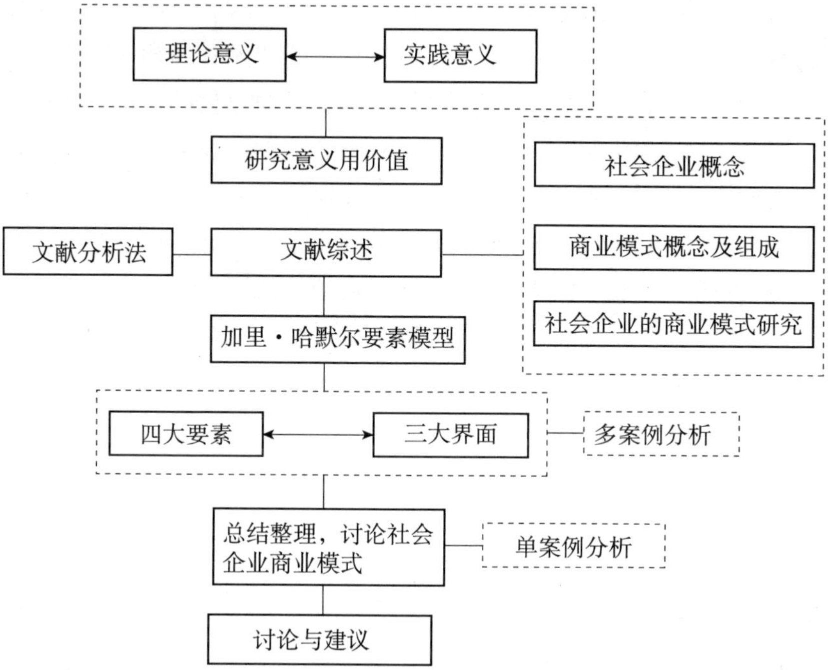

图 5—1　本研究分析框架

4. 研究方法

（1）案例分析法。

案例分析法亦称个案分析方法或典型分析方法，是对有代表性的事物（现象）深入地进行周密而仔细的研究，从而获得总体认识的一种科学分析方法。案例分析法最早于1880年由哈佛大学开发完成，开始是作为一种教育方法，培养高级经纪人等，后来被应用到科学研究中。

本研究之所以采用案例分析法，基于以下原因：第一，案例分析法是一种科学的研究方法，已被学术界广泛运用；第二，本研究所研究的领域较新，理论研究较少，能够参考借鉴的文献有限，适合用案例分析法；第三，目前北京市社会企业数量少，即便在全国，数量也不多，因此样本获取困难；第四，由于本研究学术水平有限，重新架构商业模式比较困难。

（2）比较分析法。

比较分析法，也叫对比法或对比分析法，是通过实际数与基数的对比来提示实际数与基数之间的差异，借以了解经济活动的成绩和问题的一种分析方法。比较分析法也是科学探究活动中常用的一种方法。

（3）文献研究法。

本研究首先搜集国内外关于社会企业和商业模式的文献资料，整理出对本研究有用的研究成果，如总结出社会企业的概念、特性，商业模式的概念、组成要素等，为本研究奠定基础；然后搜集整理北京市社会企业的资料。

5. 创新之处

本研究旨在通过对北京市社会企业的分析研究，总结出现有社会企业的商业模式，提出社会企业特有的模式类型，并且找出社会企业与一般企业在商业模式上的相同与不同。

本研究有以下几个创新点：

（1）内容创新。

本研究分析研究社会企业的商业模式。现有对商业模式的研究主要根据一般企业，研究结果也针对一般营利性企业，这方面的研究结果较多且全面，而本研究是从社会企业的角度研究商业模式，虽与其他研究商业模式的论文相似，但是视角不同、本质不同，研究结论必然不尽相同。内容方面的创新是本研究的第一大创新点。

（2）理论创新。

目前分别研究社会企业和商业模式的文献较多，但是鲜有将两者结合起来研究的，一方面是因为社会企业是新型事物，对其研究较多集中在概念和发展路径两方面，另一方面是因为现有社会企业的发展还不成熟，还没有建立完善的商业模式，因此对于商业模式的研究通常是基于成熟的一般企业。但是，社会企业的发展是一种趋势，也是解决某些社会性问题最有效的途径和方法，政府出台的文件显示未来将鼓励和扶持社会企业的发展，因此探究适合社会企业的商业模式是非常重要的。

将两者结合研究也是本研究的一大创新之处。

（3）方式创新。

本研究采用案例分析法和内容分析法进行研究分析，选取典型的社会企业作为样本，在搜集大量文献资料的基础上整理分析，以定量的方式描述现有社会企业的商业模式组成要素。这种方法在现有研究社会企业的文献中较少用到。

二、理论基础

1. 社会企业的研究

自学术界开始研究社会企业起，对于其概念的界定就层出不穷，各个学者都从不同的角度描述，至今并未形成统一的观点，主要有以下阐述：

（1）欧洲社会企业的界定。

在欧洲，欧洲经合组织（欧洲经济合作与发展组织）和欧洲委员会曾分别对社会企业进行概念描述，并且也被广泛运用和认可。其中前者于1999年提出：社会企业是指任何可以产生公共利益的私人活动，具有企业精神策略，以达成特定经济或社会目标，而非以利润极大化为主要追求，且有助于解决社会排斥及事业问题的组织。另外，2003年欧洲经合组织又提出，社会企业是介于公私部门间的组织，其主要形态为利用交易活动以达成目标及财政自主的非营利组织。

欧洲委员会则把社会企业描述成合作社和非营利组织的交叉组织，类似劳动合作社和生产型非营利组织的结合体；另外，下属于欧洲委员会的社会企业网络进一步做出设定，指出社会企业是公民首创、以资本所有权为基础、牵涉到受活动影响的人们的参与、有限的利润分配以及施惠于社区的组织。

另外，还有英国贸易与工业部在其出版的《社会企业——成功策略》一书中，给出了这样的定义：社会企业主要追求社会目的，盈利主要是用来投资于企业本身或社会，而非为了替股东或企业持有人谋取最大利益。

（2）美国社会企业的界定。

美国学术界将社会企业视为一种主要以收入为基础来实现社会目的的手段。例如，丹尼斯·杨就认为，社会企业是指采取企业的方案及商业活动，以促进社会进步或对公共财政有所贡献为目标；而获兹指出，社会企业是一种多元混合的综合体，他提出了著名的“社会企业光谱”概念，从主要动机、方法和目标以及主要利害关系人的角度，分析了社会企业与传统的非营利组织和私人企业之间的关系。

（3）我国社会企业的界定。

在我国最早进行社会企业研究的是香港、台湾学术界，也最早进行实践——当局同时出台了相关政策来鼓励支持社会企业的发展，已经收到较为丰硕的成果。对于社会企业的概念，香港当局提出社会企业是一种实现特定社会目标的商业组织，其利润主要用于业务再投入而不是分配给股东，这些业务往往能够实现企业的社会目标。

借鉴香港、台湾的学术研究和实践结果，大陆许多学者也提出了自己的见解。时立荣强调社会企业对吸纳弱势群体就业的特殊作用，称之为“非正规就业组织”。马仲良概括了社会企业的五个主要特征，即以社会企业效益为宗旨、用商业模式运作经营、收益不分配、社会企业家领导、得到政府支持。俞可平把社会企业视为以公益性社会服务为主要目标的企事业单位，是运用市场手段解决社会问题、创造社会效益与经济效益共赢，体现了社会创新理念的新型组织形式。国内还有学者提出社会经济、社会创新、公益创投等概念。

还有一系列学者专家从不同角度阐述了社会企业的内涵，虽然描述的语言不同，但是其根本性质是相同的。本研究通过总结现有研究，总结出社会企业的以下特征：第一，以实现社会目标为使命，这是社会企业与营利企业之间的最本质区别，一般企业通常以营利为最终目标，以实现股东、员工利益最大化为使命，而社会企业虽然需要营利，但以实现社会目标、解决社会问题为最终使命，在这一点上，社会企业与传统的第三部门相一致；第二，商业化运营，这使得社会企业不同于传统的第三部门，社会企业需要商业化运作，识别把握潜在机会，利用、整合社会资源，以商业化途径解决社会问题；第三，如若产生利润，则利润必须投入到追求其他社会目标的业务上，这既不同于非营利性组织也不同于一般商业企业，非营利组织很少有利润产生，而一般商业企业产生的利润大多用于股东分红和盈利业务的再投入。

2. 商业模式研究

（1）概念研究。

目前关于商业模式的研究多数是从概念、组成要素等领域入手，采用的方法为案例分析、实证研究等。总结现有研究成果，主流学者主张从三个角度定义商业模式：经济类定义、运营型定义和战略性定义。经济类定义主要解释企业如何赚取及维持利润。国内学者荆林波将商业模式定义为“企业从事某一领域经营的市场定位和盈利目标，以及为了满足目标顾客主体需要所采取的一系列的、整体的战略组合”。运营型定义解释企业内部流程及构造。国内学者钟耕深、孙晓静定义商业模式为：一个企业在某一领域的经营活动中，对企业自身及产品或服务进行定位，选择客户，获取和利用资源，进入市场，并在其运行过程中创造价值和从中获取利润的系统，是一个企业创造价值的核心逻辑和结构。从战略方面研究商业模式主要是将企业放入动态的环境中，研究企业如何改变自己以适应外部动态变化。李振勇在其《商业模式：企业竞争的最高形态》中，把商业模式定义为：为了实现企业价值最大化，把能使企业运行的内外各要素整合起来，形成一个完整的、高效率的、具有独特核心竞争力的运行系统，并通过提供产品和服务使系统持续达成盈利目的的整体解决方案。

（2）商业模式要素组成。

目前对于要素组成的研究大多分为两种方法：第一种方法是选取典型企业，通常是以成功的、大型的、知名的外企作为案例，如诺基亚、e-bay等，总结具有代表性的商业模式；第二种方法是通过逻辑推理构建企业商业模式框架，根据框架要素或构成要素的差异区分企业商业模式的类别，这种研究方式要求学者提出框架、确定要素、提供案例（见表5—1）。

表5—1　　商业模式组成要素

研究者	构成要素
Ira Horowitz	价格、产品、分销、组织特征、技术
Albert Viscio & Bruce Pasternak	核心观点、经营单元、服务项目、治理模式、系统联系
Paul Timmers	产品、服务或信息流的体系结构、不同商业角色潜在利益、收入来源、市场营销战略
Constantinos Markides	产品创新、顾客关系、基础设施管理、财力

续前表

研究者	构成要素
Judith Donah	理解客户、营销技术、公司治理、内部网络能力、外部网络能力
Henry Chesbrough & Richard Rosenbaum	价值主张、市场分割、内部价值链构造、成本结构与利润模式、价值网络、竞争战略
Jaap Gordijn	参与者、市场细分、内部生产和经销产品的价值链结构、价值活动、利益相关者网络、价值界面、价值点、价值交换
Jane Linder & Susan Cantrell	定价模型、收入模式、渠道模式、商业过程模式、由网络加强的商业关系、组织类型、价值主张
Gary Hamel	核心战略、战略资源、价值网络、顾客界面
Otto Petrovic，Christian Kittl & Ryan Teksten	价值模式、资源模式、生产模式、顾客关系模式、收入模式、资本模式、市场模式
Magali Dubosson-Torbay，Alexer Osterwalder & Yves Pigneur	产品、顾客关系、合作伙伴网络与基础设施、财务界面
Lynda Applegate	观念、能力、价值
Allan Afuah	资源、销售、利润、资本
Peter Weill，Thomas Malone & Victoria Durse	战略目标、价值主张、收入来源、成功要素、渠道、核心能力、顾客细分、IT 基础设施
Christoph Zott & Raphael Amit	顾客价值、业务范围、价格、收入、相关活动、互补性、能力、可持续性
Rainer Alt & Hans-Dieter Zimmerman	使命、结构、流程、收入、合法性、技术
Frederick Betz	交易内容、交易结构、交易治理
施百俊等	套牢、互补品、网络外部性、私人知识、占先
William Gartner	市场供应、能力、核心技术投资、盈亏平衡
Michael Morris，Minet Schindehutte & Jeffery Allen	供应品相关因素、市场因素、内部能力、竞争战略、经济因素、个人/投资者因素
翁君奕等	价值对象、价值内容、价值提交、价值回收

说明：根据 Michael Morris（2003）等的资料整理而成。

3. 社会企业商业模式研究

从组织动机导向角度，根据荻兹社会企业的光谱理论，社会企业分为三种发展模式：使命相关型、使命中心型以及使命无关型；从交叉互补的角度，荻兹将社会企业分为五种形态：完全商业化、完全慈善支持、部分自给自足、资金流自给自足以及运营支出自给自足。从社会企业营利视角，有研究提出，社会企业乃是一个连续体的组织，可以划分为以下三种组织形态：社会目的组织、企业慈善组织以及两者之间的混合组织。而对于混合组织的内涵研究，则以 Dees（1998）所提出的“社会企业光谱”最有代表性，Dees 依据主要利害关系人与非营利组织的关系，将社会企业区分成三个类型：纯慈善型、纯商业型以及二者混合型。

南都公益基金会理事长徐永光（2010）认为社会企业有四种投资的模式：NPO 慈善型、NPO 企业型、混合投资型、私人投资型。天津大学蔡凌萍（2010）认为，中国目前主要存在三种社会企业发展模式：商业带动社会企业模式、非营利组织延伸模式以及企业社会责任剥离模式。王名（2010）指出，大体上可以将实践中社会企业探索分为两种模式：一是依托既有体制的公益创新模式，二是积极引进市场机制的社会创新模式。某些学者从社会创新的角度将社会企业分为以下两类：就业型与创业型。也有的学者将社会企业发展迄今的模式归纳为以下几种：工作整合型、合作社型、社区经济型、乡村银行型。

第二节 社会企业创业实践的案例

一、案例分析

1. 研究设计

（1）分析框架。

从文献综述可以看出，目前描述商业模式组成要素的模型非常多，本研究主要采用的模型是加里·哈默尔的商业要素组成模型。

哈默尔是 Strateges 公司的董事长，也是公司的创办人，同时在伦敦商学院任战略及国际管理教授，是战略研究领域最前沿的大师，《经济学家》将哈默尔称为“世界一流的战略大师”。加里·哈默尔在商业模式研究领域成果丰硕，曾在《哈佛商业评论》上发表《企业的核心能力》，提出核心竞争力是企业保持竞争力的源泉，是一种知识和技能；《引导革命》一书中提出企业需要在商业模式上不断拓展创新，商业模式创新是企业产品的延伸。2000 年，哈默尔教授又提出了商业模式的四大要素：核心战略、战略资源、价值网络、顾客界面。其中，核心战略包括经营使命、产品及市场范围、差异化基础，战略资源包括核心能力、战略资产和核心流程，价值网络包括供应商、合伙人和联盟者，顾客界面包括目标市场、关系网络和定价结构。四大要素之间相互配合，产生三种不同的连接：配置方式、顾客利益和公司利润。其中，核心战略和战略资源之间配合形成配置方式，核心战略和顾客界面之间配合形成顾客利益，战略资源和价值网络之间配合形成公司利润（见图 5—2）。

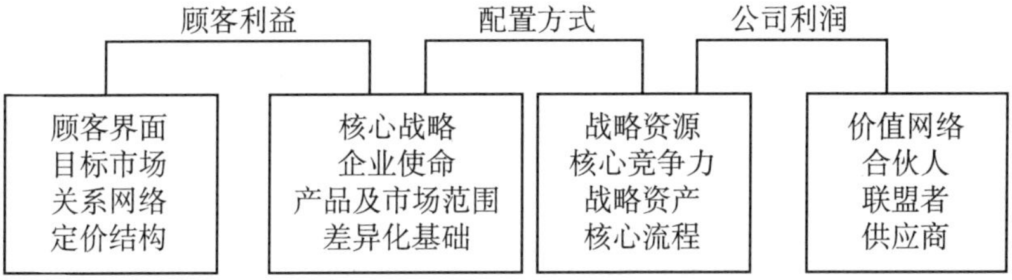

图 5—2　哈默尔要素模型

资料来源：Gary Hamel，*Leading the Revolution*：*How to Thrive in Tumes by Making Innovation a Way of Life*［M］，Boston，assachusetts：Harvard Business School Press，2000。

之所以选择上述模型，基于以下原因：第一，此模型全面概括了企业战略的所有方面，能够以此很好地认识企业的整体状况；第二，此模型包括的要素能够很好地获得资料与数据，在现实的咨询实践中获得了很好的效果。

（2）样本选择和数据获取。

至今在学术界没有对社会企业较为权威的定义，给选择样本造成一定的难度。本研究本着权威、简便的原则，决定根据英国社会企业扶持机构 UnLtd 基金会首席执行官 Cliff Prior 先生提出的两条关键因素来选择。英国社会企业扶持机构是为英国社会企业家提供个性化支持的机构，每年与英国全境 1 000 家社会企业进行合作，是一家具有权威的社会企业扶持机构。Cliff Prior 先生认为社会企业只需符合两个要素，第一是社会公益性，第二是企业。根据这两条，本部分研究选择了 4 家社会企业进行分析，分别是：中和农信项目管理有限公司（以下简称中和农信）、富平职业培训中心（以下简称北京富平）、和众泽益志愿服务中心（以下简称和众泽益）和“多背一公斤”。

选择以上社会企业作为样本，除了在本质上符合社会企业的定义以外，还因为这些企业是社会企业中比较成功、有商业模式可言的代表性企业。北京市有众多的社会组织，其中也不乏发展为公司的，但是因为成立时间短或是发展不稳定，所以没有选择。本研究选择的案例有的是成立5年及5年以上的，或是已经发展稳定、已有可持续发展势头的企业。另外，在选择案例的过程中也考虑到了案例资料的充分性，能够支持案例分析。

本研究通过阅读已有的与社会企业相关的学术论文、期刊等，了解社会企业的界定与评判标准，以此作为确定样本企业的依据，进而通过访问样本企业官网、查阅报表以及第三方媒体报道等渠道，有目的地收集第二手资料，随后展开数据资料的加工与整理工作，并分析提炼与本研究相关的数据。

2. 商业模式组成要素分析

（1）核心战略。

根据哈默尔的商业模式要素模型，核心战略主要包括三要素，分别是：企业使命、产品及市场范围和差异化基础。哈默尔认为核心战略决定了企业从事的领域、面对的顾客群体以及如何与该领域同行竞争的方法，是企业商业模式中不可缺少的环节。社会企业在本质上是商业化运作的企业，需要在市场竞争中形成竞争优势，赚取利益，而不是一味地做慈善，因此，需要明确企业的目的、未来和达到理想未来的方法，并将这些思想渗透到整个企业中，成为员工的信条，形成企业的核心战略。

中和农信是中国扶贫基金会属下的一家社会企业，前身是1996年成立的小额信贷机构，到企业正式成立已经有12年的发展历史，在业务经验与运作模式上已粗具规模；从企业成立起，就有明确的定位与目标。中和农信有三个企业使命：满足贫困人群的资金需求、提升贫困人群的自我发展能力、实现可持续发展。“满足贫困人群的资金需求”体现出企业针对的顾客群体是社会底层缺乏信贷服务的农户；“提升贫困人群的自我发展能力”体现企业帮助贫困农户脱贫致富、提升自我发展能力的社会目标；

“实现可持续发展”则是企业未来的发展方向和愿景，体现企业的商业化特性。中和农信的企业使命指明了企业在社会进步和经济发展过程中的作用和意义，体现出商业化与社会化并存的企业特性，为制定战略提供了依据。与正规金融机构提供的小额信贷服务相比，中和农信覆盖的服务群体更广，并且没有偏向性和选择性，是贫困农户都能够公平获得的贷款服务，这使得中和农信的顾客潜力更加巨大，据统计，2006—2009年，计划但尚未开展小额信贷村农户人均借款金额增长1.3倍，而小额信贷村农户人均借款金额增长3倍，开辟“缝隙市场”使中和农信赢得更多的发展之机。

北京富平将自己定位为一家不以盈利为目的、股东不分红的社会企业，提出“我们致力于家政服务职业化”的企业使命，在使命中没有体现出企业针对的顾客群体以及达到愿景的方法，但明确提出企业的愿景是成为家政服务的专业机构。北京富平针对的人群是农村的妇女打工人员，通过提供职业课程培训增强其职业能力。与一般的培训学校相比，北京富平探索出一种“门槛低、课程短、就业快”的方式，并实行培训与就业推荐为一体的模式，在京城家政服务市场上崭露头角。

和众泽益是专业从事企业志愿服务培训、咨询和研究的机构，在企业成立之初同样提出了三个使命：一是提供专业的企业志愿服务咨询，二是搭建企业职员服务的交流平台，三是推动企业志愿服务领域的理论研究。从使命可以看出，和众泽益针对的顾客群体是企业，旨在推动社会志愿服务的发展，打造国内最大的志愿服务平台。和众泽益特别关注企业志愿服务的个性化设置，根据不同企业的文化、产品、形象等提供不同的职员培训服务。

“多背一公斤”最初是一个公益项目，通过旅行的方式向贫困地区的孩子传递爱心和知识，在2008年注册成为一家社会企业，但至今没有提出明确的企业使命。“多背一公斤”依托旅游展开一场快乐、简单的公益行动。

前三家社会企业成立时间久，发展时间长，因此在核心战略方面较为完善，有明确的企业使命并能渗透入企业，对于企业文化的培养有积极作用，同时对于企业提供的产品和市场以及企业长远的愿景也有推动作用。而“多背一公斤”成立的时间较短，没有企业使命作为指导，目前这样的社会企业或组织还存在很多，也是社会企业发展现状中一个有待改进的地方。

案例企业核心战略汇总见表 5—2。

表 5—2　　　　核心战略汇总表

社会企业名称	企业使命	产品	市场范围	差异化基础
中和农信项目管理有限公司	满足贫困人群的资金需求，提升贫困人群的自我发展能力；实现可持续发展	小额信贷服务（金融产品）	金融信贷行业（社会底层缺乏信贷服务的贫困农户）	顾客覆盖面广，在顾客选择方面没有偏向性和选择性
北京富平职业培训中心	致力于家政服务职业化	职业培训服务	家政服务行业（农村打工妇女）	门槛低、课程短、就业快“前店后坊”式模式
和众泽益志愿服务中心	提供专业的企业服务志愿咨询；搭建企业员工服务交流平台；推动企业志愿服务领域的理论研究	企业志愿服务培训、咨询和研究	咨询行业（面向企业及公益组织等）	个性化服务，根据企业量身定制培训体系
“多背一公斤”	赋予旅游者随时随地与孩子们进行交流的能力	创新的教育公益产品	公益行业（公益咨询、产品设计）	依托旅游开展公益行动，将传统的捐赠公益上升到平等的精神交流层面

说明：资料来源于本研究整理汇总。

（2）战略资源。

哈默尔将战略资源分解为核心竞争力、战略资产和核心流程。核心竞争力是企业经过长时间整合而形成的独有的、能够带来价值的优势。社会企业处于初期发展中，是否具有核心竞争力有待考量。

中和农信处于小额信贷行业轰轰烈烈、泥沙俱下的时期，小额信贷公司成立超过 6 000 家，农信社系统号称小额信贷超过 6 500 亿元，邮储超过 1 000 亿元，农行则为 2 000 多亿元，发源于公益的中和农信的发展受到考验。在坚持三大战略不动摇的基础上，中和农信在商业模式和风险控制方面努力创新，形成了独特的竞争优势。首先，中和农信形成一套全面的风险管理体系，成立专门的风险管理部门，提高风险意识，加强风险管理（见图5—3），截至2012年12月，大于30天的风险贷款率为0.23%。

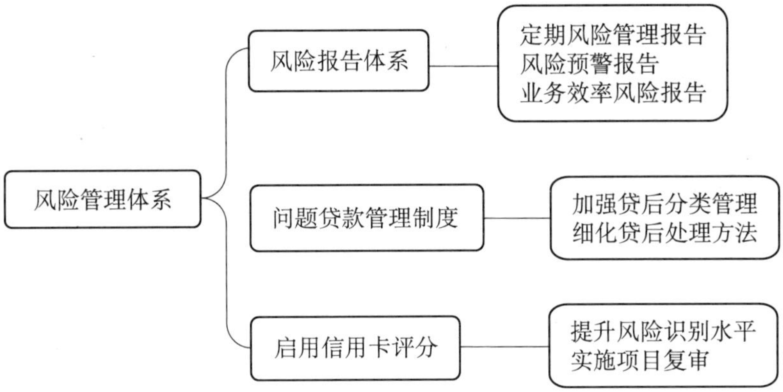

图5—3　中和农信风险管理体系

其次，中和农信有成熟的区域扩张模式，坚持区域集中的原则，实施分区整体规划，使得交易成本和间接费用逐年降低，客户覆盖率不断提高，截至本研究调研之际，已覆盖全国14个省63个县、1.7万个行政村。

最后，有一支年富力强、贴近农户、专业化的团队以及完善的团队培训体系。截至2012年底，中和农信共有员工830名，平均年龄37.58岁，25至45岁之间的员工占83%，员工中89.9%为基层本地员工，能够更加贴合农户；在学历水平上，91%以上为高中及以上学历，能够提供专业化的服务。优秀的员工队伍也是中和农信能够迅速发展的关键因素之一（见图5—4）。

中和农信在发展过程中逐步探索出一条简便又高效的贷款流程，既适合文化程度较低的农户，又能确保贷款的合理准确发放。流程的合理化是项目实施的保障（见图5—5）。

北京富平旨在提高农村妇女的就业能力，将更多的农村劳动力向城市输送，提高农村生活水平。其初衷得到了政府的支持，但在创办的过程中依旧遇到困境，首先是生源不足，其次是资金不足以及农村的老旧观念，都使学校一度陷入发展瓶颈。经过多年的探索式发展，北京富平形成独特的发展模式，包括招生模式以及就业推荐等形式，得到更多的生源及发展

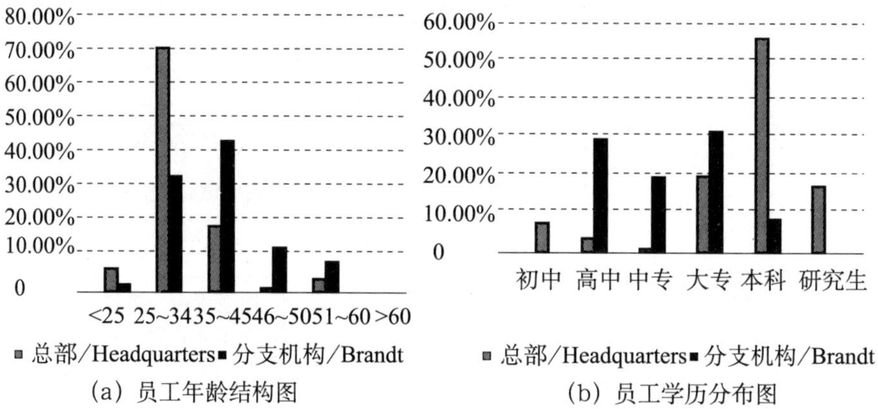

图 5—4 中和农信员工结构图（截至 2012 年底）

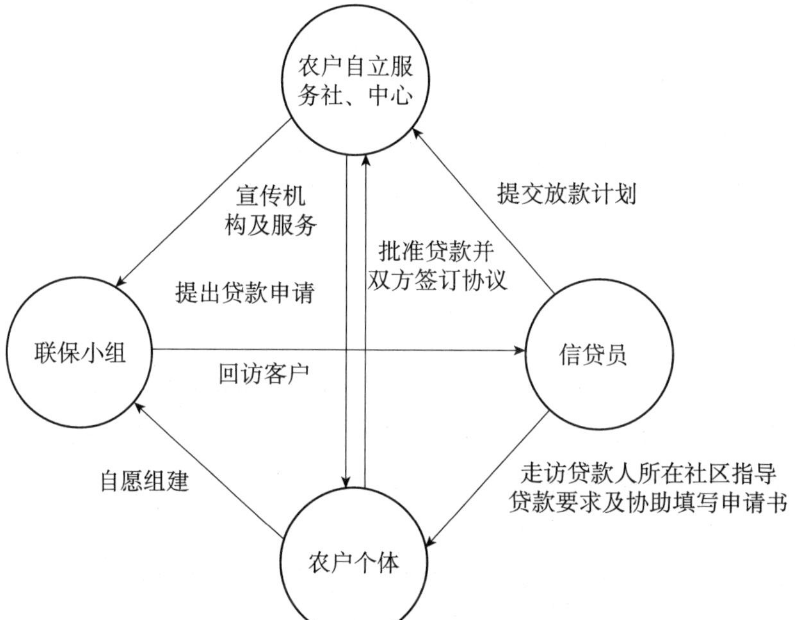

图 5—5 中和农信业务流程图

机会。北京富平充分利用与各地政府间的合作，解决了生源问题；另外，在课程培训方面不断创新，学员能在较短的时间内获得专业技能；最后，在就业方面，北京富平也成立了专门的就业推荐机构，通过互联网等工具向社会源源不断输送职业保姆，并与多家企业合作，提高了学员的就业率，这就是北京富平独创的“前店后坊”模式，在同行竞争中获得先机。

北京富平建立的“前店后坊”模式主要分为三部分：前端主要是招生宣传，与地方政府合作引进生源，是整个流程中最为重要的环节；中端是提供培训服务，是整个流程的核心环节，体现社会企业宗旨与使命；末端是解决学员就业问题（见图 5—6）。

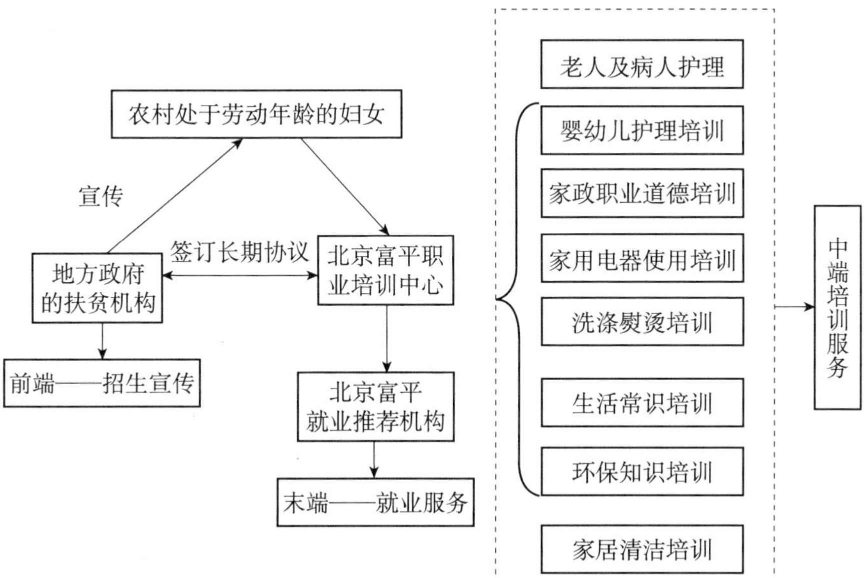

图 5—6　北京富平职业培训中心业务流程图

和众泽益最大的优势与特点是专业化、特色化的志愿培训技术，提供的产品是根据不同的企业量身定做的，切合企业的文化和资源；自公司成立以来，成功为如微软、拜耳、强生等世界 500 强企业提供培训，并协助建立企业的志愿服务中心，在行业内具有较好的口碑，得到了许多企业的认可，顾客群体逐步扩展；另外，和众泽益在全国还建立起志愿服务基地，辐射全国大多数一线、二线城市，在协助企业志愿者协会举办志愿服务活动时，可以充分利用和众泽益的全国志愿服务基地，提供多样化的产品。和众泽益经过发展，已经聚集一批忠实的顾客群体，并有众多的合作伙伴。同样，和众泽益也有专业具体的服务流程，从流程图中体现出其专业化、个性化的服务特点（见图 5—7）。

“多背一公斤”2008 年正式注册为社会企业，目前已经组建了全职团

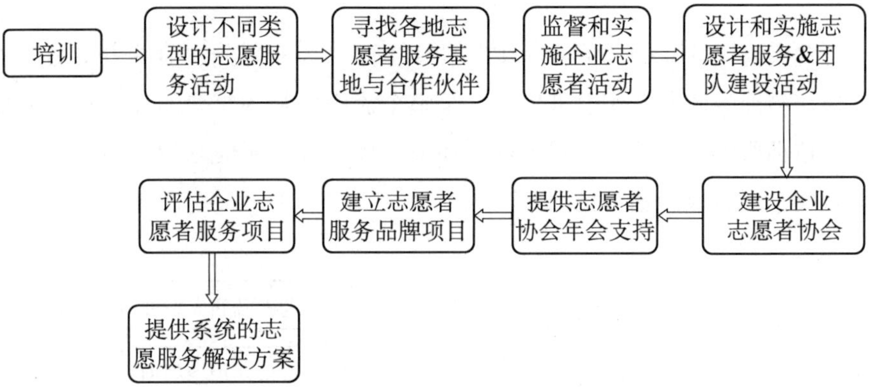

图 5—7　和众泽益志愿服务中心业务流程图

队，规划企业的业务发展与整体运作，在其发展过程中充分利用志愿者资源，发挥社会企业在志愿者管理方面的优势，如今志愿者已经为“多背一公斤”网站在全国收集到 1 200 多个乡村学校的信息。另外，在经营方式上，“多背一公斤”以网络经营，用博客经营，这是一种新的方式。对于年轻人，网络已经成为生活的一部分，能更快、更多地传播信息。“多背一公斤”想传达一个远景：旅行改变世界，鼓励更多人参与其中，并通过品牌的推广和网络社区的建设，使人们的参与变得更简单。

社会企业面对的是真实的市场竞争环境，在发展中逐步形成了竞争优势，但是否能成为企业的核心竞争力并为企业持续创造价值有待进一步的研究。哈默尔认为核心竞争力是扩大经营的基础并能够对顾客价值做出巨大贡献，最基本的四个特征分别是独特性、有价值、不可替代及不可模仿。

表 5—3 为案例企业战略资源汇总表。

（3）价值界面。

所谓价值界面，是指在组织间价值交换或价值创造过程中，作用于两个或两个以上节点的行动者彼此相互影响的制度性规则。价值界面是组织间的资源互补与共享，加里·哈默尔将价值界面分为合作者、联盟者与供应商三部分。

表 5—3　　战略资源汇总表

	核心竞争力					战略资产	核心流程
	特征 / 竞争优势	独特性	有价值	不可替代	不可模仿		
中和农信项目管理有限公司	风险管理体制	—	√	√	—	顾客资产：有效客户 143 718，覆盖人口数 29 314 946，顾客有效增长率 22.72%，顾客满意度调查中 95%的调查者首选中和农信；建立起顾客回访与投诉处理中心；良好的商誉。 过程资产：总部员工 73%以上是本科及以上学历，分支机构员工中 91%以上为高中及以上学历。	建立起明确的核心业务流程体系
	区域扩张模式	√	√	—	—		
	专业员工团队	—	√	√			
和众泽益志愿服务中心	覆盖全国的志愿服务基地	—	√	√	—	顾客资产：针对的企业数量多且集中，服务企业超过百家，其中世界 500 强企业超过 50 家。 过程资产：为顾客提供个性化、迅速的服务。	专业化、个性化
	专业化培训体系	√	√	√	—		
北京富平职业培训中心	“前店后坊”式培训模式	√	√	√	√	顾客资产：建立跟踪服务机制。 渠道资产：与政府合作输送生源，建立就业推荐机构。 过程资产：培训周期短、见效快。	形成时间短、见效快、质量高的培训体系
“多背一公斤”	志愿者管理体系	√	√	√	—	渠道资产：利用网络经营、博客经营，通过网络提供全方位平台支持。	灵活多变，通过网络组织旅游志愿者

社会企业与商业化企业的合作是一种社会趋势，合作互赢是促成这种趋势的主要因素。社会企业是结合公益目的和商业运作的新模式，在缺少理论经验和实践指导的情况下，许多社会企业还未成型就消亡，据统计，现在公益组织以每年 10%～15%的速度增长，但伴随着的是每年有近 2 万公益组织注销，其中资金不足、管理经验匮乏、机构建设能力不足等是主

要的原因，在这些方面，社会企业急需商业化企业的指导和帮助；另外，随着对企业社会责任的日益关注，更多的商业化企业都积极寻求承担社会责任的方法，因此就出现了越来越多的企业愿意与公益组织或社会组织合作，在双方互需的基础上，社会企业与商业化企业的合作出现了。经过对案例的总结和分析，双方的合作主要经历了从“输血式”到“造血式”的合作过程：

第一阶段，资金、物品的捐助与馈赠。

这是合作的第一阶段，是最简单的合作方式，商业企业直接给予定额支票或电脑、办公用品等物资，这种方式的好处是直接、有效、简便，在社会企业的创办初期或是在社会企业面对资金困难时非常有效。然而这种方式也存在严重的缺陷：首先，公益目标不清晰，类似慈善捐款；其次，商业企业的参与程度低，缺乏过程管理和长期规划，对于资金、物品的使用、去向没有监管，是否发挥价值也无从得知，产生的社会效益非常局限。

第二阶段，企业资源的投入。

随着公益事业和企业社会责任的关注度越来越高，许多商业企业开始探索与社会企业合作的新方式，商业企业不再仅仅是资金、物品的投入，而是也逐步将企业文化、企业资源、管理经验等嫁接给社会企业，实现长期性的战略合作伙伴关系。如中和农信就与花旗银行进行合作，对方在风险管理体制、公司治理结构、人力资源体系构架等方面提供帮助，并要求中和农信的员工到花旗银行进行实地考察借鉴。通过这种方式，商业企业与社会企业形成长期伙伴关系，商业企业将优秀的企业经验传播到社会企业，帮助社会企业机构建设以及资源运用管理，能够提升社会企业的自我发展能力，增强社会企业的竞争力，助其在日益激烈的市场竞争中争取一席之地（见图 5—8）。

在发展初期，模式尚未成型的社会企业与一流商业企业合作是互利互赢的关系。社会企业可以从商业企业获得资金技术支持，更重要的是学习综合建设能力，利用商业企业的优势资源，在人才吸引、组织建设、业务规划、财务管理、市场营销等方面形成竞争优势，因此，社会企业应该在保持企业特性的前提下，充分与商业企业建立合作伙伴关系，尤其是战略伙伴关系，加强知识、技能、人才、经验的交流

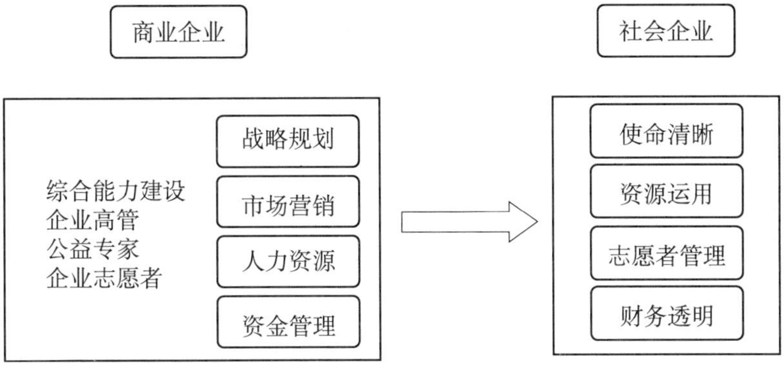

图 5—8　商业企业与社会企业合作方式

与共享，实现双方的共同进步（见表 5—4）。

表 5—4　　价值界面汇总表

社会企业	合作者	合作领域	合作事项	合作成效
中和农信项目管理有限公司	恒大地产、壳牌中国集团、耐克体育有限公司、加多宝集团等	捐款	捐赠资金、物品等，用于灾后贷款等	中和农信是国内首家获得国内银行、外资银行、国际企业、国际非政府组织贷款支持的小额信贷机构，开拓了国内非营利性小额贷款机构模式的先河，这种合作模式也是国内的首例，实现了大银行、小机构、贫困农户之间的多赢，形成了社会效益和经济效益的可持续发展，为农村金融改革和创新提供了实践经验
	中国农业银行、渣打银行、国家开发银行、法国达能集团、嘉道理慈善基金会、北京银行	贷款支持	机构捐赠资金，扩充了贷款本金	
	摩根大通、花旗银行、微软集团、小额金融信息中心、清华大学经管学院、格莱珉信托、为普顾问有限公司等	企业战略合作	研究支持，培训与指导，在完善团队的能力建设、增加国际交流与合作方面也起到重要作用	
北京富平职业培训中心	各地政府机构，如扶贫办、妇联等	招生渠道	负责招生、体检、办理各类证件并将学员安全护送至北京站	茅于轼先生称此种合作模式为民办公助。民办者，由民间集资办学；公助者，导入政府资源，由政府职能部门协作招生并补贴部分费用，以促进农民进城，加快农村脱贫致富进程

续前表

社会企业	合作者	合作领域	合作事项	合作成效
“多背一公斤”	联想集团	公益创投	为企业开展公益宣传，向社会推介青年公益创业计划	除了资金资助，还针对企业特点展开定制式帮助，帮助提高战略规划能力、综合能力建设等
	上海期航、百度、舒肤佳、格力、触动传媒等商业企业	公益咨询与产品开发	为企业举办公益活动及公益宣传，设计公益旅行项目	通过公益咨询及自有公益产品的开发赚取利润，目前已与多家企业建立合作关系，用低成本实现公益活动的良性循环

（4）顾客界面。

哈默尔将顾客界面划分为目标市场、定价结构和关系网络三部分。

目标市场是企业根据顾客细分，选择实施营销策略的群体。与商业企业有些不同的是，有些社会企业存在两个目标市场，这是社会企业公益性与商业性并存的特性所导致的。在培训类、教育类等行业，社会企业想要达到的目的是培养弱势群体或贫困群体的自我发展能力，最终让这些群体的劳动力融入市场，前端面对的是需要帮助的群体，后者面对的是市场上的消费者。典型的社会企业是北京富平职业培训中心，有两方目标市场，一方面是农村贫困的并处于劳动阶段的妇女，虽然目标是帮助这些人脱贫致富，但是在最初的招生方面也是需要宣传和鼓励的，因为受农村传统观念影响，也因需要这些妇女交纳一定的培训费，所以招生是非常困难的，需要不断修正缴费策略和营销方式；另一方面，价值链条的后端是将这些培训完成的劳动人员输向市场，面对的是较为市场化的环境，也需要一定的宣传力度和营销策略，此时针对的目标群体就是北京市有家政服务需求的家庭。

中和农信针对的是低收入的农户，与其他小额贷款机构不同的是在客户选择上没有偏向性和选择性。根据中和农信 2012 年发布的《小额信贷 2012 年度报告》，99.5%的客户为农户，93%的客户为女性客户，至 2012 年底已覆盖全国 14 个省市 63 个县，其中国定省定贫困或欠发达县 58 个，占 93%，体现了中和农信的顾客群体的特性。

图 5—9 为中和农信客户结构示意图。

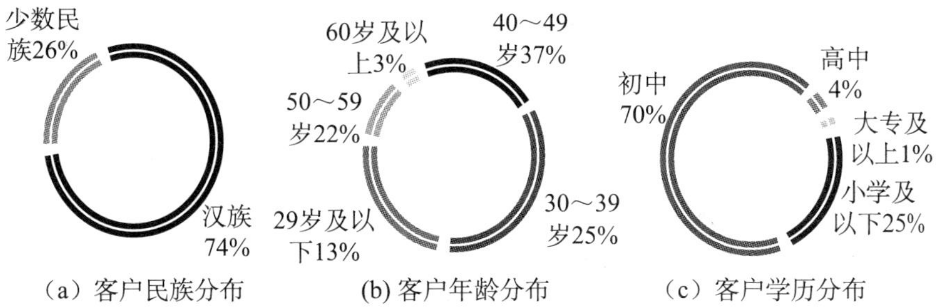

图 5—9　中和农信客户结构

社会企业的定价结构比较单一，不同类型的社会企业有很大不同，基本可以分为两类；一类是关注传统公益慈善领域的社会企业，主要集中在特殊教育、养老扶贫等传统第三部门的领域，这类社会企业定价时基于社会企业的公益性，考虑到弱势群体的价格承受能力，主要采用成本定价法，比如北京富平职业培训中心与中和农信；另一类社会企业集中于比较市场化的领域，从某种积极意义上讲，这类企业开辟了新的缝隙市场，比如案例中的和众泽益与“多背一公斤”，和众泽益关注于志愿服务的咨询与培训，企业的顾客群体是有志愿服务需求的大型商业企业，而“多背一公斤”的主要收益模式也是提供志愿服务的咨询与公益产品的创新设计，在定价时可以充分考虑市场价格等因素，定价方式较为灵活（见表 5—5)。

中和农信的定价结构与三种发展模式息息相关，三种模式分别为扶贫模式、救灾模式和普惠模式。扶贫模式单笔提供最高 12 000 元以下的贷款额，无须任何抵押或担保，贷款期限 6～12 个月，每月等额本息还款，实行五户联保的小组贷款模式；救灾模式无须抵押、无须担保，最高限额 5 万元，期限为6～24 个月，每月等额本息还款。

北京富平一方面向农村劳动期妇女提供家政培训，一方面向北京市的家庭提供家政服务，将两者结合，实现公益性与商业性并举。在定价方面，北京富平充分考虑农村劳动力妇女的家庭情况，在评估其家庭条件后实行差异化定价，保障贫困妇女能够平等接受教育；另外，在北京市家政市场上，则根据行业现状进行基本定价，既能保证学员获得相应的利益，也能保障学校的持续发展。

从差异化定价角度来看，现有的企业定价方面虽然有差异化的倾向，但尚未建立起程序化、规范化的定价方法。

关系网络是一种社会资本，可以从两个视角阐述：一是企业间的关系。企业间在互动和信任中能够获得经验知识，双方处于平等地位，在公益领域相互合作与帮助，多体现为合作与联盟关系，或为社会企业与社会企业之间，或为社会企业与商业企业之间，或为社会企业与 NGO 之间，不同的合作伙伴，合作内容与目的、交流的知识与经验都存在着很大的不同。另一视角是社会企业与政府之间的关系。社会企业虽不像第三部门那样受到政府各方面的严格监管，但需要政府出台相关政策法规予以支持。

表 5—5 为案例企业顾客界面汇总表。

表 5—5　　　　　　　　　　顾客界面汇总表

社会企业	目标市场	定价结构	关系网络
中和农信项目管理有限公司	农村中低收入的家庭妇女	差异化定价，三种定价模式	一是企业间关系，双方地位平等，在公益领域相互信任及合作，多体现为合作与联盟的关系；二是社会企业与政府之间的关系，多为政策、资金支持等
北京富平职业培训中心	农村劳动期妇女	差异化定价，根据不同家庭情况有不同的收费策略	
和众泽益志愿服务中心	有建立志愿服务需求的企业	根据市场定价，不同服务有不同的收费标准	
“多背一公斤”	贫困地区的学校	和出版社合作，定价都是适合乡村阅读	

（5）商业模式界面。

第一，顾客利益界面。

社会企业具有公益与商业双重特性，因此其最终目的是实现社会目的，产生社会利益，而不仅仅是顾客利益。从某种程度上说，社会利益往往就是顾客利益的放大化。案例中的四家社会企业在顾客利益与社会利益方面有不同的表现。

中和农信非常注重绩效管理和培训，每年都会对外发布报告。2012 年发布了社会绩效评估报告，其中明确提到了两项服务——金融服务与非金融服务带来的顾客利益。在金融服务领域，中和农信以全面服务顾客为核心，除提供优质快捷的信贷服务之外，还提供非金融服务及全方位的顾客关爱；在顾客满意度调查中，88%的顾客认为中和农信的服务快捷便利，

96%的顾客认为利率可以承受，76%的顾客表示贷款的帮助很大，其中48%的顾客认为中和农信的贷款帮助他们扩大了生产规模或产生新的生意。在非金融服务方面，中和农信向客户提供农业技术培训、金融知识教育及免费保险等活动，投保受益者达30万之多。在社会效益上也有突出的表现。首先，中和农信与其他信贷机构分享交流，推动行业的发展；其次，中和农信倡导小额信贷机构双重底线原则，鼓励更多小额信贷机构深入农村贫困地区发展业务。

由于北京富平、和众泽益以及“多背一公斤”都没有对外的财务报告，因此很难确定企业每年的盈利情况，对于其产生的顾客利益只能从社会效益方面表现。

北京富平每年向城市输出大量有技能、有素质的农村打工妇女，一方面促进农民进城，提高农村劳动力妇女的生活质量，另一方面，从社会效益来看，北京富平加快了农村脱贫致富的进度。

和众泽益自成立起，服务的企业超过百家，500强企业接近50家，共有超过10万名志愿者贡献超过100万志愿服务小时，累计帮助超过500多家公益组织，直接服务的老人、儿童、残疾人等弱势群体超过10万人次，间接受益群体超过百万人次，推动了志愿服务咨询行业的平台建设和行业发展。

第二，配置方式界面。

资源配备是企业为了实现企业使命和目标对各项资产、资源及流程进行安排与配备，使企业形成差异化竞争实力或独特价值，并使得流程能够匹配企业的资源与资产。加里·哈默尔认为配置方式就是厂商以独特的方法结合能力、资产与流程，来支持其特定的战略所进行的安排，能使企业产生核心竞争力、战略资产和核心流程。

社会企业虽不像商业企业一样以利润最大化为宗旨，一切活动并不以盈利为标杆，但是在组织各方面资源时仍然需要考虑投入与产出问题，因为只有盈利的社会企业才能拥有持续发展的能力；另一方面，某些社会企业由于关注领域的市场化特点，社会企业也处于一种激烈的竞争市场中，这样的社会企业要面临先进商业企业的竞争，因此能否形成一种合理的资源配置更是发展的关键所在。总之，社会企业需要像商业企业一样考虑资源的整合配备问题，合理安排人力、财力等社会资源。

就社会企业而言，有五种可以利用的资源，分别是有形资源、无形资源、人力资源、货币资源和组织资源，其中有形资源包括生产设施、原材料、产品等一切有形的物质，无形资源则是指声望、品牌、文化知识等。总结目前四家社会企业的资源配置，可以看出都能够根据战略进行合理的配置活动。中和农信是为贫困农户提供小额贷款，在此战略基础上，中和农信在员工选择方面更加体现此战略，其员工经过培训具备一定的信贷服务基础，能够更好地为农户服务，并且有小额信贷的技术和管理经验，在中国扶贫基金会的管理下，有较好的企业声望；和众泽益旨在为企业提供志愿服务咨询与培训服务，一方面在专业技术上投入较多，有专业化的咨询培训流程，为企业提供专业化的服务，另一方面在人力上也十分贴合企业的战略，形成一支优秀的团队；北京富平则是充分整合与政府的关系资源，在招生、就业方面做出较大成绩，也保证了企业的盈利；“多背一公斤”依托旅游开展公益活动，在志愿者管理方面有成功的经验。

目前社会企业多将重点放在有形资产方面，在货币资源上要增加融资渠道，加强资金管理；在无形资源上要努力形成品牌，增强企业声望；在人力资源上要加大人力资本投资，塑造企业文化，制定长远的人力资源管理体制。

第三，公司利益界面。

战略资源与价值网络之间的联系是公司利益。公司利益是企业各方面利益的综合体现，不仅仅是公司的利润，还有商誉、知识产权、信誉、业务来往等。目前的社会企业没有完善的财务公开体系，即便是成立十几年的企业也仍然很难找到其公开的年度报表，在这方面，中和农信是较为成功的，其每年都会向社会公开年度财务以及相关信息，建立公开透明的财务机制。

中和农信是少数几个进行财务公开的社会企业，从其财务报表中可以看出中和农信在几年里发展迅速，已经能够实现收支平衡，并且盈利能力和经营能力都在不断提高（见表 5—6）。

中和农信能够取得如此的成绩，归功于其注重绩效管理、优秀的员工团队、高效的业务能力以及健全的风险管理体系，也是中和农信通过积极有效的沟通取得政府的认同与社会的认可，注重维护中国扶贫基金会小额贷款自立扶贫模式的公信力的结果。

表 5—6　　中和农信财务数据表

经营业绩（人民币万元） Operating performance（unit：10 000RMB）		2012	2011	2012 较 2011 的增长率	2010
营业收入	Operating income	16 717.80	12 077.49	38.42%	5 360.15
营业利润	Net operating income	2 265.94	1 515.15	49.55%	689.27
利润总额	Net income before tax	2 714.12	2 132.26	27.29%	896.80
净利润	Net income	2 144.29	1 882.4	13.91%	863.15
盈利能力指标（%） Profitablity analysis		2012	2011	2012 较 2011 的增长率	2010
净利差	Avg monthly loan yield-avg cost of interest bearing funding	14.47%	13.77%	0.70%	14.42%
净利息收益率	Net interest income/avg monthly loan balance	15.70%	15.20%	0.50%	15.88%
成本收入比率	G&A expense/Operation income	53.65%	52.70%	0.95%	64.24%
总资产收益率	Return on assets（ROA）	2.18%	2.35%	−0.17%	2.78%
净资产收益率	Return on equity（ROE）	7.62%	6.56%	1.05%	6.58%

说明：（1）净利差＝月均贷款收益率－总计息负债平均成本率；（2）净利息收益率＝（利息收入－利息支出＋担保费支出）/月均贷款余额；（3）成本收入比率＝业务管理费/营业收入；（4）2011 年 ROA 和 ROE 的指标，净利润中扣除了 461.63 万元的非经常性损益。

3. 国内外典型案例对比

（1）案例选择。

a. 英国公益信托组织 JRHT。1904 年，英国基督教教友派信徒、成功的商人和慈善家约瑟夫·朗特里（Joseph Rowntree）建立了约瑟夫·朗特里慈善基金会（JRF），成为了英国最主要的社会政策研究和发展慈善机构之一。在这数百年的时间里，JRF 一直致力于发现社会问题的原因，提供依据，寻找解决问题的方法和创意，以帮助克服贫困、缺憾和社会不公，并影响政策决策者。JRF 的目的是通过各种渠道与目标群进行沟通，通过提供实例和解决之道帮助英国最有障碍的人群。约瑟夫·朗特里房产信托公司（Joseph Rowntree Housing Trus，JRHT）是专门将 JRF 的研究成果加以推广的房产信托公司，成立于 1968 年，以典型的公益信托的方式来经营。JRHT 为 JRF 提供其研究成果的实践操作，将 JRF 的新的研究成果和创意用于实践。JRHT 致力于提供退休社区的房屋建筑和照顾服务、当地的房屋建筑服务。

b. 天津鹤童。1995 年 4 月 20 日，鹤童在天津诞生，是由民间发起、民间投资、民间运作的民间组织。鹤童通过 16 年的努力，已建立起一个年收入突破 2 500 万元、较有规模的养老社会服务的产业集团联合体。鹤童是典型的非营利机构法人组织（NGO）。由老领导、老前辈、专家学者、企业家、实务工作者和热心公益人士组成的鹤童理事会，有着服务老年人的公益使命，有不以营利为目的的组织结构和一套不致任何人利己营私的管理制度。社会对其认可及信任的程度（公信力）、其所使用资源的效用及社会期待或需求满足可以交代的程度（责信度）是高的。其依赖社会捐输并享有“社会公器”的免税地位，导致其可持续性发展有了保障。其涉足院舍养老、医疗卫生、居家照料、老年餐饮、清洁管家、护理教育、老年用品等七大领域，紧紧围绕老年产业的上下游产品，在老年产业链上做足文章。其始终把社会效益摆在首位，坚持以支定收，坚持不以创造收益来衡量成败，坚持在服务和产品创新上集中思考，把老年服务做实做强。

（2）案例的商业模式要素对比分析。

第一，客户界面对比分析。

相同点：JRHT 和鹤童通过社会募集、政府资助和自身运营来补给其运营成本，自身运营主要是向顾客收取相关服务费用的方式。

不同点：JRHT 和鹤童服务的对象不同。在建立鹤童组织时，鹤童组织服务的对象就定位为高龄、需要帮助和照顾的非自理老年人。而考虑到这部分老年人的需求和价格承受能力，通过仔细核算单床成本，确定了以成本定价的基本原则，从而把社会效益摆在了首位。此外，鹤童组织坚持通过社会筹募来支持常年收养存在严重经济支付能力不足的老年人这一工作，并且坚持常年开展与老年人进行心理沟通和精神慰藉活动，积极丰富老人的生活。JRHT 和鹤童的定价方式也有不同。JRHT 服务对象较广，有固定的收费方式；鹤童由于其服务对象的限定，进而考虑到服务对象的可支付能力，基本是以成本定价来进行收费，但根据产业相关服务采用使用者付费、差别取费等方式。

第二，核心战略对比分析。

相同点：企业使命相同。英国公益信托组织 JRHT 和天津鹤童都是以实现社会价值为企业使命，企业立志帮助改善困难人群的生活质量，不以盈利为企业目的，将公益摆在首位。此外，JRHT 和鹤童组织还鼓励年轻人积极参与，帮助解决社会问题，还能提供部分就业岗位。JRHT 和天津鹤童组织层次既解放生产力，又创造生产力，其模式值得我们学习并推广来帮助更多的人。

不同点：市场定位不同。JRHT 是寻求改善贫困和有障碍人的生存环境，提高他们的家和社区的质量，向他们提供尽可能多的服务和帮助。鹤童定位于高龄、需要帮助和照顾的非自理老年人，且这部分老年人具有需求大、价格承受能力低的特点。提供服务的方式不同。JRHT 采用退休社区、辅助住房服务、照顾性住房及促进居民自给自足地参与社区照顾的方式；鹤童提供专业养老护理院舍服务和管理的核心业务与技能，多年来，鹤童还积极实现相关产业的多元化战略——透过掠夺性定价和互相购买等方式。此外，天津鹤童依赖社会捐输并享有“社会公器”的免税地位，导致其可持续性发展有了保障。

第三，战略资源对比分析。

核心能力相同：JRHT 和鹤童都拥有良好的信誉和资历，社会对其认可度及信任的程度是高的，企业资金来源十分广泛，但主要来源包括政府、自营、捐款这三个方面。在管理方面，采用的是内部专业化企业管理，通过商业化资本运营来补给成本。JRHT 和鹤童组织还鼓励人们参与到公益事业中，不同层面地扩大了社会组织的影响力，培养了当代人的志愿者精神。

运营模式不同：JRHT 维持企业经营的资金来源很广泛，但近些年来更趋向于依靠自己的商业运作能力来维持机构的发展，多元化的资金收支渠道形成机构供给的多元资源支持。除了社会的捐赠，JRHT 更多的是依靠从委托人到受托人再到受益人的商业运作能力来维持机构的发展；鹤童服务的对象多数是无法自理的老人，采用纵向一体化战略来降低成本和提高效率，并开发相关临近产业，目前企业的运营资金主要是靠政府的资助和社会捐赠，并坚决抵制以侵犯老人权益和护理员的权益来降低成本这一做法。

第四，价值网络对比分析。

社会定位相同：JRHT 和鹤童本身在建立之初就拥有良好的公信力，对外与政府部门及其他部门的合作关系好，且合作渠道甚广。

社会资源不同：企业运营资金方面，JRHT 通过自身的资金运作能力以及总公司 JRF 的支持，形成各种收支渠道的交叉互补，维持机构的正常收支平衡和持续运作与发展，待企业进入正轨后，依靠自己的商业运作能力来维持机构的发展；鹤童以社会捐赠和政府资助为主（捐赠来自社会各界包括海外），实行透明化的捐赠制度，辅助以相关服务收费来支持组织运营。鹤童有一整套向社会筹募、财务公示等透明的运作体系，其吸引企业家通过捐助行为来提升企业影响力的做法已形成了良性循环。

（3）商业模式分析总结。

通过 JRHT 和鹤童组织的商业模式案例分析，我们可以清楚地了解到社会企业的商业运营模式。社会企业凭借其自身独特的企业优势，通过商业模式的创新，积极寻找更好的服务和产品，从而保持其经济价值创造和社会价值创造双重平衡；不是单纯地依靠客户界面、核心战略、战略资源、价值网络四大要素中的某一个要素或是某些要素，而是依靠四个要素之间彼此紧密的联系，从而维系企业的协调持续发展。

鉴于鹤童组织的民办性属性，在开办初期，其没有任何政策扶持或者社会资源共享等优势，既不享受任何财政补贴，又要向市场交纳一笔不菲的房租，走了很多弯路；后来广泛学习东西方发达国家和地区养老院管理和老人护理服务技术，在摸索中不断地成长起来。相比之下，英国的社会企业部门是世界上最成功和最活跃的，英国的社会企业比较成熟，JRHT 组织在发展过程中，不仅积极借鉴商业企业的运作谋略和技巧，也基于自身的特质和社区文化基础，摸索出独特的发展模式，反过来为商业企业和政府部门的管理提供启示与借鉴。政府对社会企业的高度重视和高度支持，使得 JRHT 组织运行的整个过程都很顺利。

通过对比分析 JRHT 和鹤童组织的商业模式各要素，我们可以看出社会企业的商业模式存在一定的异同点，值得我们深入研究，找出最适合中国式社会企业的商业模式。

二、讨论与建议

1. 讨论与总结

哈默尔提出商业模式的四大构成要素，形成经典的要素组成模型，在许多文献中被引用，在商业案例研究中也多次被用作基本模型。但是，哈默尔在提出时是根据商业企业的发展模式总结出来的，对于社会企业这种新兴的组织类型并不一定完全适用。本研究在以上案例分析的基础上，总结出现有社会企业的要素组成现状。

表 5—7 为社会企业商业模式情况汇总。

表 5—7　　社会企业商业模式讨论

	要素	子要素	是否存在	四家社会企业现状
商业要素组成模型	核心战略	企业使命	√	有员工清楚明白的使命与价值观，提出明确的发展目标
		产品、市场范围	√	多以提供服务为主，集中在教育、咨询、信贷等行业。中和农信针对的是全新的缝隙市场，和众泽益面对相对市场化的领域，北京富平与“多背一公斤”的市场与传统第三部门关注领域有交集
		差异化基础	√	北京富平与和众泽益：服务质量和传递给消费者的速度 中和农信：顾客范围 “多背一公斤”：善于创新的模式
	战略资源	核心竞争力	√	应该加强某些竞争能力与资源的不可模仿性，使其成为能够持续带来利益和价值的竞争优势，应努力形成品牌优势
		战略资产	√	多集中于顾客资产和过程资产方面
		核心流程	√	北京富平、中和农信与和众泽益都形成规范化的业务流程，“多背一公斤”流程灵活多变
	顾客界面	目标市场	√	均有针对的顾客群体，并且在目标市场选择上符合企业的使命和公益性
		关系网络	√	政府、商业企业、NGO 是主要的社会关系者
		定价结构	√	较少实行差异化定价，定价没有考虑到综合因素。虽然北京富平实现了差异化定价，但是在程序化和相应规范制定方面还有所欠缺
	价值网络	合伙人	√	多与政府机构和商业企业合作，合作多在捐赠和资源知识分享方面
		联盟者	—	—
		供应商	—	—
	配置方式		√	应加强无形资产和组织资产的配置，充分利用资源，在企业战略的指导下，合理配置内外部资产，并需要形成程序化的配置模式
	公司利益		√	公司利润不是用来分红或为企业所有人谋求最大利益，而是用于投入企业本身，用于企业和社区的发展
	顾客利益		√	顾客效益与社会效益并存，能够满足目标顾客的需求，也能在行业内推动公益发展

2. 应用与验证

本部分研究选取了被公认为社会企业成功典范之一的案例——残友集团进行分析，从中可以看出已发展成熟的社会企业在商业模式方面的表现。

残友集团成立于2008年，但从1999年初具雏形发展至今，创始人是身患血友病的郑卫宁先生。残友提出的企业使命是“推动残友的平等参与、融入共享”，目前已经发展成为国际上唯一一家全部由残疾人管理运营的现代化高科技企业，已经成立了1家基金会、7家公益机构以及27家社会企业，涉及包括IT、动漫、电商在内的多个领域，在中国被公认为成功的社会企业。

残友的成功首先归功于高素质、高质量的员工队伍。残友集团致力于促进残疾人就业，使得残疾人能够通过自己的行动服务社会、改变命运，在残疾人自主管理、自主发展的原则下，企业75%以上的员工是残疾人士，截至本研究调研之际，残友集团有1 207名正式员工，平均年龄25.6岁，博士、硕士生16人，本科及以上学历员工471人，大专及以上的员工714人，占员工总数的59.1%。残友集团的员工普遍认同企业的文化与使命，并富有强烈的责任心和工作敬业度，多年以来集团的员工离职率接近于0。

残友集团另一成功的因素是结合自身实力和社会资源建立独特的管理体制。残友是全球唯一一家由残疾人自主管理、资助运营并获国内外重要科技资质的高科技企业，其创造了“三位一体”的残友模式。所谓“三位一体”，是基金会、社会组织和社会企业并存发展的体制。基金会由创始人郑卫宁和其他10个理事管理，基金会控制着旗下的23家社会企业，同时通过项目支撑8家社会组织的运营，组成一个独立又相关运行的系统。社会组织为社会企业提供服务、创造条件，如照顾残疾人员工等，使社会企业可以轻装上阵与其他一般企业进行竞争，获取的利润交由基金会管理，用于统筹建设和其他公益活动。残友集团因此获得了完整独立的公司身份和真正的竞争力，其发展模式见图5—10。

残友集团发展非常迅速并且产生了非常大的社会效益。残友作为残疾人的自助组织，十分注重残疾员工的自身和职业发展，设计出一套完善的

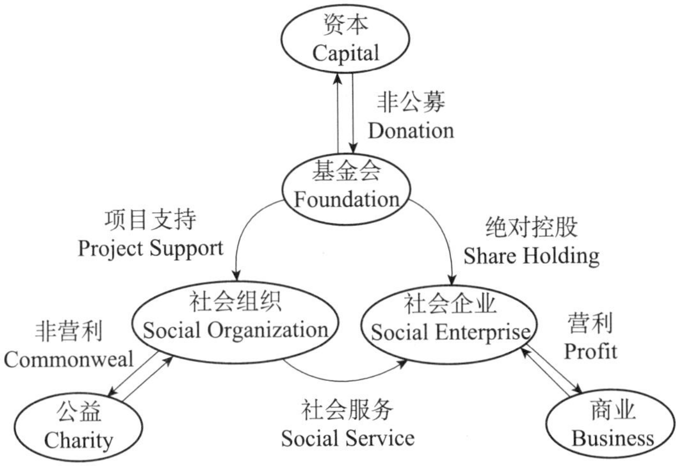

图 5—10　残友集团发展模式图

资料来源：残友集团官网（网址：http：//www. canyouchina. com/index1. asp）。

福利制度，另外还有一套完善的养老退休制度，在这种制度体系下，残疾员工可以得到最高的绩效工资，生活得到保障。

残友集团作为社会企业的典范，创造了巨大的社会效益和集团效益。社会效益方面，残友集团让残疾人依靠高科技强势就业，以商业的手段实现社会的目的，成为世界上知名的高科技社会企业。在社会服务方面，残疾人员工有标准化完善的社会服务体系，包括就餐、住宿、洗衣、心理辅导等，并形成了吃、住、工作一体化的无障碍运作体系，同时建立了多个社会组织，实现了“就业一人，幸福一家，安定一方”的美好愿景；在集团效益方面，残友集团所属的子公司跨越产业领域包括软件、动漫、文化设计、系统集成、呼叫中心、电子商务、电子产品组装与精工制造、物联网、培训咨询等，有多项技术认证，获得多项荣誉，其中包括英国社会企业国际社企大奖，获得较多的认可。

3. 对策与建议

残友以及以上四家社会企业的成功可以为其他社会企业的发展提供一个发展的模板，但在分析社会企业发展模式时，发现存在以下的不足：第一是目前社会企业没有进行必要的财务公开，财务情况不够透明，尤其是在接受捐赠时更应该对外说明善款的去向和用途，否则与公益性相悖；第二是社会企业在发展中缺乏核心竞争力的推动，发展模式单一，创新能力不足；第三是社会企业缺乏品牌管理，像残友集团这样能够形成品牌的社会企业少之又少，缺少行业领导力和影响力；第四是社会企业关注的市场领域相对狭窄。针对以上案例中存在的不足，本研究提出以下的建议与意见：

（1）开拓市场领域，提供更多的社会服务。

社会企业是在用商业的手段做公益，在实现社会价值的前提下争取利益，从目前的社会企业发展的领域来看，主要集中在传统的第三部门集中的领域，如特殊教育、老年看护等，关注行业狭窄，应充分发挥创新能力，开拓新的市场，一方面能够实现更多的社会目标，解决社会问题，体现社会企业的社会价值，另一方面也能使企业整合更多的社会资源，得到更长远的发展。典型的企业如中和农信与和众泽益，从某种积极意义上来讲，两家企业开辟的是全新的缝隙市场，在国内都是首批关注此领域的企业，但其只是个例，其成功经验可以作为其他企业的参考模板。

（2）增强创新能力，形成核心竞争力，加强品牌管理。

创新是企业发展的动力与源泉，社会企业缺乏创新能力。社会企业具有社会性与商业性，需要同时满足两方面，而在现实中很少有能够借鉴的经验与模板，所以需要在组织构建、价值营销等各个方面进行创新，增强企业的综合实力；另外，社会企业还要注重核心能力的建设，核心能力能够为企业持续创造价值，对于社会企业的长足发展十分重要，目前的社会企业有竞争能力，但缺乏核心的竞争力；最后，社会企业要加强品牌管理，树立行业品牌。

（3）加强财务公开体制，实现财务透明化、公开化。

社会企业有必要公开财务信息，无论是工商注册还是民政注册。对于社会企业来说，目前大部分还不能通过业务实现盈亏平衡，大多数社会企业都需要接受企业或社会的捐赠。公开财务信息，说明善款的用途及去向，一方面可以增强捐款人的信心，获得更多的信任，净化行业环境，另外，公众监督有利于企业的财务管理制度的完善，有助于企业更长远的发展。

（4）加强企业间交流合作，深化合作方式。

加强企业间交流合作，尤其是与一流的商业企业的合作，学习成功企业的运作模式，实现合作模式的多样化，不仅是资金物品方面的捐赠，更应该是知识经验的共享。在交流过程中，社会企业还要充分结合自身的能力和行业的特点，吸取商业企业的成功经验，不断修正改进，从而形成自己独有的竞争优势。

4. 不足与展望

本研究主要研究北京市社会企业的商业模式，通过查阅图书、期刊、学位论文、学术报告、企业官方资料以及第三方媒体报道等整理出四家社会企业的案例，以加里·哈默尔提出的要素组成模型为基础，挖掘与分析案例企业在各要素上的表现，找出在要素组成方面社会企业与商业企业的不同，从而总结出社会企业独有的商业模式，并对其提出发展的建议和意见。本研究基本完成了以上目标要求，但由于各方面的因素，还存在着不足。

（1）案例企业的选择。

社会企业最早起源于英国、德国、美国等西方发达国家，在2000年左右传入我国，被我国的学者和企业家所认知，出现了许多具有创新精神与变革精神的社会企业家，从而使社会企业在我国发展起来，但是由于缺乏理论依据和实践经验，在学习外国先进经验的同时无法结合本国国情，以及传统观念、制度法规等因素的限制，社会企业在我国的发展并不顺利，社会企业的数量比较少；另外，无论国内还是国外，对于社会企业的定义不明确，概念模糊，不同学者提出了不同的理论，因此在界定时有一定的难度。

正是由于上述两方面的原因，本研究首先选择较为权威人士提出的界定，以此为基础，充分考虑样本的代表性、资料可获得性等，选择了以上四家案例企业，在案例的选择方面有诸多局限，并带有一定的主观性。

（2）案例分析框架的代表性。

首先，案例分析仅作为一种定性的研究方法，许多学者在其科学性方面提出质疑，考虑到本研究内容新且成功的实践案例较少，因此决定采用案例分析的方法，导致在研究方法方面存有不足。其次，关于商业模式的模型框架非常多，诸多学者提出了不同的框架模型，本研究选择了加里·哈默尔的模型框架存，是因为加里·哈默尔是管理学大师，并且这个模型出现的时间较长，受到较多的认可，但在分析框架的选择上还是存在着是否具有代表性的问题。

本研究作为一种学术方面的尝试，体现了一种研究思路，并证明这种思路的价值性和可实现性，以后的研究可以遵循此思路，未来可以从以下几个方面做延伸工作：

时刻把握社会企业的发展阶段与态势，通过对大量成熟社会企业的商业模式的分析总结，架构社会企业独有的商业模式模型，对模式的各要素做详细的分析与说明，并不断用数据和案例来验证和修正社会企业的商业模式，通过实践提供理论依据，促进社会企业的快速发展。

当社会企业发展到一定阶段时，对于各组成要素和界面的分析可以进行量化分析，最终形成一个定量分析的作用模型，从而更全面直观地描述社会企业的商业模式，并在实际中进行验证。

第六章

高新技术企业绿色创业导向实施研究

第一节　管理团队嵌入下的实证分析

一、问题的提出

在可持续发展背景下，创业被视为一剂“灵药”，成为实现经济繁荣、社会平等和环境友好的重要推动力量，越来越受到各国政府以及管理领域的重视（Hall，Daneke & Lenox，2010）。如何通过一系列变革和创新满足环境、社会和经济三重底线需求，成为创业研究领域新的焦点问题，绿色创业（green entrepreneurship 或 sustainable entrepreneurship）的出现则为回答这一问题提供了很好的思路（Schaper，2010；OECD，2013）。绿色创业是创业者识别和开发兼顾经济、社会和生态三重底线创业机会并最终创造新价值的过程（Cohen & Winn，2007）。目前，围绕“社会创业”和“生态创业”等形态展开的绿色创业研究日趋活跃，一些学者开始运用创业导向（entrepreneurial orientation）的研究思路，回答绿色创业的核心内涵和重要价值。

创业导向作为一个具有理论体系和模型的研究构念，描述了企业“如何进入新领域”的创业过程，体现了企业创业行为的动态特征（Lumpkin & Dess，1996）。Miller（1983）首次明确了创业导向的三个维度：创新性、超前行动性和风险承担性，这一内涵界定至今被广泛认可。在此基础上，有学者对绿色创业导向进行了探索，梳理创业导向构念与绿色创业研究的联系，提炼绿色创业导向的基本架构。

但是，绿色创业导向研究的关键，并不在于罗列大量的绿色创业形态，也不能停留于寻找标准对其进行维度上的划分，而是需要深入绿色创业导向的理论本质，揭示绿色创业“为何”以及“如何”贡献于企业可持续发展的动态过程。为此，本研究在明确绿色创业导向构念维度的基础上，以中国新能源企业为研究对象，从作为创业导向关键驱动因素的高管团队出发，通过验证绿色创业导向对企业绩效的影响，尝试回答如下基本问题：绿色创业导向的内涵架构是什么？高管团队作为战略选择主体，如何影响绿色创业导向的实施？不以利润最大化为目标的绿色创业导向，能否对企业绩效产生积极作用？

之所以选择新能源企业作为研究对象，是考虑到新能源行业所具有的绿色属性以及在全球可持续发展背景下的重要地位，能够保证研究样本的代表性和行业上的同一性。运用中国企业数据的实证检验，是对已有理论命题的解析和深化，也有利于挖掘绿色创业导向的独特属性和价值。正如Hall、Daneke和Lenox（2010）所指出的，绿色创业的“灵药假设”并未在实际中得到充分检验，对此的证明过程，有助于厘清认识，提炼进一步研究的方向。

二、理论基础与研究假设

1. 绿色创业导向

绿色创业导向的研究，主要分为以下三个思路：一是将绿色创业导向等同于创业导向与绿色导向的组合。Schaltegger和Wagner（2011）认为绿色创业的目标是可持续发展，手段则是传统创业模式，因此，绿色创业导向应兼具二者特征。Kuckertz和Wagner（2010）的实证研究用六个问题单独测度了绿色导向，并与创业导向整合成为绿色创业导向。类似做法还出现在有的学者基于澳大利亚企业的测度量表中。

二是将绿色创业导向当作创业导向绿色化的结果。换言之，这类研究保留了创业导向的架构，只是对不同维度的作用方向和水平进行了修正。Gaweł（2011）依据 Lumpkin 和 Dess（1996）提出的经典五维度创业导向，指出绿色创业导向具有很强的创新性和超前行动性、较强的风险承担性和竞争主动性、较弱的自治性。Hockerts 和 Wüstenhagen（2010）通过比较绿色创业和企业社会责任等概念，指出绿色创业导向的核心是突破式创新性，风险承担性和竞争主动性也是不可或缺的。

三是将绿色创业导向视为具有自身属性并相对独立的内涵体系。Cohen 和 Winn（2007）认为市场失灵是绿色创业的源起，因此，对机会的警觉性、复杂性、不确定性和结果扩散性，都是绿色创业过程的基本属性。Dean 和 McMullen（2007）提出，制度性、市场适配性、行政性和信息性是绿色创业主要维度。Parrish（2010）基于目标—手段的分析，将绿色创业导向划分为人本属性和社会属性两个维度。

本研究遵循第三个思路，将绿色创业导向界定为一个独特的组织运作过程和战略决策模式，并借鉴 Shepherd 和 Patzelt（2011）的研究架构，用可持续性和发展性作为绿色创业导向的两个基础维度。Shepherd 和 Patzelt（2011）指出，可持续性是指绿色创业要保证自然、生命支持系统、公众团体的持续性，发展性是指绿色创业要让个体、经济和社会得到发展。关于两个维度之间的关系，本研究支持 Miller（1983）、Covin 和 Slevin（1989）对创业导向不同维度之间关系的看法，认为可持续性与发展性是共变关系，即绿色创业导向是这两个维度的整合。兼具可持续性和发展性的二元结构绿色创业导向，为本研究开展实证检验提供了理论基础。

2. 高管团队与绿色创业导向

创业导向是企业层面的创业行为。作为组织高层管理者的高管团队，对创业导向具有关键驱动作用（Miller，1983）。高阶理论将高管团队视为组织战略决策的主体，创业理论也将团队看作创业三大核心要素之一，重视其与资源和机会之间的匹配。在绿色创业研究中，高管团队始终受到学者关注，成为分析绿色创业如何发生和实施的主要对象，其对绿色创业所具有的主导作用得到普遍认可（Dees，1998；Bornstein，2004）。

究其原因，Prabhu（1999）认为正是绿色创业者的意识形态，决定了组织选择不同于商业创业者的使命、方法和最终目标。Bryant（2009）研究指出，绿色创业的关键在于创业者在面对道德与利益冲突等复杂情境时，能够保持行为与愿景的一致性，努力平衡伦理规范和利润动机。Alvord等（2004）通过案例比较，发现团队会影响绿色创业组织的创新属性、理念传播和能力构建。Matthews和Senyard（2010）的实证研究表明，绿色创业往往不是个体凭借热情单打独斗的结果，而是一个团队通过有序管理获得回报的组织过程。同时，基于高阶理论的实证研究成果认为，高管团队异质性会对成长型行业的企业创业产生积极影响。根据上述分析，提出假设1。

假设1：高管团队异质性对绿色创业导向具有正向影响。

3. 绿色创业导向与企业绩效

对于创业导向与企业绩效的关系，大多数学者都认为创业导向能够促进企业绩效，而且，已有不少实证研究支持了这一主张（Zahra & Covin，1995）。关于绿色创业导向会对企业绩效产生积极影响，目前研究也形成了共识，即在全球可持续发展的背景下，创业应该符合三重底线——经济繁荣、社会平等和环境友好——的基本要求，创业者和企业可以从绿色创业中获取积极回报。但是，这一理论上的假设，仍有待在实际中进行充分验证。相关研究包括：Weber（2007）基于企业数据，认为绿色创业是组织价值创新的有效途径。还有学者通过案例分析，提出绿色创业会对组织和区域发展发挥明显推动作用。Woolthuis（2010）对荷兰工程行业的调研访谈表明，绿色创业导向会对企业长期发展和利润产生积极影响。由此，可以提出假设2。

假设2：绿色创业导向对企业绩效具有正向影响。

研究绿色创业导向与企业绩效的关系，还有必要从内在演化视角，剖析这一作用过程中的关键环节，其中，高管团队社会使命感是一个重要因素，会对企业内部过程和管理决策产生较大影响，从而对绿色创业导向与绩效的关系产生调节作用。一些研究认为，社会使命是催生绿色创业组织的催化因素，创业者的核心作用不在于筹款，而是通过发扬创业精神、运用管理手段，将这种社会使命感发扬光大。Sharir 和 Lerner（2006）对社会创业实例的探索性研究发现，由于绿色创业往往瞄准了国家没有或无法满足的社会需求，因此，创业团队的社会责任感和社会网络等是绿色创业不可或缺的条件。还有学者在构建绿色创业概念模型时，也将创业者社会使命和承诺作为影响组织成长的关键要素。因此，提出假设 3。

假设 3：高管团队社会使命感对绿色创业导向与企业绩效的关系具有调节影响，即高管团队社会使命感越强，绿色创业导向对企业绩效的促进作用越大。

本章的理论模型如图 6—1 所示。

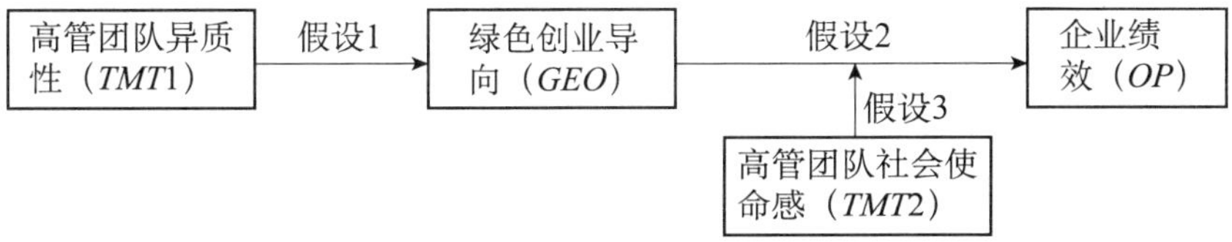

图 6—1　理论模型

三、研究设计

1. 样本选择与数据来源

本研究基于如下三个原因，选择新能源企业作为研究对象。首先，新能源企业绿色创业具有重要性。新能源是指在新技术基础上开发利用的非常规能源，包括风能、太阳能、海洋能、地热能、生物质能、氢能、核聚变能和天然气水合物等。在可持续发展诉求下，新能源企业的绿色创业受到各级政府的高度重视和大力提倡。其次，新能源企业绿色创业具有复杂性。新能源企业的创业活动，不仅面临环境制度变革的冲击，而且受到经济收益、社会条件和环境压力等多方面考验，对高管团队的战略选择和行动决策挑战性强。最后，新能源企业在绿色创业研究中具有典型性。Meek、Pacheco 和 York（2010），OECD（2011），以及王重鸣（2011）在绿色创业研究中皆选择新能源企业作为研究对象。

为此，本研究进一步确定中国新能源上市公司为研究样本。Lyon、Lumpkin 和 Dess（2000）将创业导向的测量方法总结为三种：一是基于问卷调研的管理感知法，二是基于数据观测的公司行为法，三是基于资源分配指标考察的资源配置法。考虑到当前开展新能源企业绿色创业导向问卷调查存在难度，同时也为了避免调研对象认知水平差异带来的不确定性，本研究没有采用管理感知法，而是基于公开发布的公司信息来开展研究，以尽可能保证研究信度和效度。另外，在组织层面的创业导向研究中，上市公司年报也常被作为数据来源。根据中国财经金融门户网站“金融界”发布的上市公司统计数据和板块分类，新能源上市公司共有 154 家，本研究选择这 154 家公司作为研究对象，考察时间跨度从 2010 年至 2011 年，从而使样本数扩充至 308 个。

本章数据来源于 154 家公司的 308 份年报，通过直接和间接两种方式进行数据收集。对于本研究模型需要考察的企业概况、企业绩效、高管团队人口特征和基本信息等，在公司年报中均有具体翔实的数据介绍，可以直接用于本研究。对于本研究模型的另一关键变量绿色创业导向，考虑到其反映的是企业层面的行为态势，年报中也并无相对应的数据说明，无法直接引用年报单一数据进行指代，为此，本研究采用了内容分析法，在笔者具体指导下，安排 3 名创业管理方向的研究生，按照如下三个步骤收集整理绿色创业导向数据。首先，通读每份年报，充分了解样本企业信息，同时，在相关理论文献综述基础上，初步确定绿色创业导向编码的条目与赋值标准。其次，对专利、研发投入等客观信息予以直接赋值编码，对社会责任、利益相关者等信息使用李克特 7 级量表进行评测。为了最大程度减少编码者主观影响的干扰，笔者和编码者先在理论层面尽可能客观充分地审定相关赋值标准，然后采取双盲方式同时对每个变量进行编码。最后，编码者对所有编码赋值进行讨论修正，以确保结果客观规范。

2. 变量测度

(1) 绿色创业导向（*GEO*）。

如前文所述，本研究采纳了 Shepherd 和 Patzelt（2011）提出的可持续性和发展性两个维度来考量绿色创业导向。由于目前尚无成熟量表，因此，本研究借鉴了创业导向测度思路，并尽量参考客观信息的表述，以确保测度的规范性和客观性。本研究使用“承担社会责任”（$GEO11$）和“投身环境保护”（$GEO12$）来度量可持续性，分别体现绿色创业导向对社会和自然环境的关注。本研究使用“开展自主研发”（$GEO21$）和“拥有成长空间”（$GEO22$）来度量发展性，反映绿色创业导向以创新为核心服务个体和社会经济发展的属性。由于维度之间存在紧密联系而非相互独立，因此，本研究将上述变量进行加总平均，即 $GEO11$ 与 $GEO12$ 的均值 $GEO1$ 代表可持续维度的 GEO，$GEO21$ 与 $GEO22$ 的均值 $GEO2$ 代表发展性的 GEO，最后再取可持续性和发展性均值 GEO 反映整体绿色创业导向。以上变量测度采用前文介绍的内容分析方法，编码条目和赋值标准依据年报中关于企业社会责任、与利益相关者合作行为、对区域环境保护的影响、技术研发与专利水平、行业和市场发展前景等文字表述。

（2）高管团队异质性（$TMT1$）。

本研究采用高管团队人口特征中常用的“专业背景异质性”（$TMT11$）和“职业经历异质性”（$TMT12$）测度高管团队异质性。计算方法选取了文献中普遍使用的 Herfindahl 指数（Hambrick & Cho，1996）：

$$H = 1 - \sum_{i \in E} p_i^2 \tag{6—1}$$

其中，E 代表高管人员专业背景或职业经历。专业背景是指高管人员受教育专业门类，分为“1 理工、2 农医、3 经管、4 文法、5 其他”；职业经历是指高管人员目前从事的行业门类，分为“1 研发、2 生产、3 财务、4 人力、5 营销、6 其他”。p_i 是指具有 i 类专业背景或职业经历成员占高管团队的比例。H 是 Herfindahl 指数，其值反映了高管团队异质性水平，数值介于 0 至 1 之间，H 越接近 1，团队异质性就越高；反之则越低。

（3）高管团队社会使命感（$TMT2$）。

关于社会使命感，本研究参考 Ling 等（2008）和 Strand（2011）对高管团队社会角色的研究思路，选取“高管人员社会兼职的水平”（$TMT21$）和“企业获得社会荣誉的水平”（$TMT22$）来测度高管团队社会使命感，反映高管人员在公司经营过程中，服务社会、发挥社会影响的态度和意愿。上市公司年报对高管团队成员社会兼职信息和企业被授予的称号有详细介绍的，可直接获取相关数据，$TMT21$ 以“人次”为单位，$TMT22$ 以“次数”为单位。

（4）企业绩效（OP）。

对于企业绩效，本研究沿用 Lumpkin 和 Dess（2001）的方法，使用利润率（$OP1$）、销售额（$OP2$）和销售增长率（$OP3$）进行测度。

（5）控制变量（C）。

考虑到企业规模和企业年龄会影响企业管理活动和绩效，不少学者在研究企业绩效时也将二者作为控制变量，剔除由于规模和年龄差异可能造成的影响，本研究选取年报中可直接获取的客观数据“企业总人数”（$C1$）和“企业成立时间”（$C2$）来测度企业规模和企业年龄。

3. 多元回归模型与调节效应分析

本研究运用多元回归模型 M1 和 M2 来检验假设 1 和假设 2。

$$\mathrm{M1}: GEO = f(C, TMT1) = f[(C1, C2), (TMT11, TMT12)] \tag{6—2}$$

$$\begin{aligned}\mathrm{M2}: OP &= f(C, GEO) = f[(C1, C2), (GEO1, GEO2)] \\ &= f\{[C1, C2], [(GEO11, GEO12), (GEO21, GEO22)]\}\end{aligned} \tag{6—3}$$

在 M2 中，由于 GEO 与 OP 的子指标会形成多种组合，因此，M2 有 9 种子函数 M2.ij（i，j=1，2，3）：j=1，代表 4 个 GEO 子测度指标对 OPi 回归；j=2，代表 2 个 GEO 均值对 OPi 回归；j=3，代表 GEO 总水平对 OPi 回归。

关于假设 3 即 GEO 与 OP 的关系受到调节变量 $TMT2$ 影响的检验，本研究根据温忠麟等（2005）的做法，首先建立函数 M3：

$$\mathrm{M3}: OP = aGEO + bTMT2 + cGEO \cdot TMT2 \tag{6—4}$$

其次，再分三步对该函数进行层次回归分析：步骤一是做 OP 对 GEO 和 $TMT2$ 的回归，得测定系数 R_1^2；步骤二是做 OP 对 GEO、$TMT2$ 和 $GEO \cdot TMT2$ 的回归，得测定系数 R_2^2；步骤三先比较 R_2^2 与 R_1^2，若 R_2^2 高于 R_1^2，则存在调节效应，反之亦反，而 C 值反映出调节效应的强弱。根据 $TMT2i$（i=1，2）不同测度指标，M3 还可以进一步分解为两个子模型 M3.i。

四、数据分析与结果

在对样本进行统计分析之前，本研究用 Cronbach's α 系数检验了 *GEO*、*TMT*1 和 *TMT*2 测度的内部一致性，α 系数分别为 0.619、0.708 和 0.639，同时，KMO 检验值为 0.599，结果参见表 6—1，反映出本研究较好的信度和效度。

表 6—1　　信度与因子载荷矩阵

变量	α 系数	测量指标	因子载荷	变量	α 系数	测量指标	因子载荷
GEO	0.619	*GEO*11	0.645	*TMT*1	0.708	*TMT*11	0.691
		*GEO*12	0.623			*TMT*12	0.721
		*GEO*21	0.790	*TMT*2	0.639	*TMT*21	0.504
		*GEO*22	0.769			*TMT*22	0.550

表 6—2 所示为针对假设 1 的检验结果。通过高管团队异质性对绿色创业导向的回归结果，可以看出，高管团队异质性会影响绿色创业导向，表现在高管团队职业经历的异质性越高，绿色创业导向水平越高。但是，高管团队专业背景的异质性对绿色创业导向的作用不显著。同时，无论对于绿色创业导向的可持续性维度还是发展性维度，高管团队职业经历异质性都会产生相同的促进作用，表 6—2 中体现在 *TMT*1 对包括 *GEO*1、*GEO*2 和 *GEO* 在内的多层面测度指标都具有显著的正向作用。

表 6—2　　高管团队异质性对绿色创业导向的回归结果

	*GEO*11	*GEO*12	*GEO*1	*GEO*21	*GEO*22	*GEO*2	*GEO*
*C*1	0.133**	0.122	0.098	−0.090	0.081	0.015	0.052
*C*2	0.014	−0.002	0.007	0.094	0.013	0.068	0.044
*TMT*11	0.014	−0.049	−0.024	−0.037	−0.220	−0.100*	−0.099*
*TMT*12	0.376**	0.028	0.315**	0.322**	0.079	0.323**	0.400**
R^2	0.166	0.021	0.117	0.125	0.055	0.118	0.180
$A-R^2$	0.155	0.008	0.115	0.113	0.042	0.106	0.169
F 值	14.914**	1.622	9.917**	10.682**	4.330**	10.005**	16.414**

说明：表中列示的是标准化回归系数；* 表示显著性水平 $p \leqslant 0.05$，** 表示显著性水平 $p \leqslant 0.01$。

关于假设 2 的 9 个子模型验证结果见表 6—3。绿色创业导向对企业绩效的回归结果表明，绿色创业导向总体上会对企业绩效产生正向作用，但涉及绿色创业导向的不同维度和企业绩效的不同指标，这种影响又会有差异。一方面，绿色创业导向的发展性维度对企业绩效的积极影响显著，可持续性维度则不会明显促进企业绩效。表中显示，*GEO*21、*GEO*22 和 *GEO*2 皆对三个 *OP* 指标当中的两个产生了显著正向作用，而 *GEO*11、*GEO*12 和 *GEO*1 中，仅有前两个指标只对 *OP*2 有影响，且作用方向不一致。另一方面，绿色创业导向对反映企业绩效的横向规模指标作用显著，而对纵向增量指标无明显促进。数据表明，*GEO* 相关指标对 *OP*1（利润率）和 *OP*2（销售额）的回归系数通过检验，对 *OP*3 的影响都未获得验证和支持。

表 6—3　　绿色创业导向对企业绩效的回归结果

	*OP*1			*OP*2			*OP*3		
	M2.11	M2.12	M2.13	M2.21	M2.22	M2.23	M2.31	M2.32	M2.33
*C*1	0.024	0.069*	0.064	0.171**	0.210**	0.210**	0.027	0.051	0.050
*C*2	0.162**	0.143*	0.154**	0.026	0.024	0.025	0.050	0.040	0.041
*GEO*11	0.108*	—	—	0.222**	—	—	0.023	—	—
*GEO*12	0.005	—	—	0.145**	—	—	0.019	—	—
*GEO*21	0.129**	—	—	0.036	—	—	0.120*	—	—
*GEO*22	0.419**	—	—	0.032	—	—	0.181**	—	—
*GEO*1	—	−0.063	—	—	0.065	—	—	0.018	—
*GEO*2	—	0.223**	—	—	0.078*	—	—	0.069	—
GEO	—	—	0.118*	—	—	0.113*	—	—	0.044
R^2	0.158	0.069	0.037	0.104	0.076	0.076	0.030	0.008	0.006
$A-R^2$	0.145	0.056	0.028	0.086	0.064	0.067	0.010	0.005	0.005
F 值	9.345**	5.535**	3.880**	5.736**	6.116**	8.234	1.530	0.337	0.478

说明：表中列示的是标准化回归系数；* 表示显著性水平 $p\leqslant 0.05$，** 表示显著性水平 $p\leqslant 0.01$。

围绕假设 3 的调节效应，本研究分别基于 2 个子模型，通过三个步骤进行了验证。表 6—4 的测量结果表明，高管团队社会使命感对绿色创业导向与企业绩效的关系具有调节影响，而且基于组织层面的社会使命感，要比基于个体层面的社会使命感具有更强的正向调节作用。表中数据显示，*TMT*21 越强，*GEO* 对 *OP*1 的促进作用越大，而对 *OP*2 和 *OP*3 的调节影响弱（虽然两个步骤的 R^2 差值符合要求，但是 *C* 值未能通过显著性检验）。同时，*TMT*22 对 *GEO* 与 *OP*1 的关系、对 *GEO* 与 *OP*2 的关系都具有较强的正向调节作用，对 *GEO* 与 *OP*3 的关系调节效应弱。综合 2 个子模型 6 个测量结果，假设 3 提出的调节效应通过检验。

表 6—4　　　　　　　　　　　　　调节效应的测量

		M3.1				M3.2		
		*OP*1	*OP*2	*OP*3		*OP*1	*OP*2	*OP*3
步骤一	*GEO*	2.746**	2.938**	−0.172	*GEO*	0.474	4.714**	4.906**
	*TMT*21	−0.072	−0.934*	−0.207	*TMT*22	−0.411	−3.588	−0.823
步骤二	*GEO*	2.924**	2.818**	−0.153	*GEO*	0.558	5.301**	4.905**
	*TMT*21	−0.616	−0.489	0.843	*TMT*22	−0.560	−5.773**	−0.772
	GEO·*TMT*21	1.042*	−0.766	−0.913	*GEO*·*TMT*22	1.079*	3.758*	−0.692
步骤三	$R_2^2-R_1^2$	>0.005	>0.001	>0.000	$R_2^2-R_1^2$	>0.005	>0.005	>0.001
	调节效应	强	弱	弱	调节效应	强	强	弱

说明：步骤一和步骤二列示的是标准化回归系数；*GEO*·*TMT*2 系数即 *C* 值；* 表示显著性水平 $p\leqslant 0.05$，** 表示显著性水平 $p\leqslant 0.01$。

五、讨论与启示

本研究提出的三个假设通过了实证检验，分析结果总体如图 6—2 所示，表明高管团队、绿色创业导向与企业绩效之间存在内在联系。但是，数据反映出的细节和要点还需要进一步探究。

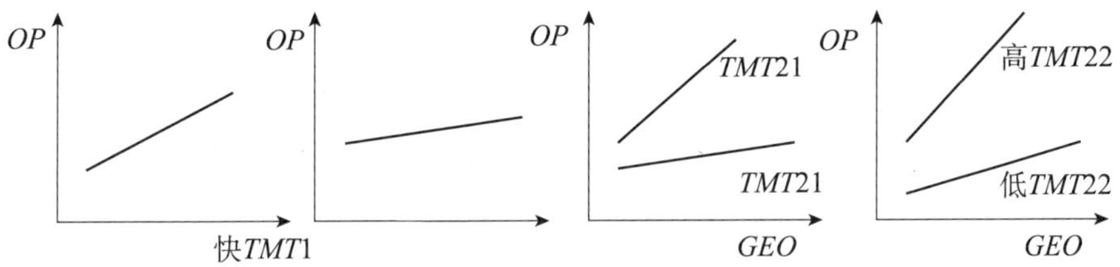

慢(图6—2—1)　沟通(图6—2—2)　模糊性(图6—2—3)　不确定性(图6—2—4)

图 6—2　三个假设验证结果示意图

1. 高管团队异质性与绿色创业导向

高管团队职业经历异质性有助于提升绿色创业导向。高管团队是组织管理活动的决策主体，其异质性通常会使决策过程呈现多样化和不确定性，而绿色创业导向作为组织层面开拓新事业的一种行动模式，势必会受到高管团队异质性的影响，本研究结果表明，这种影响是积极的。绿色创业导向关注的不仅是商业创新，还包含社会和环境生态维度的可持续价值创造，这就需要管理者的视野不能囿于组织内部的经营，要扩大至更广泛的绿色新事业领域。高管团队在职业经历方面的多样化、差异性，有助于拓展管理层创新领域，从而对绿色创业导向水平提升具有促进作用。

但是，高管团队专业背景的异质性却未发挥如此积极作用。究其原因，高管人员所学专业反映的是其受教育的情况，是否理工科或者经管类背景，与是否关注绿色创业之间联系并不紧密。虽然曾有学者提出专业背景的异质性有助于商业创新，但是，绿色创业导向的重要维度在于可持续性创新，甚至一些学者提出绿色创业主要来自社会金字塔底层，这都反映出绿色创业导向并不是高管接受专业教育的自然结果，而是强调企业如何从更广泛的社会层面创造新的可持续价值。另外，有关教育与社会责任感培养之间联系的争论，也有助于解释本研究结果。相比较学校的专业教育，社会领域的职业经历异质性对绿色创业导向更为促进。另外，研究还发现，企业人数规模与企业成立时间长短并不会对绿色创业导向产生显著影响。

2. 绿色创业导向与企业绩效

值得肯定的是，绿色创业导向有助于企业绩效提升。虽然创业被视为成长“灵药”、绿色创业导向被当作“三好学生”（对经济、社会、环境皆好），但是，实证检验仍然鲜见。本研究探索初步验证了绿色创业导向会对企业绩效产生正向作用，进一步确定了绿色创业导向的重要地位和积极作用。但是，二者之间的内在联系却需要细化和区别分析。

例如，绿色创业导向的可持续维度，对绩效的贡献并不明显，这与质疑“绿色”主题的管理者的顾虑比较一致。我们看到，仍有不少人将绿色创业等同于社会责任或公益行为，忽视了绿色创业导向对企业创新价值的强调和创造，混淆了可持续性新事业与社会公益两个不同概念，造成在整合绿色与创业的管理过程中，没能实现二者有效融合。为此，本研究认为，绿色创业导向不同维度是共生的关系，虽然具体实施过程中具有不平衡性，但其对组织的作用是整体性的，从这个层面看，其对绩效的影响总体是积极的。

再如，绿色创业导向对反映增长率的绩效指标促进作用不明显，即便能促进利润率的提高和销售额的增长，但对组织成长性的贡献缺失也需要给予关注与剖析。绿色创业导向作为组织内的创新推动力，是一种创造性的破坏，其对企业成长的贡献不在于“快”而在于“好”，不是只盯着财务指标的增加，而是着眼于更好的可持续价值创造，因此，可能对短期内利润或销售额的促进有限，但总体上有利于企业成长的质量。

3. 高管团队对绿色创业导向与企业绩效关系的调节效应

高管团队会对绿色创业导向与企业绩效的关系发挥调节作用。本研究结果表明，高管团队的社会使命感调节效应明显，尤其是落实到组织层面的社会使命行为，正向调节作用显著。换言之，高管团队领导企业践行社会使命的程度越高，绿色创业导向对企业绩效的促进作用越大。这也反映出绿色创业导向对企业绩效的作用途径并非是简单直接的。

如果高管团队使命感较低，绿色创业导向与企业绩效之间的正向关系就会较弱。而对于高使命感而言，绿色创业导向与企业绩效之间可以呈现出更加强烈的正向作用关系。而且，当这种使命感通过企业层面体现和实施时，这种调节效应会更加明显。实践中，不乏一些成功企业家始终将组织的社会使命贯穿管理全过程，并取得良好的经营业绩和社会认可。这也提醒高管团队在实施绿色创业过程中，应树立自身社会使命感，并将其渗透至整个企业层面，从而更好地推动绩效的转化和提升。

六、结语

本研究发现，高管团队异质性会影响绿色创业导向，绿色创业导向会对企业绩效产生正向作用，而高管团队社会使命感对绿色创业导向与企业绩效的关系具有调节影响。具体而言，高管团队职业经历的异质性越强，绿色创业导向水平越高；高管团队专业背景的异质性对绿色创业导向的作用不显著。绿色创业导向的发展性维度对企业绩效的积极影响显著，可持续性维度不会明显促进企业绩效。高管团队社会使命感越强，绿色创业导向对企业绩效的促进作用越大，尤其见于组织层面体现的社会使命感。

本研究的学术价值主要表现在三方面：一是推进了绿色创业内涵研究，从绿色创业导向角度，对其概念体系进行了提炼和整合，构建并测度了两维度的绿色创业导向概念模型，弥补了以往研究在操作性定义上的不足。二是拓展了绿色创业研究链条，从前向（绿色创业导向的驱动因素）和后向（绿色创业导向绩效结果）两个角度延伸了研究脉络，廓清并提炼了各环节之间的逻辑关系，充实了对绿色创业动态过程的研究与实证检验。三是引入了调节变量，揭示了绿色创业作用过程中可能的影响要素及其作用机制，运用规范分析方法，构建了较完整的绿色创业导向过程模型，有助于引导后续研究的深入挖掘与细化完善。

本研究对管理实践的贡献主要在于：首先，明晰了绿色创业的具体内涵，有助于澄清管理者对绿色创业导向及其相关概念的认识，理解绿色创业与公益慈善行为的区别，确立绿色创业对组织可持续性价值创造的重要地位。其次，强调了高管团队在绿色创业过程中的关键作用，不仅具有驱动作用，而且发挥调节效应，有助于优秀高管团队的塑造与管理。如何整合具有异质性的高管成员，如何从个体到组织层面贯彻社会使命感，如何将个体的价值观转化为企业的绿色创业行为并促进绩效提升，对企业成长都具有现实意义。最后，融合了绿色与创业、可持续性与发展性这些对立的主题，剖析了企业平衡责任与盈利矛盾的可能路径，也为决策制定和政策支撑提供了一个可行视角。

本研究还存在一些不足，例如，绿色创业导向维度的确定和测度，还可以进一步细化和检验；高管团队认知变量的考察，还需要借助一手问卷进行深入挖掘。再如，在数据允许的情况下，运用至少 3 年后的企业绩效指标来反映绿色创业导向的作用结果，以及行业范围还可以进一步扩大等。在本研究基础上，未来研究将继续规范和完善绿色创业导向的内涵界定，拓展绿色创业导向驱动因素与绩效转化机制研究，把考察范围扩大至不同成长阶段、不同行业，进行比较研究，并纳入区域政策变量，剖析绿色创业导向的外部环境作用机制，总结切实可行的优化对策，推动企业绿色创业导向的实施，提升其对可持续发展的贡献水平。

第二节 成长阶段嵌入下的案例分析

一、问题的提出

在日益严峻的环境压力面前，经济活动必须要考虑绿色发展问题，尤其是企业作为各国经济创新的主体，如何在自身发展过程中兼顾盈利和社会可持续发展的多重诉求，成为亟待攻克的管理主题，而绿色创业恰好提供了一条有价值的解决路径。绿色创业是创业者识别和开发兼顾经济、社会和生态三重底线的创业机会并最终创造新价值的过程（Cohen & Winn，2007；Shepherd & Patzelt，2011），既包括节能减排等绿色产业中的新企业创生（OECD，2011），也包括传统产业在位企业开展的以绿色为导向的组织内创业活动（Schaper，2010）。无论新手上路还是老将出马，绿色创业近十年已经成为发挥创业“激浊扬清”作用的助推器。

但是，新企业与在位企业的绿色创业路径通常存在较大差异，而这些差异有时会带来不经济、非最优甚至相冲突的结果。Hockerts 和 Wüstenhagen（2010）研究发现，在位企业更容易忽视绿色产品的引入，而不少新企业在绿色产业接近成熟时会退出。Schaltegger 和 Wagner（2011）指出，有些在位企业只是扮演着环境和社会受托人的角色，它们的绿色创业停留在对环境和社会需求的迎合上，而非真正将可持续价值的创造作为自身的核心目标。Hall 等（2010）提出，新企业绿色创业的高失败率也是对资源的浪费，绿色创业积极效应的实现并非自然而然的结果，需要根据不同企业实际进行针对性分析。他们认为，后续研究的首要方向就是新企业和在位企业在绿色产品和服务提供过程中的创业差异，谁更有优势、谁能最后胜出、谁对产业升级和演进更有价值等都是迫切需要探究的问题。

为此，本研究借鉴创业导向研究思路，通过对绿色创业导向关键维度的确立和概念体系的构建，立足中国绿色技术企业实际，多角度比较新企业与在位企业在绿色创业路径上的差异，挖掘差异产生和变化的规律，尝试回答二者绿色创业路径是如何有效融合的。从理论支撑方面看，创业导向作为企业追逐新事业的一种特定心智模式，在概念和实证研究方面已经取得较多共识，是分析创业活动的经典框架（Madsen，2007），可以成为绿色创业研究深化的重要依据，有助于丰富和创新绿色创业理论架构（李华晶和张玉利，2012）。从实践层面看，以减少污染、节约资源和环境友好为目标的绿色技术是绿色创业机会的主要来源，绿色技术企业已成为推动各国经济转型和绿色发展的关键力量，因此，揭示绿色技术产业中新企业与在位企业的绿色创业机理，对提高绿色技术企业成长质量具有现实意义，也可以为其他产业的绿色创业实践提供参考。

二、文献综述

1. 创业导向绿色化

关于创业导向的内涵构成，比较有代表性的是 Covin 和 Slevin（1989）提出的“三维度说”（创新、风险承担和超前行动），以及 Lumpkin 和 Dess（1996）拓展的“五维度说”（创新、风险承担、超前行动、自主独立、积极竞争）。关于创业导向各维度之间的联系，早期学者主张“共生性”，即只表现出一种维度的企业不能算是有创业导向的企业；而目前普遍接受“独立性”，这意味着企业并非必须在每一维度上都表现突出，而只要在某些维度中具有优势，就可以被称为创业导向的企业（Hughes & Morgan，2007）。

在创业导向研究基础上，绿色创业导向概念体系呈现三种研究态势，一是修补型，即在创业导向原有维度之外，增添具有绿色属性的维度（Matthews & Senyard，2010）；二是重构型，即不受创业导向各个维度限制，重新搭建属于绿色创业导向的独特维度（Dean & McMullen，2007）；三是演进型，即在创业导向基础维度之上，提炼各个维度的绿色表征，进而推演出绿色创业导向的基础维度（Hockerts & Wüstenhagen，2010）。由于绿色创业并不等同于绿色与创业的简单合并，加之对绿色创业导向新维度的构建和考察刚刚起步，相关量表和测度结论仍不成熟，因此，本研究以第三种思路将创业导向绿色化，提炼出绿色创业导向的独特属性。

2. 绿色创业导向

基于 Lumpkin 和 Dess（1996）创业导向“五维度说”和“独立性”主张，通过对绿色创业代表性研究成果的回顾和提炼，结合 Dillard（2006）对组织脚本变革的衡量标准，本研究构建了绿色创业导向五维度分析框架，为比较新企业和在位企业绿色创业路径提供一个较为完备的研究架构，具体包括：

一是突破性创新。Hockerts 和 Wüstenhagen（2010）认为绿色创业区别于社会责任和环境管理的核心特点就是突破性创新，而渐进性创新实现的是对社会问题的修补、对社会义务的承担，并不能反映出绿色创业对可持续性价值的创造和社会福祉的提升。二是不确定性承担。York 和 Venkataraman（2010）提出，由于绿色创业机会来源于市场失灵，这就意味着创业者需要面对组织内外高度的复杂性和动态性挑战，潜藏在制度、自然环境、社会缺陷中的不确定性风险将始终贯穿绿色创业过程，需要创业者学会从中挖掘创业价值。三是胜任性行动。创业型企业能够预见并抓住未来需求导向超前行动，而绿色创业更加强调在特定环境中的快速执行，这就是结构行动理论所主张的创业的胜任性特征，OECD（2011）的研究都表明绿色创业强调对环境问题的快速响应。四是合法性自治。绿色创业意味着经营理念的独立提出和实施，但是，这种自治更多地以合法性获取为目的。Meek、Pacheco 和 York（2010）指出，绿色创业作为主体和环境的共同进化的过程，必须关注社会规范的影响，获取伦理或法规认可意味着绿色创业不能唱成独角戏。五是支配性竞争。绿色创业并不等同于行善事，企业要参与直接激烈的竞争，而且由于对资源环境的关注，绿色创业的积极竞争更多地以支配性为表征，即强调脚本在特定环境中能够获取所需资源。Schaltegger 和 Wagner（2011）认为，绿色创业企业不能把眼光局限在某些社会领域，而是应该从整个市场和社会领域去配置资源、创造价值。

三、研究方法

1. 研究设计

依据绿色创业导向五维度框架，本研究对新企业与在位企业的绿色创业路径展开比较分析，尝试回答三个问题：新企业与在位企业绿色创业的路径选择有何差异？基于企业成长阶段，新企业与在位企业绿色创业的路径演进有何不同？随着产业发展与成熟，新企业与在位企业绿色创业路径是否存在有效融合的可能？

为克服不同产业在绿色创业水平上的差异，本研究参照当今绝大多数绿色创业研究的做法，选取绿色技术企业绿色创业作为研究对象。绿色技术被视为实现可持续发展的必然选择，企业在绿色技术转移、革新和联盟等领域发挥着不可替代的关键作用（Aragon-Correa，1998），绿色技术企业有效整合了“创业性”和“绿色性”，在商业化运作技术的同时实现了可持续性价值的创造，已经成为实施绿色创业的先导部队和主力军，是绿色创业研究的典型对象（OECD，2011；Schaper，2010；Isaak，2003）。

本研究运用案例研究方法展开分析，原因在于：其一，目前国内外关于绿色创业的经验研究十分薄弱，探索性案例研究有助于进一步明确一系列与绿色创业相关的基础问题，深化理论创新也是案例研究的重要优势所在（Yin，2009）。其二，绿色创业导向作为一个动态性的组织过程，需要从纵向视角对其变化机理进行连续性考察，而案例分析较断点数据更有助于挖掘研究对象的成长规律。其三，绿色技术产业作为新兴产业，目前企业层面系统且细致的数据资料较为有限，而新问题已经显现，开展规范的案例研究可以弥补数据检验的缺失之处，提炼有价值的研究发现。为此，本研究遵循案例研究方法的原则、步骤和程序探究新企业与在位企业绿色创业的路径差异与融合。

2. 样本选取

为了避免直观判断可能产生的偏差，本研究在绿色技术产业选取上，依据国家确定的七大战略性新兴产业，结合绿色科技公司与100多家商业和政策组织以及500多名高层决策者合作基础上发布的《中国绿色科技报告》所关注的五个绿色技术产业，选取了节能灯作为研究的产业对象。在此基础上，确定了雷士照明（以下简称雷士）和佛山照明（以下简称佛照）作为样本企业：雷士创办于1998年，2010年上市，其快速成长的“雷士速度”广受关注；佛照成立于1958年，1993年上市，作为中国行业龙头老大具有“中国灯王”之称。这两家企业在企业成长阶段上的明显差异，有利于开展新企业和在位企业的比较，多样化的样本也有助于提升研究的外部效度。

由于不可避免地存在数据可得性和可靠性方面的问题，样本选择在一定程度上受制于企业资料的实际情况。但是，为了最大化提高研究结论的有效性和普适性，研究团队通过三个途径获取样本信息：一是利用中国知网期刊和报纸数据库，收集获取学术研究和实践报道两个视角下的样本企业信息；二是通过财经金融门户网站“金融界”和企业官方网站收集样本企业自身披露的相关信息；三是借助研究团队合作联系，咨询并访谈国家“逐步淘汰白炽灯、加快推广节能灯”合作项目管理办公室相关人员，获取环境层面对样本企业的分析资料。这种多角度测量方法，有利于案例资料相互印证，为研究问题的有效验证提供充分证据。

3. 测量标准

参考已有创业研究成果对关键维度的测量方法，结合对行业专家的咨询访谈，依据收集到的样本企业资料，本研究将相关问题归类，提取了表6—5所列示的测量标准来反映绿色创业导向五个基本维度，以此作为比较分析样本企业绿色创业路径的依据。

表6—5　　绿色创业导向维度测量标准

维度	测量标准
突破性创新	围绕企业技术创新问题，如：企业研发投入水平以及专利等成果产出水平
不确定性承担	围绕产业技术路线问题，如：企业如何应对并不清晰明确的产品技术路线
胜任性行动	围绕产品生命周期问题，如：企业是否以及如何快速生产产品并投放市场
合法性自治	围绕社会公众认可问题，如：企业如何构建经营平台获取社会公众的认可
支配性竞争	围绕市场规模拓展问题，如：企业如何进行资源配置、开展差异化的竞争

四、案例分析

1. 突破性创新

雷士成立伊始，就高度重视自主研发体系的构建。先是在广东总部按国际标准建立照明实验室，实现产品品质检测水准与国际同步，保证产品质量的优良和稳定。数年之后，又在上海建立了光源和电器研发中心，主要承担包括节能灯在内的新型节能产品的研发，2008 年研发出“光芒系列”电子节能灯、2009 年推广上市“光芒系列”电子镇流器，这些代表性研发成果具有明显节能效果和良好经济效益，技术水平在国内领先。

佛照在节能灯技术创新方面却相对犹豫。总经理刘醒明透露，虽然佛照作为传统电光源生产企业一直在从事 LED 照明技术的研究与技术成果转化工作，但态度相对谨慎，因为 LED 照明技术的发展在其兴起之时尚有很多不明朗的地方。因此，国家确定 2012 年 10 月 1 日开始禁止销售 100 瓦以上的白炽灯，“对我们公司带来了一些影响”，公司白炽灯产品销售下降非常明显，为此企业开始加大产品结构调整步伐，开发多款节能型替代产品。

2. 不确定性承担

2011 年，我国政府宣布了向节能照明转型的计划，按计划每年可节省电能 1 900 亿千瓦时，到 2012 年底，计划淘汰所有 100 瓦的白炽灯，到 2014 年禁用 60 瓦的白炽灯，2016 年之前淘汰 15 瓦的白炽灯。但是，在政府“有形大手”的护佑下，节能灯技术仍面临诸多不确定性，例如节能灯是否辐射致病、废弃节能灯是否严重污染水土环境，这些问题都成为企业推广节能灯道路上的风险。

对此，雷士采取了直接响应的对策。企业检测中心专家熊飞在媒体上公开否定了节能灯辐射的传言，其依据在于公司检测实验室是 CNAS 的认可实验室，也是 SGS 在照明行业内的第一家认可实验室，配备的专业 EMC 检测设备测得的辐射量非常低，符合欧盟的 CE、北美的 FCC、中国的CQC以及节能认证的要求。而对于节能灯回收体系的缺失，企业创始人吴长江表示“不管是否是雷士的产品都纳入我们的回收体系”。

佛照面对不确定性风险，信心和底气十足。虽然在节能灯研发上相对谨慎，但是，佛照作为光源行业的龙头企业，在技术、经验、资金和销售渠道上的优势被视为企业发展节能灯的强大后盾。通常情况下，成熟的在位企业对于原材料有较强的议价能力，在产品的价格上也具有优势，较高的抗压能力为更大限度地提高新产品性价比创造了可能。

3. 胜任性行动

雷士的胜任性行动表现在技术部门的两套行动体系配合上，一套是常规市场研发体系，另一套是大项目研发体系。从市场需求、技术储备、人力资源、资金需求、设备状态等角度考虑，常规市场研发体系通常需要市场分析、调研、技术分析、产品规划四个步骤，而大项目（如奥运会、亚运会、世博会、机场项目等）研发体系通常有文化和功能等特殊需求，往往需要更多精力，但时间却往往更为紧迫。雷士从对常规项目有经验的团队挑选人才充实大项目团队，以客户项目的时间周期为研发周期，通常行动时间更短，更具挑战性。

佛照在节能灯产品上的行动优势来自企业巨大的生产能力。根据最新资料，佛照生产的T8日光灯、T5日光灯、电子节能灯、高强度气体放电灯等产品数量已经达到3.1亿只，其中T8日光灯的规模已达2亿只以上，是中国最大的日光灯生产基地。企业将生产工序高度机械化作为发展趋势，生产设备自动化程度越来越高，产品的一致性也越来越高。以T5型节能灯管的生产线为例，一根根玻璃管从原料的始端走向成品的终端，只需经过短短的十几米。

4. 合法性自治

雷士一直坚持“绿色照明倡导者”的企业定位，依托具有行业领先水准的节能灯研发中心和大型生产基地，主要开展了两项代表性活动来提高社会公众的认可：一是“光芒行动”，这项长期的节能环保运动，旨在把企业打造成完整系统的节能照明产品和方案提供商，陆续推出了“光芒系列”新型节能灯并入围国家LED照明产品应用示范工程。二是“光明行公益工程”，这是企业与中国青少年发展基金会共同发起的旨在改善欠发达地区、贫困地区、革命老区、边远山区等中小学校照明环境的大型公益活动，五年来无偿向学校提供照明产品，通过改造照明环境惠及中小学生。

佛照对于合法性的获取，主张政府主导。公司高管张开明表示，由企业出面推广效果不如政府推广效果好，消费者始终对企业推广有防备心理，以为是“王婆卖瓜”，“我们要花费很多力量达到的效果都不如政府开会的效果好”。企业实施的是传统推广举措，包括：制作电视动漫广告，在地方电视台播放；在负责推广的省份召开地市级经贸委推广会议、大宗用户推广会议、进社区推广会议和行业推广会议；参加各省节能周的推广会议和活动；广泛制作宣传海报，通过社区宣传栏张贴等。

5. 支配性竞争

雷士对市场规模的拓展主要表现在国际化和体育营销两个方面，以此来突破中国照明行业集中度低、竞争激烈的局面。2006 年，雷士开始开拓海外市场，最早采取贸易出口方式。2007 年，雷士在英国收购了一家照明销售公司，将渠道交给有经验的当地人去开拓，开始进入欧盟市场。此外，其成功开发巴西、卡塔尔市场，在澳大利亚与南非的知名度也大幅提升。雷士的资源整合还体现在承接国际体育赛事照明工程，参与了 2008 年北京奥运会、2010 年广州亚运会、2010 年南非世界杯，2011 年成为“亚奥理事会照明及服务合作伙伴”，让体育营销成为企业快速成长的加速器。

佛照应对竞争的关键在于其数十年积累的渠道优势和成本优势。佛照在多渠道和品牌效应基础上，在全国组建地区运营中心，将多渠道销售的优势与运营中心的优势相对接。凯西欧灯饰公司总经理吴育林认为“佛照用 60 年时间做好渠道，我们抢也抢不过他们”。在成本优势方面，佛照作为龙头企业，一直以来都将规模化经营和降低产品成本作为企业参与市场竞争的主要手段。佛山照明依靠自身巨大的生产能力，始终作为中国照明行业领军企业，也曾因在证券市场上的出色表现被誉为“现金奶牛”。

五、研究发现

1. 新企业与在位企业绿色创业路径差异

通过对两个样本企业的比较分析，可以看出新企业与在位企业在绿色创业路径实施水平上存在差异。例如，雷士在节能灯技术研发创新、项目化行动架构、系统公益工程等方面的投入，都较在位企业更具特色和优势；而佛照作为老牌照明企业，借助自身在传统业务上的储备以及渠道上的常年积累，在面对节能灯技术路线不确定和新企业挑战时把握十足。参考蛛网图模型，依据绿色创业导向五个维度，图 6—3 总结了新企业与在位企业绿色创业路径水平上的差异。

在绿色创业早期研究中，Quinn（1971）已经提出，蕴藏在环境中的生态机会通常会被成熟的在位企业忽视，而新企业更容易从中发现并获取价值。例如，有研究通过对环境技术创新的分析，发现新企业具有更加明显的创业优势。再如，Aragon-Correa（1998）等学者认为新企业要想度过生存期，必须主动构建合法性来实现成长，强调了超前行动对于创业企业开发环境机会的重要性。依据相关理论基础和对样本企业的剖析，本研究提出命题 1。

命题 1：新企业与在位企业绿色创业的路径在实施水平上存在差异。具体而言，新企业在突破性创新、胜任性行动和合法性自治方面水平较高，在位企业在不确定性承担和支配性竞争方面水平较高。

通过对资料和数据的深入分析，本研究进一步发现，新企业与在位企业绿色创业的差异比较，不能停留在一定时点上的指标大小和水平高低，还应该继续考查这些指标的方向和侧重点。为此，研究团队对陈列的关键资料信息做了深层次分析，发现新企业和在位企业在绿色创业导向各维度关注点上存在差异，换言之，二者绿色创业路径选择方向不同。例如，雷士强调快速研发创新，会直接应对具体的不确定性风险，行动打法强调技术项目导向，能够主动自立获取社会公众对节能灯的认可，并且大胆开拓未被开发的新市场。相比较而言，佛照在节能灯技术创新方面坚持谨慎原则，将自身在传统业务上的积累看作应对风险的后盾，在行动方式上善于应用规模化生产制造优势，在合法性获取上侧重政府的主导，多年积累的渠道使其在铺开新产品时一路畅通。

在绿色创业内涵架构的研究中，Cohen 和 Winn（2007）认为，市场失灵带来的绿色创业机会并非新企业专属，可持续价值的创造与已有企业关系密切。Isaak（2002）通过对绿色创业类型的划分研究，认为在位企业也是绿色创业的重要力量，其绿色贡献水平不容忽视。有学者从公司创业角度指出，在位企业在节能减排方面可以有所作为。依据相关理论基础和对样本企业的剖析，本研究提出命题 2。

命题 2：新企业与在位企业绿色创业路径选择存在差异。具体而言，在突破性创新、不确定性承担、胜任性行动、合法性自治和支配性竞争这五个绿色创业导向维度上，新企业更关注快速、直接、技术、自主和新市场问题，而在位企业更关注谨慎、间接、生产、政府和已有渠道（见图 6—3、图 6—4）。

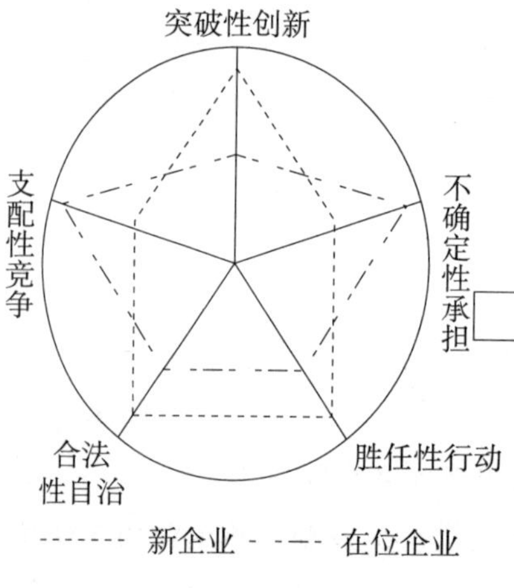

图 6—3　绿色创业路径水平差异

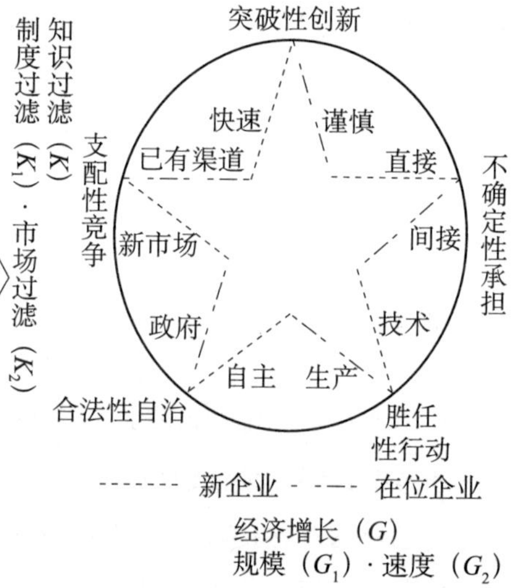

图 6—4　绿色创业路径选择差异

2. 新企业与在位企业绿色创业路径演进与融合

新企业与在位企业绿色创业路径的差异，需要在一定的产业发展阶段情境下进行比较和分析，但是，伴随产业的发展成熟，这种差异将呈现何种变化态势？是愈演愈烈的矛盾冲突，还是殊途同归的相互融合，这也需要研究基于过程视角进行动态性挖掘。在上述分析基础上，本研究将产业视角向前和向后拓展，进一步延揽相关企业资料和产业趋势预测，发现新企业与在位企业两条不同的绿色创业路径并非对抗不相容，而是可以实现融合。

节能灯在 20 世纪 90 年代作为国家 863 推广计划，起初是在山东的胶东半岛推广，最早响应的为 80 年代建厂的威海北洋和栖霞灯具两家工厂，但是由于当时成本比较高等原因，未能将节能灯推广开，这两家企业在节能灯市场日益式微，威海北洋目前主营光纤传感和射频识别，而栖霞灯具厂现在几乎不见身影。与此同时，广东一批后来跟上的新创企业，借助低成本原材料优势和快速行动，通过大批量生产节能灯，逐步开拓了全国市场。雷士和欧普照明等一些知名节能灯品牌，都诞生于这一时期。伴随新企业的快速成长，佛照和创建于 1975 年的阳光照明等在位企业，开始着手新产品的开发和组织内部的“二次创业”，在面对新品牌冲击的同时，协调新产品与传统产品的冲突，以不同于新企业的方式成长。

由此，可以勾勒出新企业与在位企业绿色创业路径，在产业发展不同阶段呈现出的不一样的相互作用态势（参见图 6—5）：在新产品刚刚引入阶段，新企业与在位企业独立实施绿色创业，处于分立状态。随着新产品技术的逐步完善，在产业发展初期，新企业与在位企业的绿色创业出现碰撞，表现在新品牌挑战、新老产品摩擦等。之后，由于技术路线的清晰和产业的腾飞，新企业和在位企业在巨大的市场领域开始抢占各自高地，部分新企业被竞争洪流冲退，一些新企业则高速成长壮大，在位的主流企业尝试掌握产业标准的话语权，可以说，此时新企业与在位企业的绿色创业路径，更多的不是在堵死对方的道路，而是形成一套各有出路的交织网络。到了产业成熟期，新企业与在位企业的绿色创业路径达到融合，部分新企业开辟利基市场，当初的新企业成为在位企业，新的产业规范确立，迎接新一轮产业革命。

已有研究提出新企业与在位企业绿色创业存在融合的可能。Hockerts 和 Wüstenhagen（2010）借用牧羊人 David 勇斗 Philistine 巨人 Goliath 的传说故事，将新进入的企业比作 David、在位企业比作 Goliath，从理论层面探讨了二者绿色创业的特点，但是，并未判定竞争的结果与故事的结局

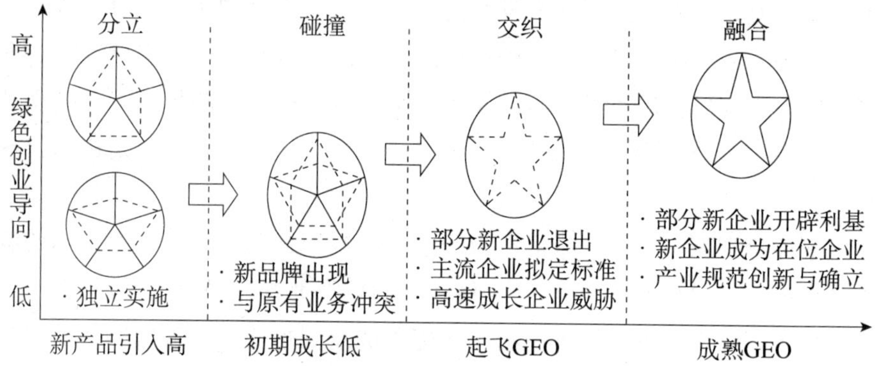

图 6—5　新企业与在位企业绿色创业路径融合

相同，即 David 打败了 Goliath 成为国王，而是提出新企业与在位企业对产业的转型和升级都会发挥积极作用。与此类似，Schaltegger（2002）认为新企业虽然更容易带来创新变革，但并不是所有新企业都能如预期那样有效率。有学者提出，在位企业即便在快速行动上落后于新企业，但在市场规模和投资力度上的优势也还是值得肯定的。关于新企业与在位企业绿色创业路径的融合，O'Neill 等（2009）从文化氛围构建、Gibbs（2009）从创新人才培养和流动等视角探讨了可能的整合措施。依据相关理论基础和对样本企业及产业发展的剖析，本研究提出命题 3。

命题 3：随着产业发展，新企业与在位企业绿色创业路径不断演进并实现融合。具体而言，路径演进呈现分立、碰撞、交织和融合四个阶段性态势，路径融合的方向并非新企业替代在位企业，而是绿色创业导向伴随企业成长的强化和完善。

六、结论与展望

绿色创业整合了可持续发展与创新这两个当今社会的迫切诉求，成为企业革除弊病和实现绿色成长的重要途径。但是，这个过程并非自然而然、皆大欢喜的，相反，不同企业的实施水平和方向会有所不同，而且这些差异有时潜藏着问题，会对企业成长产生或积极或消极的影响。关于新企业与在位企业在绿色创业路径方面的差异，已经受到理论研究的关注，但是尚未出现较为系统的比较分析。为此，本研究基于绿色创业导向理论框架，选取绿色技术产业中的节能灯企业为样本，开展了探索性案例分析。研究发现：(1) 新企业与在位企业绿色创业的路径在水平上存在差异，新企业在突破性创新、胜任性行动和合法性自治方面水平较高，在位企业在不确定性承担和支配性竞争方面水平较高。(2) 新企业与在位企业绿色创业路径选择存在差异，在突破性创新、不确定性承担、胜任性行动、合法性自治和支配性竞争这五个绿色创业导向维度上，新企业更关注快速、直接、技术、自主和新市场，而在位企业更关注谨慎、间接、生产、政府和已有渠道。(3) 随着产业发展，新企业与在位企业绿色创业路径不断演进，呈现分立、碰撞、交织和融合四个阶段性态势，路径融合的方向并非新企业替代在位企业，而是绿色创业导向伴随企业成长的强化和完善。

本研究的进展和学术贡献主要体现在三个方面：(1) 基于创业导向绿色化思路，构建绿色创业导向基本维度，弥补当前文献对绿色创业内涵体系研究的欠缺，从绿色创业导向视角创新了绿色创业研究架构，促进了绿色创业研究的深入与细化，为后续研究提供理论基础。(2) 基于企业成长的视角，运用绿色创业导向五维度分析框架，系统比较了新企业与在位企业绿色创业路径的差异，廓清了二者独特的绿色创业路径，揭示了企业成长不同阶段实施绿色创业的行动机理，为企业成长与绿色创业研究融合提供依据。(3) 基于产业发展的脉络，提炼了新企业与在位企业绿色创业路径演进规律和阶段性特征，揭示了绿色创业在产业雏形期至成熟期的不同影响，从过程视角丰富了绿色创业动态性研究，为开展进一步的实证检验提供了理论参考。

本研究对实践的应用价值包括：一是在推广绿色创业理念的同时，厘清了企业绿色创业的具体路径；绿色创业导向的五个基本维度有助于管理者修整绿色创业思路，为具体实施提供了方向指导。二是揭示了新企业与在位企业绿色创业路径的差异，有助于企业识别自身在绿色创业过程中可能遇到的关键问题和解决思路，为不同成长阶段的企业提供创业决策参考。三是指出了产业发展背景下新企业与在位企业不同绿色创业路径的融合方向，有助于企业认识竞争的演进规律，也利于政策制定者廓清不同企业定位和调控关注点。总之，绿色创业道路上，既有新兴的“绿精灵”，也有在位的“绿巨人”，如何防止“刷绿漆”的短期行为、实现二者的

“和平共处和共同繁荣”，对经济转型和绿色增长具有现实意义。

当然，本研究还存在一些局限性，例如，绿色创业导向的五维度框架还有待在后续研究工作中展开更为充分的大样本实证检验，案例研究对象的行业范围和企业样本还可以继续扩充，创业者对绿色创业的认知还有待进一步访谈，绿色创业路径演进还可以继续细化。在本研究基础上，后续研究的方向一方面在于通过理论探索进一步推进学术界对绿色创业现象的科学认识，另一方面要加快定量研究的步伐，在现有理论支撑下开展实证检验和探索。

第三节　组织行为嵌入下的比较分析

一、问题的提出

20 世纪 90 年代中期以来，企业的环境管理在研究企业绿色战略的选择，以及企业绿色竞争等问题的过程中，逐步提出绿色创业的概念。虽然迄今为止这一概念尚未形成统一的定义，但是这对于经济领域来说，将是一个新兴的持久的话题。特别是在环境问题日益严重，全球人民更加关注可持续发展的形势下，创业者通过何种途径、受到何种因素影响而开始关注环境问题，这是值得研究探讨的。

绿色创业紧扣“创业”和“绿色”两大主题，不仅仅能够促进经济的发展，而且能够体现可持续发展的理念，在社会范围内建立环境责任意识和绿色发展理念。有研究指出，绿色创业就是“识别、评价和利用经济机会的过程，这些机会出现于市场失灵状态下，有利于企业保持可持续发展，而且与环境具有密切联系”。由此可见，绿色创业反映了组织和环境的一种互动关系。在可持续发展的背景之下，创业者关注点从经济利益向着趋向于社会利益的方向发展。创业者受到教育、社会、经济等因素的影响，增加了对环境的关注，在创业过程中，不断提高对于环境保护的意识。这对于日益严重的环境问题，有着重大的现实意义。

绿色创业从概念上来说，即整合商业创业和可持续发展两个概念分析企业创业活动，强调实现环境、社会和经济利益的共同发展，其实质也是一种社会创业，宗旨在于可持续地发展企业、可持续地利用资源。特别是近几年来，国外以通用电器为代表提出的“绿色创想”，为绿色创业起到了典范性的作用。

而中国的一些企业也纷纷提高关注程度，开启了绿色之门。尤其以新奥集团、远大空调为首的大中型企业，在开始创业之初便注入了绿色理念；而一些有着个人理想的大学生，在创业的过程中也不断地将自身的发展与环境的可持续相结合。但是，在看到发展的同时，我们不得不承认中国的绿色创业中还是存在着问题的，比如，技术很难实现，资金匮乏，等等。本研究以绿色创业为基准，对中国企业进行分析和探讨。

二、文献综述

1. 绿色创业的理论缘起

在可持续发展背景下，创业被视为一剂“灵药”，成为实现经济繁荣、社会平等和环境友好的重要推动力量，越来越受到各国政府以及管理领域的重视（Hall et al.，2010）。如何通过一系列变革和创新满足经济、社会和环境“三重底线”需求，成为创业研究领域新的焦点问题，绿色创业的出现则为回答这一问题提供了很好的思路（Schaper，2010；OECD，2013）。目前，围绕“生态创业”（ecopreneurship）和“环境创业”（environmental entrepreneurship）等形态展开的绿色创业研究日趋活跃，许多学者尝试从各自角度回答绿色创业的核心内涵和重要价值。但事实上，研究的关键并不在于罗列大量的绿色创业形态，也不能停留于寻找某些标准对其进行类别上的划分，而是须从对绿色创业概念外延的讨论，深入到理论本质，才能从根本上回答绿色创业“为何”“如何”贡献于可持续发展。

如同其他新兴研究主题，目前绿色创业的定义尚不统一，但一般认为，它是指发现、评估和开发那些存在于破坏环境可持续性的市场失灵当中的经济机会（Dean & McMullen，2007），这些机会通过创业者的开发和创造，将未来的产品和服务变为现实，带来了经济、社会、环境共赢的结果（Cohen & Winn，2007）。基于熊彼特的主张，绿色创业者的作用在于识别和利用了市场失衡中的经济机会，推动环境和社会向更加可持续的状态转型（Hockerts & Wüstenhagen，2010）。还有研究对绿色创业与社会创业等其他主题的区别和联系作了解析（Harris et al.，2009），认为“绿色”并不仅限于环境保护，还应该考虑社会和经济维度；绿色创业包含绿色性和创业性两个基本特征，是一种在通过识别和利用“绿色”创业机会推动组织发展的同时增进环境和社会福祉的创业过程（Dixon & Clifford，2007）。

2. 绿色创业的内涵导向

关于绿色创业内涵的研究，呈现三种倾向：一是侧重于环境意义，绿色创业者类似“环保资本家”，通过商业手段提高环境质量（Parrish & Foxon，2009；Schaper，2010）。二是侧重于社会价值，关注特定公共产品和“金字塔”底层的创新，其中还涉及非营利组织的创生（Gliedt & Parker，2007；Zahra et al.，2009）。三是侧重于机会导向，强调绿色创业机会的实现以及创新维度，重视以机会整合环境和社会诉求（Cohen，2008；York & Venkataraman，2010）。此外，根据不同倾向的强弱水平，有研究对绿色创业及创业者类型进行了区分（Schaper，2002；李华晶，2010）。它既涉及非营利机构创造性的商业运作，也关注企业通过创造性地满足多重需求提升营利空间和竞争能力；不仅包括成熟企业出于绿色化目的而进行的内创业，也包括绿色新组织的创生。

近年来，有学者开始探索绿色创业导向问题，Hall 等（2010）通过比较其他领域对绿色创业研究的文献，认为创业导向应该是创业领域提炼该理论的突破点；York 和 Venkataraman（2010）认为绿色创业联结创业者与环境纽带，具有不确定性、创新性和资源配置三个核心维度；Kuckertz 和 Wagner（2010）认为绿色创业导向是创业意图和可持续诉求两个维度的平衡整合，并通过个体问卷调查的实证研究发现，创业者的商业经历不利于两个维度之间的积极联系。

总体认为，绿色创业不仅是开启和发展新事业的新方法，而且是一种创造和传播价值的新途径，是推动创意在更广泛社会领域产生影响的新模式（Parrish & Foxon，2009；OECD，2013）。从已有研究看，国内外绿色创业研究呈现出从界定基本概念到揭示内在机理的发展态势，相关研究日益活跃。但是，各研究视角之间的整合力度还不够，也尚未形成较一致的分析框架和结论，例如，究竟什么样的条件有助于催生绿色创业？绿色创业又是如何实现环境、社会和经济多重价值的？这些问题尚未形成明确认识，还需要对绿色创业驱动力量进行多要素、多角度的整合和深入剖析。其中，创业者对可持续发展的作用机理，亟待在现实中进行检验和分析。特别是在中国独特的创业情境下，进一步揭示绿色创业者行为规律，对绿色创业研究形成新发现具有理论和现实意义。

3. 绿色创业者基本类型

基于不同绿色创业者受到的影响因素不同，本研究选择了以经济机会和环境可持续两个因素为基本导向，揭示了绿色创业者对于环境的态度和在绿色创业中发挥的作用；与此同时，结合内在因素和外在因素对于创业者的影响，构建了研究理论模型，并将绿色创业者分为四种类型。

图 6—6 是基于影响因素的不同构造的绿色创业者研究框架。其中，纵向维度是绿色创业的两个基本内涵的体现，既有经济机会的推动，也有对于环境态度的影响。横向维度是企业和创业者自身受到的影响因素：内在因素包括创业者企业的状况，如技术、信息等，以及创业者个人的受教育程度和对于环境保护的意识等；外在因素包括创业者所处的社会经济环境和政府政策等。

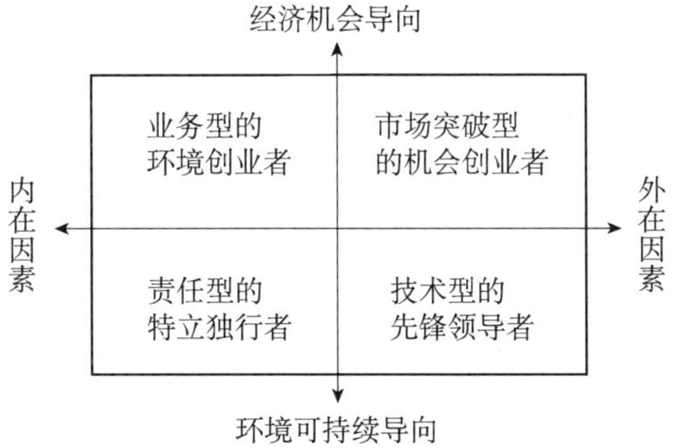

图 6—6　基于不同影响因素的绿色创业者研究框架

（1）业务型的环境创业者。

业务型的环境创业者，是一种带有随机性质的绿色创业者，他们的动机是经济机会导向而非价值导向，经济机会的出现是企业发展的动力。而且内在因素对其有较大的影响。特别是，企业本身对于环境是不产生破坏性影响的，而且从某种意义上来说，产业本身就是有利于环境发展的。这种受到自身影响，通过自身的业务的发展而不断地对环境进行开发和保护的企业，称为业务型的环境创业者。这种类型的环境创业者大多是以环保型、绿色型的企业为主，在不断发展业务的同时，进行环境的保护与意识的更新。

（2）市场突破型的机会创业者。

市场突破型的机会创业者，主要受到外在因素的影响，并且有经济机会导向的引导。这类企业在市场经济的作用下，为了得到社会公众的认可，迎合环境市场机会，采取主动出击的方式，对“三废”进行治理整改。特别是一些有经济实力的大企业，在意识到破坏浪费之后，为了节约资源，提高企业形象，获得竞争优势，而在环境和产业发展中建立新的经济与社会环境关系，从而满足市场与社会的需要，达到一种环境与经济建设的平衡。

（3）责任型的特立独行者。

责任型的特立独行者主要受到内在因素和可持续导向的影响。企业或创业者本身拥有对于环境保护的意识和责任，目标在于可持续发展继续进行，拉动可持续发展的脚步，着眼于我国甚至世界的可持续发展进程。企业内在的文化以及核心的产业都是以此为最终的目标，并且在不断的改进和持续之中。在可持续发展导向的推动下，建立新的保护环境的事业，不再是以外部环境为基准的被动改变，而是主动选择承担责任的方式，将自身的发展与可持续相结合，在创业过程中超前实施可持续理念，成为环境保护的独行侠。

（4）技术型的先锋领导者。

技术型的先锋领导者主要受到环境可持续导向和外在因素的影响。这类企业组织者或创业者大多抱有可持续的理念，受到经济机会影响较小，而且在可持续发展的问题上出现采取超前行动的态势；以先进的技术性为基础，在可持续发展根基上建立新的事业，并使其处于先锋的典范作用；在经济环境和政府政策的影响下，不断开发新的技术，以满足顾客和环境的要求；在技术上的领先使得企业产业的领先成为可能，从而获得在行业上的发展。这类大多是拥有先进专利技术的大型企业。

三、案例分析

1. 远泉公司

（1）案例描述。

林远泉是江西省上饶县董团乡人，虽然只读了 4 年书便辍学工作，但是在进城时候，善于观察的他发现了一个花卉行业的商机，这成为了他绿色事业的开端。在这一年，林远泉筹资创办了一个 1 亩地的小花圃，取名为春光花圃，专门种植当时很畅销的茶花、茶梅和君子兰，当时正值国际和国内花卉市场最繁荣的时期，他赚到了人生的第一桶金。然而在此后的 3 年，花卉市场价格连年下跌，数年的努力和心血一时间化成了泡影，一切都要重新开始。他坚定信念，拜师学艺，用学到的技术种植桑苗，捞得人生第二桶金，至此，他建立了远泉种植有限公司。然而，几年后，蚕茧价格以数倍的价格狂跌，直至无人问津，眨眼间心血再一次化为一堆柴草。

在经历了这些成败之后，林远泉认识到，经营项目的单一性、产品的差异化不明显，都使得农业产业很难抵挡市场风浪的侵袭。于是他积极学习，深入思考，最终选择了一条以人才为动力，提升产品技术含量和品牌价值，以绿色为主题，实施苗木、茶叶、果业、水产等综合开发的发展之路。至此，林远泉开始真正成为一位绿色创业者。而最终，在他的努力之下，远泉集团也成为了名副其实的绿色王国。

（2）案例解释。

根据上述案例描述，林远泉在花卉市场繁荣的时候，通过自身对于经济的敏感，积极开发花卉行业，以此作为创业的开端。在经济利益的驱动之下，抓住市场机会进行创业，这是市场机会导向的影响。特别是在品种价格上涨的时候，为追逐经济利益而不断扩大基础设施的建设，增加对于环境产业的发展。

而对于林远原个人来说，在开始的时候，他对于环境保护的意识和可持续发展的意识并不是很强烈，主要是在经济机会和利益的驱动之下，才开始以绿色为主题的产业发展，其目的是实现产品的差异化。但是他个人在不断学习和研究的过程之中，接受了可持续发展理念和相关环境理念的教育，因此在后期个人教育也起到了重要的作用。

不仅如此，林远泉从事的农业种植行业本身就是一种对于环境破坏性较小的行业，充分利用行业特点，这对于环境有利无害。林远泉通过自身业务的发展形势，逐步在业务过程中寻求差异性，最终选择了绿色创业的道路，这种成功的做法，对于创业者本身的绿色意识和可持续发展理念的实践都是有现实意义的。因此，林远泉是典型的业务型的环境创业者。

2. 华泰纸业

（1）案例描述。

山东华泰纸业股份有限公司成立于1976年，集造纸、化工、印刷、热电、林业、物流、商贸服务于一体，是中国造纸行业最具代表性的企业，也是造纸业的环保标兵。总裁李建华带领华泰从1987年开始寻求解决造纸污染问题的方法。通过投资建设水资源回收设备，提高水的利用率，提高水的重复利用率，并且利用贷款增加了洗草水回收项目和板纸水回收项目，基本实现了白水和板纸水的零排放。在此基础上，通过增加现代化的造纸设备，如16万吨新闻纸项目、20万吨轻涂纸项目，实现了水的全封闭循环利用，吨纸耗水不足15立方米。

华泰集团在经历了两次飞跃之后，面临造纸行业竞争日趋激烈，中低档纸市场趋于饱和，许多造纸厂破产的形势，华泰股份积极投资，兼并投产，使得企业发展登上新台阶。华泰企业以“企业发展，环保先行”为公司的文化理念，并将其深入到了工作中的每一个细节。尤其在业内得到称赞的就是华泰股份污水处理厂的蓄水池。金鱼在“造纸废水”中嬉戏，而这些金鱼就是用来测试“造纸废水”净化程度的。华泰股份通过耗巨资引进国际国内先进的厌氧耗氧生物处理系统、三级化学处理系统、超效浅层气浮装置、同向流净水器、回收池回收塔、多圆盘过滤机、烟气除尘脱硫设备等多种节能环保处理工艺装备，实现了环保水平的大幅度提升，不仅外排水达到鱼类存活标准，而且处理后的达标水全部用于园区绿化，灌溉芦苇和造纸速生林，真正实现了生产资源的循环利用。

（2）案例解释。

造纸行业本身就是一种对环境有很大破坏性的行业。趋于经济机会导向的引导，为了降低成本，在日趋激烈的竞争中获取立足之地，华泰采取引进先进技术，吸取国外经验等方式，建立了一系列的废水治理系统。尤其是近十余年期间，华泰的绿色环保体系在经济利益上有了更加明显的体现。华泰股份造纸的产量扩大了 20 倍、销售收入增长了 32 倍的同时，生产的总用水量却不足 10 年前的一半，吨纸综合能耗下降了 60%，各项指标均达到世界先进水平。成本的降低是华泰纸业在经历经济危机的时候，能够继续发展下去并且赢得市场的重要因素，而这正是华泰走向绿色化、走向可持续发展的动力。

立足于可持续发展政策的推动之下，建设绿色生态纸业成为华泰纸业的企业文化之一，公司始终将污染治理视作企业的“生命工程”。在先后投资数亿元进行废水的综合整治后，公司的外排水质量达到了国家规定的二级排放标准。其中，碱回收项目开创了我国草浆碱回收成功投运的先例，被国家经贸委、国家环保局等五部门确定为国家“九五”重点科技攻关项目，并且作为样板工程向全国推广。在国内同行业中，华泰公司也是市场上治理污染投资大、设备现代化程度高、运转稳定的造纸企业。华泰不仅仅得到了政府同行的认可，也得到了消费者和市场的一致认可，达到了经济利益与社会利益的平衡。这些都是市场突破型的机会创业者的体现。

3. 吉林市再生资源有限公司

（1）案例描述。

吉林市再生资源有限公司是 2005 年东北地区唯一一家以循环经济为主线的企业。随着社会资源节约和环境保护意识的提高，循环经济越来越成为经济社会发展的重要组成部分。同时，吉林市再生资源有限公司得到了市政有关部门的政策和资金支持。董事长王媛娟通过对污染、节约、效益三笔账的计算，确定了创业的方向。

第一笔“污染账”：一节随意丢弃的废旧电池，它的重金属以及废酸、废碱等电解质溶液可以让一平方米的土地失去耕种价值；扔一粒纽扣电池进水里，其中所含的有毒物质会造成几十万升水的污染，相当于一个人一生的用水量。第二笔“节约账”：废弃物中含有大量的可再利用的资源，利用 1 吨废旧塑料可节省 3 吨原油；每回收 1 万吨铝，可少排放 1.5 万吨赤泥，节电 1.2 亿度；每回收 1 万吨废钢，可少排放二氧化碳 3 600 吨和 600 吨水。第三笔“效益账”：社会发展对于资源的需求就是废品回收行业生存的保证，只要有需求就会有经济效益。

（2）案例解释。

吉林市再生资源有限公司作为一家垃圾回收企业，坚持“废品是没有放对位置的资源”为初衷，将垃圾回收利用变成资源。通过减少垃圾在城市中滞留的时间，从而减少对于环境的污染与破坏。这是对于可持续发展的另一种解释，也是董事长王媛娟的创业目的之一。从开始的时候遭受不理解，直到后来得到社会的认可，这个公司始终坚持着保护环境、降低污染的原则，将经济利益与保护环境相结合，推动了环境保护事业的发展，也成就了自身的企业利益，建立了属于企业自身的“垃圾王国”。这都是可持续导向的作用。

对于创业者王媛娟而言，在社会对于这个行业还没有提高重视的时候，她却觉得无论社会发展到什么程度，垃圾都是必须要处理的，这能够将社会的资源整合起来，并使其得到充分的利用和再循环利用。在公司取得经济效益之余，废旧物资回收同时也创造了更多的社会效益。这是对于社会资源的一种责任。正是这种责任感，使得王媛娟背负了借款的压力成立了再生资源有限公司；正是这种对于社会和环境的责任感，使得垃圾有了新的归宿和新的循环利用方式。这种主动承担社会责任，建立新的环保事业的行为，都在王媛娟的身上得到了充分的体现，因此她是属于责任型的特立独行者。

4. 新奥集团

（1）案例描述。

新奥集团创始人王玉锁起初通过从商经营，完成了创业前期的资本和经验积累，之后便注册成立廊坊天然气有限公司并“气化”廊坊经济技术开发区，次年“气化”廊坊市区，正式进入清洁能源开发利用领域。王玉锁组建以廊坊新奥燃气为主体的新奥实业（集团）公司，进一步在化工、市政、地产等多个领域进行尝试和探索；在清华大学课题组的帮助下引进现代企业管理制度，完成股份制改造，注册成立河北新奥集团股份有限公司，并且将研究延伸到燃气产业链，进入能源装备产业。

2002 年，在王玉锁的带领下，集团完善治理，形成董事局领导下的策委会、执委会、督委会分立的治理架构，并收购河北威远集团，进入生物化工领域。2004 年正式进入能源化工产业领域，进行上游清洁能源产品的研究开发，在清洁能源利用领域形成完整的产业链。2009 年，IBM 牵手新奥集团，签订了一篮子战略合作协议，计划从新奥实施的智能能源产业入手，共同推动 IBM 一年前提出的智慧城市战略在中国的落地。

（2）案例解释。

新奥集团是新能源开发的代表，代表了新能源技术产业的发展。新奥集团以清洁能源开发为主，并且在高端技术上寻求不断的突破。在此基础之上，新奥初步建立了涵盖煤基清洁能源、太阳能、生物质能，贯通生产、转化、储运和应用的清洁能源网。不仅如此，新奥也是推广 CCS 客户关怀体系的全国燃气行业首家企业。至此，新奥成为了新能源开发产业的先锋领导者。

在我国可持续发展政策的环境之下，新奥集团的董事长王玉锁提出“以国家能源战略为产业导向，以能源开发和利用方式创新为基础，进军煤化工行业，生产清洁能源”。新奥以新的形象开始了新的时代。在获得国家发改委批准之后，新奥得到了更多的政策帮助和资金的支持，使得新奥得以更快地发展壮大。在世界可持续环境之下，新能源的开发成为了新的话题，也是时代驱动的力量。新奥的发展不仅使得自身满足市场的需求，而且在技术上成为了领先者，这都是技术型的先锋领导者的体现。

5. 远大空调

（1）案例描述。

张跃，身为远大空调的董事长，是一位兼具艺术与管理的领导者。他曾为一名美术教师，在碰撞和寻找中与弟弟共同注册了郴州温泉采暖设备厂，研制出无压锅炉，获得了人生的第一桶金。他已经实现了从教师到商人、从艺术到技术的角色转变。不仅如此，他们在长沙高新技术开发区注册了远大空调有限责任公司，研制出了国内中央空调行业第一台直燃机，使得公司的销售额有了突飞猛进的增长。

远大的事业一直在发展。这期间，兄弟俩中的张剑离开了远大，去专门从事整体浴室的生产。张跃因此成为公司的全权代理人，开始了张跃建设远大的文化底色——环保的步伐。张跃把远大的理想设定为“实现人类不断追求更高的生活质量的愿望”，并为此开始付诸行动。从产品的改造——完成了从燃油到燃气的转换——到每年的环保论坛的启动，他的直接目的就是宣传远大燃气空调的环保功能，使远大企业的绿色形象得以体现。张跃使用“森林法则”和“农场法则”来进行管理机制、组织结构和业务流程等的管理。

远大的非电空调从进入国际市场起，目前已远销30多个国家。远大产品已成为中国自主发展高科技的标志性产品之一，在中国和欧美同行业中占有率最高，在非电空调领域取得了20多个全球第一。2008年3月18日，由阿拉善生态协会（SEE）和气候组织（TCG）共同主办的“中国企业与低碳经济”论坛在北京举行。英国前首相布莱尔发表重要演讲，张跃也作了精彩发言。远大已经成为绿色创业的领先集团，而张跃也是绿色创业者中的领袖人物。

（2）案例解释。

远大空调作为中国绿色创业者的代表，具有的特征兼具四种类型。

远大空调的每一次飞跃都是在否定自己的过程之中，达到全面提升的目的。这取决于远大空调的董事长张跃自身和企业本身的发展。张跃以其灵敏的商业嗅觉和他那颗充满艺术家气息的人文关怀之心对远大空调的发展进行规划，决心对企业的发展和对环境的破坏问题不断提高重视，决心要对企业的生活环境和世界的环境不断关注并且尽匹夫之力。这是内在因素的影响。与此同时，环境保护对于企业本身也是有利无害的，不仅是为了企业更长久的发展，更是企业产品差异化的表现。为了更加适应世界发展的潮流，迎合市场消费者的心理，生产环保的产品是大势所趋。在经济机会和内在因素的影响下，远大走上了绿色环保之路。

随之，环保论坛的启动，主要为了宣传远大燃气空调的环保功能，使得远大的形象得以凸显。在奥运的契机之下，张跃把公司的研发、销售、服务三个部门迁到北京，在吸引人才的同时，引入全球化。在发展的过程中，张跃逐渐把绿色环保作为企业的一种社会责任，不仅仅受经济利益的驱动，而更多的是在为环境保护尽一份心力、承担一份责任。这也是他建立企业的目标之一。这在远大公司的“幸福准则”中也得到了体现——“把道德看得比生存更重要，把责任看得比发展更重要，把环保看得比盈利更重要，把爱看得比什么都重要”。这就是一位热衷于环保的人士、一位对社会有责任感的企业家作出的努力。

在经济环球化、可持续发展成为经济市场所共同注视的指标之一的时候，远大并没有因已有的成绩而掉以轻心，而是更加注重环境的保护和市场的需求，抓住了市场机会，取得了世界市场的认可。这些都说明了远大空调兼具的特性，是绿色创业的典范。

四、结论与讨论

根据上述研究，本研究提出绿色创业者的四种分类和对应的我国企业，都是基于其主要特征进行讨论，并不是片面将其分类，而是对其某一方面显著特征加以探究，其主要特征分布图如图 6—7 所示。

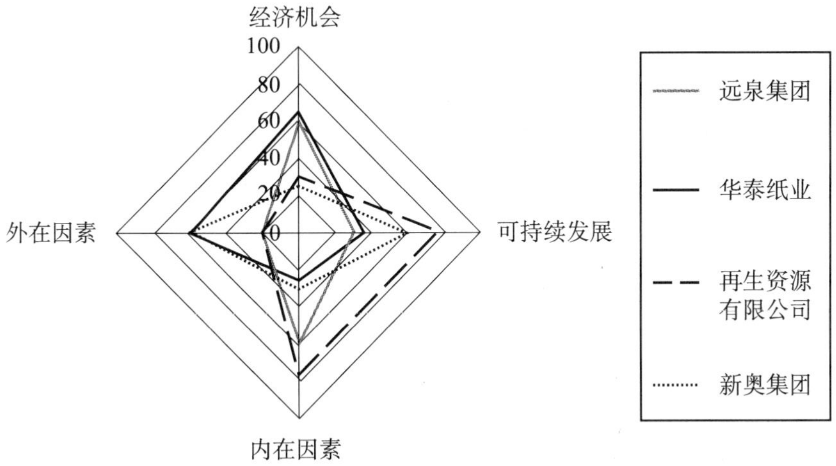

图 6—7　基于中国企业受到不同导向影响的蛛状图

企业所属行业对于环境本身有利，其内在企业的发展和为了适应经济需求而作出的选择，都是受到经济机会和内在因素的影响，与此同时，也受到外在因素和可持续发展的影响，只是程度上大小的区别。对于华泰纸业，正处于相反的状态，企业所属行业对于环境是弊大于利的，因此“绿色”问题对于企业的发展和产品都是很重要的。在经济可持续的环境下，政策和经济都要求其解决自身的污染问题。因此，经济机会和外在因素是比较重要的方面。吉林市再生资源有限公司则是在可持续的理念下发展起来的，它本身就是绿色创业者的责任感的体现与实践，集中体现了内在因素和可持续发展的因素。新奥集团以新能源开发为主导，适应外部环境的变换，为可持续发展提供了新的可能，受到外在因素和可持续发展的影响比较大。最后的远大空调是一个全面体现四种因素的企业，受到社会政治的推动，迎合了社会经济机会的发展，其领导者的理念也是符合可持续发展的。远大空调的发展是绿色创业的楷模，其管理理念和绿色实践都是值得我们深入研究和探讨的。

根据上述研究和讨论，本研究发现我国现有企业对于绿色环保的意识在逐渐增强，对于可持续发展在一定程度上提高了重视程度，但是难免还是存在一些问题。

首先，在创业初期，存在阻碍企业进行绿色创业的因素。创业者和企业本身在创业初期对于可持续并没有太大的重视，大多是在创业过程之中或者经济机会的推动之下，才开始对绿色环保进行分析和实施。这种理念上的不重视是阻碍绿色创业的一个方面。而企业本身在创业初期的社会和经济实力，也使得企业进行绿色环保体系的建设产生困难。这是创业企业中普遍存在的问题。这种问题的存在，在一定程度上导致了现有环境的破坏，使得治理难度增加，为居民和政府增加了经济负担。

其次，在创业过程中，绿色环保的理念与企业产品服务可能存在不对称的情况，而且对于可能出现的污染和已经出现的污染重视程度不够。企业绿色环保的理念是基于社会和企业的可持续发展实践的理念，与企业本身的产品和服务的结合是一个企业实践绿色环保理念的奠基。我国一些企业在实践绿色理念，进行绿色创业的时候，绿色理念与产品服务的融合做得并不是很好，可能会出现资源的浪费和绿色理念实践不符合市场需求的情况。对于正在出现的污染，我国企业大多引进国外机器设备进行治理；而对于已经出现的污染和发展过程中可能出现的污染并没有更深入的探究。

最后，政府对于绿色创业者的重视有待提高，对于绿色创业环境仍须改善。在经济环境和社会环境的共同推动之下，绿色创业成为了创业的新的趋势，这种趋势对于社会和经济的发展都有着深远而有利的影响，应该得到社会和政府的广泛重视，予以相应的政策的鼓励和支持。对于破坏环境者，也应予以相应的惩罚。绿色创业环境是绿色创业的背景，良好的环境对于绿色创业者是一种激励，有利于绿色创业的实践与发展。

本研究对于现有绿色企业的研究和探讨，是基于现实和社会情况作出的，是对于绿色理念和绿色实践，以及绿色创业者实践过程中的经验教训之谈。在现实社会中，众多企业竞争的环境之下，绿色创业成为了新兴的企业进行差异化建设，使得产品更环保的一种先进方式，尤其是在创业初期的“绿色行动”更是对社会和企业的长远发展有着深远的影响。而对于处于环境劣势的企业来说，这也无疑是一条改造企业，使得企业适应社会环境发展的道路。绿色创业的提出是市场和社会需求的产物，而中国绿色创业的成功案例的践行，体现了绿色理念的成功性和可实施性，敦促社会企业对于绿色创业的重视与发展。在现实意义和存在问题的基础之上，本研究提出了以下对策：

第一，可持续发展理念和绿色创业者理念的提出，为我国的绿色创业提供了理论的借鉴。积极将这种理念运用于社会企业实践运作之中，增强国民的绿色环保理念，是当务之急。对于企业本身所存在的社会和经济实力的不足，可以通过减少“先污染后治理”现象的出现解决一部分。企业也可以引进国外先进理念，而不是仅仅购买技术设备，应该从我国国情和企业实际情况出发，寻找适合企业自身的绿色环保之路，将环保之事融入企业生产之中。

第二，积极研发，使得企业产品服务与环境保护相适应，并且重视易产生污染和即将产生的污染问题。环境保护与产品服务的脱节，使得很多企业将绿色和环保变成了企业生存和发展的负担。事实上，环境的保护是企业可持续发展必不可少的一部分，因此企业应在自身产品服务符合市场和满足消费者需求的基础之上，探求迎合环境可持续发展之路，使得产品服务与环境保护相得益彰，促进社会经济与环境的可持续发展。在企业治理污染的过程中，对于已发生的污染应采取责任制治理，并予以监督；而对于将要可能发生的污染，应利用先进的设备进行检测，以确保其无污染性，方可予以排放和再利用。

第三，政府应加强对于绿色创业的重视和政策上的支持，积极创造适合绿色创业者生存和发展的环境。在增加对于绿色环保事业投入的同时，迎合市场体制需要，利用“有形的手”进行调控，建立平等竞争、合法经营、权责明确的市场经济体制，从而为绿色创业者提供良好的创业环境和市场环境。

第七章

绿色创业的价值实现路径研究

第一节 基于社会创业导向的分析

一、立题依据

1. 研究背景和问题提出

（1）研究背景。

随着经济时代的到来和就业的日益严峻，创业已经日益成为个人、组织和企业的主要选择，也逐渐成为企业和个人谋求生存和发展的最重要和最有效的途径，它既是理解未来社会经济发展变化的关键，也是企业家生活和工作中的一个不可或缺的主题。但是这里的“创业”主要是指商业创业，即主要通过运用创新、资金运作和商业运营等一系列尝试来实现创新和创新意识向经济成果的转变，并且在研究早期更多地表现为“个人创业”或“独立创业”，即实现新公司从无到有的突破。随着竞争环境的日趋动荡和复杂化、消费者偏好的迅速变化和战略管理及竞争管理的迅速发展，创业的内涵及实践逐渐深入到企业内部，学者和实业家的关注焦点也从最明显、最直观的创业形式转移到了更模糊、更间接的公司创业上，并于 20 世纪 90 年代在经济学和管理学中掀起了研究热潮。揭昌亮和李华晶（2012）在对已有文献归纳总结的基础上提出了公司创业的综合内涵，认为公司创业是通过公司冒险、公司内部资源重新整合、公司战略更新和创新四种形式，从公司战略层面出发，以公司目标的实现和竞争优势的获取为目的，在公司内部进行的创业活动。Teece（1996）从获取持续竞争优势的角度指出，对企业现有特有资源的创新性配置方式才是企业核心竞争优势所在，而公司内部创业正是重新整合内部资源以实现创新性生产和管理的有效途径，肯定了公司创业研究的意义和重要性。

虽然创业研究经历了从个人创业到公司创业的发展，但是研究领域仍属于商业创业，仍然是以获得经济利益和市场利益为最终目标。随着社会政治经济因素的变化，社会创业逐渐出现。早在 19 世纪后期，英国就出现了世界上最早的社会创业活动，并建立了一系列社会创业组织，例如南丁格尔医院和南丁格尔护理所，但是当时这些社会创业活动的开展和社会组织的建立只是局部的、偶然的现象，并没有形成一种社会趋势，也没有形成对其的系统研究；而在 20 世纪末特别是进入 21 世纪后，社会组织逐渐增多，包括威廉·劳埃德废奴主义组织（William，2002）、维多利亚私人医院（Thompson，2002）、巴格达的 Grameen 银行（Yunus，1999）、印度的 Aravind 眼科医院以及埃及的 Sekem 组织（Seelos & Mair，2005）。社会创业的理论和实践研究也逐渐受到了学者和实业家的关注。

创业研究在经历了研究范围的横向扩展之后，又开始了纵向扩展的进程。一大股研究潮流正涌向创业导向的概念，创业导向已经成为创业领域的一个核心概念，获得了理论上和实践上的大量关注。已有超过 100 项以创业导向为对象的研究已经完成或正在进行，从而使创业导向的含义和相关概念得到了更为广泛的认可。创业导向的概念维度研究和创业导向对绩效的作用效果研究是当前的研究热点，虽然 Miller 等人提出的创业导向维度划分被学者和实业家广泛采用，但是仍然没有获得共识，还是一个开放性的研究问题。

相较于创业导向，社会创业导向作为一个新兴的研究领域无论在已有研究和文献数量上，还是在研究深度和广度上都处于劣势，研究方法也不够成熟。并且我国社会创业的实例和组织相对较少，在数量和功能发挥上都不如西方国家，公司社会创业的研究环境并不理想。然而纵观我国企业（包括本国企业和外国在华企业）近些年的创业发展，公司社会创业实例越来越多，成果越来越显著。百事（中国）投资有限公司将土豆生产基地的开发战略特意侧重我国西部，不仅获得了我国政府西部大开发战略的支持，还带动了当地经济的发展和农民致富，它在内蒙古自治区鄂尔多斯市达拉特旗农场改良土壤，变荒漠为沃土的做法同时带来了生态效应、社会效应和企业自身经济效应，是公司社会创业的典型成功案例；杭州三替集团有限公司吸收、培训下岗职工，既维护了社会稳定，顺应了政府解决就业问题的政策，又缓解了自身业务发展造成的劳动力紧缺问题，同样是企业社会创业的典范。

因此，对企业社会创业问题进行理论和实证研究，构造出企业社会创业的概念维度模型和测度模型，对企业社会创业导向的作用效果进行深入剖析，提出相应的建议和对策，不仅是企业在获取持续核心竞争力的同时创造社会价值的要求，还是学术界的一大挑战，具有重要的理论意义和实践意义。

（2）问题提出。

虽然以创业导向与企业绩效关系为对象的研究在近几十年翻了两番，但是创业研究领域的许多综述与评论都认为由于对创业组成要素缺乏统一观点（Shane & Venkataraman，2000），以及进行创业评价所需关键变量的力度偏小，创业研究领域大量知识积累的发展受到了限制并且发展速度缓慢。

社会创业研究由于还处于起步阶段，相关的理论成果还比较薄弱，许多概念也没有在学术界形成一致，目前已有的对社会创业的概念解析和创业形态罗列都只是对概念外延的讨论，而没有触及本质。我们只有通过对社会创业具体内容和行为策略的挖掘，才能从根本上回答这一问题（盛南，2009）。所以，本研究借鉴公司创业导向思想，运用社会创业导向的概念维度来解析社会创业本质和测度企业社会创业，并进一步分析企业社会创业导向对企业绩效的作用效果，从而为企业社会创业成长和通过企业社会创业提高企业绩效提供管理建议。

2. 研究目的和研究意义

（1）研究目的。

本研究在借鉴和吸收国内外研究成果的基础上，利用扎根理论(grounded theory)，一方面从现有文献阅读中归纳整理创业导向及企业社会创业导向的概念维度，另一方面通过实地调研访谈整理以上概念维度和企业绩效数据，实现对文献内容的论证和扩展。在对创业导向维度等概念性问题进行梳理之后，利用调研所得数据和资料对企业的社会创业导向进行测度，作为企业社会创业导向作用效果研究的基础，为构建企业社会创业导向—企业绩效测度模型服务。

在文献研究的基础上，建立企业社会创业导向和绩效评价模型，解决企业在社会创业成长和社会影响力扩大过程中出现的问题，同时，从调节变量的角度分别研究社会创业导向概念维度与社会创业导向、社会创业导向与企业绩效、绩效指标与企业绩效三种关系，使我们更清晰地厘清它们之间的关系，同时通过多个变量的选择确保研究的准确性。

在理论研究的基础上，通过数据进行实证研究，深入剖析企业社会创业导向对企业绩效的影响及其方向和程度，进而提出管理建议与政策建议。

（2）研究意义。

第一，理论意义。

公司创业是企业在动荡复杂的竞争环境中获取持续竞争力的重要成功因素，这个观点在学术和实业界都已经获得了普遍的认同，而创业导向作为公司创业的核心概念更成为了创业研究的热点，学者纷纷从各自学科的角度出发提出了创业导向的定义和概念维度，但是经过十多年的理论发展却仍然没有形成统一的观点。本研究在借鉴已有研究结论的基础上，采用扎根方法（grounded method），通过对企业的访谈和问卷调查，在实现对原有概念维度的论证的基础上，归纳整理出创业导向特别是社会创业导向的新维度。

创业研究领域的核心概念性问题是目前最具发展潜力的部分，也是创业研究历来的核心话题。社会创业作为一个新的研究主题在概念界定、研究视角等许多理论问题方面还存在较大分歧，阻碍了其深入发展。本研究借鉴创业导向的思想，从社会创业导向出发，对社会创业的概念维度及其测度进行研究，既能够极大丰富社会创业领域的核心概念，推进社会创业领域的发展，还提供了研究社会创业问题的崭新视角，开拓了日后的研究视野，为丰富社会创业理论成果作出了自己的努力。

除此之外，创业导向的构成和原始实证研究主要是在北美社会经济环境下完成的，Hofstede（1983）早就指出管理理论是具有文化界限的，当今期刊论文的发表和案例的研究都显示现有研究的范围比以往任何一个时期更广，研究所囊括的国家数量更多。本研究以我国企业或在华外资企业为研究样本，将社会创业导向的概念维度及其作用效果的研究放置于我国的文化大背景之下，不仅能清晰说明社会创业在更多国家得到了推广，展现我国公司社会创业的开展现状，还有助于未来社会创业导向研究的发展，使创业导向理论和社会创业理论更具有普遍意义。

第二，实践意义。

在公司创业实践中，那些追求高创业导向的企业往往在决策时会面临风险承担和稀缺资源分配，而承担风险和分配稀缺资源不仅都具有潜在的负面影响，稀缺资源的分配还面临着必须承担的机会成本。然而绩效是每个公司行为的最终目标，厘清创业导向与绩效之间存在何种关系至关重要。

公司进行社会创业同样以绩效提高为目标，因此，公司在作出社会创业决策时需要知悉如何开展社会创业、开展社会创业会对绩效带来何种影响、何种程度的社会创业才是最优的等基础问题。本研究从公司实际出发，不仅要研究社会创业导向对企业绩效是否存在积极或消极的影响，同时还要估计社会创业导向对企业绩效的影响程度，从而使企业能够更清楚地了解社会创业的内涵、社会创业的概念维度及其作用效果，为它们做出“开展社会创业”和“推进社会创业”的决策提供依据和指导，并且实证研究也能避免我们的建议给管理者在管理实践中带来重大误导（Wiklund，1999）。同时，系统地分析社会创业导向及其作用效果能够吸引更多的企业开展社会创业，从而使更多的社会问题得以解决，实现社会利益和经济利益的同步提升。

3. 研究内容与结构安排

（1）研究内容。

本研究共包含四部分内容：

第一，社会创业导向研究成果梳理和提炼。该内容是研究准备和理论基础部分，首先从创业导向理论出发，从概念界定、维度介绍和量表开发三个方面进行梳理，为社会创业导向的理论借鉴奠定基础；然后分别从社会创业、社会创业导向及其测量方面进行提炼，形成社会创业导向概念维度的初步构思；最后整理社会创业导向作用效果研究的现有成果和方法，为后文理论模型构建打下基础。

第二，基于扎根理论的社会创业导向维度构建。该内容是本研究的第一大研究主题，在验证深度访谈对象选择合理的基础上，利用扎根方法对访谈资料进行模块分析，一方面，对理论准备阶段形成的初步概念维度构思进行验证；另一方面，从实际中提炼新的概念维度表述以及丰富现有维度的内涵。

第三，社会创业导向作用效果实证分析。该内容是本研究的第二大研究主题，在验证研究的信度和效度的基础上，首先分析在不考虑内外部环境影响的理想环境下，企业社会创业导向对绩效的作用效果；然后，将企业使命和企业可持续性所组成的“双元”组织内部环境引入模型，探究社会创业导向的具体作用效果；最后，分析行业竞争和政府支持对社会创业导向作用效果是否具有调节效应及其调节方向。

第四，优化企业社会创业导向作用效果的对策建议。该内容是对以上各内容的总结和升华，一方面，阐述企业社会创业导向的概念维度以及各维度在实践中的具体表现；另一方面，为企业选择、制定和实施社会创业战略提供理论依据。

（2）结构安排。

本研究共包括六个部分，具体安排如下：

第一部分为引言部分，介绍了研究背景和选题依据，研究的理论和实践意义，以及研究中所采用的研究方法和技术路线。

第二部分为文献综述，分别从创业导向、社会创业、社会创业导向、社会创业导向与绩效关系四个方面梳理了现有研究结果。

第三部分为研究设计，是研究逻辑的总体介绍，从调研方案、分析方法、假设提出方面依次展开，并在此基础上构建了指导下文实证分析的理论分析框架。

第四部分为基于扎根理论的社会创业导向概念维度构建，介绍了访谈的实际操作情况，并运用扎根方法验证社会创业导向维度现有观点，丰富各维度的基本内涵。

第五部分为社会创业导向作用效果的实证分析，先后介绍了问卷调查的实施情况以及各变量的描述统计信息、问卷题项的信度和效度分析、社会创业导向对绩效的直接作用效果、组织内部环境的影响分析和组织外部环境的影响分析。

第六部分为研究结论和展望。在以上各部分的基础上，本部分首先总结了本研究的主要研究结论，并据此为企业社会创业行为提出相关建议；其次，对本研究存在的局限和不足进行反思，并为未来的进一步发展提供研究思路。

4. 研究方法和技术路线

（1）研究方法。

根据阶段性目标的差异和研究内容的要求，本研究在坚持理论联系实际原则的基础上，综合采用了文献分析法、深度访谈法、问卷调查法、扎根方法、描述统计法和多元统计法。

第一，文献分析法。在研究前期，利用文献分析法对创业导向理论进行整理和挖掘，在借鉴创业导向概念维度思想的基础上，从社会创业现有理论出发构建社会创业导向的概念维度，并进一步对其进行测量，从而探寻其对企业绩效的作用效果。

第二，深度访谈法。在数据收集过程中，本研究采用了深度访谈法对样本企业的高管进行了无结构式访谈，从中了解企业实际经营中对社会创业的理解以及具体行为，为扎根方法的采用奠定基础。

第三，问卷调查法。在对调查企业进行深度访谈的同时，发放调查问卷，收集企业各层管理者和员工对企业绩效以及所处内外部环境的认知，同时了解企业在各社会创业导向维度上的表现，从而为社会创业导向程度的判定提供依据。在进行问卷调查的同时还收集了企业相关文件和档案数据，为进行数据分析提供参考材料和为后继研究提供查询（Creswell，2003）。

第四，扎根方法。在对社会创业导向构建的过程中，考虑到其作为一个新的研究领域相关理论成果很少的现实，本研究采用扎根理论这一重要的定性研究方法，分别扎根于文献和访谈资料来提炼出社会创业导向的概念维度构成。

第五，描述统计法。对所收集的数据和资料进行描述统计，包括问卷的发放数量和回收数量，问卷的有效性以及调查企业的基本特征，对研究实证依据有初步了解。

第六，多元统计法。本研究利用 SPSS 21.0 对所获数据进行多元统计分析，先后采用了信度分析、因子分析、相关性分析、多元线性回归、聚类分析和层次回归方法来探究企业社会创业导向对绩效的作用效果。

（2）技术路线。

技术路线见图 7—1。

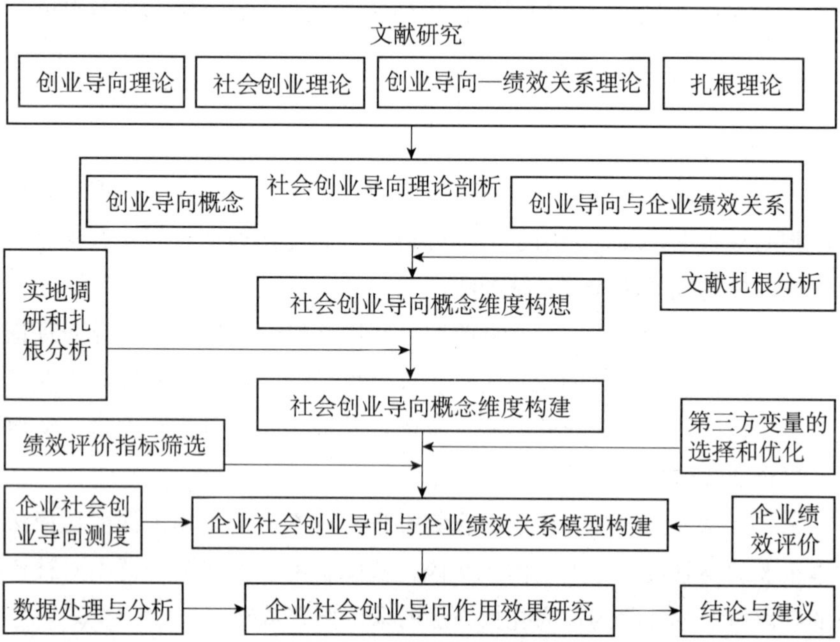

图 7—1　研究技术路线图

二、文献综述

1. 创业导向

创业导向源于战略选择视角（Child，1972），明兹伯格在 1973 年提出制定战略的三种模式时就明确提出了“创业模式”（entrepreneurial mode）

这一术语，并进一步将其定义为：企业为了把握并利用机会而采取的前瞻性的、大胆的、冒险的决策模式。自此，创业导向掀起了创业研究的新热潮。纵观现有文献和研究，研究的重点主要是以下三个方面：创业导向的定义、创业导向的概念维度（单维还是多维？有哪些子维度？）、创业导向对企业绩效的作用效果（有无作用及作用程度）。

（1）创业导向内涵界定。

创业导向的概念最早是从战略管理文献中将战略制定视为组织战略活动或战略决策过程的思想中发展而来的（Rajagopalan，Rasheed & Datta，1993）。创业导向自1983年以“创业模式”被首次描述之后，就经历了漫长的概念演化过程，不同学者用不同的叫法描述着创业导向的内涵，一度出现了概念混用的现象。创业导向的概念发展经历了未命名阶段、创业战略姿态阶段和创业导向三个阶段（苏晓华、王平，2010）。最初学者只是宽泛地对其进行描述，Miller（1983）将其称为“公司层面的创业”（firm-level entrepreneurship），反映了企业高层管理人员在面临行动战略选择时敢于承担风险、勇于改变以谋求企业核心竞争优势并积极参与竞争的倾向；随后有学者进一步将其归纳描述成企业哲学（entrepreneurial philosophy），认为创业导向应是企业在面对不断变化的宏微观环境时采取积极应对措施的价值倾向。创业战略姿态阶段的到来是以Covin和Slevin（1989）提出创业姿态（entrepreneurial posture）这一术语为标志的，他们赞同并发展了Miller关于“创业是一种企业行为”的定义，并将创业姿态作为保守姿态的对立面归纳为反映企业竞争倾向的一种战略姿态，认为创业姿态是企业高层管理者拥有的敢于承担风险，乐于改变和创新以获得竞争优势并勇于积极参与竞争的管理风格。创业导向（entrepreneurial orientation）1985年第一次出现在公开发表的文章中，但当时并未引起重视，也未被广泛采用，随后几年中仍然出现了诸如创业（Morris & Paul，1987）、创业姿态等多种概念表述，直至90年代，随着越来越多的学者阐述创业导向与类似概念的区别和联系，创业导向内涵的丰富（Zahra & Covin，1995）和Miller三维度框架的广泛认可，特别是创业导向五维度框架（Lumpkin & Dess，1996）的提出，创业导向这一术语才真正固定下来并被广泛采用，过去的概念混用现象基本消失了。

关于创业导向的概念，以往的研究大多集中于策略层面，即从战略的制定、执行和评价角度来进行定义，Lumpkin 和 Dess（1996）将创业导向定义为新进入的过程、时间及决策活动，在企业经营实践中表现为组织运作过程和战略决策模式，是企业竞争优势的来源。Wiklund 和 Shepherd（2003）认为创业导向指的是战略制定过程，该过程为组织提供了进行创业决策和创业行为的基础。Rauch 等人（2004）则将创业导向视为决策制定者用于制定和颁布企业组织目标、维持远景和创造竞争优势的创新型决策过程，代表了那些能够为企业创业决策和行动提供基础的政策和实践。

还有许多学者从文化的角度剖析创业导向，将其视为企业文化的重要组成部分——创业文化。Covin（1999）认为创业导向是企业创业文化形成的基础和推动力。企业创业导向是一种重要的组织文化，它为组织提供了持续的竞争优势。Lumpkin 和 Dess（1996）在从过程角度定义创业导向的同时还指出创业导向是由一系列创业特质组成的价值观，而价值观又正是企业文化的基础和组成。从文化角度研究和定义创业导向正日益成为创业导向研究的趋势。

一些学者从创业导向的作用出发定义了创业导向的概念。杜群阳和朱剑光等人（2010）认为创业导向是一个衡量保守型企业到创业型企业的连续变量，适应于任何企业类型。朱秀梅、陈琛和纪玉山（2010）认为创业导向是反映新创企业的创业态度和意愿并衡量其组织过程与方式是否有效的最理想变量，既能对新创企业从外部获取和内部知识资源创造产生直接的作用，也能够正向调节知识资源与新创企业竞争优势之间的关系。

（2）创业导向概念维度。

第一，创业导向概念维度数。

就创业导向的维度数而言，创业领域主要有“三维度”和“五维度”两种观点，并且已基本上获得了大多数学者的认可。创业导向维度可源于对战略和创业文献的综述和融合（Covin & Slevin，1991；Miller，1983）。Miller（1983）在此基础上提出了著名的创业导向“三维度”观点，认为创业导向包括创新精神、风险承担和超前行动三大维度，并依次作出了概念解释：创新精神是通过引进新产品或服务而从事创造性活动和研发的倾向，也是在新过程中通过研发进行技术领导的主动性；风险承担包括采取大胆的行为，例如投资于一个未知的、负债严重的企业，或者将重要资源投于不确定性很高的环境；超前行动是一种寻求机会的、有远见的远景，其特点是在竞争之前引进新产品和新服务，并且在预估未来需求的情况下率先采取行动。在此基础之上，Lumpkin 和 Dess（1996）不仅将创新维度细分为管理创新和技术创新，将风险承担分为商业冒险和财务冒险，还提出了知名的“五维度”观点，将竞争意识和自主性作为两个附加维度纳入了原有的三维度概念模型，并指出竞争意识是一个企业努力战胜对手的强烈程度，突出表现为一种强烈的攻击性态度或应对竞争威胁时的侵略性回应；自主性则是创业领导或创业团队从事一项新冒险并努力使其成功时独立采取行动的自主能力和自由程度。

在主流的“三维观”和“五维观”之外，学者们还从不同的角度对创业导向概念维度的维度数提出了自己的看法，有学者将激励性增加到原有的“五维度”观点上，形成了一个“六维度”观点，而新增维度主要用于表示企业激励员工努力工作和迎接正面挑战的意识与态度。杨玉丽（2009）认为创业导向包括分析性、柔性、集权性、成长性四个维度。杜群阳和朱剑光等人（2010）认为创业导向的概念维度可归纳为内部研发和外部投资两个维度，内部研发强调发现并利用企业内部机会，通过内部机会挖掘和开发利用创造财富；外部投资则强调利用企业外部机会，通过对外投资来把握机会并进而实现自身发展。两个维度都包括创业过程，即机会的识别、评价和利用，也都会将企业引向新的发展方向，并且能够根据企业在两个维度中的强度差异将企业进行分类，对企业创业导向进行测度。李雪灵、姚一玮和王利军（2010）认为创业导向的核心维度是创新性，它是企业创新文化、创新战略、创新平台以及创新环境相互结合作用的产物，在行为上具体表现为新产品的研发活动。有学者质疑了 Lumpkin 提出的自主性维度，认为其是创业导向的前提条件，不能将其视为一个独立的维度，并且他们认为在实证数据中很难将超前行动和竞争意识区分开来。此外，目前绝大多数关于创业导向维度划分和实证论证的研究都是在以美国为代表的西方发达市场经济背景下进行的，现有结论在中国社会经济环境下是否适用，以及中国市场特点会赋予创业导向哪些新的内涵还需继续挖掘。南开大学创业研究团队曾在 2005 年和 2006 年分别对 185 家和 164 家中国企业进行了问卷调查，两次结果都表明在我国经济环境下创业导向包含创新精神和风险承担两个维度。

第二，创业导向概念维度关系。

针对“创业导向是单维的还是多维的”这一论题，创业研究领域主要有两大派别：单维派（共变派）和多维派（异变派）。前者认为创业导向的维度间通常表现出很高的相关性（Bhuian，Menguc & Bell，2005），在研究中可以将这些维度浓缩成一个单一因素（Naman & Slevin，1993；Walter，Auer & Ritter，2006；Wiklund & Shepherd，2003）。在此基础上，Miller 提出创业导向的各个维度是紧密相关的，是以相似方法作用于企业绩效的，创业导向维度应当是一个单维概念（Covin & Slevin，1989）。一个企业的创业程度是由三大维度的总和来反映的，只有当企业的每个维度都表现出创业性时，该企业才能被称为创业型企业。Covin 和 Miles（1999）在承认其他创业维度存在的基础上，进一步提出其他两个维度是创新维度的结果或至少与创新性相关联，如果企业不具备创新维度，那么无论企业是否具有其他两个维度，它都不能被称为创业型企业。除此之外，该学派还认为创业导向的三大维度是共变的，即一个维度强度的增高会同时带来另外两个维度强度的增高，三个维度是保持着相同的变化方向的。

但是近十年来，许多研究发现在公司创业过程中，创业者对风险承担持观望态度，却对创新表现出很高的偏好。由此，越来越多的学者对创业导向“单维论”提出了质疑，他们认为创业导向单维观过于简化，忽略了每一个子维度对创业过程的不同作用；他们强调创业导向各子维度对不同绩效变量和企业创业本质有着不同的影响（Lumpkin & Dess，2001），创业导向各维度之间根据企业所追求的目标不同存在着多种不同组合（Lumpkin & Dess，2001），即创业导向各维度之间是相互独立的（Lumpkin & Dess，1996），它们各自代表着创业导向多维概念中的一个不同的独立部分，它们并不保持相同的变化方向和变化时间。

（3）创业导向的测量。

创业导向维度的测量在创业领域研究当中已经是一个比较成熟的理论，学者们普遍通过创业导向量表来对创业导向进行测度。而创业导向量表的发展演化主要经历了以下几个阶段，其中最为著名、使用也最为广泛的就是三维度量表和五维度量表。

第一阶段是创业导向量表的初始形成阶段。Khandwalla（1976）开发了第一套创业导向量表，该量表虽然只通过九项条目测量了创新精神和超前行动两个维度，但仍为后续研究提供了模板和思路。

第二阶段是三维度量表的形成和发展阶段。Miller 和 Friesen（1982）在第一阶段基础上随后开发的三维度量表，用八项条目完整地测量了创新精神、风险承担和超前行动三个维度，在创业导向量表发展进程中具有里程碑意义；1985 年，Ginsberg 在前两套量表的基础上使用因子分析法对 Miller-Friesen 量表进行了结构效度检验，并将量表修正为五项条目；Covin 和 Slevin（1989）指出创业导向最好用以下几个因素的总合来进行测度：企业高层管理者愿意承担商业风险的倾向程度（风险承担维度），企业高层管理者乐于接受变化和创新以谋求企业竞争优势的程度（创新维度），企业高层管理者敢于积极与其他公司进行竞争的程度（超前行动维度）。在对小型制造企业的一项研究中，Covin 和 Slevin（1989）修正了 Ginsberg 量表，新增了四项条目，形成了包括九大测量项目的新创业导向量表，他们之前提出的三大测量维度各包含三个测量题项，每个题项都是用 Likert 七分法隔开的两种对问题截然相反的陈述方式，从而在两种极端陈述之间形成五种过渡形态，让被调查者在一个程度逐渐递增的连续形态中进行打分（如表 7—1 所示）。Covin-Slevin 量表在众多研究中都表现出了很高的可靠性和正确性（Barringer & Bluedorn，1999；Naman & Slevin，1993），是目前使用最多的量表。

第三阶段是五维度量表的形成和发展阶段。Lumpkin 和 Dess（2001）在他们提出的创业导向五维度观点的基础上，首次将企业竞争意识从超前行动维度中分离出来，将量表扩充为四个维度、11 项条目，但当时并没有解决如何在量表中测度自主性的问题。随后，很多学者都通过各自的实证研究测量了创业导向的五个维度（Hughes & Morgan，2007），其中以 Li 等人（2008）在研究创业导向与企业绩效关系时使用的包含 13 项条目的量表最为典型。Lumpkin 等人（2009）首次从规范性理论和辅助测量理论角度分析了自主性维度的测量问题，指出不同水平的自主性取决于组织能够控制决策或行为的程度，但是在创业研究背景下，自主性应从战略视角出发侧重测量企业作出决策和采取行动的自由度和独立性，而不是关注在企业可控环境下的结构自主性。经过不断的修正，他们最终开发出了包含 22 项条目的五维度量表，使得五维度量表在创业导向五维度理论首次提出 13 年之后发展成为一套完整的量表。

表 7—1　　Covin-Slevin 创业导向量表

维度	题项
创新精神	1. 本企业的高层管理者：注重以产品/服务扩大现有市场（1）—注重以研发、创新提供新产品/服务（7） 2. 在过去的 5 年中，本企业：没有退出新产品/服务（1）—退出了许多新产品或服务（7） 3. 本企业产品或服务的变化大多是：微小调整（1）—重大修正（7）
超前行动	4. 在同类企业竞争中，本企业所表现的行为方式是：防守策略（1）—先发制人（7） 5. 与竞争对手相比，本企业：很少首先向市场推出新产品/服务、管理方法及操作工艺等（1）—经常最先向市场推出新产品/服务、管理方法及操作工艺等（7） 6. 在与同类企业的竞争中，本企业：尽量避免直接冲突，希望与对手和平共处（7）—竞争性强，希望彻底击败对手（7）
风险承担	7. 总体来说，本企业的高层管理者偏好低风险项目（1）—偏好高风险项目（7） 8. 总体来说，本企业的高层管理者认为，在当前环境下为了达到企业目标，最好采取：谨慎的、渐进的行为方式（1）—大胆的、突变的行为方式（7） 9. 在面临决策的不确定性时，本企业通常采取：谨慎的观望态度，避免高成本决策风险（1）—大胆、积极的态度，把握潜在机会（7）

除了常用的创业导向测量量表之外，Lyon、Lumpkin 和 Dess（2000）将创业导向的测量方法归纳为管理感知法、公司行为法和资源配置法三类。管理感知法是通过问卷和调研方式获得公司战略结构绩效等方面的数据以测度创业导向；公司行为法则通过筛选各媒体披露的信息来获得有关企业竞争行为和经营行为的资料，并在确定编码标准和实施编码的基础上对企业行为进行提炼和归类，再通过样本企业间的比较分析来测量创业导向各维度；资源配置法是用公司资源分配指标来测量创业导向各维度。朱秀梅、陈琛和纪玉山（2010）认为在测量我国新创企业的创业导向时可以将问题分为两类：一类是数值型问题，包括技术创新成果的数量、对研发投入的资金支持力度、新产品和新服务项目的数量等，以上信息可以通过查阅企业年报、企业记录等二手资料获取；另一类是描述型问题，包括企业是否积极鼓励产品和市场创新，是否倾向于选择高风险、高回报的项目，在经营方面是否大胆、果断等，这类信息主要来源于对公司管理者的访谈以及问卷调查所获取的一手数据。

本研究采用 Dess 等人提出的管理感知法，并借鉴 Covin-Slevin 创业导向量表对各个维度的设问来指导社会创业导向量表的设计。

2. 社会创业导向

（1）社会创业。

创业研究虽然已经有较长历史，但是社会创业作为一个新的研究主题直到最近几年才受到了研究者的关注（Dees & Elias，1998）。社会创业仍然处在婴儿期，目前缺乏丰富的理论研究和统一的定义，现在仅有的一些研究也只处于现象驱动型阶段，没有形成统一的研究范例（Shane & Venkataraman，2000）。社会创业的定义对于不同的学者意味着不同的含义，它并不是单一的。通过对大量国内外文献的梳理，贾莉和李华晶（2012）将不同学者定义社会创业内涵的角度归纳为非营利性、社会创业—政府关系、商业组织—社会效应、社会责任、行业类型等八个方面。

有些学者认为，社会创业是非营利性行业的一部分。George de Kam 认为，社会创业是非营利性行业的一部分，社会组织是非营利性组织的一个分支，旨在向社会提供商品和服务；另有学者指出，社会创业是将商业组织和基于市场的能力引入非营利性行业，从而使得这些行业在提供和传递服务上更加高效。

从社会创业与政府关系的角度来看，社会创业是运用变革能力和可持续的财政创新来应对市场失灵的实践，是更高效地协助政府官员解决国家最艰巨的社会问题，能够在与政府合作的过程中帮助政府更好地履行公共管理职能。但是社会创业并不等同于“政府再造”，也不是通过公共组织创造一个更加动态的和消费者导向的产品服务传递的尝试。社会创业是在一个大的管理网络中对自身任务执行情况的自我负责，而不是政府的任务机构模式，它对公共集资的依赖较小。

还有一些学者认为，社会创业是商业组织和社会效应的结合，将使企业获得持续的竞争优势，让其能够实现其社会使命。Thompson（2002）认为，社会创业可能发生在唯利是图的营利性企业中，这些企业具有经营造益、做好事的承诺和义务；社会创业也可能发生在一些社会企业中，这些企业树立了社会目标，却采用商业化运营模式。

从社会创业与社会的关系角度出发，不少学者认为社会创业是社会效应的创新，是促进社会转型的方式，是远超过初始解决方案的新的解决方法，是社会转型的催化剂。Alvord 等人（2004）认为，社会创业是减少社会问题和促进社会转型的方式。还有学者认为，社会创业是作为满足复杂社会需求的创新方法而诞生的。

从社会创业与企业社会责任这两个易混淆的相近概念出发，不少研究指出，社会创业是社会责任的体现，是在考虑道德准则的基础上、在对社会正义的热情和激情的驱使下采取的创新行为。但也有些学者主张，社会创业和企业社会责任是两个相关但并不相同的名词，它们之间并不存在本质与现象的关系。

（2）社会创业导向概念维度。

社会创业导向是借鉴已经成熟的公司创业导向，对社会创业进行研究的一个崭新角度。以往进行社会创业研究，“从哪个角度入手”是众多学者都会遇到的问题，在解决这个问题的过程中，随着创业导向理论的不断成熟，创业导向已经成为进行公司创业研究的重要范式。社会创业研究领域借鉴创业导向的思想，从组织的视角对社会创业进行研究和测度。但是，社会创业导向作为创业研究领域的一个新概念，现有文献对其研究还很少，在概念、维度和测度等方面都还处于探索阶段，没有形成规范的研究方法和一致的观点。

盛南和王重鸣（2008）指出，社会创业导向是反映企业社会创业核心内涵的构思。随后他们又进一步补充了社会创业导向的内涵，指出社会创业导向是一个表现企业如何开展社会创业的构思，能够反映社会利益与经济利益在企业中的整合策略，体现了企业社会创业的关键要素和关键特征。

很多学者通过研究不同学者对社会创业的不同定义来发掘社会创业的关键要素和特征，从而提炼出社会创业导向的概念维度。社会创业导向的维度包括社会使命驱动、坚持社会目标、识别创造社会价值的机会、创新精神、超前行动和风险承担。有很多学者强调创新性在社会创业维度中的重要性，但是 Mort（2003）等人认为社会创业的核心是创新精神、超前行动和风险承担，和创业导向是一致的，只是社会创业的风险承担不仅包括了创业导向中的大胆行为和机会成本，更强调了企业社会使命与企业可持续性之间的矛盾。

还有学者认为社会创业导向包括以下三个维度：有雄心的领导能力、创造性地运用稀缺资源、与客户和组织建立长期的合作关系。Dees（1998a）认为，社会创业导向包括社会使命、追求新机会、持续创新、大胆行动和极强责任感五个维度。

Weerawardena 和 Mort（2006）指出，社会创业导向是一个有限多维的概念，它的构建根植于企业的社会使命以及企业对可持续性的追求之中，并且受到环境动态性的高度影响。他们通过对 9 个非营利组织社会创业案例的扎根分析，归纳出了 7 个概念维度，分别是创新精神、超前行动、风险承担、环境动态性、可持续性、社会使命和机会识别。

Chiasson 和 Saunders（2005）将结构行动理论用于公司创业研究，认为创业的本质是企业脚本的变革，并通过脚本对公司创业进行分析，这一做法对于理论基础薄弱的社会创业等新兴研究领域是非常必要的（Mair & Marti，2009）。从结构行动理论角度来看，创业活动的本质是创业主体和环境共同进化的过程，其目的在于提高脚本的质量，而脚本的质量可以从胜任性（signification）、支配性（domination）和合法性（legitimation）三个方面来衡量（Sarason，Dean & Dillard，2006）。每个方面都侧重评价脚本在特定环境中的特定能力，胜任性注重判断脚本能否在特定的内外部环境中得到迅速执行，支配性反映脚本在执行过程中能否获取所需的各项资源以支撑其实施，合法性则强调脚本受伦理道德和法律法规认可的程度。

在此基础上，盛南和王重鸣（2008）进一步提出了社会创业导向的三个概念维度，即企业社会匹配、共赢规则创新和边缘资源整合，分别从企业社会创业的社会价值及社会使命、企业行为与利益相关者关系、企业社会创业的资源获取及利用三方面对企业社会创业导向进行了测度，并且强调以上三个概念维度是两两相关的。在对我国企业进行实证研究之后，盛南（2009）对社会创业导向的概念维度模型进行了修正，结合公司创业导向的几大维度指出社会创业导向包括资源扩展（resources expansion）、社会引领（social anticipating）和互惠协同（reciprocal synergy）三个维度。

从以上对现有文献中关于社会创业导向概念维度的观点的梳理，我们可以看到学者和现有文献对社会创业导向概念维度的理解在本质上没有离开创业导向的三个维度范畴。盛南从脚本质量评价的角度出发，分别从胜任性、支配性和合法性三个角度对社会创业导向和创业导向进行了比较分析（见表7—2）。其中，胜任性和支配性突出反映了传统创业导向的内容，前者强调企业运营模式快速执行及帮企业实现目标的能力，后者则强调企业为实现目标获取资源的能力。创业导向中，自主性和创新精神旨在帮助企业快速开展自身活动，更偏重胜任性；超前行动和竞争意识是为了使企业更好更快地获取内外部资源，更倾向支配性；而风险承担在两者中都有体现。合法性反映企业社会创业活动是否符合社会价值和期望，是否能对社会发展起到积极作用，这是创业导向中所不包含的内容，是社会创业与创业的一个突出区别。因此，盛南从社会创业的特点出发对创业导向的概念维度进行了继承和发展，使之更具有社会创业的显著性。本研究在文献研究的基础上将盛南的社会创业导向维度观作为维度构想。

表7—2　　创业导向与社会创业导向的概念维度比较

维度解析	创业导向	社会创业导向	维度解析
在开发和引进新产品或新技术的创新性或实验性活动中所表现出来的态度和倾向	创新精神	资源拓展	以边缘资源为核心的综合创新
探索机会，挖掘潜力的主动性，强调在预估未来市场需求的情况下先于竞争对手引进并推出新产品/服务	超前意识	社会引领	强调感知和转化，即感知社会，洞察社会问题，并将社会问题转化为市场机会
强调正面竞争时的一种攻击性态度，或以挑战者身份进入新的领域	竞争意识	互惠协同	强调合作共赢，是对挑战与竞争的一种否定

（3）社会创业导向的测量。

目前国外学者还没有明确提出测量社会创业导向的方法，我们从国外学者对社会创业的表述中可以提炼出每个维度所涉及的实际企业行为，从而作为企业社会创业导向测量量表开发的依据。有学者在描述企业社会创业的显著特征时说到“企业强调与利益相关者共同学习”“企业可以与各类组织进行合作”“企业能够适应环境的不断变化和挑战”“企业涉及对社会边缘群体资源的开发利用”“企业的经营行为对社会变革产生积极影响”。由此，我们可以看到前两句的描述与互惠协同的含义密切相关，是企业寻求和构建合作关系的努力与结果；第四句是企业对边缘资源的开发利用，是对社会创业导向中资源拓展的核心表述；最后一句则是对企业社会创业行为合法性的描述，反映了企业行为的社会引领特点。还有学者提出“企业努力构建社会价值网络”和“企业力求整合目标客户群与社会价值网络”，反映了企业社会创业行为的社会引领维度。

盛南（2009）基于文献素材的提取，通过对13位社会企业家深度访谈资料的整理和提炼，开发了一个包含26个题项的社会创业导向量表，分别对资源拓展、社会引领和互惠协同三个维度进行了测量。对资源拓展维度的测量，他使用了“公司重视探索现有资源的潜在价值”“公司有效整合了社会弱势群体的资源”“公司重视那些不受人关注的资源”等题项；对社会引领的测度，他使用了“公司既追求经济利益也追求社会利益”“企业行为对社会发展具有积极影响”“公司主营业务是政府鼓励发展的产业”等题项；对互惠协同的测度，他采用了“公司强调与利益相关者共同学习”“公司能不断深化与利益相关者的各类合作”“企业和各类组织建立了合作”等题项。

3. 社会创业导向作用效果

（1）基于企业绩效的作用效果研究。

企业绩效是一个多维概念，它与创业导向之间的关系取决于绩效评估所采用的指标（Lumpkin & Dess，1996）。现有研究和文献中采用的绩效评估指标主要有以下三类：

财务指标和非财务指标。非财务指标包括满意度、全球排名等企业所有者或职业经理人制定的企业目标；财务指标包括销售增长、投资回报率等量化评估因子（Smith，1976）。在创业导向研究中，由于创业导向与非财务指标间的关系相较财务指标更加模糊和不明确，而具有高创业导向的企业通过拓展额外目标市场、制定高价、在竞争之前掠夺市场为自身提供更高的利润和快速扩展空间，这些都将明显地反映在财务指标上（Zahra & Covin，1995）。因此，以财务指标为研究指标来反映创业导向的作用效果更为合理。

财务指标和成长指标。在评估企业绩效时，应当同时兼顾企业的经济绩效和成长潜力。Murphy、Trailer 和 Hill（1996）发现学者在进行企业创业绩效评价时使用最多的财务指标包括投资收益、股权收益、主营业务收入、净利润收益等。一般而言，企业成长指标包括企业销售额、利润和员工数量等。由于企业经营涉及多个方面，同时也是包括管理者、员工、供应商、消费者等在内的内外部利益相关者相互作用的结果，因此，绩效评估不应当只考虑数值指标，创业者的满意度等主观评价指标也应考虑在内，并且评价指标也应当包括更多层次，将顾客、员工、内部经营（沈超红、罗亮，2006）与财务表现相结合。

认知性非财务绩效指标、认知性财务绩效指标和档案财务绩效指标。认知性非财务绩效指标测度指以满意度、目标成就等为指标进行的测度，该测度是一种主观性的评价，通过向员工探访职工满意度或向公众探访对公司形象的认知程度来获得自变量进行研究。财务绩效测度是通过销售增长、投资回报率等以会计记账为依据的数值作为自变量进行的，它又由于财务信息来源不同而分为两类，如果这些财务信息来源于诸如首席执行官之类的关键受访者，我们就将这类财务绩效测度称为认知性财务绩效指标测度，这类测度最典型的代表是 Becherer 和 Maurer 于 1999 年进行的一次调查，他们要求企业董事长描述企业当年较之三年前年销售和年利润的变化并以此获得分析自变量；如果财务信息来自企业财务报告、公司记录等客观来源，这类测度就称为档案财务绩效指标测度。

（2）创业导向的作用效果研究。

第一，创业导向与企业绩效的直接关系。

企业创业导向—企业绩效关系研究始于 20 世纪 80 年代，当时主要侧重于考察创业导向对企业绩效的直接影响。

有些学者认为二者之间有密切的联系，并且创业导向与企业绩效间呈明显的正相关关系，即具有创业导向的企业比没有创业导向的企业拥有更高的绩效（Hult，Snow & Kandemir，2003；Wiklund & Shepherd，2003）。然而，Smart 和 Conant（1994）认为创业导向和企业绩效之间虽然存在正向相关性，但是并不明显。还有一些研究（如 Zahra & Covin，1995；Wiklund，1999）显示创业导向与企业绩效的正相关性会随着时间的推移而发生变化，长期影响效果明显大于短期影响效果。

有些学者则认为创业导向与企业绩效间的相关性较低（Dimitratos，Lioukas & Carter，2004；Lumpkin & Dess，2001；Zahra，1991），甚至不具有任何相关性。Slater 和 Narver（2000）发现创业导向与企业利润无关。

Auger、Barnir 和 Gallaugher（2003）则认为创业导向与企业绩效间

呈负相关，创业导向性强的战略定位有可能导致企业绩效恶化。

目前关于创业导向与绩效的线性关系还没有统一结论，又有学者认为二者之间具有曲线关系，例如“U”形或倒“U”形关系，这表明企业创业导向的中等水平可能带来两种截然相反的绩效表现，前者会使绩效跌入谷底，后者会使绩效出现极值。但是目前学术界对此仍然没有统一定论，创业导向与绩效之间是否存在曲线关系以及表现为何种曲线形式还是个悬而未定的主题。

从创业导向单个维度的角度对绩效进行研究，发现风险承担与企业绩效存在曲线关系（Begley & Boyd，1987），而创新精神与绩效则表现出正向线性关系。

第二，引入第三变量的创业导向与企业绩效的关系。

胡望斌和张玉利（2010）指出，创业导向作为一种独特的心智模式，是影响新企业发展的重要理念，但它并不能直接转化为企业绩效，而是随着企业的发展不断演化，需要通过中间路径才能转化为企业绩效，只有加入中介变量才能有效解释创业导向通过何种机制作用于企业绩效（Zahra & Covin，1995）。同时，一些研究通过理论推导发现市场导向在创业导向与绩效关系中起到中介变量的作用。Stam 和 Elfring（2008）则认为，网络资源是创业导向与绩效关系的中介变量。张玉利和李乾文（2005）通过对中国企业创业案例的研究，指出企业的机会探索能力和开发能力在创业导向与绩效间起完全中介作用。

创业导向对企业绩效的影响受到调节因素的制约，虽然对调节变量的组成仍未形成共识，但现有研究主要集中于组织变量和环境变量两大类。组织变量包括组织结构（Colvin & Slevin，1991）、组织资源（Ostgaard & Birley，1994）、高管特质。环境变量包括行业特征（Lumpkin，2001）和文化环境。

借鉴创业导向与企业绩效的关系研究，本研究仅引入调节变量来探索社会创业导向对企业绩效的作用效果。

（3）社会创业导向的作用效果研究。

目前有关社会创业导向对企业绩效的作用效果的研究非常少，国内只有盛南对社会创业导向的效能机制进行了研究。但是效能不等于绩效，效能是企业目标的形成过程，绩效则是企业的经营结果。

盛南（2009）选择了企业社会绩效和利益相关者影响力作为变量，并且将合作意愿、关系承诺和善意归因作为利益相关者影响力的三个决定性因素。通过多因素方差分析，他发现社会创业导向与利益相关者影响力之间呈正相关关系，并且社会创业导向中的资源拓展和互惠协同两个维度与合作意愿和关系承诺都分别呈显著正相关，社会引领与善意归因也呈显著正相关。如果企业社会创业导向的资源拓展维度要求企业能够摆脱对单一资源或稀缺资源的依赖，转而通过创新的方法综合利用包括物质性资源、无形资源、人才资源在内的各种资源，就不会与相关企业发生资源竞争，相关企业的危机感和资源空间压迫感会明显减少，那么它们自然会愿意与企业进行并保持合作；互惠协同要求企业以共赢为目标而探索可持续性的合作模式，合作企业之间能够互相获得回报并不断提高合作质量，反过来也进一步强化了双方的合作意愿；社会引领要求企业的行为符合道德和法律法规，符合社会发展的大旋律，企业的这些行为提升了企业形象和美誉度，也使得其他组织能更放心地与企业建立合作关系，自然就形成了对企业的信赖感。综上，社会创业导向能够提高企业的利益相关者影响力。

在其他相似研究中，其他学者分析了企业社会导向对企业绩效的作用效果，这里社会导向指企业所具有的社会责任意识，即企业是否会主动承担社会责任，关注自身行为对社会和环境的影响，是否会通过经营行为的调整来实现在追求自身经济利益的同时，减少对社会的伤害甚至增进社会福利。因此，社会导向属于社会创业导向中的社会引领维度，是对企业经营合法性的判定。陈晟杰（2009）发现，社会导向通过社会效能这个中介变量作用于企业成长绩效，促进成长绩效的增长，但是对财务绩效并无显著作用；李凯（2011）认为，社会导向可以帮助具有环保意识的绿色企业或“深绿企业”制定绿色发展战略，也有利于企业吸引社会公众支持；王秀峰（2015）在对北京市高新技术企业的研究过程中同样发现社会导向对成长绩效的显著积极影响及其对财务绩效的不显著影响。因此，我们可以发现社会引领对企业成长绩效具有显著的正向作用。

但是，盛南在探究社会创业导向与企业效能之间的关系时同许多学者一样没有将这一关系的影响因素考虑在内，一方面是由于目前还没有关于社会创业导向影响因素的统一公认的提法，另一方面是由于许多学者在定义社会创业行为和描述社会创业关键特征时倾向于单纯从创业导向出发而忽视环境的作用。Weerawardena 和 Mort（2006）指出，社会创业导向包括创新精神、超前行动和风险承担三个维度，但是这三个维度会受到环境动态、实现企业社会使命的远景以及维持企业可持续发展的深刻影响，企业的社会创业行为与创业一样需要承担风险，但由于社会创业的结果是社会价值的创造（Dees，1998b），企业经济利益是在价值创造过程中为了维持企业自身的持续性发展而产生的，所以企业的社会创业行为会受到企业对自身社会使命和企业丧失可持续性风险的衡量的影响。而这些又都会受到环境变化的调节，Weerawardena 和 Mort（2006）发现社会经济环境、市场竞争性、市场复杂性以及政府政策都影响着企业社会创业。

与此同时，借鉴学者在研究创业导向与企业绩效关系时所使用的调节变量，本研究将企业社会使命、企业可持续性和环境变量作为社会创业导向与企业绩效关系的调节变量，其中，环境变量包括组织内部变量和组织外部环境变量。

4. 本章小结

通过上文对创业导向理论和社会创业导向理论的梳理，我们可以看到：虽然创业导向是创业研究领域一个较为成熟的领域，但在概念维度构成以及与企业绩效关系的问题上还存在着很大的分歧。创业导向概念维度目前广泛采用的是 Miller、Lumpkin 和 Dess 提出和补充的创新精神、风险承担、超前行动、自主性和竞争意识五个维度，对其的测量则主要采用 Covin-Slevin 量表。尽管如此，创业导向与企业绩效之间是否存在相关关系、关系是否为线性的、关系的方向如何仍是悬而未定的研究主题。

社会创业导向作为创业导向衍生而来的研究范式，具备了一个新研究主题的典型特征，对它的研究目前仍然集中在概念的界定上，学者们从社会创业行为、社会创业者特征或者公司创业角度出发来解析其内涵，有些定义甚至直接是“社会”和“创业”的简单叠加。除此之外，由于我国社会创业起步很晚，社会企业的成熟度及在社会中的影响力与知名度远不及以英国为代表的西方发达国家，所以现有的研究大多数来自西方学者，研究并没有结合中国的实际进行。而关于社会创业导向概念维度构成的文献更少之又少，目前国内只有浙江大学的盛南通过案例分析对其进行了阐述，认为资源拓展、社会引领和互惠协同是社会创业导向的三个维度。但是，目前还没有人对社会创业导向对企业绩效的作用效果作过实证性研究。所以，社会创业导向的概念维度仍然是一个开放性问题，给未来学者留下了广阔的研究空间。

本研究在此基础之上，借鉴盛南所提出的社会创业导向概念维度构想，以在华企业为背景，一方面通过深度访谈和扎根理论来验证盛南的观点并进而探索新的维度构成，一方面通过福建和北京企业的问卷调查来分析社会创业导向对企业绩效的作用效果，从而丰富社会创业研究，为后续研究提供一定的理论借鉴。

三、研究设计

本研究一共包括两大主题内容，一是构建企业社会创业导向概念维度，一是对社会创业导向对企业绩效的作用效果进行实证分析。

1. 社会创业导向概念维度研究设计

(1) 样本选择。

本研究旨在通过对具有社会创业行为的企业进行深度访谈来探索现实中企业社会创业活动的关键特征和关键要素，从而进一步提炼出企业社会创业导向的概念维度。由于我国社会创业起步很晚，社会创业没有普及开来，很多人对社会创业都非常陌生，现有的一些社会企业也大多是以慈善公益为出发点建立起来的社会组织，并且主要集中在北京、天津等东部沿海发达城市。本研究的研究主题是企业社会创业导向，因而这些具有非营利性质的社会组织并不是我们的研究对象。

我国福建省是林业大省，林产工业发展历史悠久，是我国林业产业经营情况较好的省份，三明市的林产工业更是占到了全市林业产业的79.8%，自2003年起已成为了该市的支柱产业，全市共有林业加工企业910家。但是伴随着林业加工产业的蓬勃发展，由于林业原料加工的特殊性，原料剩余物或者边角料的堆放处理问题也日益突出，木屑不仅会影响企业的环境清洁和员工的身体健康，甚至会给当地环境带来粉尘污染，所以如何解决这些问题成为了许多企业清洁生产的重要课题。在这个背景之下，三明市许多企业抓住了这一社会问题和市场需求，通过收购农林剩余物（刨花、木屑、竹屑、竹枝、秸秆）创立或开发了生物质能源生产企业或新生产线，带来了多重社会和经济效应。一方面，这不仅解决了许多企业剩余物的处理问题，还给这些企业带来了另一条营利之路。此外，这也能促进林产加工企业对农林剩余物的重视，从而激励它们对剩余物进行统一收集和整理，使企业环境和员工工作满意度得到提升。另一方面，生物质能源企业发掘了原本被视为“垃圾”或“废物”的农林剩余物的潜在价值，生产出了木质纤维颗粒可燃燃料或生物质柴油，实现了对资源的充分利用，符合国家建设资源节约型和环境友好型社会的大方针和大趋势，也为环境保护作出了贡献，带来了良好的社会潜在利益。所以这些企业的行为是符合本研究的研究主题的。本研究最初计划对该市的10家企业进行深度访谈，但是鉴于现实条件和样本可获得性的考虑，最终只对其中4家企业（分别是永安人造板厂、汇宝能源有限公司、将乐科利达香料香精有限公司、将乐天马新能源有限公司）的高层管理者或创业者成功进行了深度访谈，符合了扎根理论4～10个建议样本量的要求（Eisenhardt，1989）。并且所有的访谈对象都是各个企业的决策制定者或高层管理者，因为他们是企业中最了解企业特征、企业战略和企业绩效的人（Miller & Toulouse，1986），这也与社会创业导向这一企业战略层面的概念相吻合。

（2）访谈设计。

通过上文对现有文献和研究结果的回顾，我们发现社会创业导向领域目前在理论上还有很大空白，现有理论不够充足，所以本研究采纳了Stern（1980）的建议，将已有文献和结论放置一旁，转而通过对企业现实的调查来获得企业社会创业活动的真实表现，进而归纳出企业社会创业导向的概念维度。本研究采用了深度访谈法，它是一种无结构的、直接的、一对一的访问形式，是探测性调查和定性研究中最常采用的研究方法。

本研究借鉴深度访谈的提纲设置方法，访谈提纲采用的全部是概括性的问题，这些问题是带有提示语的开放性问题，没有对错之分，从而有助于扩展讨论并进一步引出被访谈对象的观点和看法。

访谈提纲主要包括两个部分：第一部分是对研究目的进行的简要介绍，从而使被访谈对象能够迅速了解访谈的目的和主要内容，同时在这一部分也包括对社会创业的介绍，因为绝大多数的企业家对社会创业缺乏认识，他们往往会将其与履行企业社会责任相混淆；第二部分是访谈的主要问题，在问题的设置上本研究参考了盛南（2009）对13位社会企业家进行访谈时所使用的题项，并在此基础上对题项进行了数量上的调整和语句上的修改，最终设计出一个包括8个开放式话题的访谈提纲。

（3）分析方法。

第一，扎根理论。

在对社会创业导向概念维度的研究中，本研究采用的是扎根理论的研究方法。因为社会创业是创业领域的一个比较新的研究主题，目前还处于理论发展的幼儿期，学者们对社会创业的许多概念性问题仍没有取得一致的观点，对其进行表述的文献也很少，现有理论成果还不足以解释所需研究的问题，因此，从实践中总结、归纳出理论框架和概念模型显得尤为重要，此时往往采取定性的理论建构策略（吴金希、于永达，2004）。在定性研究中，扎根理论最适合用于探究未知领域，从调查研究系统获取的数据中来发现原理和获取新的观点。

扎根理论是由芝加哥大学的 Barney G. Glaser 和哥伦比亚大学的 Anselm L. Strauss 提出的，它有别于传统的研究方法从现有文献中提出假设，再通过数据验证假设是否成立，而是在没有理论假设束缚的基础上，通过对数据的深入分析来归纳出结论，从而获得或加深对研究对象内涵、情景、过程以及自变量影响因变量方式的认识。但是，扎根理论并不是一个没有理论引导的研究方法，有学者认为如果完全脱离先前的概念框架和理论，那么在扎根理论研究中就无法对所需观察或描述的对象进行正确合理的表述。所以，尽管扎根理论是一种无结构的、归纳式的研究方法，但是研究者应该建立核心观念的理论框架来指导数据收集和结果分析。因此，本研究在进行扎根理论分析之前首先通过文献阅读形成基本理论框架的做法是合理的。

第二，数据分析方法。

本研究采用了 Weerawardena 和 Mort（2006）进行扎根分析时所使用过的矩阵方法对访谈资料进行整理和分析，因为矩阵技术可以促进模块匹配和形成有效的数据分类（Miles & Huberman，1994）。

通过一个大体分析方法将信息按照数据分类和持续的相似性检验进行分类，然后将访谈记录资料分配到各个模块中，每一个模块都用访谈中所获得的自然语句来进行标注。在此基础上，再对每个模块进行深入分析，从而归纳出每个模块所反映的主要问题，并得出一个观点。完成对每个模块的分析之后需要重新回到现有文献中来，最后通过将实证研究所获得的观点与现有文献结论进行比较分析来探索二者之间相悖和相似的地方，这也正如已有研究发现的一样，将实证研究发现的“自然理论”与现有文献相联系能够提高研究的内在有效性、普遍性和理论性。

第三，扎根理论有效性和合理性保证。

研究的有效性和合理性是定性研究中一个非常重要的问题，通常而言，定性研究确保研究有效性和合理性有五个基本策略：收集有关组织的文件和档案数据并进行分析，从而为主题分析提供三维测量；通过向每一位受访者提供所有访谈数据模块资料和各自访谈文字记录来进行检查，并且允许访谈对象自行记录或录入访谈材料；用丰富和详细的描述来阐述研究发现，以此提高读者对访谈经验和结论的共享效果；在分析时包括对否定或矛盾案例的研究；在研究中采用外部审计，类似财务审计一样，即在访谈研究全程中由第三方专家或研究者进行审计。

在此基础上，本研究一方面在深度访谈的同时有意识地收集了企业的文件资料和档案数据，另一方面，我们在访谈结束后将访谈记录给被访谈者进行了检查，从而确保记录真实且无遗漏，并且允许访谈对象进行补充，从而确保本研究的有效性和合理性。

2. 社会创业导向作用效果研究设计

(1) 样本选择。

本研究从 2013 年 8 月 11 日至 2014 年 1 月 20 日进行了为期 5 个月的调研，对三明市、北京市、天津市、南京市和上海市五个城市的 88 家企业进行了问卷调查，每个城市的调查企业数分别为 20、57、5、2、4。在这些企业中，只有三明市的 20 家企业是由研究者本人和课题组成员亲自发放和收集调查问卷的，其他城市则通过老师和同学以电子邮件形式发放。本次共发放问卷 210 份，收回问卷 173 份，问卷回收率为 82.38%，从中剔除 16 份含有缺失值和无效值的问卷后，本次调研共收回 157 份有效问卷，有效率为 90.75%。

（2）问卷设计和变量选取。

本研究采用的是问卷调查这一社科研究的常用方法来进行企业社会创业导向各维度和企业绩效数据的收集，问卷一共包括两个部分，第一部分是关于调查基本信息，第二部分是关于问卷的调查主体，包括对社会创业导向各维度、企业绩效各维度和调节变量的测量。前者采用“选择题＋填空题”相结合的方式，后者采用 Likert 量表形式。由于三分量表限制了温和意见的表达而七分量表易导致低信度（Ray，1982），所以本研究问卷都将采用 Likert 五分量表形式，被调查者根据赞同程度对每种表述进行打分，1 表示非常不赞同，5 表示非常赞同。

第一，调查基本信息。

问卷的第一部分是对调查基本信息的记录，这一部分包括两个分部，一个是对被调查者个人基本信息的收集，例如年龄、职位、教育背景等，另一个是对被调查者所在企业基本信息的记录，例如企业成立年限、企业人数、企业所属行业及其竞争激烈程度等。

第二，社会创业导向。

本研究将资源拓展、社会引领和互惠协同作为社会创业导向的概念维度。其中，资源拓展指企业创造性地开发并利用边缘资源从而发挥其潜在价值，减少企业对稀缺资源的依赖；社会引领指企业发现现存的社会问题，从而先于他人将社会问题转化为商业价值，并引导其获得解决；互惠协同指企业探索可持续的合作关系，构建共赢机制以实现双赢。

由于资源拓展维度是对创业导向中创新维度的发展，它在突出边缘资源开发这一社会创业特征的同时也具有创业导向中的创新精神，因此，本研究结合 Covin-Slevin 量表和盛南（2009）开发的社会创业导向量表来测量社会创业导向的资源拓展维度，对社会引领和互惠协同的测量则借鉴盛南开发的量表中的题项进行（见表 7—3）。

第三，企业绩效。

企业绩效是对企业一定时期内经营状况的总体反映，Covin 和 Slevin（1991）认为对企业绩效的评价应当全面反映其成长能力和盈利能力，因为绩效的成长维度和财务维度分别反映了不同的内容，很有必要将二者结合起来（Lumpkin & Dess，1996），二者是互为补充的。

因此，本研究将企业绩效划分为财务绩效和成长绩效两个维度，对企业在两个维度上的不同表现进行调查，从而实现对企业绩效的综合评价。在上文对企业绩效测量指标选取的文献梳理的基础之上，本研究考虑到数据获取的可行性，将采用认知性的财务绩效指标和成长指标，并借鉴沈超红和罗亮（2006）对指标观测变量的选择思路，依据张捷（2010）的题项设置，在对表述进行修改之后，采用如表 7—4 所示题项来进行企业绩效的测量。

表 7—3　　社会创业导向各维度的测量题项

维度	题项
资源拓展（resource expansion）	RE1：企业强调研发，追求技术或服务领先，而不是热衷经营已被市场接受的产品
	RE2：最近的三年里，企业推出了很多新产品或新服务
	RE3：企业非常重视发掘现有资源的潜在价值
	RE4：企业经常能识别并利用边缘资源
社会引领（social anticipating）	SA1：企业政策和社会提倡的发展理念高度一致
	SA2：企业很希望通过自身的努力缓解社会矛盾
	SA3：增加当地的社会利益对本公司来说是有成就感的事
	SA4：企业的行为会对社会发展产生积极影响
互惠协同（reciprocal synergy）	RS1：企业认为与竞争对手也能实现合作
	RS2：企业能够与各种类型的组织建立广泛的合作关系
	RS3：企业与利益相关者的合作类型非常多样化
	RS4：企业在进行重要决策之前会充分考虑利益相关者的感受

表 7—4　　企业绩效测量题项

企业绩效	题项
财务绩效（financial performance）	FP1：相对于主要竞争对手，企业销售收入很高
	FP2：相对于主要竞争对手，企业利润收益很高
成长绩效（growing performance）	GP1：近三年内，企业的市场占有率较之前显著提高
	GP2：近三年内，企业的销售增长速度很快
	GP3：近三年内，企业的利润增长速度很快

第四，调节变量。

企业绩效是企业与内外部环境相互作用的结果，任何一个企业都不可能独立于环境和其他组织而存在。在创业导向研究领域当中，越来越多的学者开始关注创业导向与企业绩效在第三方变量的作用下具有何种关系。创业导向对企业绩效的影响受到调节变量的影响，但是学者们对调节变量的组成仍然没有形成共识，目前使用最多的是组织内部环境变量和组织外部环境变量。

企业社会使命是企业使命的一个组成部分，反映了企业在经营管理行为中对社会问题和社会利益的关注度，它将指导企业行为朝创造社会整体利益的方向发展，并且更显著地表现为企业社会责任的履行。但是，企业在关注社会利益的同时需要投入必需的资源，有时甚至需要改变或撤销对社会具有潜在危害的项目，有时需要投资开发利于社会价值创造的项目。因此，履行企业社会使命会消耗企业资源，而结果主要又是益于社会，企业效益可能需要长期才能显现。所以 Mort（2006）认为企业的社会创业行为会受到企业自身社会使命强度和企业对自身可持续性的感知强度的影响。企业社会使命指导着企业的战略制定和行为表现，也会明显表现在企业的各个方面，本研究选取“企业目标是否强调解决社会问题”和“企业对履行社会责任的观点”作为企业社会使命强度的观测变量；企业的可持续性强度是一个感知性的潜变量，它是企业对外在危险和风险的主观感受，会受到企业的风险承担意识的影响，一个具有高风险承担意识的企业认为从事社会创业来实现社会使命的行为可能带来的风险不足以威胁到企业的生存，因而能够放开去做。因此，我们借鉴 Covin-Slevin 测度企业风险承担意识的量表来测量企业感知的可持续性强度。综上，本研究将企业社会使命和企业可持续性作为内部环境调节变量，并用如表 7—5 所示题项来进行测量。

表 7—5　　内部环境变量测量题项

组织调节变量	题项
社会使命（social mission）	SM1：企业目标的设定强调社会问题的解决和改善
	SM2：作为企业家首要承担的是社会责任
企业可持续性（corporate sustainability）	CS1：企业倾向于根据外部环境采取大胆、迅速的行动来实现企业目标
	CS2：在面对不确定性决策时，企业倾向于采取较大胆、积极的态度，以把握潜在的机会

社会创业导向与企业绩效之间关系的调节变量目前尚未有明确的说法。Mort（2006）认为环境动态性是影响企业社会创业活动的主要因素。全球创业观察（2007）将政府项目支持作为创业环境的一个主要组成部分，行业特征例如竞争强度（Miller，1986；Lumpkin，2001）也是环境动态性的一个构成。因此，本研究选取政府项目支持和行业竞争激烈程度作

为社会创业导向与企业绩效关系的外部环境调节变量，并用如表 7—6 所示题项进行测量。

表 7—6　　外部环境变量测量题项

环境调节变量	题项
政府项目支持 (government support)	GS1：近三年内，企业获得了很多政府提供的资金支持和补贴
竞争激烈程度 (competition extent)	CE1：本企业所在行业竞争非常激烈

(3) 理论框架和假设提出。

第一，理论框架。

通过前文对研究中变量和指标选取的介绍，可以构建本研究的理论研究框架（见图 7—2）：

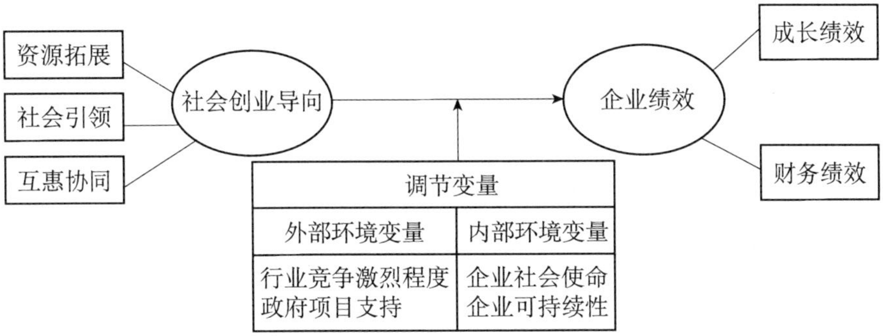

图 7—2　研究理论框架

第二，假设提出。

a. 社会创业导向与企业绩效的直接关系。

关于企业社会创业导向与企业绩效之间的关系，目前还没有学者进行过实证性研究。盛南（2009）仅从企业效能的角度对这一问题进行了初步探索。他指出，企业社会创业导向可以明显提升利益相关者影响力，资源拓展、社会引领和互惠协同三个维度也能够对利益相关者影响力的一个或全部维度产生正向影响。而现代企业理论认为，企业在本质上就是契约关系的集合，是一系列利益相关者所构成的一张巨大的契约网。特别是在竞争日益激烈的市场经济环境下，企业的经营活动要符合股东的意愿，企业的产品和服务要随着消费者偏好的变化而改变，企业的投资需要建立在与金融机构良好的信任基础之上，企业技术的突飞猛进离不开研发机构的支持和行业内部交流，可以说，与利益相关者之间的关系对企业经营行为和经营结果有着不可否认的重要性，利益相关者才是企业绩效得以实现的本源。而利益相关者影响力正是对企业这种能力的反映，高的利益相关者影响力是实现和提高企业绩效的前提。

但是，企业的利益相关者影响力正如企业形象和社会美誉度等无形战略性资源一样，并不能通过简单的交易或者购买来获得。社会创业导向的三个维度中，资源拓展能够提高利益相关者的合作意愿，使得其他组织更愿意与企业合作从而减轻它们对企业具有的威胁潜力；互惠协同能够显著提高利益相关者之间的关系承诺，使得企业之间的信任程度不断提高；社会引领能够明显改善利益相关者的善意归因，从而使利益相关者更能适应和接受企业所作出的一系列创新和变化，并且社会引领能够正向调节资源拓展和互惠协同对利益相关者影响力各维度的影响。因此，社会创业导向各维度可以增强企业的利益相关者影响力，并借此作用于企业绩效。据此，本研究提出以下假设：

H1a：资源拓展与企业财务绩效呈正相关关系。

H1b：资源拓展与企业成长绩效呈正相关关系。

H1c：社会引领与企业财务绩效呈正相关关系。

H1d：社会引领与企业成长绩效呈正相关关系。

H1e：互惠协同与企业财务绩效呈正相关关系。

H1f：互惠协同与企业成长绩效呈正相关关系。

b. 内部环境变量对社会创业导向与企业绩效的调节效应。

社会创业是通过市场化的方式和商业行为来解决社会问题和创造社会价值，是企业社会使命的表现。社会使命越高的企业越倾向于关注社会利益增长，从而更能够把握社会创业机会。此外，企业的不同强度的社会使命还会影响公众和消费者对企业形象的解读，进而通过影响消费者行为作用于企业绩效。

但是社会创业往往更明显地表现为经济利益的增加，因为企业需要这些经济利益来维持企业运转和社会创业的继续进行，所以企业社会创业活动能否开展以及对企业经营的作用效果如何会受到企业对未来生存难度的评估的影响。此外，社会创业作为创业的一部分，要求企业能够先于他人采取行动，这主要受企业风险态度的左右。从根本来说，企业的风险意识和行动能力都受制于企业所感知的可持续性强度，如果企业认为未来发展前景很好，对自身生存不具有威胁，那么企业就更愿意承担风险去进行以社会利益为目标的创业活动。

因此，企业社会创业导向对绩效的作用效果受到社会使命和可持续性强度的共同影响，二者的不同强度组合都会使社会创业导向和绩效之间呈现不一样的关系。据此，本研究提出以下假设：

H2a：不同组织内部环境下，社会创业导向与财务绩效具有不一样的关系。

H2b：不同组织内部环境下，社会创业导向与成长绩效具有不一样的关系。

c. 外部环境变量对社会创业导向与企业绩效的调节效应。

企业所在行业的竞争激烈程度会很大地影响创业导向与绩效的关系。有学者指出，在高度竞争或不确定性环境下，高创业导向的企业会比低创业导向的企业拥有更高的绩效。焦豪、周江华和谢振东（2007）通过实证研究也验证了这一观点在中国企业背景下的真实性。但是，这里的创业强调的是企业能够率先抓住机会，通过积极的研发创新在激烈的竞争环境中赢得绩效增长。这是因为，在竞争激烈的行业中，企业数量很多，并且行业进入壁垒很低，企业的进出非常容易。一方面，企业要预防新进入者抢占市场；另一方面，企业要提防现有竞争者抢占市场，唯一的途径就只能是通过不断的研发创新改进产品或服务，提高自身科技水平，增强新进入者和替代品的进入难度，实现市场的巩固和扩大并进而增加企业销售收入。社会创业导向中不仅包括创业导向中的创新，还包括对现有资源的深入挖掘以及对边缘资源的开发。这样，企业可以摆脱对常规资源或者稀缺资源的依赖，提高自身生产经营的灵活性，减轻行业内其他企业对本企业形成的资源竞争力，并最终实现企业生产成本的降低，给企业带来财务绩效的增长。

与此同时，企业通过不断进行的资源拓展，可能在未来给产品带来质的突破，运用环保节能材料或废弃物生产出性能更高的产品，既符合消费者不断增强的环保意识，也符合消费者对产品质量的要求，从而成功开辟广阔的新市场，一跃成为行业领导者，给企业带来无限的成长空间和盈利空间。虽然，企业为了增强自身的竞争力也能够通过履行社会责任、关注社会问题和社区建设等来实现，但是在竞争激烈、市场日益变化的行业中，通过社会引领行为来实现企业社会形象的提高和社会美誉度的增强并不现实，因为它们是一个长期积累的结果。因此，本研究提出以下假设：

H3a：竞争激烈强度对资源拓展与财务绩效的关系具有正向调节作用。

H3b：竞争激烈强度对资源拓展与成长绩效的关系具有正向调节作用。

政府的支持可以为企业营造一个良好的外部创业环境。政府能够加快网络建设，从而为企业更有效地提供技术和经营信息，实现信息共享。政府还可以通过给企业的创业项目补贴或财政支持，从而使企业获得额外的发展资金，更高效地进行技术开发和提高整体研发水平。除此之外，政府还能够作为关系纽带，通过设立科研项目将企业、研发机构和其他相关组织联合起来，加强企业对外合作的能力。但是，也有部分研究提出政府支持对企业创新的财务绩效具有负面影响，因为政府更加关注创业主体的社会利益，而对经济利益关心不足，政府作为支持资金的单一分配者容易受到寻租活动和行政隶属关系的影响，从而使得支持的力量无法作用于有效的方向，甚至会用于扶劣抑优。除此之外，政府的资金支持缺乏有效的配套监管机制，对投入企业的资金支持和津贴无法监控使用情况，从而使得企业对政府资金的使用率明显低于自有资金使用率。并且，政府的支持会降低企业寻求外部合作的主动性，形成单一依赖政府牵线搭桥的习惯，削弱企业构建共赢机制的首创精神，给企业的互惠协同能力带来消极影响。

但是，政府的支持能够从信息、资金、技术、渠道等多方面为企业的未来成长带来好处。企业进行边缘资源开发和现有资源挖掘，正好与政府关注的社会利益不谋而合，政府积极提供信息和最新科技，给企业的研发指明方向；政府的资金支持也能够降低企业的研发成本；政府还能够通过改进立法和简化行政管理程序为企业提供全方位的社会化服务，建立针对企业资源创新的科技计划，增强企业的市场活力。因此，本研究提出以下假设：

H4a：政府支持对互惠协同与财务绩效的关系具有负向调节作用。

H4b：政府支持对资源拓展与成长绩效的关系具有正向调节作用。

（4）分析方法。

在对问卷调查所收集数据进行分析时，本研究将利用 SPSS 21.0 对数据进行描述统计，从而反映出本次调查对象的基本情况。在此基础之上，本研究将对数据进行信度检验和效度检验，通过内在信度分析来衡量研究所用量表中各题项间的内在一致性程度，通过因子分析来检验量表设计的有效性，检验量表是否能够真正反映本研究希望测试的问题。

在验证研究信度和效度的基础上，本研究将利用多元统计方法对社会创业导向与企业绩效的关系进行分析。首先，通过相关性分析和多元线性回归，在不考虑第三方变量影响的情况下对假设 1 进行验证。其次，依据企业社会使命和可持续性的不同强度，通过聚类分析方法将组织环境划分成四类，再利用层次回归方法分析社会创业导向与企业绩效在不同内部环境下的关系有何区别。再次，将行业竞争性和政府支持两个环境变量引入模型，通过多元回归方法探究行业竞争的不同激烈程度以及政府支持的高低对企业社会创业导向与绩效的关系有何调节效应。

3. 本章小结

本研究总体上包括两大内容，第一大内容是构建企业社会创业导向的概念维度，在这一部分主要是通过深度访谈和扎根理论来进行研究，访谈的对象是我国福建省三明市四家生物质能源企业；第二大内容是探究企业社会创业导向与企业绩效之间的关系，在这一部分研究中主要通过对北京和福建企业进行问卷调查来收集有关数据，在此基础上，借助 SPSS 21.0 分析软件，通过描述统计和多元统计的分析方法来分析二者之间在不考虑内外部环境变量的理想条件下的关系，以及在不同组织环境和外部环境下的具体表现。

四、概念维度构建

1. 访谈基本情况

本研究在福建三明市对四家生物质能源企业成功进行了深度访谈，访谈全部由研究者本人在企业高层管理办公室或者公司会议室完成，每份访谈的时间严格控制在 40 分钟内，并且为了避免被访谈者产生不适或戒备心理而影响访谈质量，在整个访谈过程当中没有进行录音，所有材料都由研究者本人和课题组成员记录。

完成访谈的四家企业中，两家企业位于福建三明市永安县，分别是永安人造板厂和汇宝能源有限公司。另外两家企业位于福建三明市将乐县，分别是将乐天马新能源有限公司和将乐科利达香料香精有限公司。这四家企业在地理分布上相当平均，从表7—7中可以看到，四家企业在企业规模和企业年龄上区别明显，可以很好地代表不同规模企业对于企业社会创业行为的不同态度和认识。汇宝能源有限公司是新成立的企业，将乐科利达香料香精有限公司是处于创业中期的公司，永安人造板厂和将乐天马新能源有限公司是处于稳定发展期的公司，它们很好地代表了创业不同时期的企业对于社会创业行为的态度和观点。因此，本次深度访谈在对象选取上是相对合理的。

表7—7　　　　　　　　深度访谈企业基本情况

企业名称	企业员工总数（人）	企业成立年限（年）
永安人造板厂	201～500	13
汇宝能源有限公司	1～20	1
将乐科利达香料香精有限公司	21～50	9
将乐天马新能源有限公司	51～200	13

2. 模块分析

在对四个企业的访谈材料进行模块分析时，为了使分析表达简洁明了，本研究将永安人造板厂、汇宝能源有限公司、将乐科利达香料香精有限公司和将乐天马新能源有限公司分别以案例A，B，C，D来表示。

（1）资源拓展维度。

第一，创新精神。

本研究发现，企业家普遍认为创新性和创新精神是社会创业的一个关键特征，因为社会创业是创业的一部分，因此创新仍然是社会创业的一个本质属性。案例A认为“社会创业肯定包含创业的基本特征，要重视创业，例如在原有基础上对技术和管理进行创新，要有突破现有机制的勇气”。而有关哪些因素会影响企业的社会创业活动，案例A表示“我认为影响社会创业的因素和创业应该是相通的，因为社会创业归根结底还是创业，只是它对社会更有好处，社会创业也需要创新，可是创新不是空想，必须通过研发来实现，所以企业注重创新是非常重要的”。这些都表明企业家意识到了社会创业的“创新”属性。

创新精神除了是社会创业的一个本质属性之外，更充当了维持企业社会行为继续发展和企业可持续发展的重大保障。随着越来越多的同质企业进入市场，行业内的同质竞争越来越激烈，特别是在生物质燃料在国内还并不普及的情况下，面对本来就不大的销售市场被不断蚕食，案例B指出“我们现在除了继续生产木质纤维颗粒可燃燃料之外，还开发了多条产品线，例如生物质柴油”，相似地，案例C表示“如果只做精油提取，那么生存空间会很小，难免倒闭的下场，所以我们利用自己的专业优势拓展了产品线”。在应对竞争的过程中，除了开发新的产品之外，还可以对已有产品的性能进行改良，案例B指出“生物质燃料最重要的品质就是热值，日本和中国台湾地区对燃值都有规定，如果我们生产的燃料达不到规定的燃值，就根本没法进入市场，所以为了提高产品的热值，我们投资进行研发，对设备和生产工艺中的压力和密闭性进行研究，以找到提高热值的最佳方法”。

社会创业也需要企业有一种敏锐的市场感知能力，能够发现市场的潜在机会并且要敢于抓住机会。创新精神是企业在感知市场时所表现出来的敏锐性，因为一个缺乏创新和变革意识的人或企业是无法感知到身边变化的，或者即使感知了变化也无法通过创造性的思考来发现变化中蕴藏的发展契机，那么在这种情况下，变化永远只能是变化而无法上升到机会的层面。案例B表示“生物质燃料在台湾、日本等地很受推崇，他们为了保护环境和减少大气污染要求企业必须使用生物质能源，或者对使用清洁能源的企业给予政策优惠，而我家乡林产加工企业很多，农林三剩物也很多，地理位置对我们的原料购买和产品出口也都有利”，在这里，案例B发现了其他市场上生物质能源的价值空间，能够紧密联系自身资源和区位优势，发现境内市场上存在的发展机会并最终做出社会创业的决定。

因此，本研究提出主张1：创新精神是社会创业导向的一个维度。

第二，边缘资源开发。

本研究发现企业在对自身可以利用的社会问题的认识上，普遍认为企业能够利用和解决的现存社会经济问题很少，并且范围相对很小，主要集中在社会就业问题领域。案例A指出“我们现在能利用的经济问题很少，一般都是雇用一些下岗职工或者轻度的残疾人来做一些对技能要求少的重复性工作”，与此相似，案例 D 表示“现在经济性的社会问题我们做企业的能解决的很少，我们一般都是在解决下岗工人再就业方面能出得了力，例如聘请一些残障人员或下岗工人，但是其他的一些社会经济问题我们能做的就很少了”。在这一方面，企业可能并没有意识到自己雇用下岗职工或残障人士也是一种开发边缘资源的形式，因为这些人由于技能、健康程度或其他原因被外界认为是价值创造能力不高的人群，从而导致了他们面临下岗或失业，但是企业雇用这些员工，对他们进行适当培训并将他们分配到合适岗位，在本质上是对被边缘化的劳动力资源的再利用。

在企业家普遍认同的“现在能利用最多的还是环保方面的问题”方面，本研究也发现这些企业由于行业生产特点很善于发现边缘资源在环保和自身经济利益之间能起到的完美结合作用。案例 B 认为“将农林三剩物加工成颗粒燃料，既可以改善环境，解决乱堆乱放的问题，美化环境，还可以获得经济利益”，案例 C 表示“很多人可能都不会想到平常那些昂贵的精油和护肤品来自这些剩余物，是废物利用的结果吧”，与此相同，案例 D 表示“我们发现这些废料都是制作机制炭和生物质颗粒能源的最佳材料，所以我们通过学习也开发了自己的颗粒燃料和机制炭生产线，将企业自身板材加工剩下的废料进行收集和再处理，不仅解决了自身废料处理的问题，还可以创造新的盈利渠道”。

在对资源的开发利用过程当中，社会创业并不仅仅局限于开发一些边缘资源，而是同时重视对现有资源潜在价值的挖掘，正如案例 C 的做法“我们把三剩物这种没用的东西深度加工，并且每个加工阶段的副产品还继续开发，争取把资源用到最大限度”。

企业社会创业强调对边缘资源的开发和利用，因为不仅能够给自身带来经济利益和成长渠道，还能够像案例 D 所说一样“可以帮助周边企业解决和我们当初一样的问题”，而更重要的是“我们生产机制炭和颗粒燃料是变废为宝，将原来愁着处理的垃圾变成了一个环保性燃料”，给社会环境带来了益处，从环保角度和社区卫生角度给社会创造了价值。

由此，本研究提出主张 2：边缘资源利用和现有资源挖掘是社会创业导向的一个维度，它既包括对边缘资源的开发，还包括对现有资源的不断挖掘以实现资源的最大限度利用。

（2）社会引领维度。

本研究发现，企业社会创业在体现其“社会”属性方面往往表现为以下几个方面：企业社会问题敏感性、企业社会宗旨、企业社会行为。

这些社会创业行为得以开展，首先得益于它们较强的社会问题敏感性，因为只有感知到社会问题的存在才能够进一步运用创新思维来发现潜在机会。案例B指出“林业加工的剩余料一般是木屑或者木纤维粉末，木屑蓬松，风一吹就到处飘，这使得很多林业企业的员工得了尘肺，风大的时候环境也不好，秸秆竹枝堆放占地方，而且夏天闷热的天气或者秋天干燥的时候还容易有火灾隐患”。正是因为企业具有极强的社会问题敏感性，才发现了解决这些问题能够给社会、环境和自身带来的潜在利益，从本质上来说，这是企业打开社会创业大门的第一步。

企业社会创业活动的开展需要将企业社会问题的敏感性和行动能力相结合，因为只有发现社会问题并先于他人解决现有的社会问题才是社会创业的表现。企业能否先于他人具备行动能力在很大程度上取决于企业对风险的态度，因为正如案例D所述“企业应该在考虑自身利益外更考虑社会效益”。企业在投入资源进行社会创业时，由于对社会利益的关注，可能无法像传统商业经营那样为了利润最大化甚至牺牲社会福利，这样无形中会增加企业的风险，因为企业难以估计投入的资源能够给自己带来多少投资收益，这些收益是否能够支撑企业的继续发展。所以，企业需要具有冒险精神并产生行动能力，正如案例B所说“我们在国内的市场相对还是很有限，其实这个问题我在创业之初就考虑过，但当时觉得用房地产挣来的钱闯一次也不是不可以，何况这还是一个造福社会和家乡的好事”，案例C也表示“我们觉得可以利用自己的优势和知识闯一次，因为不尝试永远不知道是不是能成功”。

企业所处的社会和政策环境既是企业社会创业的动力——案例A表示“现在市场对环保要求也高，我们进行这方面的社会创业不仅可以符合市场的要求，还可能获得政府的支持，所以我们也更愿意做”，案例D指出“国家提倡建立资源节约型社会，社会上也越来越重视环境保护，消费者的环保意识也越来越强，这些都更能刺激企业关注自身行为的社会影响”——也是企业社会创业的一个评价标准和重要特点，企业家们在描述本企业社会创业活动时都会强调自己的企业目标设置和政策制定是符合社会、市场和政策的趋势的，是与目前提倡的发展理念高度一致的，案例 B 明确指出“我们生产的产品对社会和对环境都是有利的，也是符合国家节能减排、构建资源节约和环境友好型社会的政策和大方向的，我们将农林三剩物循环利用也是对发展循环经济的实际行动吧”，案例 C 表示“现在社会和政府都强调要环保，将生物碳这种生产加工得到的副产品进行加工可以迎合现在的社会主流”，案例 D 也同样表明“现在国家提倡建立资源节约型社会，自己能够为环境改善尽一份力”。

企业的社会宗旨清楚地反映在企业目标和战略选择是否符合社会理念上，但是企业的社会意识更清楚地表现在企业实施战略的行为中，例如：关于企业是否积极参与社区的建设，案例 A 表示“我们在当地修建或者维修便道，出力出钱出材料对农户的果山进行维护，而且还与当地的困难家庭结对子，厂里的中层以上的干部和困难家庭一帮一，定期给他们一些钱或买生活用品，构建和谐社区”；关于企业行为能否给当地真正带来积极影响，案例 A 指出“从农户角度来说，我们的和谐社区活动增加了他们的收入，因为采育场雇用他们所给的工资比农活挣的钱要多，而且给他们无偿提供指导也可以使他们少走冤枉路、减少损失或者实现增产，因此他们的生活水平比以前有所提高”，案例 D 表示“机制炭残灰少且会自然落下，这样就不会给环境带来粉尘污染，更重要的是我们的生产不用砍树，不会破坏生态环境”；关于增加当地的社会利益是否能给企业带来成就感，案例 A 说“我们改善了道路交通条件，所以他们与城市的交流也更多，出入更加方便，一些农户将孩子送到了条件更好的镇上或者市里读书，这样我觉得我们对改善下一代学习条件方面也算有所作为”。

从以上分析我们可以看到，企业社会创业的核心在于对社会利益的关注，但是企业不可能完全不顾自身的经济利益，“只要企业对社会的贡献率大于个人利益就是好的，而且企业能够拉动社会和社区百姓积极参与，提高社会影响力，带动周边人民的生活质量，这样的企业都可以称为好的社会型企业”（案例 D）。

因此，本研究提出主张 3：社会引领是社会创业导向的一个维度，其中社会引领包括企业社会问题敏感性、企业社会宗旨和企业社会行为三个方面。

（3）互惠协同维度。

在对四家企业的深度访谈中，我们发现每家企业的管理者都意识到了企业与利益相关者（包括政府、科研机构、竞争对手、供应商等）的长期稳定合作对社会创业活动成功的重要性。

良好的合作关系可以给企业带来意想不到的潜在利益，良好的共赢合作关系可以增强合作各方之间的合作意愿和关系承诺，从而促使各方为了巩固关系而自发做出建设性行动，进而形成一个良性循环。案例 A 指出“我们不仅构建了和谐林区，确保了供材的稳定，而且当地农户可以充当自然的护卫员，他们会帮助我们抵抗不法分子，发现了情况，例如小面积火灾等都会主动帮我们处理，这样我们的采育场会更加安全，我们也能省去一些管理开支，可以将厂里的人才更好地规划和配置”。

企业社会创业活动的发展离不开与利益相关者的合作，并且企业应当不断提高自己的合作能力，丰富与现有合作伙伴之间的合作方式，拓宽合作伙伴的类型，因为现在市场环境和技术环境无时无刻不在发生快速变化，单靠企业自身的力量很难快速跟上步伐，企业如果能够集合多方面力量，就能更高效地武装自己并进而实现全行业的共同发展。一方面，企业希望建立或深化与政府之间的合作。案例 B 希望“政府能够在这方面有所改善，改善一下道路交通情况”，这样一方面解决了企业原材料运输难的问题，从而有利于企业扩大生产，反过来也能够增加当地税收、增强当地政府履行公共职能的能力。案例 C 认为强化与现有合作伙伴之间的合作是企业生存和发展的保证，它指出“现在我们是美国 IFF 国际香料香精公司、格林生物科技公司和冠京香料公司的基础供应商，我们现在尽管效益不如以前，还是要尽量维持和它们的合作关系，这样才能有继续发展的机会”。案例 B 发现了企业家关系圈也是企业合作的一个重要对象，表明“以前做生意攒下的很多人脉关系在我现在的经营中都起到了很多作用”。案例 D 认为“最关键的是提高各个合作伙伴之间的信任度”。除了建立合作伙伴关系，几乎所有的企业都表示一定要避免行业内的恶性竞争，因为恶性竞争不仅会削弱市场竞争机制应有的活力，还会阻碍行业进步，长期以来还是会反作用于企业本身。案例 D 表示“我希望日后行业内加强合作，至少不能因为竞争而抢购资源，这样会导致恶性循环，对大家长久发展都是不利的”；案例 B 指出“研发创新力度不够阻碍着我的发展，因为行业内和企业间缺少交流和合作，甚至在收购三剩物的时候出现恶性竞争而争抢资源，这样整个行业的生产工艺就没法提高，单靠企业太难了，科研机构提出项目，让企业和政府一起合作，这样可能会更有利于行业的发展”。

在企业社会创业时应当树立良好的合作意识，认识到与利益相关者甚至竞争对手间合作的可能性，同时也要增强自身的合作能力，一方面丰富合作方式，另一方面拓宽合作组织类型，正如案例 A 所说“社会创业活动要得到经营者个人、公司和政府的支持，得到了这些支持我们就能放开手脚去做。除此之外，与当地其他机构合作也很重要，我们与福建林学院合作，会邀请他们的老师给农户进行专业指导，这样增加了农户对我们专业性的认可，也肯定了我们的诚意，这样我们就更好地建立了与农户村民之间的信任。我们还和周边开发区管委会和设计部门（比如林业设计院）合作”。

由此，本研究提出主张 4：互惠协同是企业社会创业导向的一个维度，它突出反映在企业的合作意识、合作能力两个方面。

3. 比较与讨论

从对访谈资料的分析中可以看出，社会创业是一个多维的概念，它是企业创新精神、资源开发以及社会观念和合作观念共同作用的结果，这些行为特征与目前创业领域现有文献大体上是相一致的，即认为创业活动和社会创业活动是行为表现（Covin & Slevin，1986），而不是创业者特质或个性的集群。

本研究同样也为盛南（2008）提出的创业导向概念维度提供了实证支持。企业家认为创新精神是社会创业必须具备的一项典型特征，Prahbu（1998）也都明确提出了创新精神和创新性在社会创业导向中所起到的核心作用。但是社会创业的创新精神又有别于公司创业，它不仅注重研发、开发产品线、不断推出新产品或者实现产品的重大改良，它更要求企业去识别社会边缘资源的潜在价值，并且社会边缘资源范围非常广泛，不仅包括传统意义上的物料资源（如原材料、零部件），还包括人力资源（如下岗职工、残障人士），甚至包括荒漠化土地和盐碱化土地。这正是盛南（2006）所提出的资源拓展的内涵。但是，企业在实现对边缘资源的利用之后仍然需要进行不断的研发和改进，从而实现对资源最大限度的利用，因为这些被边缘化的资源被挖掘得越充分，给社会带来的额外价值就越多。同样，这也是企业适应市场偏好变化的方法。因此，社会创业导向的创新精神表现为以开发边缘资源为核心的综合创新（Alvord，Brown & Letts，2004）。除了开发边缘资源，社会创业还要求企业重视现有资源的潜在价值。如果开发边缘资源是企业通过创新的方式横向拓展资源利用范围，那么发掘现有资源就是企业通过创新方式纵向拓展资源利用范围。因此，本研究认为社会创业的资源拓展维度是对创新精神的发展，其本质是创新，但是蕴含了更加丰富的内容。

在盛南（2006）提出的社会引领和互惠协同两个维度方面，本研究发现企业家在谈论社会创业活动时频繁地提到诸如"对社会有益""建设社区""加深合作"等语句，这是对盛南观点的支持。但同时本研究也发现了这两个维度所包含的更广的内容。社会引领不仅是要求企业活动符合社会价值和期望（盛南，2006），它更强调企业拥有对社会问题的高度敏感性从而识别现有的问题及其中蕴含的商业价值，同时企业还应该在风险评估的基础上具有先动能力，先于他人解决所识别的社会问题并切实带来积极影响。因此，社会引领维度是企业社会宗旨、社会问题敏感性和企业社会行为的集合。在互惠协同维度上，本研究细化了盛南的观点：要实现共赢机制的构建和发挥协同效应，社会创业企业应该保持一种开放心态（盛南，2006），树立合作意识、提升合作能力、付诸合作行动。

五、作用效果分析

1. 有效样本特征

（1）样本企业特征。

从表 7—8 可以看出，本次调研的 88 家企业中，处于稳定成长期的企业占多数，占据总样本量的 65.9%；而根据国家发展与改革委员会 2011 年 6 月公布的企业规模划分标准，本次样本企业以中小型企业为主；企业类型主要是国营和民营企业，外资和中外合资企业比例较小，并且所属行业类型也以制造业、新能源和生态环保等具有较明显社会性质的企业为主。

表 7—8　　有效样本企业基本信息统计

指标	类别	数量	比例
成立年限	小于 5 年	16	18.2%
	5～10 年	34	38.6%
	11～20 年	24	27.3%
	20 年以上	14	15.9%
员工总人数	1～20 人	5	5.7%
	21～50 人	14	15.9%
	51～200 人	27	30.7%
	201～500 人	10	11.4%
	501～1 000 人	9	10.2%
	1 000 人以上	23	26.1%
企业性质	国营企业	37	42.0%
	民营企业	41	46.6%
	中外合资企业	3	3.4%
	外资企业	7	8.0%
所属行业	制造业	19	21.6%
	光机电一体化	4	4.5%
	信息、计算机、软件服务	11	12.5%
	新材料	8	9.1%
	新能源	11	12.5%
	生态环保	12	13.6%
	生物及医药	10	11.4%
	其他	13	14.8%

(2) 调查对象基本特征。

表 7—9 从性别、年龄、在本企业的工作年限、职位和教育背景五个方面显示了 157 个有效样本的被调查者的基本信息。

表 7—9　　有效样本基本信息统计

指标	类别	数量	比例
性别	男	97	61.8%
	女	60	38.2%
年龄	1980 后	79	50.3%
	1971—1980	53	33.8%
	1961—1970	18	11.5%
	1951—1960	7	4.5%
本企业工作年限	5 年及以下	39	24.8%
	6～10 年	52	33.1%
	11～15 年	32	20.4%
	16～20 年	16	10.2%
	21 年及以上	18	11.5%

续前表

指标	类别	数量	比例
职位	董事长	2	1.3%
	总经理	5	3.2%
	高层管理者	21	13.4%
	中层管理者	69	43.9%
	其他	60	38.2%
教育背景	初中	1	0.6%
	高中或中专	13	8.3%
	大专	20	12.7%
	本科	70	44.6%
	硕士及以上	53	33.8%

（3）变量基本特征。

本研究选取的解释变量为社会创业导向的三个概念维度，即资源拓展、社会引领和互惠协同；被解释变量为企业绩效，包括财务绩效和成长绩效两个维度；调节变量包括组织变量（企业社会使命和企业可持续性）和环境变量（竞争激烈程度和政府项目支持）。从表7—10对各变量的描述统计结果可以看出，各变量的偏度很接近0，而SPSS软件默认正态分布的峰度值为0，从表中可以发现各变量的峰度也很接近0，表明每个变量都未偏离正态分布过远，近似呈正态分布，符合回归分析的假定条件，为下一步的多元回归分析奠定了基础。

表7—10　　各变量描述统计分析

潜在变量	观测变量（个）	均值	方差	标准差	偏度	峰度
竞争激烈程度	1	3.59	1.24	1.12	−0.60	−0.35
政府项目支持	1	3.12	1.50	1.23	−0.11	−0.82
企业社会使命	2	5.12	1.54	1.24	−0.54	0.07
企业可持续性	2	4.48	1.81	1.35	−0.46	−0.24
资源拓展	4	6.97	2.84	1.69	−0.54	0.34
社会引领	4	7.34	2.52	1.59	−0.39	−0.18
互惠协同	4	7.42	2.33	1.53	−0.98	1.54
财务绩效	2	4.84	1.44	1.20	−0.64	0.26
成长绩效	3	6.23	1.83	1.35	−0.56	0.17

2. 信度分析和效度分析

（1）信度分析。

在进行企业社会创业导向与企业绩效关系的实证分析之前，本研究首先通过 SPSS 21.0 对问卷量表进行了内部一致性分析，分析采用的是 Cronbach's α 系数法。吴明隆（2009）在综合多位学者观点的基础上提出了量表各层面和量表总体 α 系数的判别标准，对量表各层面而言，如果 $0.6 \leqslant \alpha$ 系数 < 0.7，则表明分量表尚佳；如果 $0.7 \leqslant \alpha$ 系数 < 0.8，则表明分量表佳，信度高；如果 $0.8 \leqslant \alpha$ 系数 < 0.9，则表明分量表甚佳，信度很高。对量表总体而言，如果 $0.6 \leqslant \alpha$ 系数 < 0.7，则表明量表可以接受；当 $0.8 \leqslant \alpha$ 系数 < 0.9 时，量表总体质量佳，信度高。

据此，从表 7—11 显示的量表总体以及各分量表的 Cronbach's α 系数来看，本研究所设计的资源拓展、社会引领、互惠协同和成长绩效分量表的 Cronbach's α 系数都大于 0.7 并接近 0.8，具有高信度；财务绩效分量表信度很高；就量表总体而言，虽然两个组织调节变量的 Cronbach's α 系数较低，但仍然大于 0.6，量表质量尚佳，可以接受；社会创业导向量表和企业绩效量表以及总体量表的 Cronbach's α 系数都大于 0.8，表明量表整体具有较高的内在一致性，信度高。

表 7—11　　各变量和量表总体的 Cronbach's α 系数统计表

一级维度	二级维度	题项	分量表 Cronbach's α	总量表 Cronbach's α
社会创业导向	资源拓展	4	0.732	0.812
	社会引领	4	0.793	
	互惠协同	4	0.795	
企业绩效	财务绩效	2	0.859	0.812
	成长绩效	3	0.790	
企业社会使命	—	2	—	0.617
企业可持续性	—	2	—	0.692
量表总体		23[a]	—	0.813

说明：a 表示量表总体还包括环境变量两个维度，每个维度各一道题，共两道题。

（2）效度分析。

为了检验量表是否能够真正反映我们所希望测试的问题以及反映程度，本研究通过验证性因子分析方法进行了效度分析。效度分析包括内容效度分析和结构效度分析，前者反映量表所采用的内容或题目是否合适或者是否具有代表性，后者代表量表反映我们所需测试问题的程度。由于本研究量表的设问是借鉴经典或成熟量表设计得来，所以在内容和题目表达上具有较好的效度，因此本节通过因子分析方法进行了量表结构效度分析。

第一，社会创业导向因子分析。

本研究利用 SPSS 21.0 对社会创业导向三个维度的 12 个题项进行了因子提取，经计算得到 KMO 值为 0.783，大于 Ksiser（1974）提出的 0.6 的判别标准，并且 Bartlett 球形检验得到的近似卡方值为 604.456，相伴概率也低于显著性水平（Sig. =0.000），表明社会创业导向变量适合做因子分析。在此基础上，通过主成分分析法提取了 3 个公共因子，与前文构思的社会创业导向三个维度在数量上相吻合，并且 3 个公共因子的累积方差贡献率为 60.632%，表明它们能够解释原变量的大部分信息。表 7—12 是通过最大方差法旋转后的因子载荷矩阵，根据因子变量上的载荷可以看出所提取的三个公共因子依次为社会引领、互惠协同和资源拓展，与本研究的构想完全一致。除此之外，每个题项上的因子载荷均大于 0.6，表明变量具有良好的聚合效度；同时，交叉变量上因子载荷均小于 0.3，表明各变量间具有良好的区分效度。

表 7—12　　社会创业导向旋转后的因子载荷矩阵

	成分		
	1	2	3
SA4	0.848	0.034	0.172
SA3	0.782	0.128	0.086
SA1	0.719	0.139	0.146
SA2	0.700	0.235	0.088
RS2	0.152	0.791	0.148
RS3	0.108	0.788	0.135
RS4	0.136	0.776	0.261
RS1	0.128	0.698	−0.057
RE4	0.170	0.023	0.771
RE1	0.011	0.149	0.744
RE3	0.215	0.050	0.735
RE2	0.091	0.172	0.661

第二，企业绩效因子分析。

与社会创业导向类似，本研究采用了相同的方法对企业绩效进行了验证性因子分析。通过计算得出 KMO 值为 0.722，高于 Ksiser（1974）提出的 0.6 的判别标准，并且 Bartlett 球形检验得到的近似卡方值为 310.959，相伴概率也低于显著性水平（Sig. =0.000），表明企业绩效变量适合做因子分析。在此基础上，通过主成分分析法提取了 2 个公共因子，与前文构思的企业绩效的两个维度在数量上相吻合，并且 2 个公共因子的累积方差贡献率为 77.587%，表明它们能够解释原变量的大部分信息。表 7—13 是通过最大方差法旋转后的因子载荷矩阵，根据因子变量上的载荷可以看出所提取的两个公共因子正是成长绩效和财务绩效，与本研究的构想完全一致。除此之外，每个题项上的因子载荷均大于 0.7，表明变量具有良好的聚合效度；同时，交叉变量上的因子载荷均小于 0.3，表明各变量间具有良好的区分效度。

表 7—13　　企业绩效旋转后的因子载荷矩阵

	成分	
	1	2
G3	0.859	0.182
G2	0.808	0.174
G1	0.779	0.257
F1	0.209	0.912
F2	0.239	0.905

（3）小结。

通过本节对问卷量表的信度和效度分析，表明本研究具有较好的信度和效度，为下文进一步探究社会创业导向与企业绩效之间的关系提供了佐证，表明下文的深入分析是在一个具有良好信度和效度的测量方法和数据的基础上展开的，从而确保了研究的可靠性和有效性。

3. 企业社会创业导向作用效果分析

（1）相关性分析。

在对社会创业导向与企业绩效进行回归之前，本研究首先通过相关分析来探究二者之间是否存在相关关系及其显著性。从表 7—14 所显示的企业社会创业导向与企业绩效间的 Pearson 系数可知，资源拓展、社会引领和互惠协同与企业绩效两个维度的 Pearson 系数都为正，并且在置信度为 0.01 时相关性是显著的。因此，社会创业导向的三个维度都与企业财务绩效和成长绩效具有显著正相关关系。

表 7—14　　企业社会创业导向与企业绩效的相关分析结果

社会创业导向各维度	财务绩效	成长绩效
资源拓展	0.221***	0.589***
社会引领	0.300***	0.493***
互惠协同	0.399***	0.385***

说明：*** 表示显著性水平 $p<0.01$。

(2) 回归分析。

在不考虑内外部环境因素对企业社会创业导向与企业绩效关系的影响作用的前提下，本研究通过多元回归分析来探究企业社会创业导向各维度与企业绩效之间的直接关系。在分析之前，本研究借鉴国家划分企业规模时常用的从业人数标准，将企业员工总数和企业成立年限作为两个控制变量加入回归方程，从而确保回归结果更加客观和准确。

第一，社会创业导向与财务绩效的直接关系。

在不考虑第三方变量影响的情况下，从表 7—15 可以看出社会引领和互惠协同两个维度与企业财务绩效的回归系数为正，并且都达到了显著性水平，表明二者与企业财务绩效具有显著正向影响，H1c 和 H1e 得到验证。此外，通过比较二者的回归系数，互惠协同的回归系数为 0.288，大于社会引领的 0.113，表明互惠协同在没有第三方变量影响的情况下对企业绩效的正向影响程度更高，即一单位互惠协同的增量比一单位社会引领的增量带来的财务绩效增量更多。与二者相比，资源拓展对企业财务绩效并不具有显著的影响，虽然其回归系数为 0.073，但并未达到显著性水平，H1a 未得到验证。

表 7—15　　企业社会创业导向与财务绩效回归系数表

	非标准化系数		标准化系数	T 值	Sig.
	B	标准误差			
(常量)	2.042**	0.575	—	3.548	0.001
企业成立年限	0.070	0.099	0.054	0.710	0.479
员工总数	−0.233***	0.061	−0.297	−3.830	0.000
资源拓展	0.073	0.055	0.102	1.327	0.186
社会引领	0.113*	0.058	0.150	1.948	0.053
互惠协同	0.288***	0.061	0.365	4.709	0.000

说明：* 表示显著性水平 $p<0.1$，** 表示显著性水平 $p<0.05$，*** 表示显著性水平 $p<0.01$。

就控制变量而言，企业成立年限对企业财务绩效不具有显著的影响，但是企业员工总数与财务绩效具有显著负向影响，因为二者的回归系数为负，并且在 $p=0.01$ 的显著性水平上显著。这可能是因为本次调研涉及的国营企业比例较大，而这些企业由于历史原因或者经营传统比其他类型企业要承担相对更高的员工成本，因此员工越多的企业，企业财务绩效可能越弱。

第二，社会创业导向与成长绩效的直接关系。

从表 7—16 显示的企业社会创业导向与成长绩效的回归系数可知，资源拓展、社会引领和互惠协同的回归系数均为正，并且都在 $p=0.05$ 的显著性水平上显著，表明社会创业导向的三个维度对企业成长绩效都具有显著正向影响，H1b、H1d 和 H1f 都得到验证。企业如果想提高自身未来的成长能力，可以从创新开发资源、树立良好社会意识及探寻社会问题、构建持久的双赢机制三个方面调整或制定发展战略。但是如果企业由于自身条件或外部环境所限只能从某一方面努力，那么资源开发和创新将是最好的选择，因为资源拓展维度的回归系数最大（0.345），并且在 $p=0.01$ 显著性水平上显著，表明资源拓展对企业成长绩效的正向影响程度最高。

表 7—16　　企业社会创业导向与成长绩效回归系数表

	非标准化系数		标准化系数	T 值	Sig.
	B	标准误差			
（常量）	0.712	0.553	—	1.288	0.200
企业成立年限	0.042	0.095	0.029	0.445	0.657
员工总数	0.070	0.059	0.079	1.192	0.235
资源拓展	0.345***	0.053	0.430	6.564	0.000
社会引领	0.256***	0.056	0.300	4.571	0.000
互惠协同	0.117**	0.059	0.132	1.996	0.048

说明：** 表示显著性水平 $p<0.05$，*** 表示显著性水平 $p<0.01$。

4. 组织内部环境的影响分析

在企业现实经营活动中，企业的经营活动不可能完全脱离外部环境和内部条件的影响，因此上节所分析的社会创业导向与企业绩效的关系更适用于排除内外部环境约束的理想情况。为了增强本研究的实用性和现实性，本节引入了企业内部的组织变量作为调节变量，从而探讨不同的组织环境会给企业社会创业导向与绩效关系带来何种影响，以及在不同组织环境下社会创业导向各维度与绩效之间是否存在关系，如果存在关系，那么是线性关系还是非线性关系。

本研究借鉴 Mort（2006）提出的企业社会使命和企业可持续性强度作为组织变量。由于企业社会创业活动受到企业自身的社会使命和所感知的维持企业继续发展可能性的双重影响，本节首先采用聚类分析的方法将组织环境划分成“高可持续性—高社会使命”“低可持续性—低社会使命”“低可持续性—高社会使命”和“高可持续性—低社会使命”四类；其次，在不同组织环境下利用多元回归分析方法对社会创业导向与绩效关系进行实证性研究。

（1）组织环境评价。

对于组织环境的评价，本研究采用聚类分析方法，将所有样本按照企业社会使命的强度和企业感知的可持续性强度分成四类。考虑到社会使命变量与可持续性变量相关性的影响，本节首先通过因子分析并将正交旋转之后所得的两个公共因子保存为两个新变量，并在此基础上对两个新变量进行聚类。表 7—17 显示了最终聚类后每一类的中心点，据此可知四类环境分别是“高可持续性—低社会使命”“高可持续性—高社会使命”“低可持续性—高社会使命”和“低可持续性—低社会使命”。

表 7—17　　最终聚类中心

变量	聚类			
	1	2	3	4
企业可持续性	0.604 76	0.919 15	−0.645 85	−1.529 20
企业社会使命	−0.756 30	0.873 37	0.650 05	−1.107 23

在第一类组织环境中，企业对自身未来可持续性的发展很有信心，认为维持企业生存不存在问题，因而能够以较为积极的态度来面对风险和环境不确定性，从而在发现机会和把握机会采取行动的时候也更具有主动性，表现出更强的冒险精神。但是这类企业的社会使命感较低，它们的日常经营活动更加关注自身的经济利益，对社会承诺较少，并且很少关注社会问题，不具备社会问题的敏感性。

在第二类组织环境中，企业的当前经营状况良好，企业对未来发展前景很有自信，因而能够表现出较强的风险承受能力，面对不确定性环境和潜在机会能够大胆出击，并且这类企业也更愿意寻找途径来壮大企业。与此同时，这类企业还具有很高的社会使命，它们关注社会问题并且勇于先于他人解决社会问题，它们积极参与社区建设，具有很强的社会责任感，企业目标的设定强调社会问题的解决或改善。

在第三类组织环境中，企业所感知的可持续发展能力较弱，认为维持企业生存具有困难，因而对风险的承受能力低，不敢面对不确定环境进行决策，甚至对识别到的机会也不采取任何行动。但是，这类企业具有很强的社会使命感，它们善于发掘社会问题的潜在价值，社会意识很强烈，将服务社会、改善社会福利、积极引导公众作为自身行为准则，企业的主营业务与战略积极响应政策号召，与社会主流发展观高度吻合。

在第四类组织环境中，企业所感受的外在威胁很大，对自身发展缺乏自信，因而对于风险的态度很不积极。同时，这类企业对社会问题极不敏感，对企业作为社会一员缺乏认识，企业自身发展以利益最大化和股东权益最大化为目标，甚至以牺牲社会和公众利益为代价，例如电镀厂，它的生产经营一般会给当地带来严重的水污染。

(2) 基于组织内部环境的回归分析。

在对四类不同组织环境进行评价的基础上，本节将通过多元回归分析方法对不同环境下企业社会创业导向与绩效的关系进行实证研究。为了探究二者之间是否具有关系，以及是线性关系还是非线性关系，本节分别针对财务绩效和成长绩效构建了六个模型。下面以针对财务绩效构建的三个模型为例介绍本节的分析思路。

第一步，将员工总数和企业成立年限作为控制变量、财务绩效作为因变量引入模型，从而探究不同组织环境下，控制变量对财务绩效的影响。这一步构成的是模型 1。

第二步，在上步基础上，将资源拓展、社会引领和互惠协同三个自变量引入模型 1，从而探究不同组织环境下，社会创业导向不同维度与财务绩效之间存在何种线性关系。这一步构成的是模型 2。

第三步，为了验证是否存在“U”形或倒“U”形关系，在第二步的基础上，建立三个新的变量，分别是资源拓展 2（资源拓展×资源拓展）、社会引领 2（社会引领×社会引领）和互惠协同 2（互惠协同×互惠协同），并将新变量引入模型 2。由此来验证新变量的回归系数是否显著，是正影响还是负影响，如果回归系数为正，则表示新变量与财务绩效间存在“U”

形关系；如果回归系数为负，则表示变量与财务绩效间存在倒“U”形关系。这一步构成的是模型 3。

按照上述步骤和构思，将成长绩效作为因变量，分别构成模型 4、模型 5 和模型 6。

第一，“高可持续性—低社会使命”组织环境。

按照上文所介绍的模型构建方法分别构建回归模型，并且通过层次回归的方法进行数据处理，结果如表 7—18 所示。从六个模型调整后的 R^2 值可知模型的拟合情况较好，并且针对财务绩效和成长绩效构建的两个层次回归模型的 D-W 值都未超过 2.2，比较接近 2，表明回归方程能够较充分地说明因变量的变化，没有遗漏重要的解释变量，因此回归模型的选择是合适的。

从表 7—18 的回归系数来看，模型 2 表明在“高可持续性—低社会使命”的组织环境下，社会引领和互惠协同对财务绩效具有显著关系，二者的回归系数均为正，且在 $p=0.05$ 的显著性水平上显著，因此社会引领和互惠协同与财务绩效存在显著的正向关系；模型 3 显示资源拓展 2 的回归系数为负，并且在 $p=0.1$ 的显著性水平上显著，资源拓展与财务绩效具有显著的倒“U”形关系；社会引领 2 的回归系数为正，并且在 $p=0.05$ 的显著性水平上显著，因此社会引领与财务绩效具有显著的“U”形关系；互惠协同 2 的回归系数为负，但是并未达到显著性水平，因此互惠协同与财务绩效不存在非线性关系。同理，从模型 5 和模型 6 的结果可知资源拓展与成长绩效存在显著的正向线性关系，社会引领与成长绩效存在显著的倒“U”形关系，互惠协同与成长绩效存在显著的“U”形关系。

表 7—18　　多元回归结果

变量	财务绩效			成长绩效		
	模型 1	模型 2	模型 3	模型 4	模型 5	模型 6
控制变量：						
企业成立年限	0.086	0.258	0.201	−0.028	−0.163	−0.086
员工总数	−0.192	−0.284***	−0.182*	0.216*	0.186*	0.157
自变量：						
资源拓展	—	−0.058	0.824*	—	0.209**	−0.134
社会引领	—	0.215**	−1.402**	—	0.343***	1.690**
互惠协同	—	0.471***	1.143**	—	−0.111	−1.654**
资源拓展 2	—	—	−0.071*	—	—	0.030
社会引领 2	—	—	0.124**	—	—	−0.102*

续前表

变量	财务绩效			成长绩效		
	模型 1	模型 2	模型 3	模型 4	模型 5	模型 6
互惠协同 2	—	—	−0.048	—	—	0.113**
R^2	0.052	0.414	0.550	0.063	0.288	0.424
调整 R^2	0.015	0.354	0.471	0.027	0.216	0.324
R^2 变化	0.052	0.362	0.136	0.063	0.225	0.136
F	1.413	6.922***	7.017***	1.752	3.971***	4.234**
Durbin-Watson	2.130			2.094		

说明：* 表示显著性水平 $p<0.1$，** 表示显著性水平 $p<0.05$，*** 表示显著性水平 $p<0.01$。

上述回归结果显示，在“高可持续性—低社会使命”的组织环境下，资源拓展与财务绩效具有倒“U”形关系，因为企业对自身经营很有自信，在经营活动中勇于承担风险、进行积极的拓展，因此企业进行产品研发和改进的创新性活动能够在一定时期内提高企业产品的吸引力，从而增加销售量，带来主营业务收入上的增量，使企业财务绩效更加可观。但是由于企业缺乏社会使命感，不注重社区建设和提高社会利益，企业的社会美誉度会受到一定的影响，因此随着资源拓展带来的不断增长的财务绩效，在企业不断忽略社会责任的情况下会被消费者解读成自私的表现，企业形象受损，销售收入减少，企业财务绩效开始下滑。与财务绩效不同的是，资源拓展与成长绩效在该种组织环境下呈正向线性关系，因为开发现有资源的潜在价值可以减少企业成本，提高资源利用率，拓展企业的发展空间，给企业未来发展注入活力。因此，具有这种内部环境特点的组织应当控制好自身进行资源拓展和创新开发的度，避免由于过度追求未来发展而给财务绩效带来影响。

在“高可持续性—低社会使命”的组织环境下，社会引领与财务绩效具有“U”形关系，因为企业的社会使命感很弱，它们并不关注解决社会问题和参与社区建设，当企业意识到增强使命感的重要性之后，企业有意识地调整自己的目标设置，开始参与社区的建设以及社会问题的解决，提高自身的社会敏感性，由此带来的管理费用的增加和政策调整所带来的机会成本会在初期降低企业的财务绩效水平。但是当企业的社会引领活动开展到一定程度之后，企业的社会意识逐渐增强，主营业务发展更加符合社会大环境，企业的发展实现平稳过渡，财务绩效随着社会程度的增强开始逐渐回升。与财务绩效正好相反，社会引领与成长绩效存在倒“U”形关系，因为企业增强社会意识。在调整战略的初期，企业使行为实践与主流价值观和政策更加一致，能够强化自身的未来发展能力，改善企业形象和提高社会影响力，与企业进行社会创业之前形成鲜明对比，因此在短时间内市场和公众对企业的偏好或支持迅速增加。但是随着社会创业的开展，企业给市场带来的冲击感在不断减弱，社会创业成为企业正常经营的一部分，因此对企业未来成长的影响力逐渐减弱。在这种组织环境下，企业不应盲目追求社会创业所带来的社会效应，而应该控制好自身政策调整的节奏。

在“高可持续性—低社会使命”的组织环境下，互惠协同与财务绩效具有正向线性关系，企业具有积极的风险态度，愿意主动把握机会；企业通过社会创业，运用创造性的方式与更具潜力的利益相关者建立合作关系，实现互补，从而可以降低企业运营成本，增强企业的行动能力，使企业业绩持续增长。与此不同的是，互惠协同与成长绩效具有“U”形关系。在企业社会创业初期，企业努力构建共赢机制，但是由于企业的社会使命感很低，其他利益相关者对于与企业合作会表现出较低的合作意愿，再加上企业为此所作的努力和调整，会在一定时期内给企业的未来发展带来消极影响。但是随着企业互惠协同能力的增强，企业与更有潜力的利益相关者建立起长久的合作关系，提升了自身的运营能力，获得了更广阔的发展空间，促进了企业成长绩效的不断增长。

第二，“高可持续性—高社会使命”组织环境。

在“高可持续性—高社会使命”组织环境下，企业社会创业导向与绩效的回归分析结果如表7—19所示，除了模型4以外，其他5个模型都具有较好的拟合效果，并且财务绩效和成长绩效的回归模型 $D-W$ 值都接近2，表明回归方程能够较充分地说明被解释变量的变化，没有遗漏较多的重要解释变量，因此回归模型的选择是较为合理的。

从表7—19的回归系数和显著性来看，就资源拓展维度而言，模型2表明其回归系数为正，但是并未达到显著性水平，而模型3表示资源拓展2的回归系数为正，也未达到显著性水平，因此资源拓展与财务绩效不具备显著的相关关系。就社会引领维度而言，模型2表明其回归系数为正，且在 $p=0.1$ 的显著性水平上显著，而模型3表示社会引领2的回归系数为正，但未达到显著性水平，因此，社会引领与财务绩效呈显著的正向线性关系；就互惠协同维度而言，模型 2 表示其回归系数为正，且在 $p=0.1$ 的显著性水平上显著，而模型 3 表示互惠协同 2 的回归系数为负，但未达到显著性水平，因此，互惠协同与财务绩效具有显著正向线性关系。同理，从模型 5 和模型 6 中可以得出，资源拓展、社会引领和互惠协同三个维度都与成长绩效具有显著正向线性关系。

表 7—19　　多元回归结果

变量	财务绩效			成长绩效		
	模型 1	模型 2	模型 3	模型 4	模型 5	模型 6
控制变量：						
企业成立年限	0.047	0.007	0.122	0.118	0.058	−0.093
员工总数	−0.403***	−0.456***	−0.501***	0.079	−0.018	0.065
自变量：						
资源拓展	—	0.086	−1.798	—	0.577***	2.947
社会引领	—	0.257*	−0.428	—	0.372**	−0.046
互惠协同	—	0.279*	1.666	—	0.096*	−2.062
资源拓展 2	—	—	0.122	—	—	−0.154
社会引领 2	—	—	0.048	—	—	0.022
互惠协同 2	—	—	−0.102	—	—	0.155
R^2	0.309	0.519	0.551	0.022	0.550	0.592
调整 R^2	0.259	0.423	0.387	−0.048	0.460	0.444
R^2 变化	0.309	0.211	0.032	0.022	0.528	0.042
F	6.252	5.400**	3.372	0.313	6.107***	3.994
Durbin-Watson	2.398			2.237		

说明：* 表示显著性水平 $p<0.1$，** 表示显著性水平 $p<0.05$，*** 表示显著性水平 $p<0.01$。

上述回归结果表示，在“高可持续性—高社会使命”组织环境下，资源拓展维度与财务绩效不具有显著相关关系，这可能是因为企业对自身发展充满自信并具有先动能力，因此积极进行现有资源和边缘资源的价值挖掘，开发和推出新产品或新服务，给企业带来销售收入的增加，但是又因为企业具有很强的社会使命感，企业非常关注社会问题并且敢于解决社会问题，企业将自身视为当地社会的一分子，积极参与并号召其他相关者一起进行社区建设，在此过程中企业需要投入大量的财力、物力和人力资源，在财务表现上抵消了由于资源拓展所带来的增长，从而表现出与财务绩效的不相关关系。但是，资源拓展对成长绩效具有显著的正向影响，因为企业注重研发创新，将不被人关注甚至被视为垃圾的材料进行深入挖掘，发现其价值所在并纳入企业的经营体系之中，为企业未来发展探索成本更低、效率更高的资源利用方式，或者为企业开发出新的盈利渠道，增强企业的发展能力。

在“高可持续性—高社会使命”组织环境下，社会引领维度与财务绩效和成长绩效都具有显著的正相关关系。企业的经营行为和发展战略与社会主流和国家政策高度吻合，并且企业非常重视对所在社区的建设和增加社会效益，拥有良好的企业形象和社会美誉度，这些无形资源能够增加消费者购买商品时的偏好感和品牌忠诚度，确保企业销售收入的稳步增长。除此之外，企业具有敏锐的社会问题感知能力，并且由于企业经营状况良好，具有很高的风险承受能力和行动能力，因而企业勇于先于他人解决社会问题，可以从中发现社会问题解决中所蕴藏的商业价值和商业机会，为企业发展开辟新的途径，使企业具备良好的成长潜力。

在“高可持续性—高社会使命”组织环境下，互惠协同维度与财务绩效和成长绩效都具有显著的正相关关系。一方面，企业突破固有框架的束缚，另一方面，企业变革传统的营利模式，与不同利益相关者构建可持续性的共赢机制，丰富合作类型、拓展合作空间，充分发挥利益相关者之间的互补作用，从而降低企业运营成本，增强企业运营能力，使企业获得更大的利益空间和市场空间，实现企业财务绩效和成长绩效的双丰收。

第三，“低可持续性—高社会使命”组织环境。

在“低可持续性—高社会使命”组织环境下，企业社会创业导向与绩效的回归分析结果如表 7—20 所示，财务绩效回归模型的拟合度不是很好，但是成长绩效回归模型调整 R^2 达到 0.7，具有较好的拟合度。此外，财务绩效和成长绩效的回归模型 $D-W$ 值都小于 2.15，比较接近 2，表明残差序列几乎不存在明显的自相关，说明回归方程能够充分说明被解释变量的变化，并没有遗漏过多重要的解释变量，回归模型选择比较合理。

从表 7—20 的回归系数和显著性来看，就资源拓展维度而言，模型 2 表明其回归系数为正，但是未达到显著性水平，模型 3 表明资源拓展 2 的回归系数为正，但也未达到显著性水平，因此，资源拓展与财务绩效不具有显著相关关系；就社会引领维度而言，模型 2 表明其回归系数为负，但未达到显著性水平，模型 3 表明社会引领 2 的回归系数为负，也未达到显著性水平，因此，社会引领与财务绩效不具有显著相关关系；就互惠协同维度而言，模型 2 表示其回归系数为正，并且在 $p=0.05$ 的显著性水平上显著，模型 3 表示互惠协同 2 的回归系数为负，但未达到显著性水平，因此，互惠协同与财务绩效具有正向线性关系。同理，从模型 5 和模型 6 的回归系数及其显著性可知，资源拓展和社会引领都与成长绩效呈正向线性相关关系，互惠协同与成长绩效具有倒“U”形关系。

表 7—20　　多元回归结果

变量	财务绩效			成长绩效		
	模型 1	模型 2	模型 3	模型 4	模型 5	模型 6
控制变量：						
企业成立年限	−0.008	−0.057	−0.060	−0.174	−0.069	−0.086
员工总数	−0.167	−0.223*	−0.259**	0.047	0.009	−0.033
自变量：						
资源拓展	—	0.106	−0.306	—	0.294***	−0.242
社会引领	—	−0.127	0.011	—	0.214***	0.718
互惠协同	—	0.266**	0.803	—	0.353***	1.090***
资源拓展 2	—	—	0.031	—	—	0.039
社会引领 2	—	—	−0.009	—	—	−0.033
互惠协同 2	—	—	−0.041	—	—	−0.056*
R^2	0.043	0.180	0.203	0.016	0.700	0.737
调整 R^2	0.005	0.093	0.058	−0.023	0.668	0.689
R^2 变化	0.043	0.137	0.023	0.016	0.684	0.037
F	1.136	2.070*	1.403	0.416	21.935***	15.383
Durbin-Watson	2.114			2.059		

说明：* 表示显著性水平 $p<0.1$，** 表示显著性水平 $p<0.05$，*** 表示显著性水平 $p<0.01$。

上述回归结果表示，在“低可持续性—高社会使命”组织环境下，资源拓展维度与财务绩效不具有显著相关关系，但是与成长绩效具有显著正向线性关系。企业对自身是否能够持续发展缺乏自信，在日常经营活动中不敢承担风险，反而更倾向于保持现状。因此，企业尽管为了维持发展而进行资源开发利用和产品研发，但也不会像高可持续性企业一样放手开展，而是采用小范围的改良和改进而不是改革，而资源拓展行为能给企业带来的新增长点本身就较低，对财务绩效不会产生明显的作用。企业的低可持续性往往来自对当前经营状况的担忧，企业通过创新和研发能够在一定程度上改进产品或服务质量，增加产品附加价值，从而改善企业的经营现状，给企业成长带来希望，并且随着颓势的扭转，企业自信心的增强又会促进大规模的深入资源开发和利用，从而摆脱对稀缺资源的束缚，降低成本，给企业带来广阔的成长空间和利益空间。

在“低可持续性—高社会使命”组织环境下，社会引领维度与财务绩效也不具有显著相关关系，但是与成长绩效呈正相关关系。企业倾向于规避风险，尽管企业具有很强的社会问题敏感性，却不敢主动把握机会先于他人解决问题和开发商业机会，企业无法获得高额回报。而与此同时，在自身社会使命的引导下，企业仍然会致力于通过经营行为创造或至少增加社会福利，由此所带来的顾客满意度提高和销售收入增长并不能给财务表现带来巨大影响。但是，企业拥有的高社会问题敏感性和强烈的社会意识也是企业的财富，因为机会总是眷顾有准备的人，当企业随着经营状况的好转而具有更高的可持续性感知时，企业所识别到的社会问题能给企业带来新的商业机会，并且由于企业政策和行为符合社会价值观与国家政策以及良好的企业形象，因此在对新机会开发利用时企业能够获得更多的支持，为企业增添发展的活力。

在“低可持续性—高社会使命”组织环境下，互惠协同维度与财务绩效具有显著正相关关系，因为企业不断增强自身的合作能力和拓展自身的合作类型，可以将更具潜力的利益相关者引入自身的经营模式中。尽管企业本身对持续发展具有一定的担忧，可是合作伙伴的加入能够增强企业的行动能力，从而带来绩效上的提高。但是，如果企业不能把握互惠协同的程度，就会给企业带来消极影响。在企业进行社会创业的前期，由于共赢机制的构建，企业能够从利益相关者处获得支持，弥补自身由于维持企业发展而导致的弱行动能力。并且由于企业具有高的社会使命、拥有良好的社会声誉，其他组织也更愿意与企业建立合作关系，因而在一段时间内会给企业成长带来明显的增效作用。但是，随着社会创业的进行，由于互惠协同对善意归因不具有显著正影响，因此，企业在后期不断推进社会创业进程时，需要更多地考虑战略实施给利益相关者带来的可能影响并受此约束，从而阻碍企业的成长。

第四，“低可持续性—低社会使命”组织环境。

在“低可持续性—低社会使命”组织环境下，企业社会创业导向与绩效的回归分析结果如表 7—21 所示，财务绩效与成长绩效的回归模型的拟合情况都很好，并且两个模型的 $D-W$ 值都不超过 2.1，非常接近 2，表明回归方程较充分地说明了因变量的变化，回归模型的选择是合理的。

从表 7—21 的回归系数及其显著性可知，模型 2 表示资源拓展的回归系数为正，并且在 $p=0.01$ 的显著性水平上显著，而模型 3 表示资源拓展 2 的回归系数为正，但是未达到显著性水平，因此资源拓展与财务绩效呈显著正向线性相关关系；模型 2 显示社会引领的回归系数为正，并且在 $p=0.05$ 的显著性水平上显著，而模型 3 表明社会引领 2 的回归系数虽然为正，但并不显著，因此社会引领与财务绩效之间具有正向线性关系；模型 2 表示互惠协同的系数为负，但是并不显著，同样，模型 3 表明互惠协同 2 的系数为负并且也未通过显著性检验，因此，互惠协同与财务绩效不具有显著的相关关系。同理，从模型 5 和模型 6 中可以得出以下结论：资源拓展与成长绩效呈显著正向线性关系，而社会引领与互惠协同与成长绩效不具有显著相关关系。

表 7—21　　多元回归结果

变量	财务绩效			成长绩效		
	模型 1	模型 2	模型 3	模型 4	模型 5	模型 6
控制变量：						
企业成立年限	−1.093***	−0.621***	−0.474*	0.005	0.557	0.502
员工总数	1.079***	0.498**	0.328	0.445	−0.397	−0.421
自变量：						
资源拓展	—	0.297***	0.292	—	0.645**	1.488
社会引领	—	0.258**	1.872*	—	0.043	−0.610
互惠协同	—	−0.010	−1.217	—	0.059	0.689
资源拓展 2	—	—	0.005	—	—	−0.066
社会引领 2	—	—	−0.116	—	—	0.045
互惠协同 2	—	—	0.086	—	—	—
R^2	0.458	0.903	0.928	0.109	0.764	0.801
调整 R^2	0.386	0.862	0.865	−0.010	0.666	0.624
R^2 变化	0.458	0.445	0.026	0.919	11.106***	0.557
F	6.335**	22.274***	14.607	0.919	7.775***	4.529
Durbin-Watson	2.096			2.009		

说明：* 表示显著性水平 $p<0.1$，** 表示显著性水平 $p<0.05$，*** 表示显著性水平 $p<0.01$。

上述回归结果表示，在“低可持续性—低社会使命”组织环境下，只有资源拓展同时与企业财务绩效和成长绩效存在显著相关关系，并且方向为正向。这类企业对未来发展前景持有消极态度，企业战略制定和实施会受到这种态度的消极影响。而究其原因，对未来的不自信可能来自企业现有经营情况或市场状况。那么，企业会通过资源拓展减少或摆脱对稀缺资源的依赖，降低企业经营的不确定性和生产成本，扭转产品的市场颓势，增强企业的盈利能力和发展潜力。

在“低可持续性—低社会使命”组织环境下，社会引领与财务绩效呈正向线性关系，因为企业社会使命较低，往往忽略自身对环境和社会应当承担的责任，甚至拒绝履行社会责任和参与社区建设，在社会和公众对企业社会贡献情况作出抗议的时候，就触发了企业进行变革的动力，企业调整政策的社会利益倾向，增强社会问题敏感性，重视各个层面利益相关者的价值实现，强化自身的经营能力并树立良好的社会形象，为企业绩效的增长带来积极影响。但是由于企业的风险承担能力较弱，企业在进行社会问题挖掘时会受到自身条件的诸多束缚，因而仅仅靠增强社会引领能力不能够给企业成长带来显著的促进作用。

（3）小结。

本节通过多元线性回归分析方法对不同组织内部环境下的社会创业导向与绩效关系进行了回归分析，发现社会创业导向在不同内部环境下与财务绩效和成长绩效均表现出不同的关系形式，H2a 和 H2b 均得到验证。此外，本节还分析了不同环境下各维度与绩效间呈现不同关系的可能原因。

5. 组织外部环境的影响分析

虽然目前学者对组织外部环境变量对创业导向与绩效关系的影响还没有统一定论，但是外部环境对二者之间具有调节效应这一观点已经得到了学者们的一致认同。因此，本节借鉴创业导向与绩效关系的研究思想，将行业竞争性和政府支持作为外部环境变量，通过层次回归方法来探究二者与社会创业导向各维度的交互作用如何影响绩效的实现，因为仅仅考虑环境的调节作用不足以解释创业导向与绩效的关系，而交互作用更具有解释力。

（1）行业竞争性的调节效应分析。

本节将企业成立年限和员工总数作为控制变量，首先以财务绩效作为被解释变量，将资源拓展、社会引领和互惠协同三个解释变量以及竞争强度作为因变量加入模型（模型 7）；其次，在此基础上，形成三个新变量：

竞争×资源（竞争强度×资源拓展）、竞争×社会（竞争强度×社会引领）、竞争×互惠（竞争强度×互惠协同），再将三个新变量加入回归模型（模型 8）。

依据财务绩效回归模型的构建思路，以成长绩效为被解释变量，依次构建成长绩效的两个回归模型（模型 9 和模型 10）。再通过 SPSS 21.0 计算后，结果如表 7—22 所示。

从表 7—22 可知，在财务绩效的两个回归模型中，竞争×资源的回归系数为正，但是未通过显著性检验，竞争×社会以及竞争×互惠的回归系数为负，但同样未达到显著性水平。因此，行业竞争激烈程度对于社会创业导向与财务绩效的关系不具有显著的调节效应，H3a 未通过检验。

在成长绩效的两个回归模型中，竞争×资源的回归系数为正，并且在 $p=0.1$ 的显著性水平上显著，因此行业竞争激烈程度对资源拓展维度与成长绩效间关系具有显著正向调节作用，H3b 得到验证。

表 7—22　　行业竞争对社会创业导向与绩效关系的调节效应检验结果

变量	财务绩效		成长绩效	
	模型 7	模型 8	模型 9	模型 10
控制变量：				
企业成立年限	0.057	0.054	0.026	0.023
员工总数	−0.297***	−0.296***	0.079	0.078
自变量：				
资源拓展	0.098	0.084	0.434***	0.411***
社会引领	0.147*	0.153*	0.303***	0.308***
互惠协同	0.368***	0.371***	0.129*	0.136**
竞争强度	−0.028	−0.019	0.026	0.042
竞争×资源	—	0.078	—	0.120*
竞争×社会	—	−0.046	—	−0.060
竞争×互惠	—	−0.010	—	0.016
R^2	0.268	0.273	0.469	0.481
R^2变化	0.268	0.005	0.469	0.012
F	9.157	6.133	22.088	15.120
Durbin-Watson	1.746		1.786	

说明：* 表示显著性水平 $p<0.1$，** 表示显著性水平 $p<0.05$，*** 表示显著性水平 $p<0.01$。

（2）政府支持的调节效应分析。

采用与上文相同的研究构思，本节将企业成立年限和员工总数作为控制变量。首先，以财务绩效为被解释变量，资源拓展、社会引领和互惠协同为解释变量，政府支持为调节变量，将这些变量共同引入模型，构成模型 11；其次，在此基础上，构建三个新的变量来反映政府支持与社会创业导向三个维度之间的交互作用，分别是政府×资源（政府支持×资源拓展）、政府×社会（政府支持×社会引领）、政府×互惠（政府支持×互惠协同），再将以上三个新变量加入模型 11，构成模型 12，并以此来探究政府支持对社会创业导向三个维度与财务绩效间的调节作用。按照相同的模型构建思路，将成长绩效作为被解释变量，依次构成模型 13 和模型 14。通过统计软件处理结果如表 7—23 所示。

由表 7—23 可知，在财务绩效的两个回归模型中，政府×资源和政府×社会两个变量的回归系数为正，但是都没有通过显著性检验，因此政府支持对资源拓展和社会引领与财务绩效之间的关系不具有显著的调节效应。与此相反，政府×互惠的回归系数为负，并且在 $p=0.5$ 的显著性水平上显著，因此，政府支持对互惠协同和财务绩效间的关系具有显著的负向调节效应，H4a 得到验证。

在成长绩效的两个回归模型中，政府×资源的回归系数为正，并且在 $p=0.05$ 的显著性水平上显著，因此，政府支持对资源拓展与成长绩效间关系具有显著的正向调节效应，H4b 得到验证。与此相反，政府×社会和政府×互惠两个交互变量的回归系数虽然为负，但是并未通过显著性检验，因此，政府支持对社会引领和互惠协同两个维度与成长绩效间的关系并不具有显著的调节作用。

表 7—23　　政府支持对社会创业导向与绩效关系的调节效应检验结果

变量	财务绩效		成长绩效	
	模型 11	模型 12	模型 13	模型 14
控制变量：				
企业成立年限	0.054	0.059	0.029	0.026
员工总数	−0.274***	−0.280***	0.100	0.097
自变量：				
资源拓展	0.104	0.133	0.432***	0.483***
社会引领	0.115	0.107	0.269***	0.271***
互惠协同	0.368***	0.345***	0.134**	0.127*
政府支持	0.089	0.097	0.079	0.069
政府×资源	—	0.100	—	0.142**

续前表

变量	财务绩效		成长绩效	
	模型 11	模型 12	模型 13	模型 14
政府×社会	—	0.026	—	−0.003
政府×互惠	—	−0.162**	—	−0.060
R^2	0.274	0.298	0.473	0.491
R^2变化	0.274	0.024	0.473	0.018
F	9.417	6.931	22.468	15.774
Durbin-Watson	1.787		1.757	

说明：* 表示显著性水平 $p<0.1$，** 表示显著性水平 $p<0.05$，*** 表示显著性水平 $p<0.01$。

(3) 小结。

本节利用层次回归方法分析了行业竞争强度和政府支持对社会创业导向与绩效关系的调节效应，并发现竞争激烈程度对资源拓展与财务绩效的关系不具有调节效应，与预期相悖。但是，行业竞争激烈程度和政府支持对资源拓展与成长绩效的关系都具有正向调节效应，而政府支持对互惠协同与财务绩效具有负向调节效应，这与本研究之前的预期是一致的。

第二节　基于生态创业导向的分析

一、问题的提出

1. 研究背景

20 世纪 70 年代以来，越来越严重的生态环境问题和令人触目惊心的环境污染事件、冰川融化、极端气候变化等频繁出现，严重影响和干扰了人类社会正常的生产和生活，给人类社会造成了巨大的损失和破坏。仅 2012 年一年之中全球就发生了多达十起极端气候事件。而这些触目惊心的事件，只是过去半个世纪以来自然生态环境不断恶化，导致全球气候失衡，极端天气频发的一个缩影而已。正是由于这些极端气候的出现，导致社会公众开始更加关注人类活动对地球自然生态环境的影响，反思人类活动造成的环境变化，并在此基础上，对经济运行的基本单位即企业行为的看法和态度、期望逐渐发生了极大的转变。相较过去，当前的社会公众已不满足于企业只是简单地为社会提供产品服务价值、创造工作机会，而是期望企业可以更有责任感，积极主动地去考虑自身经营活动对自然生态环境的影响，通过有效的控制降低对外在自然环境的污染和破坏，并促进环境质量的可持续性改善和提升，促进人类社会的可持续发展。社会公众不仅对企业的看法和观念发生了变化，而且他们已经开始改变和调整自己的行为方式，通过更多地开始选择和消费有利于促进生态环境保护和环境可持续性改善的产品和服务，来对生态环境变化做出反应。

在当前自然环境与社会环境发生巨大变化、公众心理和期望发生转变的情况下，产生了一种新现象：生态创业企业出现和部分已有企业逐渐开始实施生态创业导向。前者是指以追求环境的可持续改善和提升作为企业存在和开展经营活动的前提和目标的新生创业企业，后者是指已有企业中在上述自然环境变化和公众心理与需求变化的条件下，为了追求更好的企业形象和企业绩效做出相应回应的企业。

在所有的企业类型中，高新技术企业所在的行业是创业活动非常活跃的领域。此类企业所在环境具有很大的变动性和不确定性。这些行业中的创业者，或已有企业的管理者，通过深入细致地观察社会环境的变化，敏锐地识别环境变化之中所蕴含的潜在创业机会，利用掌握的高新技术迅速开发出可以满足环境需求的产品或服务，进而开发和获取创业机会的价值，从而推动企业的快速成长。随着近年来世界环境问题的恶化、极端气候事件的频繁爆发，社会公众及各国政府对环境问题的关注程度逐年提升、对于环境治理和环境科学研究方面的投入也急剧增加，导致近年来环境科学与技术已经得到了前所未有的重视，取得了快速的发展，产生了大量的高新技术，更多地运用于解决环境问题和促进环境质量的提升。基于出现的这些高新技术，衍生出了大量以促进环境改善、提升环境可持续发展为目标，具有生态创业导向的高新技术新建企业。同时，一些已有的高新技术企业通过观察生态环境变化和公众心理的巨大转变，敏锐地识别到这种环境变化中所蕴藏的巨大商业价值和创业机会，也开始逐渐采取和实施生态创业导向，希望借此更好地应对环境中出现的各种变化，抓住和开发企业外在环境变化所衍生出的创业机会，获取巨大的潜在商业价值，在已经发生变动的环境中取得比其他企业更好的企业绩效。对于现实中出现的这一新现象，其所实施的生态创业导向在实际中具有怎样的作用，在理论上和实践上都是一个新的值得关注的重要问题。

2. 研究意义

（1）理论意义。

由于自然生态环境的巨大变化，导致社会公众心理和观念的巨大转变。20 世纪 70 年代，西方国家的社会环境中最早出现了生态创业的萌芽，之后迅速地茁壮成长、发展壮大，已经在西方社会形成一股显著的社会潮流，在经济、社会生活中产生和发挥了很大的影响。在此背景下，西方国家的研究者较早地开始关注此现象的研究，在学术界已经吸引和聚集了一批关注此研究方向的研究者，开展和实施了基于西方情境下的生态创业的相关理论研究。他们以传统创业研究的领域下创业活动所具有的研究内容为指导，去研究生态创业此一新型的创业类型具有的特点及规律，并且已经取得了一些初步的研究结论。他们已经发现了生态创业的分类、生态创业者的类型、生态创业者实施生态创业的动机等初步的理论成果，并仍在不断推进深化，以进一步丰富与完善生态创业此一新的创业研究领域。

但是，当前基于中国情境下的生态创业相关理论研究发展却非常滞后。当前关注生态创业研究领域的研究者还非常稀少，取得的相关的理论成果更是非常稀缺。当前国内此领域内的研究者所做的工作大多仍只是限于对国外相关研究结论的介绍和论述。相对国外研究，国内的相关理论滞后的现状，一方面是由于中国的生态创业活动出现晚于西方社会，生态创业现象出现的时间还不长，在经济和社会中产生的影响还比较小，还不是特别显著，未能引起公众和研究者的注意；另一方面也是由于作为一个新兴的研究领域，基于中国情境下的生态创业理论领域的基础还十分薄弱，在此领域内开展研究的难度相对已有的研究领域要大很多，取得理论突破和结论所需要的时间、精力、经济成本都要远远多于其他已经成熟的研究领域。一方面，大部分的研究者主观上倾向于拈轻怕重、规避困难的研究，更愿意去选择相对容易的研究问题进行研究；另一方面，客观上讲，在此领域内取得理论成果所需的时间较长，短期内难以取得研究成果。所以导致很多研究者不愿意涉足此一研究领域，以至于专注于生态创业领域的研究者十分缺乏，导致相对国外研究，当前中国生态创业领域的理论发展十分滞后，仍停留在主要介绍国外生态创业相关研究结论和理论成果的阶段，基于中国情境下的研究结论和理论成果还十分稀缺。

当前急需国内的一批研究者关注和研究此一新兴领域内的研究问题。生态创业导向是生态创业领域内一个新的研究方向，通过开展高新科技企业类型中生态创业导向的研究，可以分析出在中国情境下，企业在实施生态创业导向过程中反映与体现出来的显著特征与规律，识别出生态创业导向的构成维度，总结企业如何实施生态创业导向、生态创业导向在实际中对企业具有哪些作用等。当前中国国内生态创业导向的研究非常稀少，此项研究的研究结论，有望揭示出中国情境下生态创业导向的特征、生态创业导向的构成维度、生态创业导向在实际中具有的作用、作用的方式与机制等研究结论。这些关于生态创业导向的理论成果，可以弥补关于生态创业导向理论研究的空白，为生态创业导向的后续相关研究提供初步的研究理论基础与参考借鉴。

（2）实践意义。

绿色创业是在可持续发展诉求背景下，兼顾经济繁荣、社会平等和环境友好“三重底线”的创业活动。这种生态导向的新型商业模式不仅体现了 ISO 14000 环境管理系列标准表述的追求环境的可持续改善的思想，有助于提升环境友好水平，而且为新企业开拓新市场创造了条件。生态创业不仅是开启和发展新事业的新方法，而且是一种创造和传播价值的新途径，是推动创意在更广泛社会领域产生影响的新模式。生态创业包含创业性和绿色性两个基本特征维度，总体上是一种通过识别和利用“绿色”创业机会来持续创造环境乃至社会价值的创业过程。在生态创业的过程中，企业组织体现出了生态创业导向的共同特征。

当前我国已经把实践和落实科学发展观作为我国长期坚持的一项政策指导方针，推动经济社会环境共同进步和改善，实现全面协调可持续发展。基本要求是走出一条科技含量高、经济效益好、资源节约、生态环境安全的发展道路。特别是突出科技含量高、生态效益好、环境安全。这就是要建立不仅具有高科技含量而且具有生态创业导向的新企业，并对已有企业进行改造，不仅提升其科技含量，更要创造环境效益。不但要创造出巨大的经济价值，推动经济进步，而且在此过程中要促进和维护生态环境安全，推动生态环境的可持续改善和提升，从而有效地落实和实践科学发展观。推动我国跨越式发展，满足科学发展观的基本要求，实现科学发展观提出的目标，把我国建设成科技发达、社会进步、生态环境明显改善、经济社会环境协调可持续发展的社会主义国家。

而要把科学发展观的基本要求落实到实际经济社会生活中，就需要推动企业既要提高科技含量，生产与提供具有高新科技含量的产品、服务、技术，创造经济价值，又要保护和改善生态环境质量，创造生态环境价值。

这就对高新科技企业提出了重要的要求。长远看来，实现科学发展观这一重大战略思想要求的解决方式只有：一是一开始就建立起新型的把科技含量与环境效益相结合的企业，即绿色高新科技创业企业，科技与环境在企业创立之初就已紧密地结合起来；二是推动当前已有高新科技企业实施生态创业导向，在高新科技企业具有科技含量的基础上，促进增加其之环境含量。因此，推动与实施生态创业导向具有重要的战略意义。

既然生态创业导向具有重要的战略意义，那么要推动高新科技企业实施生态创业导向，首先就需要使高新科技企业清晰地认识到怎样的行为才是体现出了生态创业导向、生态创业导向具有哪些方面的特征，只有清晰地识别出了这些特征，才能创立出具有生态创业导向的新创企业，也才能使当前已有的企业逐渐地发展与体现出这些特征，从而逐步开始实施生态创业导向。同时，生态创业导向决定了一个企业的全部方面，体现在全部运营活动的过程中，对企业具有很关键的作用。

我国北京市的中关村科技园是全国高新技术企业一个很重要的聚集区，区域内有数量众多的高新技术企业，是中国高新技术重要的发源地，而且技术创业活动活跃，每年新生成的高新科技企业很多，为研究生态创业导向对高新技术企业绩效的影响提供了性质适合且数量巨大的研究对象，可针对之展开大量的设计研究，多方面、深层次、长周期地揭示生态创业导向理论与实践的内在规律。通过对中关村的高新技术企业实施开展生态创业导向的相关研究，不仅可以揭示出高新科技型企业中实施生态创业导向的特征、生态创业导向对企业绩效的作用与作用方式，从而为高新技术企业实施生态创业导向、发挥生态创业导向路径积极作用提供参考借鉴，同时也可以为政策决策层面的指导规划提供相应的参考建议。

二、文献回顾

1. 创业导向

创业导向起源于战略决策研究理论（Child，1972），目前是创业研究领域内一个重要的研究方向，大量研究者对其进行了广泛而深入的研究，已经形成了比较丰富的理论成果。在创业导向研究的初级阶段，研究的重点主要是创业导向的概念及构成。

Miller（1983）最早对创业导向进行了研究。Miller 主要研究了不同类型企业创业性水平的决定因素，分析什么因素影响不同类型企业在领先、创新、风险承担、更新自己及其市场的过程中表现出来的创业性水平。企业的创业性就是企业实施产品—市场创新、技术创新，进行风险性创业活动，开展产生“抢先行动性”创新，狠狠打击竞争者的行为。相反，如果一个企业不具有创业性，就是指一个企业极少进行创新、高度规避风险、模仿竞争者的行动而非领导产业方向。一个企业的创业性是由创新性、风险承担性、抢先行动性这三种特点构成的一种加权组合。Miller 在初期研究中使用的创业性一词，其实质就是后续研究中的创业导向，但是限于当时的条件，他在初期研究中还未能明确地提出创业导向这一概念。

Miller 分析指出，对于不同类型的企业，决定企业创业性水平的因素是不同的。他根据三类企业类型——简单企业、规划型企业、有机型企业——对影响企业创业性水平的因素进行了分析。

第一种是简单企业—领导命令型。在简单企业中，企业的创业性主要是由领导者决定。领导者的人格越是内控型，越是相信自己可以控制所在的环境，企业越是可能表现出创业性；领导者的决策权力越集中，简单企业越可以实施创新和创业性活动；领导者关于新市场、新产品、新技术的知识越多，企业的创新性行为越多、创业性水平越高。

第二种是规划型企业—战略命令型。规划型企业中的创业性水平，大体上是一个产品—市场战略的清晰性和整合性的函数。清晰、整合良好的战略，使执行者唯一聚焦于产品—市场更新，开展更多的产品—市场创新行为，使企业表现出更高的创业性水平。相反，模糊、不清晰、整合不佳的战略使执行者关注于运营和企业效率问题，而减少了投于产品—市场前景的注意力，导致企业表现出较低的创业性水平。

产品—市场的清晰化和整合是影响企业创业性特征的关键因素。企业越是具有一个清晰、明确的产品—市场战略，它的注意力就越会集中于企业自身独特的竞争力、企业的终极使命、企业的商业领域、当前和未来的目标市场，越可能表现出创业性（Ansoff，1965；Steiner，1969）。由于企业的权力是集中的，所以主要决策者的内控点类型对于企业的创业性仍然具有很大影响。决策者越是内控型，企业越具有创业性。由于规划者缓冲环境影响的努力，使企业对环境的反应度更低，所以环境动态性和敌对性与规划型企业的创业性不会显著相关。只有规划的、常规的、可预测的创业性行为，才会在规划型企业得以执行。

第三种是有机型企业—环境和结构命令型。有机型企业的创业性受到企业的环境和结构两方面影响。企业的环境越具有挑战性，企业越需要具有创业性；企业的结构越具有有机性，企业越可以实现这种创业性。

企业的环境越具有动态性和敌对性，有机型企业越具有创业性特征。动态性和敌对性都要求创新，所以企业会努力调整自己的行为以适应环境条件，对于市场的需要会表现出更加创业性的行为；企业的结构将对企业的创业性产生很大影响，企业结构越是有机化，企业越可能具有创业性；CEO的内控点对企业的创业性具有很小的影响，因为有机型企业中权力是更加分散化的，创业行动是被低层的管理者和技术人员执行；过于清晰、过于整合、长期的产品—市场战略可能会限制企业的适应环境的行动并且抑制企业的创业性。

Covin等（1989）通过对比研究敌对性环境与宽松性环境中，小企业面对环境敌对性的有效战略反应，揭示出了创业性战略姿态的意义与作用。研究结果表明，对于处于敌对性环境中的小企业而言，与绩效正相关的是：有机的组织结构、创业性的战略姿态，以及一种长期导向、高产品定价、关注预测产业趋势的竞争特征；而对于处于宽松性环境中的小企业而言，与绩效正相关的是：机械的组织结构、保守型的战略姿态、保守的财务管理、短期的财务导向、强调产品的改良、依赖于单一客户的竞争特征。在研究中使用测量问题——企业具有的创新性、风险承担性、抢先行动的水平——来衡量企业创业性的战略姿态。Covin 等同样未明确提出创业导向的概念，他们研究中的创业性战略姿态本质上也是后续研究中的创业导向。

Lumpkin 等（1996）明确提出了创业导向的概念及定义，认为企业的创业导向就是企业开展创业性行动时所反映出来的组织性的过程、方式、风格，涉及导致新进入的过程、实践及决策活动。此一定义也为后来的大多数研究者所广为接受和采用。

Lumpkin 等对创业导向的探讨，源于在创业理论早期研究中的不一致。当时研究者使用了很多不同的视角描述创业（Webster，1977；Cooper，1986），导致对于创业的描述产生了很多的差异。这些描述虽然指出了创业过程的很多维度，却不能在如何刻画创业的特征上取得一致性。这种一致性的缺失抑制了创业发展为更广阔的理论，尤其是使研究创业与绩效之间的关系非常困难。

Lumpkin 等首先对创业与创业导向进行了区分，认为二者之间的区分类似战略管理中内容与过程的区别（Bourgeois，1980）。创业相当于战略管理中的进入某一产业决策的内容，创业的基本问题是关于“我们应该进入什么产业”；随着战略管理领域的发展，研究重心逐渐转移到了创业的过程，即管理者用来表现出创业型行为所使用的方式、措施、决策风格。此类过程包括对具有前景的新技术开展实验、乐于去抓住产品—市场机遇、敢于去承担风险性投资等。

创业的本质行为是新进入。新进入可以是利用新产品或已有产品进入一个新的市场或一个已有的市场，可以是建立一个新创企业，也可以是一个已有的企业建立一个新企业或者是企业内部创业。创业导向涉及导致新进入的过程、措施和决策行动，它起源于战略选择的视角。新进入机会可以通过有目的的构建实现。它涉及新企业动态生成过程中一个主要作用者的意愿及行动。刻画创业动态的关键维度在于自主行动的倾向、创新的意愿、承担风险的意愿、面对竞争者积极竞争的倾向、面对市场机会抢先行动的倾向。

Lumpkin 等指出企业的创业导向就是衡量企业创业过程中的五个维

度：自治性、创新性、风险承担性、抢先行动性、积极竞争性。创业导向的五种维度是相对独立的，取决于环境和组织的情境。一个成功的创业过程可以同时体现出上述五种维度，也可以只体现出其中的几种维度；某企业的创业过程在某一维度上表现出较高的水平，不一定在其他几种维度上也同样表现出较高的水平。创业导向与企业绩效之间存在影响关系，且二者之间的关系依赖于具体的情境。

通过回顾已有研究，结合自身的研究，Lumpkin 等具体解释了五种维度的含义。自治性就是指一个个体或团队提出一个新想法或新视角并且实施的独立行为；创新性是指反映一个企业支持新想法、新创意、新实验和创造性的过程，从而可以产生新产品、新服务、新技术过程的倾向；风险承担性是指企业参与风险性的项目，管理者使用大胆的行动而非谨慎的行动去实现企业目标的倾向；抢先行动性是指目的在于满足未来的需求，通过寻求与当前产品相关或不相关的新机会，领先于竞争者引进新产品、新品牌，战略性地淘汰落后产品的过程；积极竞争性是指一个企业直接和猛烈挑战竞争者从而获得市场进入或提高市场地位，超过市场中的产业对手的倾向。

创业导向与企业绩效之间具有很重要的影响关系，同时二者之间的关系也受到环境因素与组织因素的调节作用，Lumpkin 等构建的创业导向与组织绩效之间的关系框架如图 7—3 所示。

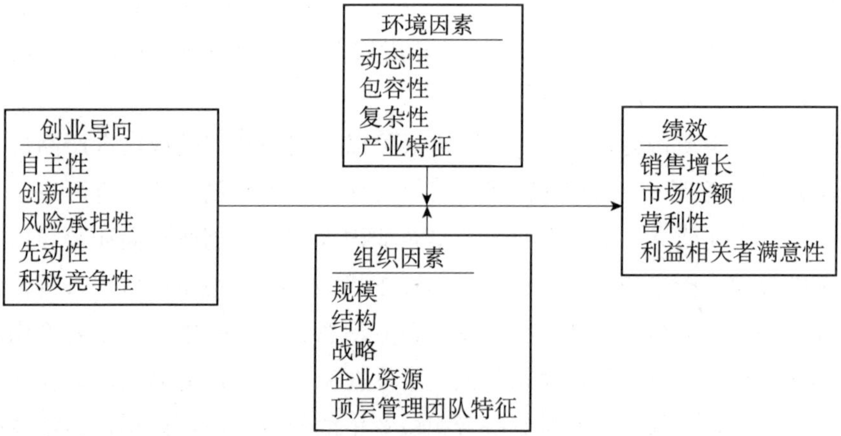

图 7—3　创业导向概念框架

Wiklund（1999）研究了创业导向与企业绩效之间关系的持续性。通过研究发现，创业导向与企业绩效之间确实存在一种正向的关系，且这种关系随着绩效考察期的延长而逐渐增强。创业导向的影响是长期且持续的，而非短期性的。

2. 生态创业

生态创业是创业理论研究中一个新兴的研究领域。生态创业也称作可持续创业、环境创业等，其之本质是通过个体或企业的创业活动，可持续地改善和提高生态环境质量，最终实现经济与人类自然生态环境的协调可持续发展。当前生态创业在学术界尚无一致的定义，不同研究者由于研究的侧重面不同，得出的研究结论也各有侧重。

Schaltegger（2002）认为生态创业有狭义和广义两种意义上的区分。狭义的生态创业主要对应于创立新企业的情况。生态创业者使用他们的个人目标和偏好显著地影响了他们开创的企业，以至于这些会反映在企业的目标当中。生态创业者构成和塑造了他们企业的“头脸”。由于生态创业者人格对企业的强烈影响，生态创业和生态创业者对整个企业都是非常重要的。因此，狭义的生态创业是指一个提供环境产品和服务的非常创新性的新企业的启动过程。但是生态创业者也可以出现在已经建立的企业中，因为使用环境性产品和服务创造显著的市场成功的过程也存在于已经建立的企业中（例如，建立利润中心、衍生企业等）。在更广泛的意义上，可以把生态创业定义为一个企业从启动到成长阶段，通过环境创新实现产品创新，并基于市场导向和价格驱动进行价值创造的过程。

Schaltegger 提出生态创业的根本特征体现在一些创业活动的方面，更少地导向于管理系统或技术程序，而更多聚焦于创业者个人或团队使用环境性的创新去实现市场成功。生态创业者更加展现出一种个人统治性，并且考虑他们的职业生涯是一种创造性的活动。他们视个体目标与感知的现实之间的差距为一种挑战，而不是当作一个问题。

Dean 等（2007）通过对市场失灵和创业机会理论的回顾，提供了可持续创业和环境创业的概念。Dean 等指出，环境经济学理论认为环境问题起源于市场失灵，而创业理论则认为任何创业机会都是蕴含于当前的市场失灵，由于当前的市场运行机制不能解决的环境问题之中蕴含着新的创业机会。因此，环境问题就代表了在获取经济利润的同时减少环境问题的创业机会。换言之，导致环境损害的市场失灵，提供了经过开发之后可获得经济利润和社会福利改进的创业机会。一种与环境相关的市场失灵是当前市场的非效率的表现，是一个如果人们面前有一种成本—效率最优的解决方式时将会去解决的问题，创业者的机会也由此产生。进一步，通过减轻市场失灵，创业行为在提高市场效率的同时将增进环境可持续性和社会福利。在理论文献回顾的基础上，Dean 等给出了一个关于可持续创业和环境创业的概念。环境创业就是发现、评估和利用环境相关的市场失灵所代表的经济机会的过程。可持续创业就是发现、评估和利用环境相关的，损害可持续性的市场失灵所代表的经济机会的过程。

Cohen 等（2007）给出了可持续创业的一个定义。可持续创业是对可转化为未来产品或服务的创业机会怎样被发现、创造、利用，主体是谁，具有怎样的经济、心理、社会、环境的影响之审视。Cohen 等指出，以往的环境可持续性的任何改进都需要在与经济利润之间权衡取舍的观念已经逐渐让位于一种全新的视角——可持续性即实现经济健康、社会公正、环境活力的均衡，提供了一种长期的视角和双赢的解决方案。遵从这种原则，同时追求经济、社会、环境三种可持续性的均衡运行的企业也被称作是在管理和维持三种底线。

可持续创业的创业机会来源在于经济运行中的市场失灵。经济运行中存在的四种市场失灵——非效率的企业、外部性、含有缺陷的定价机制和信息不对称性——导致了环境退化问题的产生，但是市场失灵是创业机会的重要来源，它们为激进型的技术进步和创新性的商业模式提供了重要的机会。正是这些机会为新兴的可持续创业模式提供了基础，可以使创业者获得创业租金。而且可持续创业具有减缓甚至逆转当前环境恶化趋势，逐步改善环境条件状况的潜力，可以领导世界进入“下一次产业革命”（next industrial revolution），在推动产业发展升级的同时，同步地提高当地乃至全球的社会和环境条件状况。通过进一步的深入分析，揭示出了市场失灵如何产生可持续创业的创业机会的机制。Cohen 等指出市场不完美与创业机会之间的关系，以及可持续创业的相关研究必将成为未来创业领域内的重要研究方向。

3. 生态创业导向

生态创业导向，顾名思义，也即个体或企业在实施生态创业活动过程中表现出来的创业导向。但是当前在国外还没有学者或研究者明确地提出生态创业导向此一概念并且给出正式的定义。国内有少数研究者根据自身的研究成果，提出了生态创业导向的一些初步的定义和维度划分，并开展了一些实证性的研究。

陈晟杰（2009）提出生态创业导向的定义为：描述了公司在运营、组织架构和资源分配等方面体现的一种用于肩负社会责任、关注环保事业、积极进取、勇于开拓、行动领先的经营哲学；并且认为生态创业导向由创新导向、行动导向、环境导向、社会导向四个维度构成。在此基础上，陈晟杰以环保产业内的企业为研究对象，进行了生态创业导向与企业绩效关系的研究。

李凯（2011）根据新能源企业生态创业活动取得的研究结论，提出新能源创业生态创业导向为四维结构，包括环境导向、社会导向、机会导向和盈利导向；同时认为环境导向和盈利导向之间具有互补效应，社会导向和机会导向之间具有平衡效应。

机会导向界定为通过技术研发启动新产品、新服务，以行动领先的经营方式抓住机会占领市场，在其中承担风险并以创业租金的形式获得高额回报；环境导向界定为在制定战略时考虑自然环境的程度；社会导向界定为企业在制定战略时承担社会责任、考虑社会嵌入和利益相关者福祉的程度；盈利导向界定为对经济利益的追求。

李先江（2012a）提出，生态创业导向是指企业参与绿色产品市场创新，承担一定程度的风险，进行有超前性的创新，打击竞争者及开拓新的市场的战略行为。生态创业导向的维度包括绿色创新性、绿色超前行动性、绿色冒险性。

李先江（2012b）提出，生态创业导向是指企业出于盈利和环保的要求参与绿色产品市场创新，承担一定程度的风险，进行有超前性的创新，打击竞争者及开拓新的市场而进行的一种绿色生态革命。生态创业导向的维度包括绿色创新性、绿色超前行动性和绿色冒险性。

这些研究结论都是生态创业导向领域内的初步研究成果，代表了生态创业导向领域的初步研究进展，为生态创业导向后续更深入、完善的研究提供了参考借鉴的宝贵基础。但是，从中也应该清楚地看到这些研究中同样也存在着一些缺陷和不足，需要在未来的研究中进一步改进和完善。

陈晟杰（2009）对于绿色导向的定义和构成维度的提出只是基于环保产业内的环保型企业，而由于环保型企业与环境保护密切相关，其绿色程度与社会中其他大多数产业中的企业有明显差异。由于环保产业内企业类型的特殊性，其研究中所提出的生态创业导向概念及维度划分以及维度测量方式，对于其他产业内企业类型的适应性及有效性还有待考量，即对其推广至其他类型企业时的效度应持谨慎态度。

李凯（2011）提出的生态创业导向的维度划分，同样只是基于新能源产业这一种产业内部的企业研究分析。由于新能源产业性质的特殊性，以其为研究对象提取之生态创业导向的维度构成，推广至其他更广泛产业内的企业类型时，信度及效度如何，是否具有合理的适应性，同样需要考察。

李先江（2012a，2012b）在传统创业导向由创新性、先动性、风险承担性三种维度构成的基础上，提出生态创业导向由生态创业性、绿色冒险性、绿色行动性三种维度构成，其之生态创业导向维度构成提出的过程，并未经过相关文献深入挖掘与理论推导，也并非进行客观实际案例的深入提炼得出，导致提出的维度构成缺乏理论基础及实践支撑。

由于当前已有的初步研究结果仍存在不完善、不完备之处，所以仍有必要继续深入挖掘创业导向理论与生态创业理论，在此基础上提炼萃取出生态创业导向适合的概念及构成维度，使其具有更加扎实的理论根基及支撑。以下将对创业导向理论与生态创业理论进行深入的挖掘与提炼，在此基础上提出生态创业导向的概念及维度构成。

Lumpkin 等（1996）认为，创业导向就是企业开展创业性行动时所反映出来的组织性的过程、方式、风格。生态创业是一种创业活动，在实施中也同样会反映和体现出一些显著的过程、方式、风格，而识别出这些特征为我们提取生态创业导向的维度指出了一个具有启示性的方向。

传统创业导向维度的提出和建立过程是通过考察和识别创业过程中表现出来的显著特征，生态创业导向维度的提出也可借鉴传统创业导向维度的提出和创立过程。通过考察和识别已有研究文献关于生态创业活动的理论研究及实践总结中反映出的关于生态创业活动实施过程的方式、风格和特征，对其进行进一步汇总和提炼，即可提取出具有理论支撑同时符合实践观察的生态创业导向的构成维度，为今后进一步的深入具体研究提供理论基础及测量参考借鉴。以下为具体分析过程。

创新是任何创业过程的本质。Schumpeter（1934）认为任何创业过程都是一种“创造性破坏”的过程，在创业过程中，创业者创造出挑战和颠覆以往方式的新产品、新过程、新工作方式。

Schaltegger（2002）认为在市场系统中，可持续发展需要可持续创新和创业者为实现环境目标而采取的卓越的创新性行动在市场中获得成功。驱动可持续发展的市场创新不是偶然发生的，而是需要领导者把这种创新投入企业活动的核心之中。在其核心业务中实现环境进步的个体或企业叫作“生态创业者”，他们生产新产品、新服务、新技术、新的组织模式，持续显著地减少环境的消极影响，提高生活质量。生态创业者通过破坏已有的传统生产模式、产品、市场结构、消费模式，并使用更加优越的环保性产品和服务替代它们。生态创业过程中的活动创造了环境进步改善的动力。

从 Schaltegger 关于生态创业的理论中，可以明显看出在生态创业过程中，生态创业企业通过在产品、服务、技术、组织模式方面的创新，生产出新产品、新服务、新技术、新的组织模式，持续显著地减少环境的消极影响，提高生活质量；可以清晰地看出生态创业过程中非常明显地表现出了 Schumpeter 描述的创新性特征，通过创新性的过程实现减少环境消极影响、促进环境进步目标的特性。

Isaak（1998）认为生态创业者（ecopreneurs）是社会活动家，他们在实施生态创业的过程中，通过采取先动性的、生态环境导向的商业战略（proactive，ecologically oriented business strategies），重建所在产业内的企业结构和社会关系。即生态创业活动不仅具有先动性，而且具有生态环境导向。

Isaak（2002）认为生态创业过程涉及企业的伦理方面，生态创业者开展生态创业活动的驱动因素并非只是挣钱的欲望，而是还有一种改善世界状况，解决环境问题、社会问题的承诺。

Dean 等（2007）指出，环境创业就是发现、评估和利用环境相关的市场失灵所代表的经济机会的过程。可持续创业就是发现、评估和利用环境相关的损害可持续性的市场失灵所代表的经济机会的过程，包括环境相关的机会。从定义看出，可持续创业非常注重和强调环境问题的减少及环境质量的改善与提高，创业者通过利用机会环境问题内在的创业机会，克服环境相关的市场失灵，减少或消除环境问题，在获得经济价值的同时提高环境的可持续性。

Dean 等的理论同样强调了环境创业或可持续创业过程中对于环境关注的特征。环境创业或可持续创业过程的开始，首先源于环境问题相关的创业机会识别。而在此类机会的识别过程中，需要环境创业者或创业组织密切关注和深入分析研究环境相关的问题，才有可能辨别、揭示出其中蕴含的创业机会。同样，环境创业和可持续创业机会的开发过程，就是创业者或创业组织通过一系列的创业过程，通过提供环境产品、服务，从而改善或解决相应环境相关问题，实现环境质量的改善。因此，环境创业或可持续创业的创业过程对于环境问题具有强烈的关注。

Harvey（2007）认为，与传统的为追逐利润最大化而不择手段的资本主义生产方式相反，开创和实施可持续创业活动的创业者在创业过程中展示出显著不同的特征，他们会对环境相关的问题捐款，为雇员提供员工—友好（employee-friendly）的工作条件，对社会问题表现出强烈的关注，会考虑本企业的运营活动对社会长期性的影响。

Tilley 等（2006）认为，可持续性创业者（sustainability entrepreneurs）努力把环境的、经济的、社会的可持续方面，使用一种和谐一致的方式结合起来，并且与传统的创业者具有不同的组织逻辑，强调环境、经济、社会三方面可持续性的统一。

Cohen 等（2007）认为市场失灵（非效率的企业、外部性、有缺陷的定价机制、信息不对称）导致了环境的退化，但是这些导致环境退化的市场失灵问题同时也为激进的技术进步和创新性的商业模式创造提供了重大的机会，正是这些机会建立了可持续创业活动的基础。创业者通过开展可持续创业活动，不但可以获得创业租金，而且可以同步改善当地与全球的社会状况与环境状况，从而实现经济、社会、环境三种可持续性之间的均衡进步。从 Cohen 的理论中可以看出，可持续创业过程起源于市场失灵导致的环境相关问题，而且可持续创业过程不但可以推动经济水平进步，还可同步改善社会状况与环境状况，带有明显的社会导向特征与环境导向特征。

通过上述关于绿色创业、可持续创业、生态创业相关理论的深入分析及提炼，可以清晰地看出绿色创业过程反映出来的显著的方式、风格和特征有以下几种：

创新导向。通过创新性的方式、手段、过程、模式，开发与利用环境问题相关的机会，生产和提供创新性的产品、服务或技术、商业模式等，从而达到减少环境消极影响、促进环境质量可持续改善的目标。

先动导向。通过积极抢先行动领先其他竞争者的方式，利用和开发与环境问题相关的创业机会。

环境导向。在创业过程中关注环境问题，把改善环境状况、促进环境的可持续发展作为实施活动所要实现的目标之一。

社会导向。在创业过程中关注社会问题，把改善社会状况、提高社会福利、促进社会的可持续进步作为实施活动的追求目标之一。

这几种是生态创业过程中突出地反映和体现出的显著的方式、风格和特征。依照传统创业导向研究中 Lumpkin 等给出的创业导向的经典定义，创业导向就是：企业开展创业性行动时所反映出来的组织性的过程、方式、风格。Lumpkin 等给出的创业导向的定义中指出，某一类型创业活动的创业导向就是识别与判断此一类型创业活动实施过程反映出来的组织性的过程、方式、风格。从 Lumpkin 等的这一指导思想出发，我们通过对生态创业相关理论的全面回顾与深入挖掘，识别出了生态创业活动过程中反映与体现出的显著的方式、风格和特征，这些方式、风格和特征均是生态创业此一创业类型对应的创业导向（生态创业导向）的重要组成部分。在此理论基础上，我们提出设想：生态创业导向由创新导向、先动导向、环境导向、社会导向四种维度构成。在上述理论回顾与挖掘提炼结果的基础上，我们给出生态创业导向的一个定义就是：

生态创业导向是指个体或企业在识别、开发和利用与环境问题相关的创业机会的过程中所反映和体现出来的显著的方式、风格和特征。生态创业导向由多种维度构成，创新导向、先动导向、环境导向、社会导向都是其之内在构成维度。

4. 生态创业导向与企业绩效的关系

陈晟杰（2009）研究了生态创业导向与企业绩效之间的关系，在研究中将企业绩效分为财务绩效和主观绩效两种。研究结果表明，生态创业导向可以显著影响企业的财务绩效和主观绩效。生态创业导向中的创新导向可以显著影响财务绩效和主观绩效；生态创业导向中的行动导向显著影响财务绩效；生态创业导向中的环境导向对财务绩效和主观绩效均具有显著影响；生态创业导向中的社会导向对主观绩效具有显著影响。

同时，陈晟杰研究了管理层的社会效能感的中介效应，结论表明社会导向与主观绩效之间的关系具有中介作用。他还研究了企业的员工人数、创业时间、企业类别和发展阶段等组织背景变量的调节效应，结论表明：员工人数对于生态创业导向与财务绩效、主观绩效之间的关系均具有调节作用；创业时间对于生态创业导向与财务绩效、主观绩效之间的关系均无调节作用；企业类别对于生态创业导向与财务绩效、主观绩效之间的关系都具有调节作用；发展阶段对于生态创业导向与财务绩效之间的关系具有调节作用。

李先江（2012a）研究了以低碳创新为中介变量，生态创业导向影响低碳创新、低碳创新进而影响组织绩效的关系模型。在研究中，低碳创新又细分为渐进式低碳创新、以技术为基础的突破式低碳创新、以市场为基础的突破式低碳创新。组织绩效又具体细分为短期绩效、长期绩效。研究结论表明，生态创业导向对三种形式的低碳创新均有显著影响。渐进式低碳创新对组织短期绩效有显著的正向影响，对组织长期绩效无显著影响；以技术为基础的突破式低碳创新对组织短期绩效有显著的正向影响，对组织长期绩效无显著影响；以市场为基础的突破式低碳创新对组织短期绩效、长期绩效均有显著的正向影响。

李先江（2012b）研究了以绿色服务创新作为中介变量，生态创业导向影响绿色服务创新、绿色服务创新进而影响经营绩效的关系模型。在研究中，生态创业导向细分为三个维度：绿色创新性、绿色超前行动性、绿色冒险性。绿色服务创新具体细分为：利用式绿色服务创新、探索式绿色服务创新。研究结果表明，绿色创新性对利用式绿色服务创新、探索式绿色服务创新均有显著正向影响；绿色超前行动性对探索式绿色服务创新有显著的正向影响；绿色冒险性对探索式绿色服务创新有显著的正向影响；利用式绿色服务创新、探索式绿色服务创新对组织经营绩效均有显著的正向影响。

5. 小结

通过对当前数量不多的生态创业导向相关研究的回顾，可以看出以下一些值得关注和研究的问题：

第一，对于生态创业导向的概念定义及维度构成尚无统一的观点，生态创业导向测量问题具有一定的局限性。

当前国外尚无研究者明确地提出生态创业导向的概念及定义，国内的研究者陈晟杰与李先江明确提出了生态创业导向的概念及定义，陈晟杰（2009）、李凯（2011）与李先江（2012a，2012b）提出了生态创业导向的维度构成。由于这些研究者是基于不同的研究对象，由于产业性质、企业性质、研究情境等因素的差异，其提出的生态创业导向定义及对应的维度构成具有较大的差异性。目前还没有形成统一公认的定义及维度构成。

同时，已有研究提出的生态创业导向的构成维度都是基于单一的产业内的企业。例如，陈晟杰是基于环保产业内的企业，李凯是基于新能源产业内的企业，李先江是基于服务业的企业。由于同一产业内企业性质的相似性，导致其提出的生态创业导向维度构成及测试题目的代表性可能具有局限性，对于其他更加广泛产业内的企业是否适用，仍然是一个需要验证的问题。

第二，对于绿色创业导向的作用的实证研究的数量仍然非常稀缺。

当前国外尚无研究者明确提出生态创业导向的概念，更无相对应的研究文献成果。国内只有陈晟杰、李凯、李先江等少数研究者开展了针对生态创业导向作用的研究，此方面的研究成果数量还非常稀缺。同时，由于各种原因，已有研究者选取的研究对象都是集中于同一产业之内。如陈晟杰选择的研究对象为环保产业内的企业，李凯选择的研究对象为新能源产业内的企业，李先江选择的研究对象为服务业内的企业。

未来的研究，一方面需要开展更多的实证性研究，增加文献研究成果数量，丰富和深入拓展生态创业导向理论；另一方面需要将研究对象扩展至更多产业内的企业样本，使研究对象具有更广泛的代表性。

第三，环境方面的调节变量作用尚未有研究者给予关注。

通过已有研究文献回顾可知，当前已有研究者对于中介变量和调节变量有所关注。对于中介变量，陈晟杰研究了管理层的社会效能感，李先江研究了低碳创新、绿色服务创新；对于调节变量，陈晟杰研究了企业的员工人数、创业时间、企业类别和发展阶段等组织背景变量。

但是环境方面的影响因素，如政府相关机构制定的关于环境的激励措施和管制措施等，在实际中是否具有影响，对于生态创业导向与企业绩效之间的关系是否具有调节作用，当前仍是尚未被研究者探索的问题。

基于当前生态创业导向研究中存在的问题和不足，本研究决定研究以下问题：

第一，确定测量生态创业导向的适当问题，检验生态创业导向构念的维度结构的适切性及有效性。

研究中将在参考已有相关研究的基础上，结合本研究实际情况，设计出生态创业导向的具体测试问题。利用针对中关村地区的多个产业内的高新技术企业取得的调查样本数据，使用专业统计软件进行信度分析及效度分析，检验本研究中提出的生态创业导向维度划分的准确性及有效性，检验测试题目是否适合作为生态创业导向的测试方式，从而为未来生态创业导向相关研究提供测试方式的参考借鉴。

第二，实证性考察生态创业导向对于企业绩效的直接作用。

研究中将使用针对中关村地区高新技术企业取得的调查数据，考察高新技术企业的生态创业导向对于企业绩效的直接作用，具体将研究生态创业导向各构成维度对于企业绩效的作用性质。同时，企业绩效将细分为企业财务绩效与企业成长绩效两个方面，研究生态创业导向对财务营利性和成长性两方面的影响，使研究结论更加具体和深化。

第三，考察环境相关因素对生态创业导向对于企业绩效的作用的调节效应。

研究中不但将考察高新技术企业生态创业导向对于企业绩效的直接作用，同时还将考虑在加入控制变量的情况下，环境相关因素如环境激励水平及环境管制强度作为调节变量，对生态创业导向与企业绩效关系的调节效应。

三、研究假设

1. 生态创业导向对企业绩效的影响

创业活动与企业的绩效具有密切的联系，是高绩效企业的一个显著特征（Peters et al.，1982；Covin et al.，1991）。而创业导向是企业开展创业性行动时所反映出来的组织性的过程、方式、风格，涉及导致新进入的过程、实践及决策活动，比如开发具有前景的新技术、更加乐意去抓住新产品—市场的机会、采取风险性投资活动的倾向。一个企业只要具有开发和提供新产品、新服务、新技术、商业模式等创业性活动的行为，就必定会具有某种创业导向。

大量的研究者如 Collins 等（1970）、Covin 等（1991）、Peters 等（1982）、Zahra（1993）都认为，企业绩效与创业导向具有非常密切的关系，企业的新进入者如果想取得高的绩效，必须具有强烈的创业导向。

生态创业活动所反映出来的创业导向就是生态创业导向，而生态创业导向又由多种维度构成，创新导向、先动导向、环境导向、社会导向都是其之内在构成维度。传统企业绩效的研究主要考察企业的财务绩效；当前的研究者已经认识到财务绩效是片面的，应该同时考虑一个企业的成长方面的表现，即成长绩效。所以研究生态创业导向对企业绩效的影响，就要考察创新导向、先动导向、环境导向、社会导向对企业财务绩效与成长绩效方面的影响。

（1）创新导向与先动导向对企业绩效的影响。

已有的大量研究已经表明，企业的创新导向对于企业绩效具有正向的积极影响。

Schumpeter（1934，1942）是最早关注创新作用的研究者。Schumpeter（1942）指出，财富增加的经济进步过程本质上是一种“创造性破坏”（creative destruction），通过新产品和新服务的引进使原有的市场结构被打破，使资源转移到新的企业当中，促进新企业的成长。

Naman 等（1993）发现，高度的创新性、先动性、风险承担性与企业绩效之间存在正向的影响关系。Covin 等（1991）、Miller（1983，1988）的研究也表明创业导向各维度与企业绩效之间存在正向相关性。

Covin 等（1991）研究了敌对性环境与宽松性环境中企业的创业战略姿态（即创业导向）与绩效的关系。敌对性环境是指具有以下特征：产业环境极不确定、厂商之间竞争激烈、商业环境变化难以判断与掌控、可开发的机会较少。Covin 等（1991）指出，在敌对性环境中，相对于其他消极、被动对环境反应的竞争对手，那些实施抢先行动、具有创新性、承担风险性的行动的企业，更容易获得或维持竞争优势，从而取得更好的绩效。

通过对 161 个小企业进行研究后发现，对处于敌对性环境中的企业而言，企业的创新性、风险承担性、先动性与企业的绩效正向相关。企业越是具有创新性、风险承担性越强、先动性越强，企业的绩效水平越好。反之，企业越不主动实践创新性、越不极力规避风险、越不进行抢先性行动，企业的绩效水平越差。

Khandwalla（1976）以 103 个加拿大的大型企业为样本，对上层管理者的管理风格与绩效之间的关系进行了研究，结果表明：在宽松性环境中，保守性的管理风格是最有效的。在敌对性环境中，更具创新性、先动性、风险承担性的创业性管理风格可以导致更高的绩效水平。

当前，科技进步日新月异，高新技术企业所在行业内各种产品和商业模式的生命周期日趋缩短，使得企业内部原有业务产生的利润流的风险及不确定性急剧上升，利润期望值大幅降低，导致企业需要永不停止地搜寻可带来新利润来源的新机会，如新产品、新服务、新商业模式等（Hamel，2000）。创业性的企业可以创造和引进新产品、新技术，产生超常的绩效表现（Brown et al.，1995）。

也有大量研究表明先动导向对于企业绩效同样具有积极影响。

Bower 等（1988）、Stalk（1988）、Thomas（1991）等认为快速反应可以增加企业的竞争优势，采取快速反应战略的企业可以通过一系列快速的行动超越竞争对手，例如，迅速地对市场状况作出调整，或者快速地提供产品或服务。当企业具有先动性时，则有利于企业成为市场上的首先行动者（first mover）（Lieberman et al.，1988）；当对于先动者的模仿或替代比较困难时，先动性可促进企业形成一种可持续竞争优势（Barney，

1992)。而这些都会积极地影响企业的绩效。

具有先动性的企业可以创造先行者优势（first-mover advantages），细分有利的溢价目标市场，并且可以在其他竞争者之前实现对市场的撇脂，从而获取高额利润（Zahra et al.，1995）。首先进行创新及抢先行动的企业可以控制市场，占领分销渠道并且建立品牌认同及品牌忠诚。这种抢先创新、抢先行动的策略可以使企业长期的营利性更强，导致很高的绝对绩效水平（McGrath，2001）。

Wiklund 等（2003）的研究表明，创业导向不仅仅与企业绩效之间存在正向的关系，而且对于企业资源与绩效之间的关系也有正向的调节作用。Rauch（2009）的研究中也发现了类似的结论。

可见企业的创新性及先动性不但有助于企业在市场竞争中率先识别与发现新的机会，推动企业不断在产品、服务、技术、商业模式层面进行创新，而且有利于企业开发利用机会，在其他竞争对手之前抢先推出新产品，进入并占据新市场，抓住并利用新的创业机会，实现和获取机会中蕴含的新的价值，为企业带来新的利润来源，维持和提高企业的利润，从而促进企业绩效提升，使企业不仅获得更好的财务收益，而且更快地成长。

由于企业性质及所处的产业环境、市场环境的特点，产业技术进步、市场竞争形势、顾客需求和偏好变化迅速，都需要高新技术企业能够快速对环境变化作出反应及调整。不但要源源不断地开发出新产品、新服务、新技术，而且要迅速地生产及推出新产品、新服务、新技术，对于竞争对手在产品、技术、市场策略方面的变化迅速作出反应和调整。强调先动性导向、先动性较强的高新技术企业，往往会开发和形成快速的反应能力，从而快速对产业技术变化、顾客偏好变化、竞争对手市场行动作出反应；能够比其他竞争对手更快地开发出新技术，抢先推出新产品、服务占领市场，树立产品形象，获得顾客认同，满足消费者的新需要、新偏好，从而获得比竞争对手更好的企业绩效。由此提出假设如下：

H1a：创新导向对企业财务绩效具有正向的影响。

H2a：创新导向对企业成长绩效具有正向的影响。

H1b：先动导向对企业财务绩效具有正向的影响。

H2b：先动导向对企业成长绩效具有正向的影响。

(2) 环境导向对企业绩效的影响。

已有的多项研究已经揭示出企业更加注重环境方面的表现时，会使企业获得更好的财务方面的收益，从而获得更好的财务绩效；当企业不注重环境方面的表现时，会对企业的财务具有消极的影响。

Shane 等（1983）的研究显示，美国企业的股票价格在它们的污染指数被公布的前两日会发生异常的下降，并且在公布当日，具有较差的污染记录的企业的股票会非常突出地显示出负的风险贴水。Klassen 等（1996）的研究发现，每一次企业负面信息的披露都会导致企业市场价格的短期下降。

Diltz（1995）观察了每日的回报率，根据多种伦理表现指标构建了多种不同的组合，调查样本为 1989—1991 年期间的 159 个美国企业样本。经过观察发现，企业生态环境方面的表现与企业更高的收益率水平显著正相关。

Derwall 等（2005）基于 1995—2003 年期间 450 个美国企业的样本，分析生态—效率对企业的影响。根据他们的研究得出的估计，一项高的生态—效率组合可以使实施企业获得大约 3.98%的超额回报率。

Chan（2010）根据来源于中国的外资投资企业（foreign invested enterprises , FIE）调查数据，研究了环境导向、环境战略、企业绩效、监管性利益相关者的影响（regulatory stakeholder influence）之间的关系。Chan 的研究表明，企业的内部环境导向正向影响企业的环境战略（但不影响市场战略），企业的外部环境导向对二者均有正向影响。企业的内部环境导向与外部环境导向均与企业绩效之间存在正向相关关系。追求企业环境主义（corporate environmentalism）对于提高企业绩效具有积极影响。

从上述研究内容可以看出，企业注重环境保护，展示出对环境的关注和行动时，具有更高的环境导向时，就会促进企业绩效的提升，不仅可以促进企业获得更高的财务性收益，而且较其他竞争者更高的财务收益将有助于企业的长期和快速成长；反之，当企业不注重环境质量，漠视环境质量的安全，很少实施环境相关的行动时，就会对企业的绩效产生负面影响，企业不仅获得较低的财务收益，而且长期发展缓慢。由此提出假设如下：

H1c：环境导向对企业财务绩效具有正向的影响。

H2c：环境导向对企业成长绩效具有正向的影响。

（3）社会导向对企业绩效的影响。

一个企业具有社会导向，则表明企业在运营过程中把社会问题作为自己的重点关注方面，积极主动地面对与承担社会责任。

传统的观点对于企业的社会责任与企业绩效之间的关系持怀疑态度。其观点大体可分为两类。第一类的观点认为社会责任会使企业管理的焦点偏离利益相关者价值最大化目标，导致企业实际部门的损失及利润扭曲，从而导致整体福利的减少（Henderson，2004）。第二类观点认为基于社会与环境方面的准则配置企业的投资，暗示着一种对机会组合多样化的限制和对于国内及国际投资者的一种次优选择。现代投资理论认为，对投资机会设置限制，会导致一个较低的投资结果满意水平。

但是近几十年来，随着理论的发展，研究者通过理论研究与案例观察，逐渐找到和发现了企业对社会责任的关注可以促进企业绩效的理论依据与实际支持证据。

Epstein 等（2001）认为，企业对社会责任的关注及追求对企业具有多方面的积极影响：可以使企业避免受到负面的媒体及消费者的抵制，可以激发雇员更高的动机，可以提高企业形象及声誉，改进效率，削减成本，改善资本渠道来源，增加市场份额。管理决策重新聚焦于生态效率(eco-eficiency)，可以削减企业水平的成本。执行可持续的战略，可以鼓励企业去选择使用更不昂贵的材料，导致更高的运营效率，而且金融业已经开始逐渐接受和青睐企业社会责任的观念，体现在共同基金的股票选择过程中，可持续性指数的广泛运用和环境性目标被考虑在内。结果导致：企业对于社会责任方面的关注，可以改善本企业与其资本提供者之间的关系，最终导致企业对于所选择投资的项目获得一个更低的融资成本和更高的净现值水平。

Schaltegger 等（2005）认为，企业的社会责任的关注及投入，有助于企业更好地实施风险管理、应对企业面对的外部风险、降低企业生产成本，通过企业的社会责任意识价值观及行动，可以明显区别于其他对社会责任关注水平较低的企业，从而可以更好地实施差异化战略，提升各种利益相关者的价值，使企业获得良好的口碑与声誉，提升企业的隐形资产与价值，保持企业运营的合法性。

Mackey 等（2007）认为，企业主动实施的社会责任相关行为，可以降低或消除企业受到外部强制性监管的风险，可以抓住社会责任性投资（socially responsible investment）的市场需求，从而使企业取得更高的市场估价。

Heal（2005）通过案例研究对实施社会责任行为的企业进行了分析和揭示。Heal 的研究表明，关注社会责任可以在以下一些方面对企业产生积极影响：更好的风险管理效果，企业生产效率的改进，与监管者之间的关系得到改善，企业品牌价值提升，雇员生产率提高，融资成本降低。

Fernando（2010）的研究也表明企业的社会责任关注对企业具有积极影响，可以提高企业的声誉、企业的营利性、雇员满意度。

Lagoarde-Segot（2011）认为，企业的管理者不仅应积极主动地接受与实施社会责任实践，而且应该把企业实施社会责任实践产生的非财务绩效的信息传递给企业的利益相关者及企业的监管者，可以成为企业一个非常具有前景的竞争优势的来源。通过对 6 个新兴市场马来西亚、南非、埃及、土耳其、巴西和摩洛哥的研究，Lagoarde-Segot 发现企业具有和保持一种良好的社会责任形象与实践行动，可以使企业的管理者提高与改善同政府监管部门与公众社会之间的关系。这种关系的改善可以极大地降低企业面临不利性或惩罚性监管措施与企业形象及声誉损害的风险。例如，非政府组织发起的针对本企业损害环境或社会利益或标准的商业行为的反对活动。企业的社会责任有助于增加企业的现金流量，通过下面这些方面：创新性的社会责任相关产品的开发，创造新市场机会的生产过程，消费者忠诚度的提高，生产率的改进。而且由于本企业是产业内的社会责任领导型企业，所以更容易招募到、激励、维持及留住有天赋的雇员，提高员工激励水平。

由以上研究内容可知，高新技术企业具有社会导向时，不仅可以有利于企业削减生产成本，降低企业的融资成本、面临的企业声誉及监管风险，同时还可以提升企业与品牌形象，激励雇员产生更高的满意度、忠诚度、动机水平，这些不仅有利于企业的现金流量增加，而且可以促进企业更快地成长，从而有利于企业产生更好的财务绩效及成长绩效。由此提出假设如下：

H1d：社会导向对企业财务绩效具有正向的影响。

H2d：社会导向对企业成长绩效具有正向的影响。

2. 环境因素的调节作用

（1）环境激励水平。

环境激励水平就是企业因实施生态创业导向而从外界环境中获得的激励水平，如资金资助或奖励、税务减免等。环境激励是企业采取生态创业导向的拉动性因素，激励性措施鼓励企业积极主动采取生态创业导向。外界环境对于企业主动采取生态创业导向，实施生态创业活动提供资助或奖励、减免税务等激励措施，不但降低了该企业实施生态创业的成本，而且提供的资助及奖励可以促进企业更好更快地发展。外界环境的激励水平越高，采取生态创业导向越可以减少生产成本，改善与监管者的关系，刺激企业开展实施更多创新、抢先行动，从而不但可以使企业取得更好的财务表现，而且可以使企业比其他竞争对手更快地成长。

环境对企业有利于环境保护的计划和行为提供激励时，例如，实行补贴或资助或税收减免时，会促进企业更加注重生态环境安全，投入资金对企业的环境影响进行控制，战略上更加强调环境效益，更加降低企业运行过程中的原料能源消耗，节约成本，开发出环境标准更高的新产品、新技术，而这些行为都会促进企业的市场竞争力更强，更符合未来市场需求、满足消费者对产品和技术的期望等，从而促进环境导向与企业财务绩效、企业成长绩效之间的关系趋于更加显著。由此提出假设如下：

H1e：环境激励水平对环境导向与企业财务绩效之间的关系存在正向调节作用。

H2e：环境激励水平对环境导向与企业成长绩效之间的关系存在正向调节作用。

由于自然生态环境的问题最终会影响到人类社会是否可以持续地向未来发展，以及当前环境质量下降、环境污染的加剧，引起了社会公众的广泛持久关注，环境问题已经成为当前社会面临问题中一个亟待解决的突出问题。解决环境问题，实现自然生态环境的可持续发展，已经成为社会公众的普遍要求。社会呼唤有责任、有担当的企业积极主动地作出回应，认真严肃地对待环境问题。采取和实行保护环境安全的计划和行动，被社会公众视为企业理应承担的一种社会责任。

企业采取有利于环境保护的计划和行动，就是直接对社会公众的期望作出了回应，向社会公众宣示本企业致力于积极推动当前人类面临的社会问题的解决及改善，是具有高度社会义务、社会责任感及行动导向的企业形象、本企业对人类社会未来生存和发展高度负责的一种精神和态度的体现。

具有社会导向的企业倾向于关注当地的社会问题，积极支持社会问题的解决，促进社会利益相关者的福利，关心员工的生活及成长等，而企业的这种行为，反过来也会使社会公众认为企业具有社会责任感，使企业比其他企业具有更高的声誉及知名度，消费者对其产品或服务具有更高的忠诚度，员工在工作中更加充满激情、进取心，从而对企业的财务绩效和成长绩效产生积极促进作用。

而外界环境对企业保护环境的计划和行动进行补贴和资助等激励措施，是对企业具有社会责任感行为的一种肯定和激励。这种环境对企业的激励水平越高，如政府机构对促进环境质量保护的企业进行奖励或提供特殊专项资金资助支持力度越高，一方面会提高企业的声誉和荣誉，放大企业关注社会责任的形象，有利于企业获得更多的供应商和合作商，另一方面也可以激发本企业员工的自豪感和荣誉感，使员工对企业更加认同和忠诚度更高、离职倾向更低，在工作中更加投入激情和创造力，工作效率更高，从而导致企业获得更好的财务收益，更快地成长，从而使社会导向和企业财务绩效与成长绩效之间的关系趋于更加显著。由此提出假设如下：

H3e：环境激励水平对社会导向与企业财务绩效之间的关系存在正向调节作用。

H4e：环境激励水平对社会导向与企业成长绩效之间的关系存在正向调节作用。

（2）环境管制强度。

环境管制就是外界环境要求企业运营活动必须考虑到对环境影响的管制。环境管制是企业采取生态创业导向的推动性因素。环境管制越强时，企业越是不采取生态创业导向，受到管制及惩罚的风险越大，从而强迫企业去接受和采取生态创业导向。

随着环境管制强度的提高，企业必须更多地开展环境方面的保护计划及行动，投入更大的环境技术研发力度，投入资金对于环境进行治理等。在环境管制强度提高、管制愈加严厉的情况下，企业为更具有环境导向的成本支出增加幅度，可能会超出环境导向上升导致企业财务绩效增加的幅度，导致环境导向对企业财务绩效的影响下降。由此提出假设如下：

H1f：环境管制强度对环境导向与企业财务绩效之间的关系存在负向调节作用。

随着环境管制强度的提高，企业为体现出对于社会问题的关心，会更多地采取社会导向。主动发起活动促进环境问题的改善，积极推进社会问题的解决，关心员工福利、企业所在地建设等，这些可以使企业树立良好的形象与声誉，更好地获得人才及留住人才，为企业带来更多的消费者、合作商等，从而有利于企业获得更好的财务绩效，从而使社会导向与企业财务绩效之间的关系趋于加强和提高。由此提出假设如下：

H2f：环境管制强度对社会导向与企业财务绩效之间的关系存在正向调节作用。

根据上述理论推导及研究假设，可构建本研究的理论模型如图 7—4 所示。

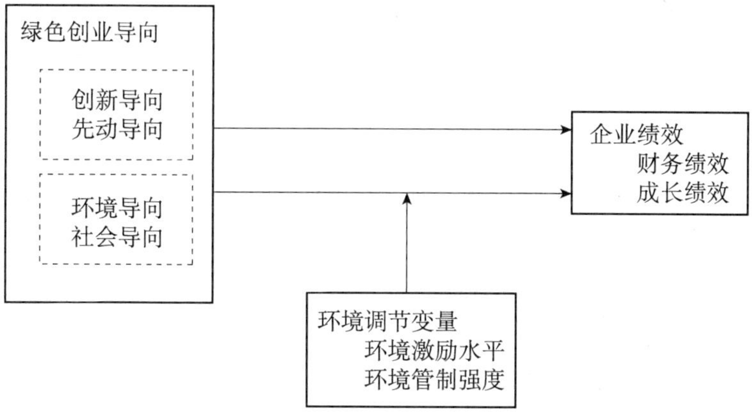

图 7—4　本研究的理论模型

四、研究设计

1. 问卷设计

问卷调查法是社会科学研究中一种比较常用的研究方法，如果测量题目设计合理，信度效度较高，问卷调查方法搜集到的调查数据同样可为研究问题提供准确的测量，揭示出客观准确的研究理论。本研究的研究问卷内容大体包括两个部分：第一部分为企业基本信息描述，目的在于记录研究调查企业各方面的一些基本信息；第二部分为具体变量测量题目，用于测量本研究中选取的具体研究变量的水平。

对于变量测量题目的编制，研究中首先通过认真回顾研究问题的相关理论，搜索和总结已有文献中对于研究问题中涉及的研究变量的测量方式及具体测量题目，重点参考借鉴已有研究中对相关研究变量的经典和具有重要影响力的测量题目，这些测量题目已经经过大量研究者实证研究的检验，相对具有很高的信度及效度，可以更加准确地反映和测度研究变量。在此基础上，再结合本研究的实际研究问题，制定出适合本研究中研究问题、研究设计思路的具体研究测量题目问卷。

（1）企业调查基本信息。

问卷第一部分是记录企业的基本信息，反映了企业的一些组织特征，这些基本信息有助于我们对调查研究企业的情况有一个大致的了解。本研究具体包括的企业基本信息涉及企业成立时间长度、企业类型、企业所属行业、企业员工人数等几个题目。

（2）生态创业导向。

对于生态创业导向的测量。对于生态创业导向构念，本研究提取出四个维度：创新导向、先动导向、环境导向、社会导向。

由于本研究中生态创业导向维度中的创新导向、先动导向本质上就是传统创业导向理论研究中的创新性、先动性维度，因此对于创新导向、先动导向的测度就需要参考借鉴创业导向理论研究中对于创新性、先动性的测量问题。在参考借鉴 Covin 和 Slevin（1989）对创新性、先动性测量问题的基础上，设计出了本研究中所使用的具体测量问题。对于环境导向的测量，借鉴了 Banerjee（2002）、李凯（2011）关于环境导向的测量。对于社会导向的测量，借鉴了李凯（2011）关于社会导向的测量题目。具体问题如表 7—24、表 7—25 所示：

表 7—24　　创新导向及先动导向测量题目

请结合本企业的具体情况回答			
创新导向	I1 企业更倾向于经营已被市场接受的产品/服务	1　2　3　4　5	企业更强调研发、追求技术或服务领先和创新
	I2 最近的三年里，企业没有推出新产品/服务	1　2　3　4　5	最近的三年里，企业推出了很多新产品/服务
	I3 企业在产品/服务方面的改进只是很小的改良	1　2　3　4　5	在产品/服务方面的改进属于大幅度的创新
先动导向	P1 在企业与同行竞争中，通常是对手先采取行动（比如降价），之后企业再跟进或回应	1　2　3　4　5	通常是企业会先采取行动，然后竞争者再跟进或回应
	P2 企业倾向于作为“跟随者”，一般等同行推出新产品、服务、管理技巧和技术等之后再跟进	1　2　3　4　5	经常会率先推出新产品、服务、管理技巧和技术等
	P3 企业管理团队很少审视产业发展趋势，掌握机会，应对变化，经常事后迫于环境压力行动	1　2　3　4　5	企业管理团队经常审视产业发展趋势，率先掌握机会，提早行动应对变化

表 7—25　　环境导向与社会导向的测量题目

请根据本企业的有关信息填写			
环境导向	E1 我们并未致力于提升公司整体的环保意识	1　2　3　4　5	我们致力于提升公司整体的环保意识
	E2 我们很少关注自身经营活动对环保的影响	1　2　3　4　5	我们很关注自身经营活动对环保的影响
	E3 我们没有投入资金对自己的环境影响进行控制	1　2　3　4　5	我们投入资金对自己的环境影响进行控制
	E4 我们不认为人类社会应与自然生态系统和谐共处	1　2　3　4　5	我们认为人类社会应该与自然生态系统和谐共处
社会导向	S1 公司很少积极参与所在地的发展建设	1　2　3　4　5	公司积极参与所在地的发展建设
	S2 作为企业家首要承担的并不是社会责任	1　2　3　4　5	作为企业家首要承担的是社会责任
	S3 公司很少通过积极行动影响社会公众	1　2　3　4　5	公司通过积极行动影响社会公众
	S4 我们并没有积极行动解决社会问题	1　2　3　4　5	我们积极行动解决社会问题
	S5 我们没有致力于促进员工的成长与发展	1　2　3　4　5	我们致力于促进员工的成长与发展

（3）企业绩效。

通过回顾关于企业绩效的研究发现，大多数的研究者都认为对于企业绩效的测量不能只测量企业的财务绩效，而应同时考虑到企业的成长绩效，才能更加客观全面地反映一个企业的绩效水平。本研究将从财务绩效和成长绩效两方面来测量企业的绩效。财务绩效主要测量了企业财务方面的表现，如收入、市场份额等；成长绩效主要衡量企业成长性方面的表现，如企业的利润增长率、市场份额增长率等。关于企业财务绩效与成长绩效的测量，主要参考借鉴了张捷（2010）对企业财务绩效与成长绩效的测量。具体题目如表 7—26 所示。

表 7—26　　企业财务绩效及企业成长绩效测量题目

请您结合企业近 3 年的情况回答			
企业财务绩效	F1 相对于主要竞争对手，企业产品的市场占有率很低	1　2　3　4　5	相对于主要竞争对手，企业产品的市场占有率很高
	F2 相对于主要竞争对手，企业的销售收入很低	1　2　3　4　5	相对于主要竞争对手，企业的销售收入很高
	F3 相对于主要竞争对手，企业的税前利润率很低	1　2　3　4　5	相对于主要竞争对手，企业的税前利润率很高
企业成长绩效	G1 相对于主要竞争对手，企业新员工数量增长速度很慢	1　2　3　4　5	相对于主要竞争对手，企业新员工数量增长速度很快
	G2 相对于主要竞争对手，企业销售额增长速度很慢	1　2　3　4　5	相对于主要竞争对手，企业销售额增长速度很快
	G3 相对于主要竞争对手，企业利润增长速度很慢	1　2　3　4　5	相对于主要竞争对手，企业利润增长速度很快
	G4 相对于主要竞争对手，企业新产品或服务发展速度很慢	1　2　3　4　5	相对于主要竞争对手，企业新产品或服务发展速度很快
	G5 相对于主要竞争对手，企业市场份额的增长很慢	1　2　3　4　5	相对于主要竞争对手，企业市场份额的增长很快

（4）控制变量与调节变量。

本研究中使用企业规模和企业年龄作为生态创业导向与企业绩效之间关系的控制变量，企业规模使用企业员工人数（*Numb*）测量，企业年龄使用企业创立的时间长度（*Time*）测量。

本研究使用环境激励水平（*INCE*）、环境管制强度（*REGU*）作为生态创业导向与企业绩效关系的调节变量。环境激励水平使用的问题是：

“有利于促进环境保护和改善的计划或行动可使企业获得一定的资金支持补贴或税务减免”。环境管制强度使用的问题是：“企业的经营活动受到必须考虑对自然环境影响的限制”。

2. 调查对象及数据收集情况汇总

本研究选取了北京市中关村地区的高新科技类型企业为调查研究对象。2012 年 10 月至 2013 年 1 月期间，利用研究者的导师及研究者本人的同学、同乡、校友等社会关系网络联系，最终联系到中关村地区内的 132 家高新科技企业并成功地发放调研问卷 132 份，实际收回调研问卷 119 份，问卷收回率为 90.2％。从回收的总样本中剔除含有缺失值及无效值的样本问卷后，剩余实际有效样本问卷 110 份，有效样本率为 92.4％。

3. 样本基本信息

表 7—27 为调查样本企业的基本信息。

表 7—27　　调查样本基本情况

受访者信息		数量	比例	所在企业信息		数量	比例
性别	男	62	56.4％	企业员工人数	1～20	6	5.5％
	女	48	43.6％		21～50	22	20.0％
出生时间	1980 后	67	60.9％		51～200	35	31.8％
	1971—1980	33	30.0％		201～500	10	9.1％
	1961—1970	9	8.2％		501～1 000	7	6.4％
	1951—1960	1	0.9％		1 000 以上	30	27.3％
	1941—1950	0	0	企业创立时间	小于 5 年	16	14.5％
学历	小学	0	0		5～10 年	51	46.4％
	初中	0	0		11～20 年	25	22.7％
	高中或中专	0	0		20 年以上	18	16.4％
	大专	7	6.4％	企业类型	国营企业	45	40.9％
	本科	51	46.4％		民营企业	54	49.1％
	硕士及以上	52	47.2％		中外合资企业	3	2.7％

续前表

受访者信息		数量	比例	所在企业信息		数量	比例
职位	董事长	0	0		外资企业	8	7.3%
	总经理	3	2.7%	企业所属行业	制造业	11	10.0%
	高层管理人员	10	9.1%		信息、计算机、软件	18	16.4%
	中层管理人员	45	40.9%		光机电一体化	2	1.8%
	基层管理人员	39	35.5%		新材料	14	12.7%
	其他	13	11.8%		新能源	17	15.4%
					生态环保	23	20.9%
					生物及医药	7	6.4%
					其他	18	16.4%

4. 信度分析及效度分析

(1) 信度分析。

研究中变量标记方式为：*INNO* 表示企业的创新导向（innovative orientation），*PROA* 表示企业的先动导向（proactive orientation），*ENVI* 表示企业的环境导向（environmental orientation），*SOCI* 表示企业的社会导向（social orientation），*FINA* 表示企业财务绩效（financial performance），*GROW* 表示企业成长绩效（growth performance）。使用 SPSS 21.0 软件对各变量进行信度分析，计算结果得到的各变量的 Cronbach's α 如表 7—28 所示，可以看出各研究变量的 Cronbach's α 值均达到 0.70 以上，表明各研究变量的信度水平良好。

表 7—28　　研究变量信度分析结果

变量	题目数	Cronbach's α	变量	题目数	Cronbach's α
INNO	3	0.764	*SOCI*	5	0.822
PROA	3	0.704	*FINA*	3	0.884
ENVI	4	0.821	*GROW*	5	0.832

（2）效度分析。

本研究使用 SPSS 21.0 软件，通过因子分析统计方法对研究变量的效度进行分析。使用主成分方法提取因子，并使用方差最大化方法进行因子旋转。首先对生态创业导向变量所有题目进行因子分析，之后再对企业绩效变量所有题目进行因子分析。

第一，生态创业导向因子分析结果。

使用 SPSS 21.0 对生态创业导向四个维度——创新导向、先动导向、环境导向、社会导向所有的题目进行因子分析，表 7—29 为因子分析得到的 KMO 值及 Bartlett 球形检验的结果。可以看出 KMO 值大于 0.70 的通用标准，同时显著性水平判断的 Sig. 值等于 0.000，表示研究中设计之变量测量问题十分适宜进行因子分析。表 7—30 是得到的旋转成分矩阵，可以清晰地看出，从中共计提取出 4 个因子，提取的 4 个因子与研究设计中的设想完全一致。同时交叉变量的因子负载没有超过 0.5 的，显示出良好的区分效度，并且各个项目在其相关联的变量上的因子负载值都大于 0.5，显示出变量具有良好的收敛效度，良好地支持了研究中提出的生态创业导向的维度构成。

表 7—29　　生态创业导向的 KMO 及 Bartlett 球形检验结果

KMO 值		0.850
Bartlett 球形检验	Approx. Chi-Square	769.474
	df	105
	Sig.	0.000

表 7—30　　生态创业导向因子分析旋转成分矩阵

题目				
S4 我们积极行动解决社会问题	0.758	0.209	0.084	0.227
S3 公司通过积极行动影响社会公众	0.747	0.106	0.055	0.410
S2 作为企业家首要承担的是社会责任	0.704	0.214	0.173	−0.203
S5 我们致力于促进员工的成长与发展	0.693	0.053	0.277	0.200
S1 公司积极参与所在地的发展建设	0.614	0.359	0.092	0.168
E2 我们很关注自身经营活动对环保的影响	0.245	0.855	−0.097	0.283
E1 我们致力于提升公司整体的环保意识	0.176	0.801	0.144	0.238

续前表

题目				
E4 我们认为人类社会应该与自然生态系统和谐共处	0.121	0.706	0.272	−0.205
E3 我们投入资金对自己的环境影响进行控制	0.371	0.613	−0.173	0.376
I2 推出了很多新产品或服务	0.156	0.033	0.879	0.023
I3 在产品/服务方面的改进属于大幅度的创新	0.381	0.218	0.706	0.207
I1 更强调研发、追求技术或服务领先和创新	0.058	−0.040	0.678	0.396
P2 经常会率先推出新产品、服务、管理技巧和技术等	0.162	0.074	0.120	0.719
P3 企业管理团队经常审视产业发展趋势，率先掌握机会，提早行动应对变化	0.413	0.241	0.258	0.662
P1 通常是企业会先采取行动，然后竞争者再跟进或回应	0.060	0.275	0.394	0.581

第二，企业绩效因子分析结果。

使用 SPSS 21.0 对企业绩效两个维度——企业财务绩效、企业成长绩效所有的题目进行因子分析，表 7—31 为因子分析得到的 KMO 值及 Bartlett 球形检验的结果。可以看出 KMO 值大于 0.70 的通用标准，同时显著性水平判断的 Sig. 值等于 0.000，表示研究中设计之变量测量问题十分适宜进行因子分析。表 7—32 是得到的旋转成分矩阵，可以清晰看出，从中共计提取出 2 个因子，提取的 2 个因子与研究设计中的设想完全一致。同时交叉变量的因子负载没有超过 0.5 的，显示出良好的区分效度，并且各个项目在其相关联的变量上的因子负载值都大于 0.5，显示出变量具有良好的收敛效度，良好地支持了研究中提出的企业绩效的维度构成。

表 7—31　企业绩效因子分析 KMO 及 Bartlett 球形检验结果

KMO 值		0.810
Bartlett 球形检验	Approx. Chi-Square	484.064
	df	28
	Sig.	0.000

表 7—32　企业绩效因子分析旋转成分矩阵

题目		
G3 相对于主要竞争对手，企业利润增长速度很快	0.802	0.255
G2 相对于主要竞争对手，企业销售额增长速度很快	0.784	0.280

续前表

题目		
G4 相对于主要竞争对手，企业新产品或服务发展速度很快	0.762	0.188
G5 相对于主要竞争对手，企业市场份额增长很快	0.725	0.357
G1 相对于主要竞争对手，企业新员工数量增长速度很快	0.607	0.148
F2 相对于主要竞争对手，企业的销售收入很高	0.225	0.899
F1 相对于主要竞争对手，企业产品的市场占有率很高	0.286	0.842
F3 相对于主要竞争对手，企业的税前利润率很高	0.294	0.837

五、实证分析

1. 描述性统计分析

生态创业导向各个维度包括：创新导向（*INNO*）、先动导向（*PROA*）、环境导向（*ENVI*）、社会导向（*SOCI*）；环境因素包括：环境激励水平（*INCE*）、环境管制强度（*REGU*）；企业绩效各个维度包括：企业财务绩效（*FINA*）、企业成长绩效（*GROW*）。本研究对上述各变量的均值、方差、标准差、偏度、峰度等进行简单的统计描述。表 7—33 所示为具体描述性统计结果。

表 7—33　　各变量的描述性统计值

变量	项目数	均值	方差	标准差	偏度	峰度
INNO	3	3.10	1.05	1.03	−0.27	−0.65
PROA	3	3.13	0.69	0.83	−0.32	−0.43
ENVI	4	3.65	0.76	0.87	−0.21	−0.30
SOCI	5	3.57	0.63	0.79	−0.20	−0.49
INCE	1	3.19	1.47	1.21	−0.28	−0.67
REGU	1	3.23	1.22	1.10	−0.40	−0.26
FINA	3	3.02	0.82	0.91	−0.17	0.29
GROW	5	3.15	0.60	0.77	0.02	−0.42

2. 生态创业导向与企业绩效的相关分析

在对企业绩效与生态创业导向进行进一步回归分析之前，首先需要进行生态创业导向与企业绩效之间的相关分析。表 7—34 所示为创新导向（*INNO*）、先动导向（*PROA*）、环境导向（*ENVI*）、社会导向（*SOCI*）四个维度构成的生态创业导向与企业财务绩效（*FINA*）、企业成长绩效（*GROW*）构成的企业绩效之间的相关分析结果。

表 7—34　　生态创业导向与企业绩效的相关分析结果

	FINA	*GROW*
INNO	0.395 96**	0.447 15**
PROA	0.569 09**	0.537 51**
ENVI	0.431 66**	0.535 47**
SOCI	0.484 40**	0.617 12**

说明：** 表示显著性水平 $p<0.01$。

3. 生态创业导向与企业绩效的回归分析

本节我们将首先使用回归分析技术对生态创业导向与企业绩效的影响关系进行研究，即对生态创业导向各维度与企业绩效各维度之间的影响关系进行回归分析。接下来的部分将使用层次回归分析技术进行环境影响因素对生态创业导向与企业绩效影响关系的调节效应的研究，即进行环境激励水平对生态创业导向与企业绩效影响关系的调节效应的分析、环境管制强度对生态创业导向与企业绩效影响关系的调节效应的分析。

（1）生态创业导向对企业财务绩效影响关系分析。

研究中需要对企业的组织结构变量进行控制，具体使用的控制变量为企业规模和企业创立时间。通过把企业规模和企业创立时间作为控制变量引入回归方程，使用回归分析技术对生态创业导向与企业财务绩效影响关系进行研究，可以得到更加客观、准确的研究结论。表 7—35 所示为具体回归分析结果。

表 7—35　　生态创业导向对企业财务绩效回归分析结果

因变量 *FINA*	非标准化系数 *B*	标准误差	标准化系数 *Beta*	*T* 值	Sig.
(Constant)	0.316	0.378	—	0.836	0.405
Numb	−0.040	0.051	−0.073	−0.785	0.434
Time	0.018	0.006	0.230	2.892	0.005
INNO	0.112	0.091	0.126	1.222	0.225

续前表

因变量 FINA	非标准化系数 B	标准误差	标准化系数 Beta	T 值	Sig.
PROA	0.347**	0.126	0.317**	2.758	0.007
ENVI	0.110	0.097	0.106	1.134	0.259
SOCI	0.223	0.114	0.196	1.954	0.053

说明：** 表示显著性水平 $p<0.01$。

由表 7—35 可写出理论模型的方程形式为：

$$FINA=-0.073\times Numb+0.230\times Time+0.126\times INNO+0.317\times PROA+0.106\times ENVI+0.196\times SOCI \qquad (7—1)$$

从上述结果可以看出，生态创业导向的各个维度与企业财务绩效的关系如下：

创新导向对企业财务绩效的影响为正向，标准化系数为 0.126，但是未达到统计显著水平，表示创新导向对企业财务绩效并不具有统计显著的影响。

先动导向对企业财务绩效的影响为正向，标准化系数为 0.317，同时在$p=0.01$ 的显著性水平上达到统计显著，表示先动导向对企业财务绩效具有统计显著的正向影响。

环境导向对企业财务绩效的影响为正向，标准化系数为 0.106，但是未达到统计显著水平，表示环境导向对企业财务绩效并不具有统计显著的影响。

社会导向对企业财务绩效的影响为正向，标准化系数为 0.196，但是未达到统计显著水平，表示社会导向对企业财务绩效并不具有统计显著的影响。

（2）生态创业导向对企业成长绩效影响关系分析。

本研究使用企业规模和企业创立时间两个组织因素作为控制变量，对生态创业导向与企业财务绩效影响关系进行回归分析。表 7—36 所示为具体回归分析结果。

表 7—36　　　　生态创业导向对企业成长绩效回归分析结果

因变量 GROW	非标准化系数 B	标准误差	标准化系数 Beta	T 值	Sig.
(Constant)	0.453	0.303	—	1.496	0.138
Numb	−0.034	0.041	−0.073	−0.842	0.402
Time	0.006	0.005	0.091	1.210	0.229

续前表

因变量 GROW	非标准化系数 B	标准误差	标准化系数 Beta	T 值	Sig.
INNO	0.152*	0.073	0.202*	2.081	0.040
PROA	0.095	0.101	0.101	0.937	0.351
ENVI	0.208**	0.078	0.235**	2.670	0.009
SOCI	0.341***	0.092	0.351***	3.725	0.000

说明：* 表示显著性水平 $p<0.05$，** 表示显著性水平 $p<0.01$，*** 表示显著性水平 $p<0.001$。

由表 7—36 可写出理论模型的方程形式为：

$$GROW=-0.073\times Numb+0.091\times Time+0.202\times INNO \\ +0.101\times PROA+0.235\times ENVI+0.351\times SOCI \quad (7—2)$$

从上述结果可以看出，生态创业导向的各个维度与企业成长绩效的关系如下：

创新导向对企业成长绩效的影响为正，标准化系数为 0.202，同时在 $p=0.05$ 的显著性水平上达到统计显著，表示创新导向对企业成长绩效并不具有统计显著的影响。

先动导向对企业成长绩效的影响为正，标准化系数为 0.101，但是未达到统计显著水平，表示先动导向对企业成长绩效并不具有统计显著的影响。

环境导向对企业成长绩效的影响为正，标准化系数为 0.235，同时在 $p=0.01$ 的显著性水平上达到统计显著，表示环境导向对企业成长绩效具有统计显著的正向影响。

社会导向对企业成长绩效的影响为正，标准化系数为 0.351，同时在 $p=0.001$ 的显著性水平上达到统计显著，表示社会导向对企业成长绩效具有统计显著的正向影响。

4. 环境因素的调节效应

（1）环境激励水平对环境导向、社会导向与企业财务绩效关系调节效应。

使用企业规模（*Numb*）和企业创立时间（*Time*）两个组织因素作为控制变量，使用层次回归分析方法对环境激励水平对于环境导向、社会导向与企业财务绩效关系的调节效应进行分析。具体分析结果如表 7—37 所示。

表 7—37　　环境激励水平对环境导向、社会导向与企业财务绩效关系的调节效应检验结果

变量	*FINA*	*FINA*
(Constant)	−0.168	−0.087
Numb	−0.021	−0.037
Time	0.020**	0.017*
INNO	0.136	0.212*
PROA	0.304*	0.317**
ENVI	0.063	0.038
SOCI	0.164	0.189
INCE	0.111	0.111
INCE× *ENVI*	—	−0.250
INCE×*SOCI*	—	0.315**
R^2	0.435	0.489
F	11.209	16.481
ΔR^2	—	0.054**
ΔF	—	5.272**

说明：* 表示显著性水平 $p<0.05$，** 表示显著性水平 $p<0.01$。

由表 7—37 可写出理论模型的方程形式为：

$$FINA=-0.037\times Numb+0.017\times Time+0.212\times INNO+0.317\times PROA+0.038\times ENVI+0.189\times SOCI+0.111\times INCE-0.250\times INCE\times ENVI+0.315\times INCE\times SOCI \quad (7—3)$$

从上面的分析结果可以看出：经过对比可知，在原方程中加入调节效应之后，新模型对因变量企业财务绩效 *FINA* 的解释程度 R^2 的改变量 $\Delta R^2=0.054$，F 统计量的改变量 $\Delta F=5.272$，均在 $p=0.01$ 的显著性水平上统计显著。

环境激励水平与环境导向的交叉项 *INCE*× *ENVI*，对企业财务绩效 *FINA* 的影响为负，影响系数为 −0.250，但是并未达到统计显著水平，表示调节效应不显著。

环境激励水平与社会导向的交叉项 *INCE*×*SOCI*，对企业财务绩效 *FINA* 的影响为正，影响系数为 0.315，同时在 $p=0.01$ 的显著性水平上统计显著，表示调节效应显著。

（2）环境激励水平对环境导向、社会导向与企业成长绩效关系调节效应。

使用企业规模（*Numb*）和企业创立时间（*Time*）两个组织因素作为控制变量，使用层次回归分析方法对环境激励水平对于环境导向、社会导向与企业成长绩效关系的调节效应进行分析。具体分析结果如表 7—38 所示。

表 7—38　　环境激励水平对环境导向、社会导向与企业成长绩效关系的调节效应检验结果

变量	*GROW*	*GROW*
(Constant)	−0.060	−0.137
Numb	−0.010	−0.024
Time	0.008	0.008
INNO	0.216*	0.229*
PROA	0.081	0.123
ENVI	0.171	0.133
SOCI	0.304**	0.328**
INCE	0.166	0.175
INCE× *ENVI*	—	0.043
INCE×*SOCI*	—	0.199*
R^2	0.509	0.552
F	15.088	19.933
ΔR^2	—	0.043*
ΔF	—	4.845*

说明：* 表示显著性水平 $p<0.05$，** 表示显著性水平 $p<0.01$。

由表 7—38 可写出理论模型的方程形式为：

$$GROW=-0.024\times Numb+0.008\times Time+0.229\times INNO+0.123\times PROA+0.133\times ENVI+0.328\times SOCI+0.175\times INCE+0.043\times INCE\times ENVI+0.199\times INCE\times SOCI \quad (7—4)$$

从上面的分析结果可以看出：经过对比可知，在原方程中加入调节效应之后，新模型对因变量企业成长绩效 *GROW* 的解释程度 R^2 的改变量 $\Delta R^2=0.043$，*F* 统计量的改变量 $\Delta F=4.845$，在 $p=0.05$ 的水平上均达到统计显著水平。

环境激励水平与环境导向的交叉项 *INCE*×*ENVI*，对企业成长绩效

GROW 影响为正，影响系数为 0.043，但是并未达到统计显著水平，表示调节效应不显著。

环境激励水平与社会导向的交叉项 *INCE*×*SOCI*，对企业成长绩效 *GROW* 的影响为正，影响系数为 0.199，同时在 $p=0.05$ 的显著性水平上统计显著，表示调节效应显著。

（3）环境管制强度对环境导向、社会导向与企业财务绩效关系调节效应。

使用企业规模（*Numb*）和企业创立时间（*Time*）两个组织因素作为控制变量，使用层次回归分析方法对环境管制强度对于环境导向、社会导向与企业财务绩效关系的调节效应进行分析。具体分析结果如表 7—39 所示。

表 7—39　环境管制强度对环境导向、社会导向与企业财务绩效关系的调节效应检验结果

变量	*FINA*	*FINA*
(Constant)	−0.066	0.018
Numb	−0.048	−0.042
Time	0.020**	0.016*
INNO	0.125	0.201
PROA	0.319**	0.273*
ENVI	0.114	0.114
SOCI	0.200	0.197*
REGU	−0.021	0.009
REGU×*ENVI*	—	−0.319**
REGU×*SOCI*	—	0.270**
R^2	0.429	0.489
F	10.960	16.882
ΔR^2	—	0.060**
ΔF	—	5.922**

说明：* 表示显著性水平 $p<0.05$，** 表示显著性水平 $p<0.01$。

由表 7—39 可写出理论模型的方程形式为：

$$FINA=-0.042\times Numb+0.016\times Time+0.201\times INNO+0.273\times PROA+0.114\times ENVI+0.197\times SOCI+0.009\times REGU-0.319\times REGU\times ENVI+0.270\times REGU\times SOCI \quad (7\text{—}5)$$

从上面的分析结果可以看出：经过对比可知，在原方程中加入调节效应之后，新模型对因变量企业财务绩效 *FINA* 的解释程度 R^2 的改变量

$\Delta R^2=0.060$，F 统计量的改变量$\Delta F=5.922$，均在 $p=0.01$ 的显著性水平上统计显著。

环境管制强度与环境导向的交叉项 $REGU\times ENVI$，对企业财务绩效 $FINA$ 的影响为负，影响系数为-0.319，同时在 $p=0.01$ 的显著性水平上统计显著，表示调节效应显著。

环境管制强度与社会导向的交叉项 $REGU\times SOCI$，对企业财务绩效 $FINA$ 的影响为正，影响系数为 0.270，同时在 $p=0.01$ 的显著性水平上统计显著，表示调节效应显著。

5. 研究假设检验结果

（1）生态创业导向与企业绩效影响关系的假设检验结果。

根据以上对生态创业导向与企业绩效进行回归分析所取得的分析结果，可以得知本研究中提出的研究假设检验结果如表 7—40 所示。

表 7—40　　生态创业导向对企业绩效研究假设检验结果

序号	假设内容	支持性
H1a	创新导向对企业财务绩效具有正向的影响	否
H1b	先动导向对企业财务绩效具有正向的影响	是
H1c	环境导向对企业财务绩效具有正向的影响	否
H1d	社会导向对企业财务绩效具有正向的影响	否
H2a	创新导向对企业成长绩效具有正向的影响	是
H2b	先动导向对企业成长绩效具有正向的影响	否
H2c	环境导向对企业成长绩效具有正向的影响	是
H2d	社会导向对企业成长绩效具有正向的影响	是

（2）环境因素调节效应的假设检验结果。

根据以上对环境因素环境激励水平与环境管制强度对于生态创业导向与企业绩效之间关系影响的层次回归分析所取得的分析结果，可以得知本研究中提出的调节效应假设对应的检验结果如表 7—41 所示。

表 7—41　　环境因素调节效应假设检验结果

序号	假设内容	支持性
H3a	环境激励水平对环境导向与企业财务绩效的关系存在正向调节作用	否
H3b	环境激励水平对社会导向与企业财务绩效的关系存在正向调节作用	是

续前表

序号	假设内容	支持性
H4a	环境激励水平对环境导向与企业成长绩效的关系存在正向调节作用	否
H4b	环境激励水平对社会导向与企业成长绩效的关系存在正向调节作用	是
H5a	环境管制强度对环境导向与企业财务绩效的关系存在负向调节作用	是
H5b	环境管制强度对社会导向与企业财务绩效的关系存在正向调节作用	是

第三节　绿色创业框架下的结果讨论与启示

一、基于社会创业导向的结果讨论与启示

1. 研究结论

（1）社会创业导向是一个三维度整合的概念体系。

社会创业导向是在对创业导向的批判和继承基础上发展起来的多维概念，包括资源拓展、社会引领和互惠协同三个维度。本研究通过文献梳理和实地调研验证了三个维度的正确性，并且赋予了每个维度更丰富的内容。

资源拓展指将不受人们关注甚至废弃的资源通过深入挖掘整合到自身商业模式之中。它包含三个层面的意思：第一，企业应当积极开发边缘资源，识别边缘资源蕴藏的潜在价值，实现“变废为宝”；第二，企业应当充分挖掘现有资源的潜在价值，实现对资源的使用效率最大化，做到“不浪费”；第三，企业应当持续发扬创新精神，在创新对资源的利用方式的同时，保持对现有产品和服务的持续研发改进，做到“不落后”。

社会引领指敏锐地识别现存的社会问题及其商业价值，并敢于付诸行动解决社会问题。它对企业提出了三项要求：第一，企业必须具有高度的社会问题敏感性。这是把握社会创业机会的前提。第二，企业需要拥有社会宗旨，从而认识到解决所识别的社会问题具有的社会意义，并为此感到自豪。这是促使社会创业行为产生的内在动力。第三，企业必须具有积极

的风险态度，从而激发社会创业行为的最终出现。这是社会创业的必要条件。

互惠协同指构建共赢机制以发挥协同效应，从而建立起持久的互惠的合作伙伴关系。它突出表现在合作意识和合作能力两个方面。首先，企业需要具有合作意识，认为不同利益相关者之间甚至是竞争对手之间可以实现互帮互助，并且认识到合作对于企业发展的重要性和必要性；其次，企业要能够付诸行动，并通过扩展合作伙伴类型和丰富合作方式来不断提升合作能力。

因此，社会创业导向是对创业导向的继承和发展，继承了后者的创新精神，并将其发展到现有资源挖掘和潜在资源探索领域，继承了后者的超前行动，并将其发展到率先解决社会问题的层面。同时，社会创业导向还更加强调多重利益相关者之间的合作，否定了创业导向注重的竞争意识。除此之外，社会创业导向的三大维度是两两相关的，并且每个维度都具有不同的层次，表现在不同方面，对企业实际社会创业行为也提出了各自的要求和侧重点，可以说，每个维度都是一个立体的饱满概念。因此，社会创业导向是由三大维度所构成的一个多维度、多层次的概念体系。

（2）社会创业导向具有积极作用效果。

一般而言，社会创业导向对企业绩效具有积极作用效果。本研究通过实证分析发现，除了资源拓展维度对财务绩效不具有显著影响而对成长绩效有显著正向影响之外，社会引领和互惠协同都与财务绩效和成长绩效具有显著正向关系，验证了假设1中的绝大多数假设，表明社会创业导向对企业绩效具有积极的作用效果。

对于财务绩效而言，虽然互惠协同和社会引领都能够带来主营业务收入等财务表现的增长，但是每个维度的影响程度存在着一定的差异。由于互惠协同的回归系数要明显大于社会引领，因此互惠协同对财务绩效的作用效果更为明显，换言之，即同样单位的互惠协同增量能够比社会引领带来更多的财务绩效增长。社会引领在企业经营行为中最明显的表现形式就是承担企业社会责任，例如向社会重大灾难事故进行捐款、为贫困学子提供求学资金等，这些行为通常不会给企业带来直接的资金收益，而更似低回报投资，会大量消耗企业营业外支出。但是这些行为是最易被市场和公众察觉的，也最具有公众感染力，能够美化或强化企业形象，提高企业知名度，进而影响消费者购买行为，因此，社会引领会促进财务绩效增长，但是由于前期投入过大和对效果的间接影响，所以影响程度会打折扣。相反，企业积极与不同类型的组织建立合作关系，能够增强企业有效利用资源的能力，实现资源在各合作伙伴间的有效配置，降低企业成本，直接作用于财务绩效，因此互惠协同的作用程度也更高。

而对于成长绩效而言，三个维度都具有显著正向影响，但资源拓展的作用程度最高，因为无论是对现有资源的挖掘还是对潜在资源的探索，都是为未来发展开辟道路的努力，都能够给企业现有发展注入新力量，使企业在市场中获得竞争优势和先导地位。例如，新原料的发现既能够降低企业生产成本，还有助于企业研发新的产品或改进现有产品的性能，为企业开辟新市场或扩大市场份额奠定基础。与此相比，社会引领和互惠协同是作用于成长绩效的更为间接的形式。社会引领通过发掘社会问题的潜在价值，一方面为企业识别新的发展机会，另一方面通过树立良好社会形象助力企业市场行为；互惠协同则通过汲取各方力量帮助企业增强研发能力和提升运营能力，同时由于创新合作模式带来的合作效率的提高而拓宽利益空间，并最终作用于成长绩效的增长。

因此，在不考虑第三方变量影响的情况下，虽然社会创业导向在总体上对企业经营绩效都具有积极的作用效果，但是每个维度的影响程度各不相同，要求企业在实践中根据自身具体情况进行战略选择。

(3) 组织内部环境影响社会创业导向的作用形式。

考虑到企业经营几乎不可能在脱离内外部环境的真空中进行，本研究构建了基于企业社会使命和企业可持续性强度的“双元”组织内部环境体系，并分析了在四类不同内部环境中，社会创业导向对企业绩效的不同作用形式和作用程度，验证了不同组织内部环境对社会创业导向与绩效关系所具有的调节效应。

资源拓展只有在低社会使命的内部环境中对财务绩效起作用，但是这类企业如果同时具有低可持续性，那么资源拓展对财务绩效的作用效果更为明显，只要企业保持对资源的不断创新和对产品的不断研发，就能给财务绩效带来稳定的持续增长；但是，如果这类企业具有高可持续性，那么企业就必须控制好研发创新的度，否则在后期会带来财务绩效滑坡。

资源拓展在四类环境中都对成长绩效具有正向的线性影响，表明企业只要坚持研发创新就可以获得发展潜力的不断提升，因此，不同的组织内部环境对于资源拓展与成长绩效的关系并没有明显的调节作用，希望增加成长绩效的企业都可以通过创新来实现。

社会引领在“高可持续性—高社会使命”和“低可持续性—低社会使命”两类极端环境中可以给财务绩效带来持续增长，处在这种最优和最差环境中的企业可以通过提升自己的社会形象来提高财务表现。在两类中间环境中，社会使命感较低的企业需要在早期承担社会引领所引起的财务表现降低，但由于通过解决社会问题以及调整战略使之更符合社会主流是一个长期过程，所以在后期这类企业能够享受高社会创业导向带来的持续财务增长。

社会引领在两类高社会使命环境中对成长绩效都有正向线性作用，企业感知的可持续发展强度对此作用效果影响并不明显。而在最差的“双低”环境中，社会引领不会作用于成长绩效，因此这类企业不应该通过提高社会程度来获得发展机会。

除了在“低可持续性—低社会使命”这个最不利的环境中互惠协同对财务绩效没有影响外，在其他三类内部环境中，企业都可以通过增强合作能力和合作意识来实现财务表现的增长，因为通过建立合作关系，企业可以提高自身的技术开发能力，降低研发成本，或者提高企业的社会知名度。但是，如果企业自身内部条件极其不利，那么企业想要建立合作关系的难度会更大，并且合作关系给其他维度带来的促进作用也会大大削弱，导致了互惠协同无法对财务绩效发挥作用。

在成长绩效中，互惠协同在两类中间环境中的作用效果恰好相反，在“高可持续性—低社会使命”环境中，构建共赢机制的努力会使成长绩效呈现先减再增的趋势，在“低可持续性—高社会使命”环境中则是先增再减。但是，在“双高”的最优环境中，企业能够通过追求协同效应来获取持续增长的成长绩效，将促进作用有效发挥，然而在最不利的环境中，互惠协同却不会对成长绩效带来影响。

因此，不同的组织内部环境会影响社会创业导向对企业绩效的作用形式和程度，同时也限制了具有不同内部环境的企业改善企业绩效的战略选择范围。例如，具有最优内部环境的企业，为了提高成长绩效，由于社会创业导向各维度都对其具有正向线性作用，企业可以任选其中一个维度或者综合运用来实现市场增长率的提高或员工人数的增加。但是，对于具有最差内部环境的企业来说，就只能够选择增强资源开发和产品创新能力来提高未来成长潜力。

（4）组织外部环境调节社会创业导向的作用程度。

组织所处的外部环境能够调节企业社会创业导向对企业绩效的影响程度，即增加或减少一单位社会创业导向各维度的变化对企业绩效所能够带来的贡献量。

企业所处行业的竞争激烈程度会影响行业进入的难度，以及企业在资源市场和商品市场甚至金融市场获取资源的难度。越是竞争激烈的行业，企业所采取的一系列活动都具有更大的可能被复制和效仿，从而使某一企业的活动迅速被竞争者的行为淹没。因此，竞争激烈程度对于社会创业导向任一维度对财务绩效的作用都不具有显著影响。企业在这类环境中，无法通过增强社会引领能力和协同能力获得短期财务表现提高，因为这些活动本身需要一个长期的收益过程，并且激烈的竞争态势也不允许单一企业长期保持这种优势。虽然企业的社会创业行为能有利于财务绩效，但其影响程度并不会因为竞争形势而发生变化。

与此相反的是，竞争环境会增强资源拓展活动对成长绩效的影响程度，因为企业在面临资源市场和商品市场的双重竞争压力下，通过挖掘竞争对手所忽略的边缘资源或者深入开发现有原料的潜在价值，一方面可以带来生产成本的减少，另一方面也减轻了在资源市场所负担的竞争压力；同时，利用废弃资源和提高资源利用率也符合社会发展趋势和政府号召，在直接利于自身生产的同时也能够获得社会公众甚至政府的青睐，从而给企业未来在三方市场的资源获取和份额拓展带来更大的好处，增强资源拓展维度对成长绩效的影响程度。

政府支持通常包括资金支持、政策支持和信息支持，但是这些支持会降低企业互惠协同活动对财务绩效的影响程度，因为政府往往只关注企业行为的社会利益而忽略其经济利益，政府的支持甚至会限制企业的经营自主性，使得企业在自由选择合作伙伴和拓宽合作方式的过程中受到约束，并且政府的各项支持可能会降低企业自主寻求多样化合作的主动性，给企业营造一种无须构建与其他利益相关者合作机制的假象，从而减少企业与多方利益相关者合作的实力，降低企业利益相关者影响力，进而反作用于财务绩效，使得企业构建多重共赢机制所带来的协同效应对财务绩效的正向影响下降。

但是，政府给企业提供的各种支持能有效增大资源拓展维度的效用。政府补贴或奖金不仅能够直接增加企业的营业外收入，还能够实质性地降低企业研发成本投入，使企业获得额外的成长动力；政府简化审批程序或其他行政管理手续，能够降低企业新近研发成果的等待机会成本，减少研发成果因等待而错失最佳市场机会的风险，使其能较快地进入市场从而实现市场占有率的提高，增大企业研发创新对成长绩效的正向影响。

因此，企业所处的行业竞争态势以及政府对于企业经营的支持力度都能够调节社会创业导向对绩效的作用程度，并且因外部环境的不同，对不同维度有着不一样的调节方向。

2. 对策建议

（1）充分发挥社会创业导向不同维度的作用效果。

虽然整体上社会创业导向对企业绩效具有显著的正向影响，但是其各个维度对绩效不同方面在影响程度上存在很大差异，企业应当根据自身的实际特点，充分发挥每个维度的作用效果。

如果企业只想追求短期财务绩效，那么，互惠协同是最佳选择，因为它对财务绩效的影响程度最高，并且相较于社会引领而言，它发挥作用效果的周期较短，使企业能够以最小的成本实现既定目标，而无须将资源分散在其他对目标实现没有直接影响的领域。

相反，如果企业希望获得长期的成长空间，那么企业应当以资源拓展为重点，因为它对成长绩效的影响程度最高，能够使企业同样的付出获得更多的成长性回报。此外，从长远角度来看，社会引领维度也具有明显的促进作用，企业可以通过调整战略，使其更符合社会发展趋势和国家主流政策，来争取未来发展所需的必要舆论支持和政策支持，也可以通过增强社会美誉度为开拓市场和增进销量提供辅助。

因此，企业应当正确认识社会创业导向各维度对绩效所具有的不同作用效果及其影响程度，从而根据自身具体目标特征和要求，充分发挥每个维度的作用效果，实现效果的最大化，避免资源浪费。

（2）有机组合社会创业导向不同维度，发挥整合效应。

由于社会创业导向各个维度对于财务绩效和成长绩效有着不同的作用程度和性质，企业应当根据战略目标和自身资源禀赋赋予不同维度相应的权重，及时调整各维度比重，实现社会创业导向各维度的有机组合，充分发挥整合效应和协同效应。

企业在综合运用社会创业导向各维度时，不可避免地会遇到各维度作用方向相悖或者效果相互抵消的情况，这样就需要企业正确估算各维度间的平衡临界点，赋予各维度相应的权重，或者在战略实施不同阶段采用不同维度，形成社会创业导向各维度的有机组合。例如，企业在追求成长绩效的同时需要兼顾财务绩效，不能片面地以牺牲当前财务表现为代价去追求未来成长潜力，那么，企业需要赋予资源拓展适当的比重，虽然它对成长绩效的正向影响程度最高，但是对财务绩效却没有显著正向影响。此外，研发探索需要企业投入大量人力、物力资源和资金，因而会反映在当期的财务报表之上，造成当前财务表现下降。此时，企业应当合理调整资源拓展维度的实施期限和程度，综合运用社会引领和互惠协同两个维度，以此来抵消资源拓展可能带来的消极影响。

对于财务绩效或成长绩效而言，不同维度都具有相同或类似的作用效果，但是企业该实施一种还是几种维度，应该怎样权衡不同维度，这都需要企业对自身实施不同维度的能力以及对目标实现紧迫程度有正确的判断和认识。例如，对于具备大量科研人员和创新能力的企业而言，实施资源拓展维度较为容易，并且也更符合企业传统；对于具有良好社会声誉的企业而言，通过社会引领来提高绩效更为可行。

（3）依据内部环境选择社会创业导向战略和控制实施程度。

组织内部环境对企业社会创业导向的作用形式具有显著调节作用，在不同内部环境下，各维度对绩效或不具有影响，或具有线性或非线性影响。因此，企业必须仔细评估自身社会使命强度和可持续性程度，判断自身所处的内部环境类型，并在此基础上，根据长远和当期目标，正确选择所要实施的社会创业维度。在“高可持续性—低社会使命”环境下，由于社会引领和互惠协同对于成长绩效的作用形式正好相反，前者呈倒“U”形，后者呈“U”形，因此企业在综合利用两个维度时必须严格掌控好实施程度，避免积极效果的相互抵消。

与此同时，企业如果只想提高财务绩效，那么应当正确选择采用的维度数，是应该同时实施所有维度，还是只实施具有线性作用的维度，这都需要根据内部环境来决策。如果企业要同时增进绩效的两个方面，就更需要权衡不同维度间的作用形式，控制好实施力度，随着环境的变化实时调整社会创业导向维度组合，将效用最大化。

（4）有效利用外部环境的积极调节作用。

企业所处的外部环境能够调节社会创业导向对绩效的作用程度，带来事半功倍的效果。企业应当有效利用这种积极调节作用，降低投入产出比，同时要合理规避外部环境可能引起的负向调节作用。

在竞争激烈和政府高度支持的行业中，虽然社会创业导向每个维度都对成长绩效具有显著正影响，但是激烈的竞争和政府支持能够增强资源拓展效用的发挥，那么企业应当调整原有的社会创业导向实施战略，在内部资源允许的情况下，加大资源拓展维度的实施力度，充分利用外部环境所带来的推动作用，实现成长绩效的快速增长。

如果企业能够获得来自政府的支持，如果它希望提高财务绩效，虽然三个维度都与其显著正相关，但由于政府支持会减弱互惠协同的积极效果，那么企业应当适当降低互惠协同维度的权重或停止实施该维度，避免资源的浪费。

3. 研究创新点

本研究的创新点主要体现在以下三个方面：

第一，理论创新方面。本研究聚焦社会创业导向，将创业导向理论和社会创业相结合，把创业研究从单纯的经济诉求扩展到社会诉求方面。此外，本研究扩展了社会创业的研究范围，突破了将非营利组织作为社会创业研究主体的局限，从企业层面探讨了社会创业开展现状及社会创业导向对企业的实践意义。

第二，内容创新方面。本研究立足企业实践和企业家经验，构建企业社会创业导向概念维度并丰富各维度内涵。此外，将研究拓展到社会创业导向作用效果的评价，并构建企业社会使命和可持续性组成的“二元”内部环境，进一步分析不同内部环境下社会创业导向作用效果的具体形式。

与此同时，本研究引入行业竞争和政府支持两类外部环境，探究外部环境对企业社会创业导向作用发挥的调节效应。

第三，方法创新方面。本研究借鉴扎根理论和深度访谈进行企业社会创业导向概念维度提取和构建，从实践中挖掘和提炼理论知识，综合运用多元回归分析、聚类分析、层次回归分析等多元统计分析方法，对企业社会创业导向的作用效果进行了实证研究。

4. 局限和展望

（1）局限和不足。

本研究从实证出发验证并丰富了社会创业导向概念维度构思，并且通过定量分析探索了社会创业导向对绩效的直接作用效果和不同内外部环境对其作用发挥的调节作用，为日后对社会创业导向作用效果的深入定量研究奠定了基础、提供了借鉴，同时也为企业实际经营行为提供了理论指导，具有一定的理论和实践意义，但也存在着一些局限和不足：首先，样本质量还需提高。受到研究者本人研究能力和调研时间及成本限制，本研究在样本选择上采用的是便利抽样方式，绝大多数企业都是通过学校联系、林业局介绍以及老师或同学推荐选择到的，样本选择的随机性水平不是很高。其次，样本量和样本范围还有待扩大。本次调研的有效样本量不是很大，并且主要以国营和民营企业为主，对于社会创业导向作用效果这类新型领域的探索性研究来说样本量偏少，降低了研究结论的普适性和一般性。再次，运用扎根理论进行定性分析的能力还要增强。本研究采用扎根方法来验证和构建社会创业导向概念维度，但是受到研究者对扎根方法掌握深度和运用娴熟度的约束，本研究并未完全采用 Creswell 提出的确保分析有效性和合理性的五种方法，而只是选择性地采用了两种方法，在分析时没有包含矛盾或否定案例，也因为调研成本限制，没有对访谈分析过程进行外部审计。因此，研究者在日后还应加强对扎根方法的不断学习，提高分析的有效性和合理性。

（2）未来研究展望。

本研究是通过对福建省生物质能源企业的深度访谈来验证并构建企业社会创业导向概念维度体系的。在未来的研究中，学者可以进一步拓展访谈对象的范围，优化访谈提纲设计，利用内容分析法或者扎根分析法从企业实际社会创业活动中提炼社会创业导向的维度构成，这对推进社会创业领域的研究发展具有重要意义。

此外，本研究在社会创业作用效果的实证分析中分为三个层面。首先，在不考虑内外部环境影响的一般情况下，探索社会创业导向对绩效的直接作用效果形式；其次，引入组织内部环境变量，并分析在社会使命和可持续性所构成的四类“双元”内部环境下，社会创业导向对绩效的不同作用效果；最后，引入组织外部环境变量，分析行业竞争激烈程度和政府支持力度对社会创业导向作用发挥程度有何调节效应。可见，本研究只分别考虑了个别内外部环境的影响，并没有将其结合起来分析；此外，也只涉及了调节变量，没有包括中介变量和中介效应分析。

因此，未来的研究可以从以下三个方面来拓展：第一，学者可以拓宽对调节变量的选择范围，探究现实中其他环境变量是否对社会创业导向具有调节效应以及具有何种调节效应；第二，将组织内外部环境结合起来，探究在内外部环境的共同作用和交叉作用下，企业社会创业导向对绩效的作用效果将如何变化；第三，加入中介变量，探究社会创业导向究竟是直接作用于企业绩效，还是通过诸如企业学习能力等中介变量来间接影响绩效。通过以上变量的增添和结合，构造新的研究模型，既对现有模型的不足进行弥补，也为更精细实证分析结论的提出奠定基础。

二、基于生态创业导向的结果讨论与启示

1. 研究结论

本研究以北京中关村地区的高新科技企业为调查研究对象，研究了高新科技企业生态创业导向与企业绩效之间的关系，以及环境激励水平、环境管制强度对二者之间关系的调节效应。研究中揭示出了高新科技企业在实施生态创业导向过程中，生态创业导向对企业绩效的影响关系、影响机制，有利于高新科技企业在本研究取得的研究结论基础上，更加清晰明确生态创业导向对企业财务绩效及企业成长绩效的影响性质，从而在未来的企业运行实践中，可以进一步调整改进和优化其生态创业导向实施路径，

使企业的生态创业导向促进企业绩效的改进和提升，实现和收获企业实施生态创业导向路径的效益和成果。而且由于本研究中对于环境激励水平、环境管制强度等变量调节效应的分析研究，揭示出了环境激励水平、环境管制强度对企业实施生态创业导向与企业绩效之间关系的调节影响作用，从而有助于企业考虑如何应对外在的环境激励和环境管制，更好地利用环境激励和环境管制因素，促进企业的生态创业导向实践，优化生态创业导向路径，实现和取得本企业更好的财务绩效和成长绩效。本研究取得的具体研究结论如下。

（1）生态创业导向是一个多维度构成的构念。

本研究通过对已有生态创业理论的回顾，借鉴传统创业导向理论概念维度提出构建的方式，并通过对生态创业活动内容的深入研究及提炼，萃取出生态创业过程中体现出的四个显著的特征——创新性、先动性、环境关注性、社会关注性。在此基础上，将其对应地命名为创新导向、先动导向、环境导向、社会导向。通过回顾以往文献研究中对于相关变量的测量问题，构建了生态创业导向四个维度的测量问题。之后，通过实际企业调查中获取的调查数据，对测量问题的信度及效度进行了检验，信度分析结果表明所设计的测量问题信度较高，均达到通用的可接受标准。同时，因子分析提取了四个因子，与理论设想符合。因子载荷均达到可接受的标准，同时，因子之间具有良好的收敛效度及区分效度。统计分析结果显示出测量问题具有较高的信度及效度，表明研究中所提取的四个维度比较准确地反映了生态创业导向构念的构成，相应的测量问题也比较精确地测量了相应的构成维度，从而为针对生态创业导向的进一步的后续研究，提供了理论上和测量方式上的参考借鉴。

（2）生态创业导向各维度对企业绩效均具有积极影响。

对于高新科技企业，生态创业导向维度中的创新导向、先动导向、环境导向、社会导向均对企业绩效具有某种积极的正向影响，但是各导向所影响的企业绩效的方面却并非完全相同，而是具有不同的特点。

第一，创新导向对企业成长绩效具有正向的积极影响，但是对企业财务绩效的影响却并不显著。

由上述研究分析结果可知，创新导向可以显著地促进企业成长绩效。创新导向使企业更加注重研究开发新产品、新技术、新商业模式，从而使企业源源不断地推出新的符合外界环境要求的标准的新产品、新技术、新商业模式，从而避免了不适应环境变化的风险，可以在外界不断变化的环境中，更好地适应环境，促进企业更好更快地成长。

但是研究分析的结果表明，创新导向对企业财务绩效的影响并不显著。原因可能在于创新导向强调企业的创新行动，但是创新活动需要消耗企业的资源、资金，加大对研发的投入，特别是对于重大突破性创新的新产品、新技术的研究开发，所需投入的企业资金更多，而且需要投入相当长的时期才能获得研究成果，从而使企业当期的研发投入支出大幅增加，导致当期的企业利润急剧减少，从而有可能导致创新性更强的企业的财务绩效反而比其他创新性更弱的企业获得的财务绩效更差一些。

第二，先动导向对企业财务绩效具有正向的积极影响，但是对企业成长绩效的影响却并不显著。

分析结果表明，生态创业导向维度中的先动导向对企业财务绩效具有显著的正向影响。企业的行动导向越强，企业越可以获得更优异的财务绩效。也即，企业越是积极地应对竞争者，越可以取得优于其他竞争对手的财务绩效。

但是先动导向却对企业成长绩效并无显著积极的促进影响。强调抢先行动的企业不一定可以获得更优的成长绩效，先动导向更低的企业也不一定就获得较差的成长绩效，其之可能在于，先动导向强调先于对手抢先行动——第一个进入市场，第一个推出新产品、新服务、新技术，先于竞争对手采取削价竞争等竞争措施——企业先于其他竞争对手率先削价，可以扩大市场份额，增加企业当前的现金收入和利润量，但这种好处只是短暂的，绝非长久性的。长期来看，如果企业一直坚持削价，不仅会降低企业盈利、利率润，甚至可能会使企业陷入亏损赤字的状态，导致企业发展放缓甚至停滞，成长绩效更差。抢先行动，虽然可以使企业获取一定的优势，但是应注意和认识到的一点是，抢先行动本身也有一定的风险。对于环境中新出现的机会，抢先第一个去进行开发，虽然可能为企业带来一定的利益和优势，但是风险常常是和机会相伴而生的，特别是在环境或市场上刚刚出现新变化的早期，二者通常是难以清晰准确地分辨和区分的。抢先去开发一个变化中可能蕴含的机会，一方面可能使企业成功地开发出适合环境需求的新产品、新服务、新技术，从而使企业获得一笔很大的现金收入和利润流量；另一方面，也有可能由于强调抢先于其他竞争对手快速行动，导致企业在开发过程中对可能出现的问题及影响考虑不足，开发失败，企业在开发过程中投入的相应资金、资源全部血本无归，没有为企业带来任何价值，反而由于开发失败给企业带来沉重的成本负担，影响企业进一步的成长和发展。或者虽然开发成功，但是开发出来的新产品、新技术、新服务在市场中并没有太大的市场价值，同样也会为企业带来沉重的负担，影响企业未来的发展和成长速度。

而并不强调抢先行动或抢先行动导向较低的企业，可以观察第一个去进行开发的企业的行动，可以观察第一个开发的企业推出新产品、新技术之后，环境市场的反响如何——如果反响良好，新产品、新服务、新技术市场前景巨大，可带来巨额商业价值，此时再开始着手进行开发，不仅会更清楚地了解此新产品、新技术、新服务的开发过程，避免第一个抢先开发企业在研发过程中出现的错误、遇到的曲折和弯路，从而极大地降低自身企业的研发成本，而且因为可以拥有更长的考虑时间、准备时间，所以后发企业一般可以推出的新产品、新技术、新服务，比第一家抢先行动的企业推出的新产品、新技术、新服务缺陷更少，功能更完善强大，更符合消费者需求和个性化需求，从而更容易吸引消费者，使后发行动或抢先行动导向较低的企业利用和获取了后发优势，最终后来居上，比抢先行动的企业更快地成长。由此可见，先动性并非简单地与企业的成长绩效呈正向线性关系。先动导向更高，得到的成长绩效不一定更优；先动导向更低，得到的成长绩效不一定更差。可能正是这种原因导致了先动导向与企业成长绩效之间的关系并不显著。

第三，环境导向对企业成长绩效具有正向的积极影响，但是对企业财务绩效的影响并不显著。

环境导向可以促使企业开发出更加符合环境标准的新产品和新技术，帮助企业塑造良好的社会形象并使企业更加符合未来发展趋势，进而极大地降低了企业未来被环境管制机构强制执行管制的风险，同时有助于企业改善与环境管制机构的关系，使企业更易得到管制当局的扶持和资助，从而获得更好的成长性表现。

另外，环境导向一般可以增强企业的绿色形象，从而增加企业的声誉，帮助企业获得更高的消费者忠诚度、更高的产品溢价、更高的企业财务水平。但同时，由于企业采取环境导向一般会要求企业更多地在环境方面投入，包括对环境的治理，对于对环境更加友好的新产品、新技术的研究开发等，而这些显然又会增加企业的成本，减少企业的收入及利润量，从而对企业的财务绩效具有负面影响，所以可能导致环境导向对企业的财务绩效影响不显著。

第四，社会导向对企业成长绩效具有积极的正向影响，但是对企业财务绩效并无显著的影响。

社会导向使企业更加关注社会环境中的问题，支持当地社会建设，投入资金支持社会问题的解决，关心员工的生活、福利，有利于企业获得积极的、正面的社会形象。社会责任型领导者企业更容易得到利益相关者甚至是政府当局的支持和扶持。同时，企业的员工更有责任感觉、使命感觉，能感觉到本企业对社会的责任，更加积极努力地工作，提高对企业的忠诚度和工作效率，在工作中更加积极、主动地发挥自身的积极性、创造力、创新性，这些都极大地提高了企业的生产效率，有助于增强企业组织的凝聚力、团结意识。一个企业的内部群体如果团结一致、凝聚力很强、目标统一，企业的员工会对本组织的发展目标十分明确，对于任务将产生很强的执行力，从而使企业快速实现一个个成长发展目标，从而推动企业快速健康地成长和发展。

社会导向一般要求可以更好地关心员工，支持当地社会建设，对社会问题的解决进行援助，捐款或资助社会机构，这些可能促进企业财务绩效的提升，但是同时也增加了企业的负担和成本，所以可能导致企业的财务绩效不显著。

由上可以看出，从企业绩效的视角出发，只有先动导向可以显著影响企业财务绩效的生态创业导向维度；影响企业成长绩效的生态创业导向维度是创新导向、环境导向、社会导向。

(3) 环境因素对生态创业导向与企业绩效之间的关系具有调节效应。

研究分析结果揭示出环境因素之环境激励水平与环境管制强度对生态创业导向与企业绩效之间的关系具有显著调节效应，具体效应如下：

环境激励水平对社会导向与企业财务绩效、社会导向与企业成长绩效之间的关系均具有显著的正向调节效应。环境激励水平越高，比如对企业有利于环境保护的计划或行为的资助或补贴越多，企业越可以从承担自然生态环境责任、响应社会呼声、关注社会问题等一系列行动中获得更多的资金收入，进而有助于企业获得较其竞争对手更好的财务绩效和成长绩效。即环境激励水平越高，企业关注社会问题、满足社会要求的社会导向对企业财务绩效和成长绩效的贡献和影响也就越大，所以环境激励水平对社会导向与企业财务绩效、企业成长绩效之间的关系具有正向调节效应。

本研究揭示出环境管制强度对环境导向与企业财务绩效之间的关系具有显著的负向调节效应。随着环境管制强度的上升，企业将被迫在环境治理与环境产品技术创新方面投入更多的资金、资源，用于环境问题的治理与更加环保的新产品、新技术的研发，导致企业当期的支出成本上升、企业当期的财务绩效下降，使企业因关注环境问题而获得的绿色形象、声誉等为企业带来的积极因素对于企业财务表现的正向积极影响下降。

同时，本研究也揭示出环境管制强度对社会导向与企业财务绩效之间的关系存在统计显著的正向的调节效应。即随着环境管制强度的提高，社会导向对企业财务绩效的影响更强。由于环境管制强度的提高，在生产运营中继续存在破坏环境行为或对环保持消极被动态度的企业受到管制当局处罚甚至起诉的风险急剧上升。这要求企业认真对待环境问题，对社会公众要求企业承担环境责任的社会期望作出回应，解决环境质量日益退化此一社会中日益严峻的问题；使企业更加认识到企业存在的义务不只是在于提供产品、服务，获取商业价值，应该更主动积极参与社会问题的解决，直接发起或间接资助社会组织对于环境的保护和治理工作。自然生态环境的可持续发展是社会存在和可持续发展的基础，而由于企业的这些行动，也体现出了企业作为社会的一个有机体，对于维持社会可持续发展所展现出来的负责态度和奉献精神，有利于赢得社会公众的认同和支持，使之对于本企业具有更高的偏好和好感，相对于其他企业，更加倾向于选择本企业的产品和服务，为产品和服务支付更高的价格，以实际购买行动表示对本企业的认可和支持，使本企业在市场上获得更好的收入表现，从而导致企业的社会导向与企业财务绩效之间的关系趋于更加显著。

2. 对策建议

根据本研究以中关村高新科技企业为研究对象，针对生态创业导向问题研究取得的实证性研究结论，提出以下对策建议，为其更好地实施生态创业导向，发挥生态创业导向的积极作用提供参考借鉴。

第一，生态创业导向由创新导向、先动导向、环境导向、社会导向四个维度构成，高新科技企业实施生态创业导向的决策应是对于上述四种维度确定一个加权组成。

本研究在对创业导向理论、生态创业理论深入挖掘与融合的基础上揭示出生态创业导向是一个多维度的概念，同时提炼萃取出生态创业导向的四个维度：创新导向、先动导向、环境导向、社会导向；并且利用针对中关村高新科技企业为研究对象的实际调查数据，利用统计技术实际验证了提出的生态创业导向构念理论维度构成具有良好的适切性与合理性，从而清晰地确定出了高新科技企业生态创业导向的特征，为高新科技企业判断生态创业导向是什么、采取何种措施才可实施与体现生态创业导向提供了清晰的指示与借鉴。高新科技企业实施生态创业导向，即根据本企业自身的资源禀赋、资源限制、企业未来战略目标、规划等具体因素，在创新导向、先动导向、环境导向、社会导向四个维度上作出决策，决定实施哪一种或哪几种生态创业导向的维度、对于具体各维度上的重视强调程度如何、重点强调突出哪一种维度或哪几种维度、相对忽视哪一种维度或哪几种维度。最后，企业根据资源禀赋、资源限制、核心能力、未来战略规划等因素确定适宜本企业的最优生态创业导向维度权重组合决策，从而制定出适宜于本企业的最优的生态创业导向组合选择决策。

第二，生态创业导向之内的创新导向、先动导向、环境导向、社会导向四个维度构成对企业绩效影响性质不同，高新科技企业可以根据自身的目标追求及需要对企业如何实施最优的生态创业导向作出正确的决策。

研究结论揭示出生态创业导向的先动导向对于企业财务绩效具有显著的正向促进影响，如果企业的定位目标是要追求与实现企业良好的财务绩效，则本企业应该在生态创业导向实践过程中更加重点强调先动导向；生态创业导向的创新导向、环境导向、社会导向对于企业成长绩效具有显著的正向促进影响，如果企业目标是要追求实现未来更好的成长绩效与表现，则本企业应该更加关注创新导向、环境导向、社会导向，通过在此三方面增加重视与关注，有利于企业未来取得比其他竞争对手更好的成长性表现，取得更好的成长绩效。

同样是实施生态创业导向的企业，不同企业追求的目标可能不同，各企业可以更加有选择性、针对性地确定本企业实施生态创业导向各个维度的不同侧重方面，从而更有效地实现企业的预期目标。企业可以根据自身的特定追求目标，对于生态创业导向实施的侧重方面进行更具针对性和适合的选择与实施，从而在此路径实施过程中更好地达到企业追求的绩效水平，实现企业的预期目标。

第三，由于环境激励水平、环境管制强度对于高新科技企业实施的生态创业导向与企业绩效之间的关系存在调节效应，所以政府相关决策机构应该有针对性地实施环境激励与环境管制，从而促进高新科技企业更好地实施生态创业导向。

具体而言，由于环境激励是高新科技企业实施生态创业导向的拉动性因素，研究结果揭示出环境激励水平对社会导向维度与企业财务绩效之间的关系、社会导向维度与企业成长绩效之间的关系均具有显著的正向调节效应。也就是说，通过政府相关机构或有关部门，对于高新科技企业实施有利于促进环境保护和改善的计划或行动，给予企业一定的资金支持和补贴或税务减免等，使得高新科技企业实施的生态创业导向对于企业财务绩效与企业成长绩效的促进作用增强，企业将有内在动力进一步增强生态创业导向。

环境管制是企业实施生态创业导向的推动性因素。环境管制强度对于环境导向维度与企业财务绩效之间的关系具有负向调节效应，导致由于环境管制强度增加，迫使高新科技企业在环境治理、改善与提升方面的支出大幅增加，从而最终使得环境导向对企业财务绩效的正向促进影响下降，最终将导致企业进一步实施生态创业导向的欲望下降。

通过环境激励与环境管制这两种拉动性因素与推动性因素的作用影响的对比分析，可知拉动性因素实施之后产生的效果要优于推动性因素。虽然环境管制这种推动性因素对于企业的经营活动仍是必不可少的，但未来政府相关管理机构和环境相关部门在制定相关决策时，应更加强调和更多地使用拉动性因素，增加对于高新科技企业在促进环境治理改善进步方面的计划、行动的资金支持与资助，或提供一定的税务减免等措施，以促进高新科技企业内在地更加自觉、自发地实施生态创业导向，取得实施生态创业导向的更好的效果。

3. 研究不足

生态创业导向此一研究方向，不论在国内还是国外都是一个新兴的研究领域。本研究虽然在这个不论是国内还是国外很少有研究者开展研究、相关研究理论成果非常稀缺的研究领域内取得了一些宝贵的初步研究成果，但是同时也存在许多的不足之处，主要有以下一些方面：

第一，在时间长度方面，生态创业导向对企业绩效的影响，即企业财务绩效、企业成长绩效的影响，可能长期的效应与短期的有所区别和不同，本研究取得的研究结论只适用于短期情况下生态创业导向对企业绩效的影响分析研究，无法推知在更长时间内，各研究变量之间是否还具有相同影响性质及影响程度。

第二，样本选择方面，本研究选择了北京市中关村地区的高新科技企业为调查研究样本，但是由于研究期限长度、可调查的研究范围、研究经济成本等限制，未能进一步扩大调查研究地域范围，包括中国其他地区的高新科技企业样本，还不能确定扩大至更大范围内的研究样本企业之后，研究结论是否同样成立。

第三，本研究将企业规模及企业创立时间两个组织因素作为生态创业导向与企业绩效之间影响关系的控制变量予以考察，但是可能还存在其他的企业组织因素也会对生态创业导向与企业绩效之间的关系具有影响。同时，对于调节变量，本研究由于各方面的条件限制，最终只选择了环境激励水平和环境管制强度两个环境内的影响因素进行了调节效应分析。可能还同时存在其他环境因素也会对生态创业导向与企业绩效之间的关系具有调节效应或者中介效应。限于本研究的时间期限及研究者本人的时间精力，未能将更多研究变量包括在当前的研究之内。

4. 研究展望

针对当前研究中的不足，未来需要在当前研究基础上继续拓展、深入地研究，结合中国企业的实践行为，更加深入全面地观察企业的生态创业导向实践，在此基础上进一步揭示和提炼中国情境下生态创业导向的相关理论。未来研究扩展及深入的方向主要有以下一些方面：

第一，在时间长度方面，将研究时期拓展至更长时期，考察高新科技企业的生态创业导向对企业绩效的影响，即对企业财务绩效、企业成长绩效的影响，从而研究分析出长期生态创业导向与企业绩效之间的影响关系，进而与短期影响关系进行对比分析，从而判断长期影响关系与短期影响关系是否相同、有何差异及区别。

第二，样本选择方面，未来研究将扩大调查样本企业选取范围，计划将样本调查范围扩大至全国多个省市的多个城市，在选择的调查地区搜集当地高新科技企业样本的相关调查数据；在扩大的企业样本规模基础上，再次对生态创业导向与企业绩效之间的影响关系进行验证分析，不仅可以考察全国其他地域高新科技企业实施生态创业导向的特点，考察不同地区的高新科技企业在实施生态创业导向方面是否存在显著的差异及特征，而且可以检验当前研究中取得研究结论的在更大地域范围企业样本之中的可推广性。

第三，本研究将企业规模及企业创立时间两个组织因素作为影响生态创业导向与企业绩效之间关系的控制变量予以考察，但是可能还存在其他的企业组织因素也会对生态创业导向与企业绩效之间的关系具有影响。同时，对于调节变量，本研究由于各方面的条件限制，最终只选择了环境激励水平和环境管制强度两个环境内的影响因素进行了调节效应分析。可能还同时存在其他环境因素也会对生态创业导向与企业绩效之间的关系具有调节效应或者中介效应。未来的拓展研究将考察更多组织变量的作用及影响，将加入更多研究变量，构建新的理论研究模型，从而实现对当前模型的改进及拓展。

第八章

绿色创业路径优化的管理对策研究

第一节 完善绿色创业导向管理架构

一、不同价值取向的创业研究比较

创业研究绿色化源自全球背景下的可持续发展诉求，企业要想实现自身的可持续发展，就必须遵循 Elkington（1997）提出的三重底线（triple bottom line，TBL）原则。其中，经济底线要求企业承担增加利润和投资分红等传统的商业责任，环境底线要求企业承担保护环境的责任，社会底线则要求企业承担对社会其他利益相关方的责任。依据 TBL 原则，创业研究绿色化趋势实质上就是创业研究从只关注经济底线转向同时关注社会底线和环境底线，从而在已有商业创业研究的基础上形成了针对社会创业和生态创业等不同价值取向的创业实践的研究（见图 8—1）。

通过前文对创业研究绿色化现状的评析不难发现，相关研究的共同之处在于都以创业为研究对象，而不同之处在于坚持不同的可持续发展底线。但是，这些研究之间并不是彼此分立的，而是存在着一定的联系，从中可以进一步勾勒出可持续创业研究与实践的轮廓（Parrish，2009；

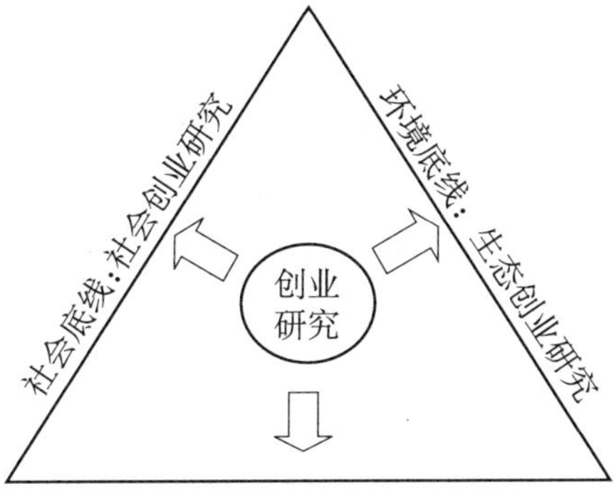

图 8—1　基于三重底线的创业研究取向

Shepherd & Patzelt，2011）。从研究范式上看，不同研究之间的共识可以为理论融合和积累创造条件，而不同研究之间的交叉又为跨领域比较提供了可能，更有利于发现和解决新的问题。

美国著名创业学者 Timmons 教授在其提出的创业要素模型中把创业视为机会、资源和团队三要素的匹配和平衡过程。在这个著名的创业三要素模型中，机会是指创业机会或者说未被发现或未经开发的市场需求及其结构和规模；资源是指开发创业机会所需的资源，或者更确切地说，是指为实施创业而有效动员和合理配置的资源；团队就是创业团队。Timmons 认为，这三个要素是任何创业活动都不可或缺的，而且要素之间没有好坏之分，重要的是匹配和平衡。而且，这三个要素具有动态特征，随着创业过程的推进，重点要素也会相应发生变化。简言之，要想取得创业成功，就必须对机会、创业者（创业团队）和资源三者进行适当的搭配，并且随着创业进程的发展而进行动态平衡。

参照经典的 Timmons 模型，对商业创业、社会创业和生态创业这三种不同价值取向的创业的相关研究进行比较分析，可以发现这三种创业研究对于三种创业要素的侧重是不同的（见图 8—2），并且可据此指出这三种创业各自的特点。

商业创业研究侧重于对商业机会的识别和开发。根据 Timmons 模型，商业创业研究关心财务和资产等资源要素（Busenitz et al.，2003）以及创业带头人个人特质和创业团队素质等团队要素（Gartner，1988），但相比之下更强调机会要素，关键点落脚在商业机会的识别和开发以及市场需求

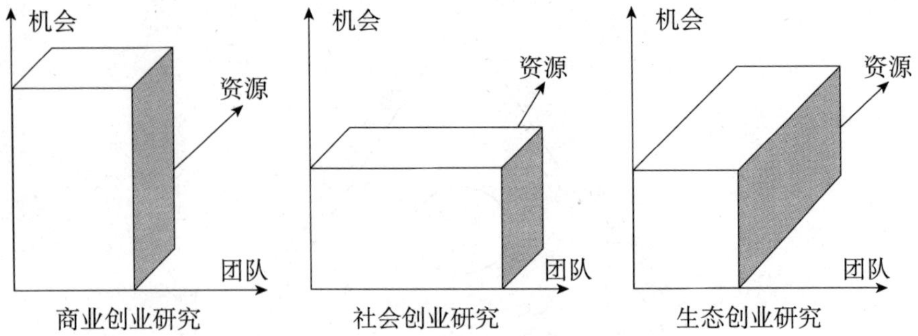

图 8—2 基于 Timmons 模型的不同创业研究侧重点比较

结构和规模分析方面（Shane & Venkataraman，2000）。商业创业研究聚焦于机会要素这一点还具体表现为挖掘机会来源，把机会识别过程细分为搜寻、识别和评价三个阶段，提出了基于机会分类的创业与绩效关系理论框架。商业创业研究侧重于创业机会的另一个例证就是商业模式研究，对商业模式价值链的解析实质上也是遵循创业机会识别、开发和利用的脉络。总体而言，来源挖掘、机会筛选、评价和开发等，一直是商业创业研究关心的主要问题。

社会创业研究更加关注创业者或创业团队。在现有社会研究文献中，社会创业机会一般是指没有得到满足的社会需求或没有得到解决的社会问题（Zahra et al.，2009），资源则包括私人捐赠、公益创投和政府资助、会员交费收入等财务资源以及志愿者等人力资源。但相比之下，社会创业研究者更加关注社会创业者或创业团队。Prabhu（1999）指出，社会创业者明显不同于商业创业者，社会创业者的思想意识决定他们选择不同于商业创业者的使命、方法和最终目标。Dees（1998）把创业者视为社会创业的核心，研究总结出了判断社会创业者的标准，即是否以持续创造社会价值为己任，并对目标群体负有高度的价值创造责任感。Bornstein（1998）把社会创业者等同于伟大思想的开拓者，并且认为社会创业者会为了实现社会变革的愿景而提出创造性的解决方案，始终保有强烈的道德意识。Mort 等（2003）和 Bryant（2009）研究发现，社会创业的关键在于创业者在面对道德与利益冲突等复杂情境时能够保持行为与愿景的一致、努力实现伦理规范和盈利动机之间的平衡。

比较而言，在创业三要素中，生态创业研究更加关注资源配置和利用问题，特别是自然资源合理配置和开发利用、清洁生产技术研发、新能源开发利用等问题（York & Venkataraman，2010），因此，资源要素是生态创业研究的重中之重。Walley 和 Taylor（2002）从战略层面强调生态创业必须是以尽可能少的资源来获取尽可能多的收益。Isaak（2003）指出生态创业的关键在于：设计、工艺、制造等每个生产技术环节都必须“绿色化”。OECD（2013）在测度生态创业时考察的行业都是一些与资源有关的行业，包括污染处理行业（如空气污染、废水、噪音、垃圾等）、清洁技术和生产行业（如有效利用资源的清洁技术、工序和产品等）以及资源友好型行业（如资源循环利用、可再生能源开发、可持续化农林业、生态旅游等）。

二、可持续发展理念下的绿色创业研究

正如 Hall 等（2010）所指出的那样，创业就像一种“灵丹妙药”，被认为在推动经济增长的同时又能实现环境和社会的健康发展。基于这种假设，创业研究也呈现出“绿色化”趋势，即创业研究开始兼顾经济目标与社会、环境福利等可持续发展的多重诉求，并且提出了“社会创业”“公益创业”“生态创业”“环境创业”“可持续创业”“绿色创业”等不同概念。被视为创业研究风向标的国际权威创业学术期刊 *Journal of Business Venturing* 连续三年推出了分别以“伦理与创业”“可持续发展与创业”和“贫困与创业”为主题的年度专刊。这也从一个侧面表明，创业研究正在从关注创业如何推动经济增长朝着关注创业如何实现绿色价值转向。

创业研究的这一转向与管理实践的变化密不可分。自 20 世纪 60 年代以来，为了应对日益严峻的绿色化挑战，各级管理层进行了不懈的努力，如政府出台相关的监管政策，企业披露社会责任审计报告，试图改变企业“唯利是图”的目标取向，并把企业行为控制在绿色框架内。但是，与新企业相比，成熟企业更容易忽略生态方面的机会，或者说，对成熟企业进行的“绿色修补”，并不一定能够带来绿色创新。因此，不难理解为什么社会企业、公益组织、环保组织会如雨后春笋般地涌现，这些新组织开始致力于把绿色管理从产出端追溯到投入端，从成熟企业上溯到新企业

创建。

但是，丰富多样的绿色化创业实践，并不意味着创业研究绿色化就可以泛化或无序。相反，正确区分绿色创业研究与传统商业创业研究的异同点，认真辨析创业研究相关主题之间的内在联系和创业的多重价值诉求，不仅有利于厘清绿色创业研究的演进脉络，也有助于指导创业绿色化管理。“创业是一种实现可持续发展的灵丹妙药”这一假设并未得到一致性验证，因此，有必要有针对性地分析创业者能否、如何在盈利、环保、公益等不同诉求之间实现平衡等问题，而不能想当然地妄下结论（Hall et al.，2010）。为了避免创业研究泛化，我们应该善于发现和研究创业实践中出现的新问题（张玉利，2011），对于绿色创业研究也应该如此。

有关绿色创业与可持续发展关系的探讨，催生了可持续创业这个全新的研究主题。虽然可持续创业的定义尚未统一，但 Dean 和 McMullen（2007）以及 Cohen 和 Winn（2007）所界定的可持续创业定义还是得到了很多学者的认同。Dean 和 McMullen（2007）把可持续创业定义为发现、评估和开发由市场失灵损害可持续性而催生的商业机会的过程；Cohen 和 Winn（2007）认为，可持续创业是可持续创业者识别和开发将未来产品和服务变为现实的机会的过程，最终创造的是兼顾经济、心理、社会和环境多方面利益诉求的新价值。

当前，可持续创业研究主要关注三个主题。首先是可持续创业者。Hockerts 和 Wüstenhagen（2010）基于新熊彼特主义主张研究了可持续创业者如何识别和利用市场失衡机会，以及推动环境和社会向更加可持续状态转型的作用。Parrish 和 Foxon（2009）将可持续创业者视为运用商业手段提高环境质量的“环保资本家”。Gliedt 和 Parker（2007）以及 Zahra 等（2009）的研究都把可持续创业者定位在特定公共产品创新的“金字塔”底层，也就是说社会底层人群蕴含着巨大的社会创业力量。其次是可持续创业组织。当前研究普遍认为，可持续创业的组织主体，不仅包括创造性开展商业运作的非营利机构，还包括创造性满足可持续发展需求来提升盈利空间和竞争能力的企业组织；既有新生的绿色组织，又有出于绿色化目的进行内部创业的成熟企业（Dixon & Clifford，2007）。Meek 等（2010）研究发现，不同国家的营利性组织和非营利性组织对可持续创业的贡献各不相同，企业在不同成长阶段的可持续创业导向也大相径庭。York 和

Venkataraman（2010）基于理论推演研究发现，新创企业与在位企业对不确定性和创新持不同的态度，当行业中的环保技术创新导致某些既有产品被取代时，新企业往往能比在位企业更加积极地引入创新技术。最后是可持续创业制度。制度理论常常被用来剖析可持续发展问题（Chohen & Winn，2007）。Meek 等（2010）以美国各州为对象的实证检验表明，一个区域的可持续发展导向、环保导向型消费甚至家庭成员之间的相互依存关系，都是驱动当地可持续创业的重要社会规范。Shepherd 和 Patzelt（2011）研究指出，可持续创业者通过向政府决策者提交科研或技术项目报告等途径，可以影响环境友好制度、社区制度以及制度平衡方面的决策，并最终有助于实现可持续创业的目标。

三、可持续创业整合框架构建

针对丰富多样的绿色创业实践以及因此而出现的新问题，本部分根据可持续发展和创业研究的经典分析框架，通过比较不同主题的绿色创业研究来揭示它们之间的内在联系，在此基础上构建了一个基于可持续发展的绿色创业整合框架，并勾勒实现创业绿色价值的关键环节，以期为优化创业绿色化研究和实践提供指导。

通过对不同创业研究的比较以及前文对可持续创业研究基本问题的探讨，可以看出绿色创业研究并不是社会创业、生态创业和商业创业研究的简单合并，而是基于可持续发展背景和创业规律，对相关创业活动研究进行有机整合。同样，可持续创业实践，也不是不同创业活动的简单拼凑，而是具有自身内在规律的系统过程，其独特的核心要素和关键问题有待进一步挖掘。Shepherd 和 Patzelt（2011）认为，可持续创业重在追逐创造未来产品和服务的机会，保护自然环境和保证生活质量，目的就是要为个人、经济和社会创造经济性和非经济性的价值。因此，可持续创业研究的关键就是要弄清“什么应该具可持续性”和“什么应该得到发展”。我们认为，可持续创业就是创业者在兼顾经济、社会和生态三重底线的前提下识别创业机会，动员资源来开发机会，并最终创造新价值的过程。在这里，我们结合前文分析构建了一个绿色创业整合框架（见图 8—3），其内涵可从以下三个方面进行阐释。

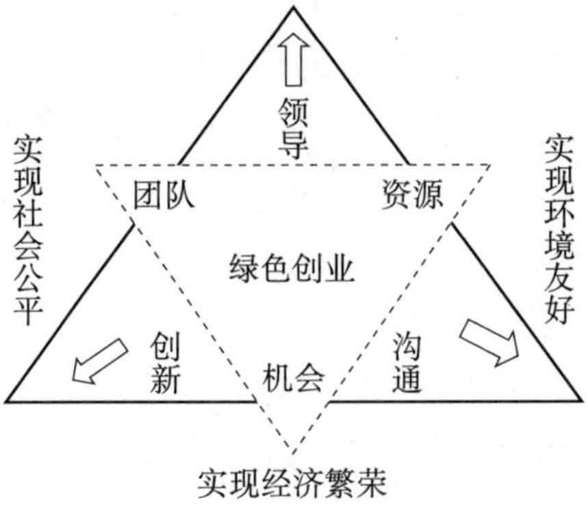

图 8—3 绿色创业整合框架

首先，绿色创业应当兼顾经济、社会和环境三者的可持续性。对于绿色创业而言，经济可持续性是基础，因此，争取一定的经济回报，是绿色创业得以进行的基本保证（Abrahamsson，2007）。无论社会企业、非营利组织还是营利性企业，在绿色创业过程中，都必须获得一定的经济报酬，这样才能保证可持续性。社会和环境可持续性是绿色创业的支撑。绿色创业的最终目标要通过实现社会平等和环境友好来实现，因此，可持续创业也必须对自然环境、社区福利或社会福祉产生积极的作用。当然，绿色创业并不等同于企业履行社会责任或组织从事公益慈善活动，前者的核心要义还是立足于“创业”这一核心问题，而社会责任和公益慈善等则并不关注创新、承担风险和超前行动等创业基本导向。

其次，绿色创业应该整合机会、团队和资源的“发展性”作用，必须以创建新事业为取向。根据 Timmons 模型，机会、团队和资源对于创业过程不同阶段具有不同的重要性，创业就是一个对这三者不断进行平衡的过程，绿色创业当然也是这样一个过程。绿色创业者必须根据自己要实现的创业目标，通过识别机会、创立创业团队、动员创业所需的资源来开发利用机会（Dean & McMullen，2007）。这就意味着，机会、团队和资源在绿色创业过程中扮演着不同的角色。更重要的是，三个要素动态、平衡整合的结果，就是新事业的创建和发展。如图 8—3 所示，绿色创业的创业内核、发展结果并不囿于三重底线范围内，而是通过突破性创新等推动可持续价值创造。换言之，绿色创业并不是一个“问题解决方案”，而是包括经济价值和非经济价值在内的“新价值创造路径”。

最后，充分发挥创新、沟通、领导在绿色创业中的作用。Timmons 认为，创业三要素之所以能够形成相互匹配和协调的创业合力，离不开创新、沟通、领导这三个重要的管理职能在创业三要素之间发挥的桥梁和纽带作用。对于需要平衡经济、社会和生态诉求的绿色创业来说，这三个管理职能的衔接作用尤为重要。具体而言，这里的创新就意味着绿色创业者必须创造性地整合商业机会开发和社会使命实现这两个容易对立的目标。例如，澳大利亚“家园保护区”（Earth Sanctuaries）上市公司把上市募集资本与偏远地区自然保护结合起来，使那些想挽救濒危动物的人通过购买股票的方式就能达到相同的目的。这里的协调沟通意味着绿色创业者必须采用适当的沟通手段在环境资源的稀缺性和商业机会的营利性之间进行充分协调。例如，美国经营农产品的嘉吉公司（Cargil）和陶氏化学公司（Dow Chemical）通过合资成立嘉吉陶氏公司（Cargil Dow）来生产和销售利用可再生资源制造的聚合包装材料。这里的领导意味着绿色创业者不能单单凭借自己的个人特质，而应通过有效的领导过程来履行自己的环境和社会使命。例如，社会创投机构阿育王（Ashoka）的创始人 Drayton，秉持做一个为公众服务的革新者的理念，孵化出了 3 000 多个社会企业家，遍布四大洲 60 多个国家，为全世界 300 多万人提供过服务，Drayton 也因此荣获 2005 年“美国最佳领导”称号。

图 8—3 所示的绿色创业过程突破了把绿色创业等同于商业创业手段与可持续发展目标相加的研究思路，对创业与可持续发展进行了有机整合。该整合框架通过三重底线原则既体现了绿色创业强调经济、社会和环境三者的可持续性，又反映了绿色创业追求机会、资源、团队在创业过程中的全面发展，还表现了创新、沟通协调、领导在创业过程中所发挥的作用。因此，这个整合框架也有助于我们在理论和实践层面基于过程视角深入研究绿色创业问题。

四、研究展望

在现有绿色创业研究中，依然存在两种认识上的偏差：一是将绿色创业等同于带来可持续性绩效结果的商业创业，关注点还囿于如何通过商业创业手段实现可持续发展目标的问题上，虽然这在一定程度上体现了创业与可持续发展之间的联系，但是，创业和可持续发展仍然是分而立之，未能反映出绿色创业作为一种独特创业过程的内涵本质。二是将绿色创业等同于社会创业或生态创业，混淆了不同创业之间的不同属性，因此，难以从理论层面规范绿色创业的研究架构，也不利于在实践领域开展具有针对性的探索或指导工作。为此，基于前文的绿色创业整合框架，我们从已有成果中提炼出以下三个后续研究方向：

首先，绿色创业驱动因素研究。绿色创业首先是一种具有发展潜力的创业活动，包含创新性在内的创业导向是区别于企业社会责任（CSR）的关键所在。绿色创业并不是一般的组织公益或慈善活动，而是能够创造新价值的能动力量，其驱动因素和发生机制因此具有重要的研究价值。深入探索绿色创业的驱动因素、不同驱动因素之间的内在联系以及它们对绿色创业过程的作用机理等问题，有利于揭示绿色创业的生成原理，也是开展绿色创业作用过程的重要前提。从图 8—3 的整合框架可以看出，机会、资源、创业者等要素在绿色创业过程中发挥着关键推动作用，为此，有必要围绕这些核心要素开展规范性研究，尤其是基于不同管理情境的比较研究必不可少。

其次，绿色创业绩效评价研究。虽然学者们已经就绿色创业兼顾 TBL 达成共识，但是，绿色创业的现实产出情况到底如何，对经济、社会、环境是不是全新促进，并未在研究中得到充分检验，实证研究十分有限。“创业灵药”是否真能奏效？绿色创业是不是“三好”创业？绿色创业组织的生成是否真的有利于区域环境和社会福祉的改善？绿色创业导向是否有利于提升组织绩效？对这些问题的回答，有助于检验绿色创业的现实效果，从中可以梳理出优化对策，还有利于对绿色创业内涵体系的不断修正和完善，在相近理论丛林中进一步明确绿色创业的学术定位。

最后，绿色创业制度政策研究。从区域环境层面看，创业活动必定会受到所处地区制度政策的影响，绿色创业亦不例外。因此，除了挖掘绿色创业在组织内部的作用过程之外，还需要分析组织外部的制度体系或政策环境，是否以及怎样影响绿色创业“可持续性”和“发展性”双重目标的实现。以当前研究成果为例，欧美两地学者对绿色创业的关注程度和角度具有差异，发达国家与发展中国家在绿色创业形式和表征上也有所不同，这就从侧面反映出不同制度环境对绿色创业产生的影响可能大相径庭，加之制度理论一直是创业研究的重要视角，因此，这一主题将会引发理论和实践领域的持续关注。

第二节　推动绿色高新技术价值创新

一、可持续发展催生对绿色高新技术的诉求

在20世纪70年代以前，企业被看作一个非生命体，仅仅被看作一个整体，企业在生产的时候只需要考虑企业本身的生产与经济环境之间适合与否，而不在意企业是否能够与整个社会环境包括经济、文化、生态等方面相适应。从70年代开始，全球环境问题日益突出，殃及全球的温室效应、臭氧层破坏、酸雨为患、生态环境退化、资源枯竭等给人类的生存和发展带来了空前的威胁；可持续发展在提出之初便受到了人们的高度重视。随之而来的便是各国对环境污染的控制以及相关法律法规的制定，从而从政策上带动了绿色高新技术的发展，使得绿色高新技术在很短的时间内有了长足的发展。

日趋严峻的环境问题是经济高速发展带来的必然后果。西方发达国家早在20世纪60年代就已经开始了对环境问题的关注，并于1987年在联合国环境与发展委员会发表的《我们共同的未来》中提出了可持续发展的观念。所谓可持续发展，强调的就是加强对自然资源的保护、减少对自然环境的污染，实现人与自然的和谐共处。可持续发展的理念已经成为世界各国的共识，各国纷纷出台相应政策，指导本国的可持续发展工作。

走可持续发展的道路、与自然和谐共处，已经成为世界各国的共识。可持续发展是一个系统的工程，需要从多个方面采取多种措施，才能确保可持续发展的实现。随着研究的不断深入，人们也越来越多地发现技术变革在可持续发展道路上的重要性。研究者发现，技术是一把双刃剑，技术

是造成当今社会环境问题日趋严重的主要因素，但是要解决环境问题也必须依靠技术的力量。科学技术在给人们带来巨额的财富的同时也给人类发展埋下了巨大的隐患，破坏了人类赖以生存的自然环境。同时，科学技术的开发利用可以为我们提供解决环境问题的手段。面对严峻的环境形势，加强绿色高新技术的开发利用是走可持续发展道路的必经途径。

随着全球环境问题的日益突出和人们环保意识的不断加强，我们放弃了一味地追求经济效益的发展模式，转而去寻找既有利于经济发展又有助于环境保护的生产方式，从而提出了“可持续发展”的概念。可持续发展观是在1992年的联合国环境发展大会上确立的，其核心思想是：经济发展应建立在社会公正和环境、生态可持续的前提下，既满足当代人的需要，又不对后代人满足其需要的能力构成危害。它强调的是环境与经济的协调发展，追求的是人与自然的和谐。由此可见，基于环保和节约能耗的技术创新是未来发展的主题，而绿色高新技术就是在这一主题的基础上，作为可持续发展的技术基础被提出来的。

当前研究认为，传统技术存在一些明显缺陷：例如，一些技术把目标限定在对自然的控制与索取上，把人类放在了自然的对立面，忘记了人类本身也是自然的一部分。再如，一些技术将自身视为“神话”，主张技术决定论，所有的技术进步都是好的，技术本身就可以解决技术发展带来的所有问题。还有，一些技术片面追求经济效益的价值导向等。这些传统技术的缺陷导致了技术异化现象，即技术未能用来实现其为人类服务的正向价值，而成为异己的具有负向价值的“敌对力量”。正是由于对传统技术观的缺陷及其带来的技术异化现象的批判，使人们开始有了“绿色意识”，在西方社会也开始了一场“绿色运动”，人们认识到必须对技术进行根本上的变革，使技术发展改变原来的轨迹，进行技术的生态转向，其结果就是绿色高新技术的产生和发展。可持续发展是包括生态、经济和社会这三个子系统的可持续发展在内的复合系统，这三个基本方面的发展能力又取决于科技能力。因此，绿色高新技术在可持续发展能力体系中处于核心地位。

绿色高新技术作为一种新兴的技术理念，同时作为可持续发展的基础，其发展一直备受各国政府的关注和大力支持。从20世纪90年代开始，世界各国纷纷推出开发绿色高新技术的计划。加拿大从1991年开始实施耗资30亿加元、为期五年的绿色产业计划；德国近年来也加大了对绿色高新技术研究方面的投资，每年约2.3亿马克，居欧洲之首；我国也在1996年制定了《中国跨世纪绿色工程规划》。每年都召开的《联合国气候变化框架公约》缔约方会议暨《京都议定书》缔约方会议（简称“世界气候大会”）也充分说明了全世界对环保问题的关注。

在这样的大的国际形势下，企业要想谋求发展，就必须加强企业内部对绿色观念的认可与理解，同时大力提高企业绿色高新技术的创新能力，在激烈的市场竞争中占有一席之地。其中，绿色高新技术的创新为开发绿色产品、引导绿色消费、开拓未来市场和发展绿色产业创造了机遇，并已成为发达国家实施可持续发展战略的重要内容。早在1994年7月，美国政府就发布了《面向可持续发展的未来技术》的报告，首先指出绿色高新技术要利于实现国家目标，绿色高新技术创新的核心是预防而不是治理。绿色高新技术创新的成功范例之一就是开发“绿色电视”，它具有耗电少、电磁辐射低、使用材料种类少且便于回收利用等特点。

同时，由于发达国家制定苛刻的环境标准，世界贸易形成绿色壁垒，许多国家都开始实行环境标志制度，这对促进清洁生产技术创新及绿色产品开发均起到了重要作用。德国是率先实行环境标志计划的国家，美国的《污染预防法》、日本的“环境协调型产品计划”、加拿大的“环境优选”等对促进绿色高新技术的发展都起到了重要的推动作用。

二、绿色高新技术的内涵体系

绿色高新技术（green technology）又被称作环境友好技术（environmental sound technology，EST）或生态技术（ecological technology），它发端于20世纪六七十年代西方工业化国家的社会生态运动，是对减少环境污染，减少原材料、自然资源和能源使用的技术、工艺或产品的总称。美国环境保护局在1994年的科技计划中，把绿色高新技术分为“浅绿色高新技术”和“深绿色高新技术”。“深绿色高新技术”是指污染治理技术。例如，通过高分子气体离子膜浓缩、回收燃烧废气中的CO_2，能把CO_2浓度浓缩十倍，从而把CO_2作为化工原料之用。“浅绿色高新技术”是指清洁生产以及节约能源和资源等综合利用技术。例如，国际上开发的电动汽车技术、聚氯乙烯新工艺等。

对于绿色高新技术的概念，我们引用 Brawn 和 Wield（1994）的观点：减少环境污染，减少原材料、自然资源和能源消耗的新方法、工艺和产品的总称。其认为，绿色高新技术具有如下几方面的特征：绿色高新技术使用时能避免、消除或降低对环境的污染和破坏；绿色高新技术的开发强调经济系统和生态系统的和谐，要求以可更新、可再生资源作为主要的能源和原材料，力争资源最大限度地转化为产品，同时使生态负效应最小化；绿色高新技术的创新和应用以提高企业的生态经济综合效益为主要目标，这跟以往的技术创新和应用主要追求经济利益有着本质的区别；绿色高新技术有助于克服传统技术的异化，在技术伦理上属于人道的技术。

不过，绿色高新技术作为一个新兴的概念，不同学者对其的认识也有差异。有学者指出："所谓绿色高新技术，就是指有利于改善环境质量的环境可靠性技术，也就是根据环境价值，并利用现代科学技术的全部潜力的无污染技术"。还有研究将绿色高新技术的创新分为绿色产品创新和绿色工艺创新两大类。绿色产品创新是指产品在使用过程中以及在使用后不再危害或少危害人体健康和生态环境的产品，以及易于回收、复用和再生产的产品；绿色工艺创新是指能减少废物和污染物的生产和排放，减少工业活动对环境的威胁以及降低成本、物耗的工艺技术。

关于绿色高新技术的基本特征，目前形成较为一致的认识是：第一，绿色高新技术使用时不造成或很少造成环境污染和生态破坏，这是最本质的特征。第二，绿色高新技术的发展机理主要是以生态学原理和生态经济规律为基础的，它强调经济系统和生态系统的和谐，是以可更新资源为主要能源和原材料，力求做到资源最大限度地转化为产品，同时生态负效应最小的低投入、高产出的一种新型技术系统；而现有传统工业技术基础科学主要集中于物理学方面，是以不可更新资源为主要能源和原材料的。第三，绿色高新技术不是指某一单项技术，而是一个技术群，或者说是一整套相互关联的技术，不仅包括工业清洁生产、生态农业，也包括生态破坏和污水、废气、固体废物防治技术，以及污染治理生物技术和环境监测高新技术。第四，绿色高新技术具有高度的战略性，与可持续发展战略密不可分。可持续发展战略是未来整个人类求得生存与发展的唯一可供选择的途径，而实施可持续发展战略必须采用绿色高新技术，推行清洁生产。

绿色高新技术从进化层次角度可以分为三类：一是末端治理技术，二是清洁工艺，三是绿色产品。末端治理技术是在生产的最后环节消除生产过程中产生的污染；清洁工艺开始注重在生产过程中合理利用资源、减少污染；绿色产品是在产品设计、研发、生产、销售的全过程节约能源、预防污染。不同层次的绿色高新技术体现了“绿色理念”在技术中的不同深入程度，也代表了不同技术经济范式。

三、绿色高新技术创新

绿色高新技术创新是将环境保护新知识与绿色高新技术用于生产经营中，以创造和实现新的经济效益与环境价值的活动。绿色高新技术创新强调以知识产业为支柱、以高科技产业为主导，将环境保护新知识与绿色高新技术用于生产经营中，以创造和实现新的经济效益与环境价值的活动。它突出强调绿色产品、绿色工艺与技术的研究开发应用，强调以市场为导向，促进绿色高新技术成果的转化，强调绿色高新技术应用与绿色观念、机制创新以及生产组织方式、经营管理模式、营销服务方式等多方面创新的结合。绿色高新技术创新是从研发到建立高效节能的生产经营系统再到技术创新扩散的动态过程，涵盖了清洁能源技术、减量化投入、清洁生产技术和工艺、绿色产出技术、末端污染治理技术、废弃物循环利用等方面。它可以使企业的经济效益与生态效益协调一致，通过获得绿色竞争优势，实现企业自身的可持续发展。

研究指出，绿色高新技术创新是将环境保护新知识与绿色高新技术用于生产经营，由绿色高新技术的新构想，经过研究开发或技术组合，到获得实际应用，并产生经济、社会效益的商业化全过程的活动。它强调绿色产品的工艺、方法的研究开发与应用，强调绿色高新技术成果的转化，是实现企业的经济效益与生态效益相一致，促进企业可持续发展的重要方法。绿色高新技术是为了保护自然生态和资源而对环境科学的应用，以消除人类参与导致的负面影响，其目标是确保环境的可持续发展。绿色高新技术的界定主要有两种方式：从绿色高新技术创新特征入手，概括主要特征，得出定义；从生产过程考虑，对绿色高新技术创新过程作系统描述。绿色高新技术创新也称为生态技术创新，属于技术创新的一种，涉及能节约或保护能源和自然资源、减少人类活动的环境负荷，从而保护环境的生产设备、生产方法和规程、产品设计以及产品发送的方法。

绿色高新技术创新就是要解放资源环境，使资源环境压力同经济社会活动相分离，此时创新的目标不仅仅是使生产和服务单位获得利润、取得竞争优势，同时还要使社会获得绿色利润：企业获取的绿色利润表现在，随着绿色高新技术的应用，企业产品和服务的绿色竞争力得到增强，市场占有率扩大，产值提高，利润额增大；政府获取的绿色利润主要体现在国家生态环境质量改善、公民身体健康程度提高、资源尤其是能源使用安全性提高；公众获取的绿色利润是指绿色生活空间的增多和增大，从中获取的生态服务数量增多、质量提高，食品安全性、水质状况、空气质量不断得到改善。

绿色高新技术在逐渐发展的过程中有序地形成了相对固定的三种绿色高新技术创新：一是绿色工艺创新，主要包括清洁工艺技术创新和末端治理技术创新。清洁工艺技术主要是注重在生产过程中合理利用资源、减少污染，清洁生产意味着对生产过程、产品和服务持续运用整体预防的环境战略，以期增加生态效率并降低人类和环境的风险。无疑地，清洁生产技术属于绿色高新技术。但绿色高新技术不等同于清洁生产技术。二是绿色产品创新，主要包括开发各种可以节约能源、原材料，在使用过程中以及使用后不危害或少危害人体健康、少影响生态环境的产品，以及易于回收利用和再生的产品。三是绿色意识创新，主要是指培养形成保护环境、减少污染的意识的过程，如绿色教育、绿色营销和绿色消费等。

总体而言，绿色高新技术创新包括以保护环境、节约资源并且增进或至少不降低人的福利为目标的技术创新和管理创新。前者主要包括绿色化的产品、材料、工艺、设备、回收处理、包装等研发制造；后者包括绿色化的企业管理机制、核算、营销及环境评价与管理系统的制定与创造。这意味着既要通过创新实现企业的节能减排，也要通过企业之间的仿生态联系，实现产业生态联系，促进产业布局的合理化和企业的可持续发展。

绿色高新技术创新与绿色高新技术研发和扩散紧密相关，但它并不是一个单纯的技术概念，而是包含了绿色高新技术从思想形成到推向市场并及时反馈的全过程。与技术创新的内涵相一致，绿色高新技术创新涉及绿色产品创新、绿色过程创新和绿色管理创新三方面内容，是环境责任思想的全程体现，由此形成一条“绿色设计—绿色制造—绿色产品—绿色营销—绿色设计”的可循环的生态链，并通过环境管理系统（environmental management system，EMS）的构建与运作，有效实现企业整个产品生命周期的环境影响最小化，消除或减少污染及浪费，并尽可能地回收利用零件材料。这一绿色高新技术创新生态链表现出以下特点：强调绿色思想、绿色产品以及绿色工艺与技术的研究开发与应用；强调以绿色市场为导向，促进绿色高新技术成果的转化；强调机制创新以及生产组织方式、经营管理模式、营销服务方式等多方面创新的结合，以使企业的经济效益与生态效益协调一致，提升责任竞争力，实现企业的可持续发展。

从企业产品生命周期来看，绿色高新技术创新是将技术创新与企业环境责任相结合，在创新过程的每一阶段加以环境责任考虑，以实现产品生命周期总成本最小化的活动。其实质是减少产品生产和消费过程中产生的、由生态环境传递的外部非经济性。

绿色高新技术创新在内容上首先要满足三大“绿色”要求，即节约、回用和循环；具体可分为三种类型：末端技术创新、绿色工艺创新和绿色产品创新。其中，绿色产品创新指开发各种能节约原材料和能源，在使用过程中及使用后不危害或少危害人体健康和生态环境，并且易于回收利用和再生的产品。绿色工艺创新指开发能避免或降低生产过程中污染物产生的“无废工艺”或清洁生产工艺。末端技术创新指开发能尽可能多地使已经产生的污染物转化为对环境无害的物质或使已被破坏的环境能尽早恢复的技术。

按照技术创新的传统划分，绿色高新技术开发可区分为一次创新和二次创新两大类。绿色高新技术的一次创新是按照生产活动的目的，在新技术原理构思的基础上，通过广泛吸纳各相关技术体系的新型单元技术构建而成的，对生态环境消极影响甚微，或者有利于恢复和重建生态平衡的全新产业技术系统。现实中，这类创新多出现在绿色产品技术系统的开发活动中。绿色高新技术的二次创新是在不改变原有产业技术系统技术原理的前提下，运用系统分析方法把技术系统还原为相互制约的多项单元技术，并在相关技术体系中分别寻求或研制新的替代技术单元；然后运用系统综合方法，把各替代技术单元组合到新技术系统之中；并运用反馈方法对技术系统结构进行整体优化，使新、旧各技术单元之间相互匹配，形成高效率的新产业技术系统。

与传统的技术创新相比，绿色高新技术创新主要有以下几个特征：

第一，以可持续发展观点为指导。传统的技术创新观以利润最大化为目标，把“效率”放在关键的位置上，就是要以最小成本获取最大的利润。也就是说，它使得人们在生产过程中最大限度地消耗各种资源（当然也包括各种自然资源），从而达到提高经济效率、促进经济增长的目的。所以，传统的技术创新客观上加速了对自然资源的耗费，造成了生态平衡的破坏，最终可能由经济发展的“内在动力”变为可持续发展的最大阻力；而且创新力度越强，创新目的的单一性程度就越高，兼顾性越差，对生态环境造成的破坏也就越大。而绿色高新技术创新是以追求经济效益、社会效益和环境效益的统一为原则，追求人与自然的和谐统一，环境保护与经济社会发展相协调。绿色高新技术创新为开发绿色产品、发展绿色产业、开拓绿色市场、引导绿色消费创造了机遇，成为国家实施可持续发展战略的重要举措。

第二，实现价值的多重性决定创新主体的多元化。传统的技术创新观以经济价值为单一取向。它强化了整个社会片面的经济发展观。它突出的是功利主义的价值追求，由于这种价值追求在科技繁荣、技术创新规模急剧扩张的时代不断得到固化和强化，以至于相应地削弱了人类在其他方面的价值追求。传统技术创新总是以最大限度地提高经济效益为最终目的，而很少考虑生态环境因素。由于绿色高新技术创新是以实现经济效益、社会效益和环境效益的协调统一为原则的，因此绿色高新技术创新实现的是一个价值统一体，要考虑技术价值、经济价值、社会价值，还包括环境价值。与传统技术创新行为主体仅仅是企业不同，绿色高新技术创新价值多重性决定了绿色高新技术创新拥有以企业为核心，政府、国际组织、科研院所以及公众等参与并制约企业创新行为的多元行为主体系统。

第三，与系统论和生态学关系密切。与传统的技术创新不同，绿色高新技术创新与系统论、生态学等学科关系很密切，绿色高新技术创新是一个由技术、经济、社会、自然有机构成的和谐系统，绿色高新技术创新的技术运行模式是非线性和循环的。它应用生态学研究成果，通过模拟生物圈物质、能量的运动、循环和再生过程，来研制、开发、设计生产技术与工艺。因此，与传统技术创新相比，绿色高新技术创新的技术的发展要在生态学发展到一定程度的基础上进行，更注重与生态学的融合性，技术复杂性更高。其对于人才的要求也更高，不仅需要一般的技术研发人员，还需要专门的环保类技术人员。

第四，能提高生产要素的产出率。绿色高新技术创新优化了资源配置和产业结构，提高了经济增长的效率和质量，改变了以“高投入、高消耗、低产出、低效益”为特征的传统经济增长方式的不可持续状况。绿色高新技术创新能促进经济系统改变传统的发展模式，实现由粗放型、资源型、劳力型经济向集约型、生态型、知识型经济的转化，提高资源利用率。

从以上绿色高新技术创新的特点和性质看，绿色高新技术创新需要在创新的各个层面和阶段遵循生态学规律，以可持续的方式使用资源，将环境保护知识和绿色高新技术融入生产经营活动中，引导创新向降低资源和能源消耗，尽量减少污染和对生态的破坏的方向发展，创造和实现新的生态经济效益与环境价值。因此，绿色高新技术创新能够降低企业生产对环境造成的外部性，减少资源消耗与环境污染，循环利用废弃物，符合生态规律和经济规律，促使经济发展与生态环境协调发展。可见绿色高新技术创新是人类由工业文明走向生态文明的标志，也是实现可持续发展的必要条件。

四、绿色高新技术对企业管理的影响

在全球环境危机不断加深的持续影响下，可持续发展作为全球人类的共同发展战略，使人们开始反思传统技术的缺陷和其对环境造成的严重后果，从而促进了绿色高新技术的产生与发展。而企业作为社会的基本生产单位、国民经济的细胞，自然也要在这种新的战略目标以及技术理念下去改变自己已有的生产和管理模式，谋求长远的发展，以不至于被历史所淘汰。社会的生产力主要在企业中得以体现，企业的生产经营活动对自然资源的消耗和对环境的影响便成了衡量整个社会经济与环境能否协调、能否实现持续发展的关键。因此，在可持续发展问题上，企业承担着义不容辞的社会责任，企业的可持续发展综合体现了社会经济的可持续发展，也是社会可持续发展的必要条件。除此之外，就企业自身生存和发展而言，可持续发展道路是必然的选择，一个不注重环境保护的企业，将在这种新的历史潮流中无立足之地，最终无法摆脱被社会淘汰的命运。

绿色高新技术对企业的影响主要体现在以下三个方面。首先体现的是社会的监督。可持续发展观经过十多年的发展，已从概念走向实践，人类社会已进入生态文明阶段。在这种背景下，对于作为经济发展主体的企业来说，企业产生的生态效应将使其首先面临来自社会方面的压力。随着经济的发展、生活水平的提高，人们的环保意识越来越强烈。自然环境的改变和人们由此必须面对的生态环境的恶化问题，使人们在满足自己物质欲望的同时开始更多考虑对环境的负面影响，这在客观上使绿色价值观可以得到广泛的接受。环境问题迫使企业管理者和决策者去研究他们的产品与环境的关系，因此企业必须进行绿色高新技术创新，满足人们绿色产品的需求。随着人们生活水准的逐步提高以及对生态环境的重视与关注，对无污染或少污染产品的需求与期望增加，重视并发掘这种潜在需求是企业不断发展、立于不败之地的关键，争夺市场占有率及迎合消费者需求成为企业重视环保产品开发的源动力，开发绿色产品成为提高企业竞争力的重要手段。

其次，体现着政府的宏观调控。各国政府逐渐加强对环境保护的管理，陆续出台了一系列有关环境保护的法律法规，加大了环境检查的力度，对企业的违规行为予以处罚，情节严重的，予以关闭。另外，政府还采取各种优惠措施，例如贷款优惠、进出口免税退税等，鼓励企业开发绿色新产品、实施清洁生产等绿色经营行为。除此以外，受政策法规的影响，企业在为新项目融资时，投资人更是将环境影响作为重要的评估指标。因此，在政府的倡导下，越来越多的企业选择绿色经营。在市场经济条件下，由于市场失灵造成的环境损害，使政府认识到没有政府的干预是无法解决企业污染环境和损害自然环境的问题的。保护环境已成为国家越来越重要的职能之一。而政府主要也是通过惩罚和激励两种措施干预企业对环境的影响。例如，对于违反有关环境法律、法规和达不到环境标准的企业，国家相关机构将视情节严重，给予警告、限期履行、罚款、暂时停业和关闭等处罚，以及运用排污收费制度、原料和产品收费税制度等经济刺激手段来对上述手段进行一定的补充和辅助等。

再次，还体现在国际贸易领域。在绿色浪潮风靡世界的今天，世界各国竞相制定越来越严厉的环保标准。企业要扩大出口，参与国际竞争，不达到所规定的环境标准是行不通的。企业若取得了 ISO 14000 体系认证，就等于取得了绿色通行证，就可以早日进入国际市场，早日规范企业的环境管理。以绿色高新技术为基础的一种新的贸易保护措施——“绿色壁垒”正在成为发达国家主要的贸易非关税壁垒，并且呈加快发展态势。由于我国一些企业技术水平和管理水平不高，出口商品在安全和质量等方面与国际标准和法规要求存在差距，所以在发达国家高高筑起的绿色壁垒面前，我国已付出了极大的代价。有资料显示，绿色壁垒已在很大程度上影响到我国各行业的发展。例如，纺织业、轻工业、五矿化工业、食品土畜业、机电业、医药保健等行业的外贸出口均受到了绿色壁垒的限制，其中，食品土畜业、纺织业由于技术含量低、劳动力密集、与贸易对象国利益有冲突等原因，受到的影响更大。在席卷全球的环境保护浪潮中，一些保护环境的措施往往涉及贸易领域，使得国际贸易受到环境保护浪潮的猛烈冲击。一些发达国家基于环境保护的目的，订立关于环境质量的标准，符合标准的放行，不符合标准的则被拒之门外。发达国家已对产品的进口逐步实行有利于环境保护的控制，发展中国家同时也注意到了在引进技术与设备时可能带进新的污染源的现象。因此，企业若不发展绿色高新技术，提倡绿色高新技术的创新，必将使其出口受阻，并直接影响其在国际市场的运营及盈利。

同时，对企业形象方面的影响也不容忽视。环保时代的消费者主要有两方面的绿色需求：一个是绿色产品的需求，即不会给消费者健康造成伤害的产品；另一个就是消费者要求企业在生产过程中尽量减少对环境的污染，这主要是由于消费者是环境污染的直接受害者。历史经验证明，消费者会优先选择那些环境形象好的企业的产品，而那些环境污染大的企业就会失去市场，因而当今世界知名企业无不重视自己的环保形象，一些大型企业尤其注重争当本领域的环保领袖，如丰田、摩托罗拉等跨国公司纷纷宣布“环保宣言”，制定并实施绿色战略。良好的企业形象是企业成功的关键因素之一，而作为企业形象的识别规范、行为规范、理论规范是密不可分的整体，很难想象一个在社区中严重污染环境的企业，在公众中会有良好的形象。

五、绿色高新技术创新与企业转型

绿色高新技术创新是实现企业可持续发展的必由之路。绿色高新技术创新强调经济系统与生态系统的和谐，以提高企业的生态经济综合效益为目标。因此，企业通过绿色高新技术创新，采用使经济和生态环境相协调、具有生态正效应的绿色高新技术，推行生态化、清洁化的生产方式，可使废弃物得到循环综合利用，把污染物尽可能地削减在源头和生产过程中，克服传统技术创新过分强调经济利益，忽视资源保护和污染治理的缺陷，走出“高投入、高消耗”的传统发展模式，有效纾解企业发展所面临的资源环境压力，实现企业经济增长和生态环境保护之间的良性循环。

绿色高新技术创新是企业有效应对日益完善的环保法规的需要。目前，我国已经形成了较为系统的环境法律体系。在日益完善的环保法规下，企业要使自己的行为符合环保要求，不受法律处罚，就必须进行绿色高新技术创新。

绿色高新技术创新是企业突破绿色壁垒，开拓国际市场的重要手段。面对日益严重的全球性环境污染与生态破坏，国际社会采取了许多措施，其中之一即将环境与贸易挂钩，设置绿色贸易壁垒，通过限制或禁止对环境有害的产品、服务、技术等贸易的方式来促成对环境的保护。许多发达国家还把保护环境作为新的贸易保护主义措施加以利用。因此，为突破绿色贸易壁垒，企业必须进行绿色高新技术创新，大力采用绿色工艺，生产绿色产品。

绿色高新技术创新是企业利用市场机会的需要。科技的进步和文明的发展，使得人们追求健康、保护环境的意识不断加强，一种新型的消费观即绿色消费观由此出现。绿色消费观改变了以往人们只关心个人消费，很少关心社会、环境利益的传统消费观，将消费利益和保护人类生存利益结合在一起，抵制那种在生产和消费过程中对环境造成破坏和污染的商品。在我国，绿色消费也已经起步，随着消费者收入水平的提高、健康和环保意识的增强以及政府部门一系列强制性环保措施的出台，我国的绿色消费将有一个长足的发展。面对这个潜在的巨大的绿色消费市场，企业进行绿色高新技术创新，采用生态工艺和净化技术生产绿色产品，无疑可以使企业获得良好的发展机遇。

绿色高新技术创新是实现我国经济发展模式转变的客观需要。我国面临着发展经济与保护环境的两难选择。一方面，我们需要高速发展经济，非此不能满足13亿人口的生存需求，不能实现我国既定的发展目标；另一方面，我国又面临着人口、资源、环境方面的压力，我国人口众多，资源短缺，为多灾害国家之一，工业整体水平落后，能耗高、经济效率低，为追求经济高速发展所付的代价很大。为此，我们必须坚持科学发展观，大力扶持和推动企业实施绿色高新技术创新。

企业实施绿色高新技术创新，还有利于其社会形象的塑造，获得消费者的认可，提高其市场份额。可以通过提高资源的综合利用效率，节省原材料，进行绿色高新技术转让等，降低企业的成本，获得创新收益。

在传统的企业观念中，企业是一种以盈利为目的的组织，所以企业管理的模式一直是以市场为导向的。作为企业的管理者，更多地会关注市场的变化，并以此为依据去制定相应的决策以满足消费者的需求，最终实现企业的盈利，维持企业的日常运转并保证其发展。而在经济学的范畴中，生态环境的破坏作为一种外部不经济现象存在，并不会给企业的日常运营带来直接的效益损失，不直接涉及企业的日常业务，所以传统的管理模式并不会将绿色管理的理念直接运用到整个企业的管理体系中，对于一些化工类、制造类等生产会对环境造成较大污染的企业，其管理者更多地会选择“先污染，后治理”的处理方式，而不是在污染之前就采取措施以防止污染，有的甚至采取更为极端的“不理睬”的态度，因为这不涉及企业的直接经济效益，更多的是一种社会责任感的体现。这种一味追求经济效益而丧失社会责任感的企业管理理念最终会随着社会环保意识的不断加强、绿色高新技术的不断进步而被唾弃。

绿色高新技术的发展给企业带来的社会、政府以及国际贸易方面的压力促使企业必须考虑放弃传统的生产技术，转而去采用新型的绿色高新技术，新技术的采用必然会引起管理模式的变更，传统的管理模式已无法满足新技术条件下的企业正常生产管理的需要，那么新的管理理念——绿色管理的实施在当前的社会背景下就显得必不可少。再者，从企业自身的发展来说，节约资源、降低成本一直是提高企业竞争力的根本所在，绿色高新技术的使用加上绿色管理的保障则可以有效地实现这一目的，从而保证企业的可持续发展。在企业实现社会效益的同时也实现了经济效益的增长，这种“双赢”的模式将成为企业日后发展的必然趋势。

绿色高新技术的兴起，从许多方面对企业的管理造成了一定的影响，企业的管理者就必须去思考如何适应这种变化，并作出相应的改变、制定相应的政策以保证企业的可持续发展。随着可持续发展思想逐渐被世界各国所接受，“绿色”意识开始向人类的各个领域扩散。绿色高新技术的产生与发展，必然要求企业改变传统的管理模式，运用全新的管理思想与之相对应，这就促成了绿色管理的诞生。

六、企业绿色管理理念

所谓绿色管理，就是企业根据经济社会可持续发展的要求，把生态环境保护观念融入现代企业的生产经营管理之中，从企业经营的各个环节着手来控制污染与节约资源，以实现企业的可持续增长，达到企业经济效益、社会效益、环境保护效益的有机统一。

绿色管理的基本内容主要有以下几个方面。首先是树立绿色价值观。要想在企业推行绿色管理，树立绿色价值观就是关键所在。企业只有在思想上建立了统一的共识，才能将具体的管理活动付诸生产实践。其次是使用绿色高新技术。这也是绿色管理的核心内容，是解决企业生产过程中资源耗费和环境污染产生的主要途径，也是企业建立绿色管理体系的关键。再次是实行绿色生产全过程。绿色生产全过程不仅仅指企业某一产品的生产制造过程，还应包括该产品的设计、包装、销售、回收等整个产品的生命周期中的企业绿色经营活动。接着是取得绿色认证，即 ISO 14000 体系认证。ISO 14000 是国际化标准继 ISO 9000 之后推出的第二个管理性系列标准，其认证体系是国际贸易中的“绿色通行证”。最后是塑造绿色文化。绿色企业文化将成为企业经营管理的指导思想，并将贯穿企业生产经营的各个方面。绿色文化的塑造立足于企业绿色管理的不断发展，是企业绿色经营模式的灵魂。

绿色营销管理是伴随着绿色管理思想的产生而衍生出的相应具体领域的新的管理理念。绿色营销是指企业在充分满足消费者需求，争取适度利润和发展水平的同时，更加注重维护生态平衡，减少环境污染，保护和节约自然资源，符合人类社会长远利益及其发展条件和机会实现要求的一种新型营销观念和活动。而绿色营销管理是将“绿色”或者“生态”因素贯穿企业管理始终的营销组合过程，将环境保护的观念融于企业的经营管理之中，在经营战略制定、目标市场细分与选择、产品的生产销售以及企业管理理念设计等各个环节中实施有效措施，为消费者提供无污染或者少污染的产品和服务。简而言之，绿色营销管理就是在企业的日常经营管理之中融入环境保护的观念，从而达到卫生安全、维护生态、节能环保的目的。

绿色人力资源管理也是将“绿色”理念应用到人力资源管理领域所形成的新的管理理念和管理模式，通过采取符合“绿色”理念的管理手段，实现企业内部员工的心态和谐、人态和谐与生态和谐的三大和谐，从而为企业带来经济效益、社会效益和生态效益相统一的综合效益，实现企业和员工的共同、持续发展。

科学在发展，技术在进步。任何时代，科学技术的发展往往具有决定一个时代发展的作用。从传统的农业到手工业，再到现在的工业以及信息化时代，正是技术的不断进步才使得整个社会日新月异，不断向前。对于企业来说更是如此。企业科学创新能力、技术水平的高低，是企业能否持续发展的先决条件。一个再简单不过的例子：车间中全自动化的流水线生产必然要比纯手工性的生产效率高出许多，而在激烈的市场竞争中，效率低下的企业也必将会被市场所淘汰。所以，绿色高新技术作为一种新型的技术，无论是提高效率还是节约成本，都必定给企业的发展提供最基础的强大支持。

以国内一家打印耗材有限公司的清洁生产为例，公司从技术可行性、环境效果、经济效益、实施难易程度以及对生产和产品的影响等几个方面分析，从中选出了喷墨分厂废水处理、激光分厂碳粉灌装车间改造、注塑部水口料的循环利用及设备系统降低中央空调用电量改造四个实施方案。一方面，企业注重提高效率。灌粉车间卫生环境差、生产工艺要求的温湿度难以控制等原因，导致产品不合格比例高、停产等现象经常发生。经对此方案可行性分析后，公司将灌粉车间搬至三号厂房，并安装了 2 台 10 匹冷暖空调和 2 套袋式除尘系统，生产效益得到显著提高，仅生产的激光分体盒产品在改善后生产效率就提高了 50.7%。另一方面，企业关注节约成本。喷墨分厂在生产过程中会产生洗墨盒的废水，由于该产品本身就是回收产品，因回收渠道的广泛性，使生产过程中产生的废水的水质、水量不稳定，这种废水如不经过处理，会对环境产生污染。随着生产规模的扩大，若继续按照以往交给环保公司处理，则成本过高，因此公司决定投资兴建一套废水处理设施，自行处理生产过程中产生的废水。通过此项目的投入使用，公司节省了大量的费用。可以看出，绿色高新技术的运用在企业生产技术上给予了非常大的支持，不仅提高了生产效率，同时节约了生产成本，为企业效益的提高及长远的发展作出了巨大贡献。

第三节 开展绿色属性的可持续创业教育

一、创业教育的认知与行为导向

1. 问题的提出

创业教育在各国迅速升温并不断发展的过程中，呈现出两种不同的教育导向：认知导向和行为导向。而这两种不同的导向恰好反映出不同创业教育对创业核心——机会识别和利用问题的关注角度有所不同。认知导向创业教育关注的是创业机会的识别，旨在通过教育过程让学生认识创业的内涵、了解创业的一般过程并掌握较为系统的创业知识。以率先开设创业教育的哈佛大学创业必修课为例，其课程内容分为认识创业、创业准备、成长管理和创造利润四大模块，这种基于创业发展阶段而形成的知识架构也成为国内外许多创业教材编写的体系模本，从而使相应的教学过程呈现侧重理论认知的教育导向。与认知导向不同，行为导向的创业教育关注的是创业机会的利用，即强调学生通过创业教育掌握能够将机会付诸行动的现实技能，注重解决创业中遇到的具体问题，旨在培养学生成为能够开拓新事业的真正创业者。同样在创业教育已逐步成型完善的美国，许多大学把学生组织参与新企业创办实践作为创业教育的内容之一，通过与创业中心和社会建立广泛的联系网络（包括各种孵化器和科技园等）培养现实的创业者。

但是，两种不同导向的创业教育在实施过程中都面临同样的问题，即无论何种导向的创业教育都要考虑如何与学生学习的“求知”和“践行”需求有效契合。换言之，认知导向的创业教育对具有强烈创业意愿的学生、尤其是已经拥有商业创意的学生来说，可能只是纸上谈兵；而行为导向的创业教育对那些只是关注创业内涵而并不热衷风险创新的学生而言，可能只会被敬而远之。因此，在创业教育资源有限、学生需求又呈现个性化的现实条件下，大学在开展创业教育过程中，应该根据学生知行需求的不同开展针对性的创业教育，从而最大化地利用教育资源并实现教育效果。

2. 瑞典大学创业教育的案例分析

作为高税收、高福利国家，瑞典国民创业活动在很长一段时期内并不突出。但从 20 世纪 90 年代初期开始，瑞典对创业教育开始给予越来越多的关注，并进行了许多有益的尝试。根据前文提出的创业教育类型架构，本研究选择了在创业教育方面具有代表性的瑞典大学为案例进行分析，以揭示不同导向的创业教育在现实中的表现和作用机理。

（1）普及型创业教育。

延雪平大学（Jonkoping University）是瑞典一所知名的综合型大学，拥有 6 500 名学生和 600 名教师，包括教育学院、工学院、医学院和国际商学院。1994 年，延雪平大学创建了延雪平国际商学院（Jonkoping International Business School，JIBS），其主要目的就是通过国际化教育手段开展产业和商业领域的创业教育。JIBS 将创业视为一个包括所有创业活动在内的综合系统，以此理念来指导创业领域的教学和科研活动，制定了一系列创业教育措施，以实现鼓励和扶持学生创业的目的。JIBS 要求所有学生在第一学期都要学习一套入门级的创业课程，并在理论学习的基础上安排学生参加与创业有关的志愿活动或项目。可以看出，JIBS 上述创业教育方式是一种面向全员的、以系统创业知识传授为先导的教育方式，并且教育对象为刚入学的大学生，他们此时对创业理论和实践问题的认识往往都比较模糊，因此，JIBS 这种方式正好反映了普及型创业教育以认知导向为先导的教育特点。

（2）知识型创业教育。

作为一所国立大学，林雪平大学（Linkoping University）是瑞典规模排名第六的大学，有 3 000 名教师和 2.3 万名学生，学科领域包括理工、人文和医学学科。林雪平大学在 1993 年创建了基于网络联系的创新和创业中心（Centre for Innovation and Entrepreneurship，CIE），下设两个创业教育机构，其中一个是 SMIL 创业学院（SMIL Entrepreneurship School，SMILES）。与普及型创业教育不同，SMILES 重视向学生提供有关技术导向或知识导向创业的五门课程，除此之外，还开设了一些与创业相关领域紧密联系的选修课程，而且不限定课程结构和专业范围。另外，SMILES 还联合当地中小企业网络组织合作完成课程内容和具体实施的规划。值得一提的是，瑞典林雪平市的技术型和知识型创业活动非常活跃，当地市民和本校学生对创业问题都表现出强烈的兴趣。因此，CIE 为这些人提供了有关创业的培训和智力支持。上述这些做法代表了知识型创业教育的特点，即从更为具体的层面关注创业理论，同时辅以对实践运用的关注。

JIBS 还有一些突出行为导向创业教育项目。例如，JIBS 创立的非营利性机构“创新中心”每年会组织一次“暑期创业项目”，这个项目从开始到结束只需要一个暑假的时间，学生在此期间并不受雇于同样参与该项目的企业，而是在这些企业提供的咨询和指导下，以自我雇用的方式选择“自己当老板”，去开办属于自己的企业并开展具体的工作。据统计，学生开办的企业当中有一半以上都能够继续经营下去，而且这种方式已经在瑞典的七个地区开展。

（3）技能型创业教育。

作为一所具有百年历史的私立大学，哥德堡大学（Gothenburg University）在瑞典具有很高的知名度和影响力，其下设的经济和商法学院（School of Economics and Commercial Law，SECL）有 7 000 多名学生和 300 多名教师，从 2001 年开始进行创业教育。SECL 规定，只要学生通过了三年学习，就可以申请为期一年的创业课程学习。通过一套系统考核和面试，SECL 每年选拔出 15 名学生，对其进行创业课程教育，但教育的重点在于培养学生对现实商业创意的开发技能。同时，SECL 每年还从科研人员、发明家或是学生本人的商业创意中选取 12 例进行可行性分析，然后选择 5 个项目由学生组建 3 人团队进行下一步开发，而创意的发明者继续享有项目知识产权。创业团队拥有办公场所并且可以获得来自法律、管理咨询和金融会计等领域的辅导教师指导，大多数商业创意最终都发展成一家由发明者和/或学生经营的新创企业。由此可见，SECL 创业教育面向的是那些具有强烈创业意愿的学生，虽然也辅以创业知识的教学，但教育重心在于培养学生实际的创业技能，目的不是灌输和普及创业理论，而是围绕具体的创业项目开展有针对性的创业技能教育，而这也正是技能型创业教育以行为导向为主、认知导向为辅的典型体现。

瑞典还有一所年轻的成长中的大学——马拉达伦大学（Malardalen University）不仅设立了向学生提供为期一年的延展性的创业课程的学习项目，同时还创办了"梦想实验室"（Idelab，idea-lab），旨在促使学生生成创意并真正创办企业，学生在"梦想实验室"可以用数月时间来验证自己的创意是否可行、自己是否真有意愿和能力开办一家新企业，而"梦想实验室"负责安排创业课程、讲座和交流的机会。

（4）融合型创业教育。

查尔姆斯理工大学（Chalmers University of Technology）是瑞典最好的理工大学之一，目前拥有学生约 1 万人、教师约 2 500 人，学校非常重视科学研究。自 20 世纪 70 年代开始，查尔姆斯理工大学就形成了一种支持创新的传统，构建了一整套将科研成果商业化的制度体系，截止到 1998 年，已经从该校直接衍生出了 225 家企业。1996 年，该校创建了查尔姆斯创业学院（Chalmers School of Entrepreneurship，CSE），并将其作为一个创业教育的试点项目加以实施。CSE 的目标旨在实现基于科学研究的学术创意商业化，与此同时，通过开展创业教育来培养学生成为未来的创业者。这个试点项目目前仍在进行当中，而且经过 10 余年的发展不断成熟和完善，逐渐形成了独具特色的创业教育模式。

CSE 每年从工程、商业和设计学院毕业的大学生中招收 20～25 名学生，这些学生必须通过由学院教师和心理学家进行的综合应用型考核和面试。之所以严格挑选，是为了识别出那些真正渴望并能够成为创业者的学生。CSE 的创业教育课程学习是围绕着真实的创新项目开展的，学生每 3 人编为一个小组，每个组从事一个基于科研基础的创意开发。这些创意的大部分来自查尔姆斯理工大学的科研人员，为了使自身的研究创意被接受和认可，这些科研人员往往有较高的热情参与到 CSE 项目团队当中。CSE 感兴趣的研究创意通常具有明确的知识产权，因为这样可以保证项目在技术上是可行的，而且具有持久发展的潜力。经过半年基于行为的相关课程学习和训练，学生开始组建团队并选择将要从事的具体创业项目。这些项目以有限公司的形式组建，而且这些公司就在 CSE 的孵化器机构办公，董事会成员包括那些富有经验的企业管理者。根据每个公司的具体需求和要解决的问题，CSE 开展有针对性的教育并适时进行调整。据统计，CSE 首届三个班共 45 名学生创立了 12 家新公司和 131 个就业岗位。

总体上，CSE 创业教育包含并整合了两个层面的使命，一是教育和培养创业者，二是创建新企业，这就是认知导向和行为导向创业教育齐头并进的融合型创业教育。这类创业教育让学生在接受创业教育的同时完全投入真实的创业过程当中，从创意的选择、团队的组建、新企业的创立到获取风险投资，学生通过亲身实践既能够更准确地认识和把握创业的相关问题，更可以掌握这类创业活动所需要的独特技能。

3. 启示

通过对瑞典大学创业教育的案例分析可以看出，相比较美国等国家，瑞典大学的创业教育在全球起步较晚，但是在具体实施过程中却一直非常重视行为导向的创业教育，在教育进度和内容结构安排上都首先并充分考虑了创业“践行”的问题，目的不仅在于让更大范围的学生认识并重视创业，还着眼于培养和塑造一批未来的创业者甚至是直接通过创业教育“孵化”出一批现实创业者。因此，创业教育不能停留在依靠增加创业理论课程或扩大学生规模来提高教育水平的粗放型方式上，而应该转向通过提高创业教育资源使用效率和整合水平实现教育成效的集约型方式。因此，这种将认知导向与行为导向创业教育有机结合的做法，在满足学生“求知”和“践行”创业不同需求的同时，可以有效地引导和帮助学生在充实创业知识的同时提升创业技能，不是单一地强调认知导向教育，而是通过综合运用不同类型创业教育的立体化方式同时保证教育效果的广度和深度。

二、创业教育的绿色趋势

1. 理论与实践背景

近年来，越来越多的学者开始关注对可持续发展商业模式起到奠基石作用的可持续创业（sustainable entrepreneurship）主题，以揭示创业者通过识别可持续发展中的绿色机会、开发一种现实可行的商业创意，从而开拓一片利基市场并从中获得成功的内在规律和外部效应。可持续创业就是“识别、评价和利用经济机会的过程，这些机会出现于市场失灵状态下，有利于企业保持可持续发展，而且与环境具有密切联系”；可持续创业关注的是那些把“未来”产品和服务带到现实当中的机会，可持续创业就是对这种机会的识别、创造和利用的过程，同时还包括由谁完成以及将会产生什么经济、心理、社会和环境结果等问题。总体来看，可持续创业即整合商业创业和可持续发展两个概念分析企业创业活动，强调对机会的识别与利用，目的是实现环境、社会和经济的共同发展。

在这一背景下，创业教育也开始逐渐显现绿色化趋势。伴随社会企业、公益组织、环保人士如雨后春笋般涌现，通过对这些新组织和新兴管理模式的探究，一些学者已经开始把创业教育从经济导向延伸到了可持续发展的绿色导向，力图通过绿色化的创业教育，培养学生形成兼具经济和社会环境价值的创业意识和能力，催生更多的创业者和创业组织成为解决环境和社会问题的新兴力量且不断壮大。例如，欧美一些高校的创业教育机构已经开设了相关课程和培训，尝试在多个环节充实和丰富可持续创业教育体系。

但是，目前我国可持续创业教育理论研究和实践探索仍然处于初始阶段，主要表现为可持续创业教育还未自成体系，符合中国国情的相关教材也相当缺乏，还未形成操作性强的课程体系，实践课程缺乏高效师资，等等。这些问题制约了创业教育的发展，相关研究和实践仍需要进一步加强。为此，有必要立足当前可持续创业研究，选取经典分析框架，梳理当前这些教育实践措施之间的内在联系，据此构建一个整合的可持续创业教育体系，从中勾勒出实现创业绿色价值的关键教育环节，以期为绿色化的创业实践路径提供指导。

2. 创业教育的三重底线

创业教育的绿色化，源起于全球可持续发展的背景，而组织应对可持续发展所遵循的基本原则是 Elkington（1997）提出的三重底线（triple bottom line，TBL），其中，经济底线需要组织履行提高利润和投资分红等传统的商业责任，环境底线是针对环境保护的责任，社会底线则是对于社会其他利益相关方的责任。依据 TBL 原则，绿色创业教育体系实质是基于经济底线的商业创业教育，向社会底线和环境底线的延展。

（1）经济底线。

自从 1947 年哈佛大学第一次向 MBA 学员提供创业课程以来，美国的高等教育机构就陆续出现了有关创业的课程、项目、教学职位、期刊和研究中心，目前已经形成了较为完备的创业教育体系，而且这些做法和发展的一个路径，就是以创造经济价值为目标。基于此，创业教育理念、标准或规范，通常集中在商业领域，如何把握商机、挖到“第一桶金”，成为许多创业者关心的核心问题。从创业教育的使命看，商业创业教育更多地将创造利润作为追寻目的的手段，盈利是天职，否则将被市场所淘汰；从创业教育的对象看，商业创业教育集中探讨的问题是创业者的背景或人格如何影响其在商业领域的创业行为，提高创业者识别和利用具有商业价值的创业机会的能力。

（2）社会底线。

创业教育的社会底线，是指创业教育目标是通过各种方式的创新将社会公众利益与创业者自身商业利益融合在一起，在组织得到发展的同时实现社会福利的增加。创业教育社会导向的源起是解决那些自由市场体系和政府没有解决的社会问题，提倡创造创新性的方法解决社会问题，并运用创意、能力、资源和社会配置来实现社会的可持续转型。例如，社会企业是一种致力于解决社会问题的私人组织，为弱势群体服务，提供对社会有益的产品。在它们看来，公共机构和自由市场体系并未提供充足的这类产品。为此，培养社会企业家，成为社会底线下创业教育的诉求。

(3) 环境底线。

创业教育的环境底线，认为“生态活动”在教育体系中不应仅被视为经济活动的一种消耗，更能够为创业者开拓一片富有利润的新市场。创新性的商业模式不仅可以被用来提升环境水平，同时也可以为新企业开拓新市场创造条件。生态环境导向的创业教育以实现环境友好为使命，突破传统环境管理企业在环境问题上表现出的“被动”立场，表现出“主动”立场。生态导向创业教育向人们展示出一种超越服从（管制）的超前管理立场和企业战略，并由此取得经济收益。通过展示走向绿色带来经济收益的示范作用，生态创业者成为一种“拉动”（pull）因素，激励其他企业更主动地走向绿色，相反，政府法规和利益相关者或游说团体压力则是“推动”（push）因素。

3. 基于不同导向的可持续创业教育实践及整合

(1) 经济价值导向。

经济价值导向的创业教育实践，突出了创业对经济价值创造的诉求。例如，清华大学在 2011 年向全社会开放了创业课程；清华科技园也拿出约 600 平方米的空间，为大学生创业者提供“保姆式”的全程孵化服务。针对缺少创业教育、风险大等学生创业中的主要困难，课程覆盖从商业计划书写作到如何管理一家企业等创业过程中的每个环节，还将为大学生孵化创业项目，帮他们投入真正的“商战”中。清华科技园大学生创业就业实习基地为尚在襁褓中的创业项目提供办公场地、种子基金、金融服务等呵护。

与此类似，北京航空航天大学“实习、实践、创业、就业”（简称“双实、双业”）综合基地可以反映出这一导向的特点。例如，“双实、双业”综合基地为学生开辟实习场所、搭建实践平台、营造创业环境、增加就业岗位，可以为北航以及其他高校学生的成长与成才创造更多机会。从创业教育的需求方和供给方入手，将各类创业资源整合并引入高校，积极开拓实习就业渠道，并搭建实训平台，营造良好的创业环境，为在校学生积累工作经验、提高就业创业能力提供帮助。

(2) 社会公益导向。

在中国公益事业不断发展的背景下，部分高校的创业教育也开始侧重社会公益的导向，湖南大学就是一个典型的例子。湖南大学把公益创业教育作为一种人才培养的新模式来探索和实践，期望把公益慈善的种子种在每一个大学生的心中，使更多的大学生加入到公益事业行业，深入倡导人人参与公益的社会风尚。

立足学校，湖南大学编写了《公益创业学概论》等系列相关教材，成立了公益创业教学团队，开设了公益创业教育系列必修课及选修课等，努力开展公益创业实践教学活动，进行公益创业教学改革研究，成立国内首家公益创业研究机构；还完善了素质教育学分认证制度，将公益创业教育课程和实践环节纳入本科生和研究生培养体系，将公益创业教育核心课程纳入公选必修课，将公益创业活动纳入毕业设计范畴。

联系社会，湖南大学注重邀请创业投资家、成功企业家、公益慈善家等不同领域的专家担任学校公益创业导师，为大学生讲授公益创业课程；组织召开了中国大学生公益创业年会、中国大学生公益创业论坛等大型活动，以搭建公益创业平台，宣传公益创业的理念，获得了包括“中华慈善奖”等最具影响力的奖项等。

（3）环境保护导向。

较早提倡环境保护导向创业教育实践活动的，是北京大学2008年的绿色创业论坛。这项活动与绿色创投方案评选相结合，将创业教育的目光投向环境保护领域，支持中国环保事业的发展。通过向全国征集、评选绿色环保创投方案，对优秀者进行表彰和推广的方式，来宣传生态文明、循环经济理念，支持胸怀“绿色理想”、创业理念和热情的人们在环境保护的大舞台上实现创业、发展的理想，实现自我价值，并且推动更多的环保创意和产品更快地进入市场循环，为壮大环保产业，为营建资源节约型、环境友好、文明的和谐社会添砖加瓦。

近年来，一些高校也尝试结合专业特色开展环境保护导向的创业教育实践。例如，北京林业大学主办的2011年全国林科大学生绿色创业大赛，以“绿色校园、激情创业”为主题，倡导绿色、可持续发展，引领林科大学生结合自身专业，立足林业资源，选择创业项目，把发展现代林业、建设生态文明、推动林业科学发展作为大学生创业发展的目标，努力搭建林科大学生创业平台，提高林科大学生创业能力。通过大赛扶持一批创业典型，引领大学生投身林业基层创业、就业；巩固集体林权制度改革成果，带动林农创业致富。

（4）整合的可持续创业教育框架。

可持续创业教育体系，是对上述三种导向的整合（见图8—4）。这就要求创业教育要兼顾经济、社会和环境的多种利益，通过实现教育实施方、接受方以及社会环境等创业教育要素在内的互动，达到三重培养目标，培养学生经济导向创业技能，以此作为手段，实现创造可持续的社会和环境福利的创业使命。这就要求传统的创业教育进行拓展，在原有商业技能培养的基础上，加强对社会和环境问题的关注。当然，这并不是要求高校的可持续创业教育体系要在三个导向都实现面面俱到，而是拓展传统以经济导向为核心的创业教育，可以结合学校、学生或当地的特点，设计具有针对性的创业教育课程和实践体系。

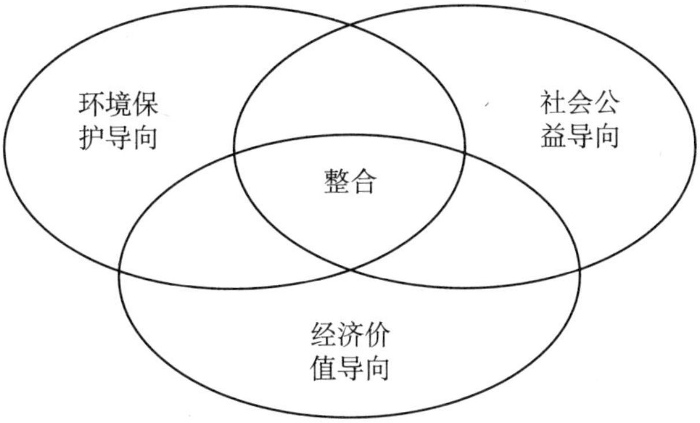

图8—4　可持续创业教育框架

4. 绿色创业教育体系实施保障

（1）模块化的教学内容。

从创业管理理论基础出发，根据当前国内外研究进展和社会现实的要求，进行可持续发展导向下的模块化教学内容设计，将教学内容划分为“理论基础模块”“前沿动态模块”“案例实践模块”“能力提升模块”“伦理责任模块”等几部分，并在各模块中设计子模块，同时体现出创业管理从新企业成长到成熟企业的不同管理阶段，力求使绿色模块化的教学内容符合时代特征和学生能力培养的需求，实现学术理论与专业能力的有机结合。

（2）功能化的课程结构设计。

根据绿色创业的基本理论架构，以创业过程为主，兼顾关键要素，以“观念、知识、技能和行动”为框架，设计“ASK-DO”的课程结构。针对目前多数高校在绿色创业教育课程体系建设方面滞后的现状，要在对创业活动现状进行充分调研的基础上，提出符合大学生创业教育需要和创业环境实际的课程内容方案，并结合学校特色和专业优势优化创业课程结构，将专业教学与创业教育有机地结合起来，从而通过教学和实践活动使研究生的专业技能和创业知识同步提升，使其成为提升学生绿色创业能力的“两翼”。

（3）仿真化的互动教学方法。

基于管理绿色化的互动特点，构建并综合运用仿真企业经营管理环境，把现实的事例分析和实践活动贯彻在教学的互动过程中，努力使不同专业的学生置身于绿色创业的情境中，除常见的课堂讲授以外，要运用启发式教学法、交互式教学法、案例教学法、角色扮演教学法、学术论文训练等科学有效的教学方法，辅之以混合讨论、模拟创业等形式，在突出功能重点的前提下，有效地培养学生对绿色创业问题的研究能力和运用能力。

（4）立体化的教学保障体系。

良好的内外部环境是顺利推进创业教育实施的有力保障，兼顾环境、社会、经济多重价值的绿色创业教育更不例外。为此，可持续创业教育应实现学校、企业、社会等多种力量的结合，在高校力所能及的范围内从政策、人才、资金、硬件设施上探索有利于课程完善和学习效果提升的优化模式和解决对策，为学校开展相关创业活动提供全方位、多层次和可持续的支撑。

参考文献

[1] A. B. Sim, Yunus Ali. Performance of international joint ventures from developing and developed countries: An empirical study in a developing country context. Journal of World Business, 1998, 33 (4): 357 - 377.

[2] Achim Walter, Michael Auer, Thomas Ritter. The impact of network capabilities and entrepreneurial orientation on university spin-off performance. Journal of Business Venturing, 2006, 21 (4): 541 - 567.

[3] Ahlstrom, D., Bruton, G. D. Rapid institutional shifts and the co-evolution of entrepreneurial firms in transition economies. Entrepreneurship Theory and Practice. 2010, 34 (3): 531 - 554.

[4] Alan L. Frohman, Domenic Bitondo. Coordinating business strategy and technical planning. Long Range Planning, 1981, 14 (6): 58 - 67.

[5] Alvarez, S. A., Barney, J. B. Discovery and creation: alternative theories of entrepreneurial action. Strategic Entrepreneurship Journal, 2007, 1 (1 - 2): 11 - 26.

[6] Alvord, S. H., Brown L. D., Letts C. W. Social Entrepreneurship and Societal Transformation: An Exploratory Study. Journal of Applied Behavioralence, 2004, 40 (3): 260 - 282.

[7] Anat Bar Nir, John M. Gallaugher, Pat Auger. Business process digitization, strategy, and the impact of firm age and size: the case of the magazine publishing industry. Journal of Business Venturing, 2003, 18 (6): 789 - 814.

[8] Anderson, A. R., Dodd, S. D., Jack, S. L. Entrepreneurship as connecting: some implications for theorising and practice. Management De-

cision, 2012, 50 (5): 958 - 971.

[9] Ansoff, H. I. Corporate Strategy. New York: McGraw-Hill, 1965.

[10] Aragon-Correa, J. A. Strategic proactivity and firm approach to the natural environment. Academy of Management Journal, 1998, 41 (5): 556 - 567.

[11] Aragon-Correa, J. A., Sharma, S. A.. Contingent resource-based view of proactive Corporate environmental strategy. Academy of Management Review, 2003, 28 (1): 71 - 88.

[12] Austin, J., Stevenson, H., Wei-Skillern, J.. Social and commercial entrepreneurship: same, different, or both. Entrepreneurship Theory and Practice, 2006, 30 (1): 1 - 22.

[13] Bandura, A.. Impeding ecological sustainability through selective moral disengagement. International Journal of Innovation and Sustainable Development, 2007, 2 (1): 8 - 35.

[14] Banerjee, S. B.. Corporate environmentalism: the construct and its measurement. Journal of Business Research, 2002, 55 (3): 177 - 191.

[15] Barbara Weber, Christiana Weber. Corporate venture capital as a means of radical innovation: Relational fit, social capital, and knowledge transfer. Journal of Engineering and Technology Management, 2007, 24 (1 - 2): 11 - 35.

[16] Barbara van Mierlo, Cees Leeuwis, Ruud Smits, Rosalinde Klein Woolthuis. Learning towards system innovation: Evaluating a systemic instrument. Technological Forecasting and Social Change, 2010, 77 (2): 318 - 334.

[17] Barendsen, L., Gardner, H.. Is the social entrepreneur a new type of leader. Leader to Leader, 2004, 34: 43 - 50.

[18] Barney, J.. Integrating organizational behavior and strategy formulation research: A resource based analysis. Advances in strategic management, 1992, 8 (1): 39 - 61.

[19] Barringer B. R., Bluedorn A. C.. The Relationship between Corporate Entrepreneurship and Strategic Management. Strategic Management

Journal, 1999, 5: 421-444.

[20] Battisti G.. Innovations and the economics of new technology spreading within and across users: gaps and way forward. Journal of Cleaner Production, 2008, 16 (1): 22-31.

[21] Bennett, S. J.. Ecopreneuring: the complete guide to small business opportunities from the environmental revolution. New York: Wiley, 1991.

[22] Berle, G.. The green entrepreneur: business opportunities that can save the earth and make you money. Blue Ridge Summit, PA: TAB Books Inc., 1993.

[23] Bornstein D.. How to change the world: social entrepreneurs and the power of new ideas. Oxford: Oxford University Press, 2004.

[24] Bourgeois, L. J.. Strategy and environment: a conceptual integration. The Academy of Management Review, 1980, 5 (1): 25-39.

[25] Bower, J. L., Hout, T. M.. Fast cycle capability for competitive power. Harvard Business Review, 1988, 66 (6): 110-118.

[26] Brown, S. L., Eisenhardt, K. M.. Product development: past research, present findings, and future directions. The Academy of Management Review, 1995, 20 (2): 343-378.

[27] Bruton, G., Ketchen, D., Ireland, R.. Entrepreneurship as a solution to poverty. Journal of Business Venturing, 2013, 28 (6): 683-689.

[28] Bryant, P.. Self-regulation and moral awareness among entrepreneurs. Journal of Business Venturing, 2009, 24 (5): 505-518.

[29] Bucar, B., Glas, M., Hisrich, R. D.. Ethics and entrepreneurs: an international comparative study. Journal of Business Venturing, 2003, 18 (2): 261-281.

[30] Busenitz, L. W., West, G. P., Shepherd, D.. Entrepreneurship research in emergence: past trends and future directions. Journal of Management, 2003, 29 (3): 295-305.

[31] Carayannis, E. G.. Firm evolution dynamics: towards sustain-

able entrepreneurship and robust competitiveness in the knowledge economy and society. International Journal of Innovation and Regional Development, 2009, 1 (3): 235 - 254.

[32] Catherine, C. W.. Entrepreneurial orientation, learning orientation, and firm performance. Entrepreneurship Theory and Practice, 2008, 32 (4): 635 - 657.

[33] Choi, D. Y., Gray, E. R.. The venture development processes of "sustainable" entrepreneurs. Management Research News, 2008, 8 (31): 558 - 569.

[34] Chakrabarty, S., Bass, A. E.. Institutionalizing ethics in institutional voids: building positive ethical strength to serve women microfinance borrowers in negative contexts. Journal of Business Ethics, 2014, 119 (4): 529 - 542.

[35] Chiasson, M., Saunders, C.. Reconciling diverse approaches to opportunity research using the structuration theory. Journal of Business Venturing, 2005, 20 (6): 747 - 767.

[36] Child, J.. Organizational structure, environment and performance: the role of strategic choice. Sociology, 1972, 6 (1): 1 - 22.

[37] Choi, Y. R., Shepherd, D. A.. Entrepreneur's decisions to exploit opportunities. Journal of Management, 2004, 30 (3): 377 - 395.

[38] Choi, Y. R., Lévesque, M., Shepherd, D. A.. When should entrepreneurs expedite or delay opportunity exploitation? Journal of Business Venturing, 2008, 23 (3): 333 - 355.

[39] Chrisman, J. J., Bauerschmidt, A., Hofer, C. W.. The determinants of new venture performance: an extended model. Entrepreneurship: Theory and Practice, 1998, 23: 5 - 29.

[40] Christian Seelos, Johanna Mair. Social entrepreneurship: Creating new business models to serve the poor. Business Horizons, 2005, 48 (3): 241 - 246.

[41] Cohen, B., Winn, M. I.. Market imperfections, opportunity and sustainable entrepreneurship. Journal of Business Venturing, 2007, 22

(1)：29－49.

[42] Cohen，B.. Sustainable valley entrepreneurial ecosystems. Business Strategy and the Environment，2006，15 (1)：1－14.

[43] Cohen，B.，Smith，B.，Mitchell，R.. Toward a sustainable conceptualization of dependent variables in entrepreneurship research. Business Strategy and the Environment，2008，17 (2)：107－119.

[44] Collins，O.，Moore，D.. The organization makers. New York：Appleton-Century-Crofts，1970.

[45] Companys，Y. E.，McMullen，J. S.. Strategic entrepreneurs at work：the nature，discovery，and exploitation of entrepreneurial opportunities. Small Business Economics，2007，28 (4)：301－322.

[46] Cooper，A. C.，Dunkelberg，W. C.. Entrepreneurship and paths to business ownership. Strategic Management Journal，1986，7 (1)：53－68.

[47] Cooper，R.. The dimensions of industrial new product success and failure. The Journal of Marketing，1979，43 (3)：93－103.

[48] Covin，J. G.，Slevin，D. P.. Strategic management of small firms in hostile and benign environments. Strategic Management Journal，1989，10 (1)：75－87.

[49] Covin，J. G.，Slevin，D. P.. The influence of organization structure on the utility of an entrepreneurial top management style. Journal of Management Studies，1988，5：217－234.

[50] Covin，J. G.，Slevin，D. P.. A conceptual model of entrepreneurship as firm behavior. Entrepreneurship：Theory and Practice，1991，16 (1)：7－24.

[51] Covin，J. G.，Miles，M. P.. Corporate entrepreneurship and the pursuit of competitive advantage. Entrepreneurship Theory and Practice，spring，1999，23：47－63.

[52] Covin，J. G.，Covin，T. J.. Competitive aggressiveness，environmental context，and small firm performance. Entrepreneurship：Theory and Practice，1990，14 (4)：35－50.

[53] Corbett, A. C.. Experiential learning within the process of opportunity identification and exploitation. Entrepreneurship Theory and Practice, 2005, 29 (4): 473 - 491.

[54] Craig, J., Dibrell, C.. The natural environment, innovation, and firm performance: a comparative study. Family Business Review, 2006, 19 (4): 275 - 288.

[55] Daly, H. E.. Steady-State Economics, 2nd ed. Washington, D. C.: Island Press, 1991.

[56] Damanpour, F.. Organizational size and innovation. Organization Studies, 1992, 13 (3): 375.

[57] Dean T., McMullen J.. Toward a theory of sustainable entrepreneurship: reducing environmental degradation through entrepreneurial action, Journal of Business Venturing, 2007, 22 (1): 50 - 76.

[58] Dees, J. G.. The meaning of social entrepreneurship. https: //csistG. Gsb. stanford. edu /sites/csi. gsb . stanford. edu/files/The Meaning of social Entrepreneurship. pdf, 1998.

[59] Derwall, J., Guenster, N., Bauer, R., Koedijk, K. C. G.. The eco-efficiency premium puzzle. Financial Analysts Journal, 2005, 61 (2): 51 - 63.

[60] Diltz, D. J.. Does social screening affect portfolio performance. Journal of Investing, 1995, 4 (1): 64 - 69.

[61] Dimov, D.. Beyond the single-person, single-insight attribution in understanding entrepreneurial opportunities. Entrepreneurship Theory and Practice, 2007, 31 (5): 713 - 732.

[62] Dixon, S. E., Clifford, A.. Ecopreneurship-a new approach to managing the triple bottom line. Journal of Organizational Change Management, 2007, 20 (3): 326 - 345.

[63] Douglas W. Lyon, G. T. Lumpkin, Gregory G. Dess. Enhancing entrepreneurial orientation research: operationalizing and measuring a key strategic decision making process. Journal of Management, 2000, 26, (5): 1055 - 1085.

[64] Dyllick, T., Hockerts, K.. Beyond the business case for corporate sustainability. Business Strategy and the Environment, 2002, 11 (2): 130-141.

[65] Epstein, M. J., Roy, M. J.. Sustainability in action: identifying and measuring the key performance drivers. Long Range Planning, 2001, 34 (5): 585-604.

[66] Fernando, M.. Corporate social responsibility in the wake of the Asian tsunami: effect of time on the genuineness of CSR initiatives. European Management Journal, 2010, 28 (1): 68-79.

[67] Foss, N. J., Lyngsie, J., Zahra, S. A.. The role of external knowledge sources and organizational design in process of opportunity exploitation. Strategic Management Journal, 2013, 34 (12): 1453-1471.

[68] Fussler, C.. Driving eco-innovation, a breakthrough discipline for innovation and sustainability. London, UN: Pitman Publishing, 1996.

[69] Gartner, W.. Who is the entrepreneur? Is the wrong question. American Journal of Small Business, 1988, 12 (4): 11-32.

[70] Garud, R., Giuliani, A. P.. A narrative perspective on entrepreneurial opportunities. Academy of Management Review, 2013, 38 (1): 157-160.

[71] Gibbs, D.. Sustainability entrepreneurs, ecopreneurs and the development of a sustainable economy. Greener Management International, 2009, 55: 63-78.

[72] Gliedt, T., Parker, P.. Green community entrepreneurship: creative destruction in the social economy. International Journal of Social Economics, 2007, 34 (8): 538-553.

[73] Gort Klepper. Time Paths in the Diffusion of Product Innovation. The Economic Journal, 1982, 92: 327-337.

[74] Gregory B. Murphy, Jeff W. Trailer, Robert C. Hill. Measuring performance in entrepreneurship research. Journal of Business Research, 1996, 36 (1): 15-23.

[75] Grégoire, D. A., Corbett, A. C., McMullen, J. S.. The cogni-

tive perspective in entrepreneurship: an agenda for future research. Journal of Management Studies, 2011, 48 (6): 1443-1477.

[76] G. T. Lumpkin, Gregory G. Dess. Linking two dimensions of entrepreneurial orientation to firm performance: The moderating role of environment and industry life cycle. Journal of Business Venturing, 2001, 16 (5): 429-451.

[77] G. Tomas M. Hult, Charles C. Snow, Destan Kandemir. The Role of Entrepreneurship in Building Cultural Competitiveness in Different Organizational Types. Journal of Management, 2003, 29 (3): 401-426.

[78] Hall, J. K., Daneke, G. A., Lenox, M. J.. Sustainable development and entrepreneurship: past contributions and future directions. Journal of Business Venturing, 2010, 25 (5): 439-448.

[79] Hall, J. K., Vredenburg, H.. The challenges of innovating for sustainable development. MIT Sloan Management Review, 2003, 45 (1): 61-68.

[80] Hamel, G.. Leading the Revolution. Cambridge, MA: Harvard University Press, 2000.

[81] Harris, J. D., Sapienza, H. J., Bowie, N. E.. Ethics and entrepreneurship. Journal of Business Venturing, 2009, 24 (5): 407-418.

[82] Hart, S. L., Christensen, C.. The Great Leap: driving innovation from the base of the pyramid. Sloan Management Review, 2002, 44 (1): 51-56.

[83] Hart, S. L., Milstein, M.. Global sustainability and the creative destruction of industries. Sloan Management Review, 1999, 41 (1): 23-33.

[84] Hartman, C., Stafford, E.. Green alliances: building new business with environmental groups. Long Range Planning, 1997, 30 (2): 184-196.

[85] Harvey, F.. "Start Me Up". Green Futures, 2007 (65): 18-25.

[86] Heal, G.. Corporate social responsibility: an economic and financial framework. The Geneva Papers on Risk and Insurance—Issues and

Practice, 2005, 30 (3): 387 - 409.

[87] Henderson, D.. The role of business in the modern world. London: Institute of Economic Affairs, 2004.

[88] Hockerts, K., Wüstenhagen, R.. Greening Goliaths versus Emerging Davids—theorizing about the role of incumbents and new entrants in sustainable entrepreneurship. Journal of Business Venturing, 2010, 25 (5): 481 - 492.

[89] Hofstede, G.. The Cultural Relativity of Organizational Practices and Theories. Journal of International Business Studies, 1983, 14 (fall): 75 - 89.

[90] Hughes, M., Morgan, R. E.. Deconstructing the relationship between entrepreneurial orientation and business performance at the embryonic stage of firm growth. Industrial Marketing Management, 2007, 36 (5): 651 - 661.

[91] Hull, C. E., Rothenberg, S.. Firm performance: the interaction of corporate social performance with innovation and industry differentiation. Strategic Management Journal, 2008, 29: 781 - 789.

[92] Isaak, R.. The making of ecopreneur. Greener Management International, 2003, 38: 81 - 91.

[93] Isaak, R.. Green logic: ecopreneurship, theory and ethics. Sheffield: Greenleaf Publishing, 1998.

[94] Jay Weerawardena, Gillian Sullivan Mort. Investigating social entrepreneurship: A multidimensional model. Journal of World Business, 2006, 41 (1): 21 - 35.

[95] Jeffrey D. Sachs, Andrew M. Warner. The big push, natural resource booms and growth. Journal of Development Economics, 1999, 59 (1): 43 - 76.

[96] Jeremy Thompson. Telematics and Informatics, 2002, 19 (1): 1.

[97] Junquera, B., del Brio, J., Fernandez, E.. The client as co-manufacturer and environmental entrepreneur: a research agenda. Service

Industries Journal, 2008, 28 (7): 1029 - 1040.

[98] Kai Hockerts, Rolf Wüstenhagen. Greening Goliaths versus emerging Davids—Theorizing about the role of incumbents and new entrants in sustainable entrepreneurship. Journal of Business Venturing, 2010, 25 (1): 481 - 492.

[99] Kaivan Munshi. Social learning in a heterogeneous population: Technology diffusion in the Indian Green Revolution. Journal of Development Economics, 2004 (73): 185 - 213.

[100] Keogh, P. D. , Polonsky, M. J. . Environmental commitment: a basis for environmental entrepreneurship. Journal of Organizational Change Management, 1998, 11 (1): 38 - 49.

[101] Khandwalla, P. N. . Some top management styles, their context and performance. Organization and Administrative Sciences, 1976, 7 (4): 21 - 51.

[102] Klassen, R. D. McLaughlin, C. P. . The impact of environmental management on firm performance. Management Science, 1996, 42 (8): 1199 - 1214.

[103] Kuckertz, A. , Wagner, M. . The influence of sustainability orientation on entrepreneurial intentions-investigating the role of business experience. Journal of Business Venturing, 2010, 25 (5): 524 - 539.

[104] Lagoarde-Segot, T. . Corporate social responsibility as a bolster for economic performance: evidence from emerging markets. Global Business and Organizational Excellence. 2011, 31 (1): 38 - 53.

[105] Lan Li. A review of entrepreneurship research published in the hospitality and tourism management journals. 2008, 29 (5): 1013 - 1022.

[106] Larson, A. . Sustainable innovation through an entrepreneurship lens. Business Strategy and the Environment, 2000, 9 (5): 304 - 317.

[107] Lieberman, M. B. , Montgomery, D. B. . First-mover advantages. Strategic Management Journal, 1988, 9 (S1): 41 - 58.

[108] Linnanen, L. . An insider's experiences with environmental entrepreneurship. Greener Management International, 2002, 38: 71 - 81.

［109］ Lumpkin，G. T.，Wales，J. W.，Ensley，M. D.. Entrepreneurial orientation effects on new venture performance：the moderating role of venture age. Academy of Management Proceedings，2006（6）：1－6.

［110］ Lumpkin，G. T.，Dess，G. G.. Clarifying the entrepreneurial orientation construct and linking it to performance. Academy of Management Review，1996，21（1）：135－172.

［111］ Lumpkin，G. T.，Dess，G. G.. Linking two dimensions of entrepreneurial orientation to firm performance：the moderating role of environment and industry life cycle. Journal of Business Venturing，2001，16（5）：429－451.

［112］ Mackey，A.，Barney，J. B.. Corporate social responsibility and firm performance：investor preferences and corporate strategies. Academy of Management Review，2007，32（3）：817－835.

［113］ Maguire，S.，Hardy，C.，Lawrence，T.. Institutional entrepreneurship in emerging fields：HIV/AIDS treatment advocacy in Canada. Academy of Management Journal，2004，47（5）：657－679.

［114］ Mammo Muchie. Searching for opportunities for Sub-Saharan Africa′s renewal in the era of globalisation. Futures，2000，32（2）：131－147.

［115］ Mair，J.，Marti，I.. Entrepreneurship in and around institutional voids：a case study from Bangladesh. Journal of Business Venturing，2009，24（5）：419－435.

［116］ Mathew Hughes，Robert E. Morgan. Deconstructing the relationship between entrepreneurial orientation and business performance at the embryonic stage of firm growth. Industrial Marketing Management，2007，36（5）：651－661.

［117］ McGrath，R. G.. Exploratory learning，innovative capacity，and managerial oversight. Academy of Management，2001，44（1）：118－131.

［118］ McMullen，J. S.，Shepherd，D. A.. Entrepreneurial action and the role of uncertainty in the theory of the entrepreneur. Academy of Management Review，2006，31（1）：132－152.

［119］McWilliams，A.，Siegel，Donald. Additional reflections on the strategic implications of corporate social responsibility. Academy of Management Review，2002，27（1）：15－16.

［120］Meek，W. R.，Pacheco，D. F.，York，J. G.. The impact of social norms on entrepreneurial action：evidence from the environmental entrepreneurship context. Journal of Business Venturing，2010，25（5）：493－509.

［121］Michael H. Morris，Gordon W. Paul. The relationship between entrepreneurship and marketing in established firms，Journal of Business Venturing，1987，2（3）：247－259.

［122］Michael L. Tushman，Beverly Virany，Elaine Romanelli. Executive succession，strategic reorientations，and organization evolution：The minicomputer industry as a case in point. Technology in Society，1985，7，(2－3)：297－313.

［123］Miles，N. A. Huberman. Qualitative Data Analysis：A Sourcebook for New Methods. London Sage，1994.

［124］Millar，C. M.，Choi，C. J.，Cheng，P. K.. Co-evolution：law and institutions in international ethics research. Journal of Business Ethics，2009，87（4）：455－462.

［125］Miller，D.. The Correlates of Entrepreneurship in Three Types of Firms. Management Science，1983，29（7）：770－791.

［126］Miller，D.，Friesen P. H.. Innovation in conservative and entrepreneurial firms：two models of strategic momentum. Strategic Management Journal，1982，1（2）：1－25.

［127］Miller，D.. Relating Porter's business strategies to environment and structure：analysis and performance implications. Academy of Management Journal，1988，31（2）：280－308.

［128］Morris，M. H.，Schindehutte，M.，Walton，J.，Allen，J.. The ethical context of entrepreneurship：proposing and testing a developmental framework. Journal of Business Ethics，2002，40（4）：331－361.

[129] Moshe Sharir, Miri Lerner. Gauging the success of social ventures initiated by individual social entrepreneurs. Journal of World Business, 2006, 41 (1): 6-20.

[130] Naman, J. L. , Slevin D. P. . Entrepreneurship and the Concept of Fit: A Model and Empirical Tests. Strategic Management Journal, 1993, 14 (2): 137-153.

[131] Nandini Rajagopalan, Abdul M. A. Rasheed, Deepak K. Datta. Strategic decision processes: Critical review and future directions. Journal of Management, 1993, 19 (2): 349-384.

[132] Nielsen, R. P. , Massa, F. G. . Reintegrating ethics and institutional theories. Journal of Business Ethics, 2013, 115 (1): 135-147.

[133] OECD. Green entrepreneurship, eco-innovation and SMEs. OECD publishing, 2013.

[134] O'Neill Jr. G. D. , Hershauer, J. C. , Golden, J. S. . The cultural context of sustainability entrepreneurship. Greener Management International, 2009, 55: 33-46.

[135] Pacheco, D. F. , Dean, T. J. , Payne, D. S. . Escaping the green prison: entrepreneurship and the creation of opportunities for sustainable development. Journal of Business Venturing, 2010, 25 (5): 464-480.

[136] Parrish, B. D. . Sustainability-driven entrepreneurship: principles of organization design. Journal of Business Venturing, 2010, 25 (5): 510-523.

[137] Parrish, B. D. , Foxon, T. . Sustainability entrepreneurship and equitable transitions to a low-carbon economy. Greener Management International, 2009, 55: 47-62.

[138] Palma, R. , Dobes, V. . An integrated approach towards sustainable entrepreneurship — experience from the TEST project in transitional economies. Journal of Cleaner Production, 2010, 18 (18): 1807-1821.

[139] Patzelt, H. , Shepherd, D. A. . Recognizing opportunities for sustainable development. Entrepreneurship Theory and Practice, 2011, 35

(4): 631 - 652.

[140] Paul R. Krugman. Increasing returns, monopolistic competition, and international trade. Journal of International Economics, 1979, 9 (4): 469 - 479.

[141] Pavlos Dimitratos, Spyros Lioukas, Sara Carter. The relationship between entrepreneurship and international performance: the importance of domestic environment. International Business Review, 2004, 13 (1): 19 - 41.

[142] Peter J. Buckley, Mark Casson. The Future of Multinational Enterprise. 1976.

[143] Peters, T., Waterman, R.. In search of excellence. New York: Harper & Row, 1982.

[144] Posner, M.. International Trade and Technical Change, Oxford Economic Paper. 1961 (13): 323 - 341.

[145] Potocan, V., Mulej, M.. Entrepreneurship: between sustainable development and reality. Public Finance and Management, 2003, 3 (2): 241 - 262.

[146] Prahalad, C. K., Hart, S. L.. The fortune at the bottom of the pyramid. Business and Strategy (1st Quarter), 2002, 26: 2 - 14.

[147] Quinn, J. B.. Next big industry: Environmental improvement. Harvard Business Review, 1971, 47 (5): 120 - 131.

[148] Rauch, A., Wiklund, J., Lumpkin, G. T., Frese, M.. Entrepreneurial orientation and business performance: an assessment of past research and suggestions for the future. Entrepreneurship: Theory and Practice, 2009, 33 (3): 761 - 787.

[149] Reynolds, S. J.. Moral awareness and ethical predispositions: investigating the role of individual differences in the recognition of moral issues. Journal of Applied Psychology, 2006, 91 (1): 233 - 243.

[150] Ricky, Y. K. Chan. Corporate environmentalism pursuit by foreign firms competing in China. Journal of World Business, 2010, 45 (1): 80 - 92.

[151] Robinson, D. A., Davidsson, P., Mescht, H., Court, P.. How entrepreneurs deal with ethical challenges: an application of the Synergy Star technique. Journal of Business Ethics, 2007, 71 (4): 411 - 423.

[152] Roessner, J. D. and Bean, A. S.. Industry interactions with federal laboratories. Technology Transfer, Fall, 1990, 5 - 14.

[153] Rothenberg, S.. Environmental managers as institutional entrepreneurs: the influence of institutional and technical pressures on waste management. Journal of Business Research, 2007, 60 (7): 749 - 757.

[154] Sarasvathy, S. D., Venkataraman, S.. Entrepreneurship as method: open questions for an entrepreneurial future. Entrepreneurship Theory and Practice, 2011, 35 (1): 113 - 135.

[155] Sarason, Y., Dean, T., Dillard, J.. Entrepreneurship as the nexus of individual and opportunity: A structuration view. Journal of Business Venturing, 2006, 21 (3): 286 - 305.

[156] Schaltegger, S.. A framework for ecopreneurship. Greener Management International, 2002, 38: 45 - 59.

[157] Schaltegger, S., Wagner, M.. Sustainable entrepreneurship and sustainability innovation: categories and interactions. Business Strategy and the Environment, 2011, 20 (4): 222 - 237.

[158] Schaltegger, S., Burritt, R.. Corporate sustainability. Cheltenham: Edward Elgar, 2005.

[159] Schaper, M.. Making ecopreneurs: developing sustainable entrepreneurship. Aldershot: Ashgate, 2010.

[160] Schaper, M.. The essence of ecopreneurship. Greener Management International, 2002, 38: 26 - 31.

[161] Schindehutte, M., Morris, M.. Advancing strategic entrepreneurship research: the role of complexity science in shifting the paradigm. Entrepreneurship Theory and Practice, 2009, 33 (1): 241 - 276.

[162] Schumacher, E. F.. Small is Beautiful. Abacus, London, 1974.

[163] Schumpcter, J. A.. The theory of economic development. Cambridge, MA: Harvard University Press, 1934.

[164] Schumpeter, J. A.. Capitalism, socialism, and democracy. New York: Harper & Brothers, 1942.

[165] Schlange, L.. Stakeholder identification in sustainability entrepreneurship. Greener Management International, 2009, 55: 13 - 32.

[166] Scott, W. R.. Institutions and Organizations. Thousand Oaks, CA: Sage, 1995.

[167] Shahid N. Bhuian, Bulent Menguc, Simon J. Bell. Just entrepreneurial enough: the moderating effect of entrepreneurship on the relationship between market orientation and performance. Journal of Business Research, 2005, 58 (1): 9 - 17.

[168] Shane, P. B., Spicer, B. H.. Market response to environmental information produced outside the firm. Accounting Review, 1983, 58 (3): 521 - 538.

[169] Shane, S., Venkataraman, S.. The promise of entrepreneurship as a field of research. Academy of Management Review, 2000, 25 (1): 217 - 226.

[170] Shepherd, D. A., Patzelt, H.. The new field of sustainable entrepreneurship: studying entrepreneurial action linking "What is to be sustained" with "What is to be developed". Entrepreneurship Theory and Practice, 2011, 35 (1): 137 - 163.

[171] Shepherd, D. A., Patzelt, H., Baron, R. A.. "I care about nature, but...": disengaging values in assessing opportunities that cause harm. Academy of Management Journal, 2013, 56 (5): 1251 - 1273.

[172] Shepherd, D. A., Williams, T. A., Patzelt, H.. Thinking about entrepreneurial decision making: review and research agenda. Journal of Management, 2015, 41 (1): 11 - 46.

[173] Shrivastava, P.. The role of corporations in achieving ecological sustainability. Academy of Management Review, 1995, 20 (4): 934 - 960.

[174] Simonin, B.. The importance of collaborative know-how: an empirical test of the learning organization. Academy of Management Journal, 1997, 40 (5): 1130 - 1174.

[175] Smart，D.. Entrepreneurial orientation，distinctive marketing competencies and organizational performance. Journal of Applied Business Research，1994，10（3）：28－38.

[176] Spencer，J. W.，Gómez，C.. The relationship among national institutional structures，economic factors，and domestic entrepreneurial activity：a multicountry study. Journal of Business Research，2003，57（10）：1098－1107.

[177] Staber，U.. An ecological perspective on entrepreneurship in industrial districts. Entrepreneurship and Regional Development，1997，9（1）：45－64.

[178] Stalk，G.. Time-the next source of competitive advantage. Harvard Business Review，1988，(66)：41－51.

[179] Stam，W.，Elfring，T.. Entrepreneurial orientation and new venture performance：the moderating role of intra-and extraindustry social capital. Academy of Management Journal，2008，51（1）：97－111.

[180] Stanley F. Slater，John C. Narver. The Positive Effect of a Market Orientation on Business Profitability：A Balanced Replication. Journal of Business Research. 2000，48（1）：69－73.

[181] Steiner，G. A.. Top Management Planning. New York：Macmillan，1969.

[182] Stenholm，P.，Acs，Z. J.，Wuebker，R.. Exploring country-level institutional arrangements on the rate and type of entrepreneurial activity. Journal of Business Venturing，2013，28（1）：176－193.

[183] Stevenson，H. H.，Roberts，M. J.，Grousbeck，H. I.. New business ventures and the entrepreneur. The McGraw-Hill Higher Education，1999.

[184] Suddaby，R.，Bruton，G. D.，Si，S. X.. Entrepreneurship through a qualitative lens：Insights on the construction and/or discovery of entrepreneurial opportunity. Journal of Business Venturing，2015，30（1）：1－10.

[185] Teece，D. J.. Firm organization industrial structure and techno-

logical innovation. Journal of Economic Behavior & Organization, 1996, Vol. 31, 193-224.

[186] Thiruchelvam, M., Kumar, S., Visvanathan, C.. Policy options to promote energy efficient and environmentally sound technologies in small and medium-scale industries. Energy Policy, 2003, 31 (10): 977-987.

[187] Thomas M. Begley, David P. Boyd. Psychological characteristics associated with performance in entrepreneurial firms and smaller businesses. Journal of Business Venturing, 1987, 2 (1): 79-93.

[188] Thomas, P. R.. Getting competitive: Middle managers and the cycle time ethic. New York: McGraw-Hill, 1991.

[189] Tilley, F., Young, F.. Sustainability entrepreneurs: could they be the true wealth generators of the future. Greener Management International, 2009, 55: 79-92.

[190] Tilley, F., Parrish, B.. From poles to wholes: facilitating an integrated approach to sustainable entrepreneurship. World Review of Entrepreneurship, Management and Sustainable Development, 2006, 2 (4): 281-294.

[191] Tim Foxon, Peter Pearson. Overcoming barriers to innovation and diffusion of cleaner technologies: some features of a sustainable innovation policy regime. Journal of Cleaner Production, 2008, 16 (1): 148-161.

[192] Tone A. Ostgaard, Sue Birley. Personal networks and firm competitive strategy—A strategic or coincidental match. Journal of Business Venturing, 1994, 9 (4): 281-305.

[193] Webster, F. A.. Entrepreneurs and ventures: an attempt at classification and clarification. The Academy of Management Review, 1977, 2 (1): 54-61.

[194] Welpe, I. M., Spfirrle, M., Grichnik, D., Michl, T., Audretsch, D. B.. Emotions and opportunities: the interplay of opportunity evaluation, fear, joy, and anger as antecedent of entrepreneurial exploita-

tion. Entrepreneurship Theory and Practice, 2012, 36 (1): 69-96.

[195] Welter, F.. Contextualizing entrepreneurship —conceptual challenges and ways forward. Entrepreneurship Theory and Practice, 2011, 35 (1): 165-185.

[196] Wiklund, J.. The sustainability of the entrepreneurial orientation-performance relationship. Entrepreneurship theory and practice, 1999 (24): 37-48.

[197] Wiklund, J., Shepherd, D.. Knowledge-based resources, entrepreneurial orientation, and the performance of small and medium-sized businesses. Strategic Management Journal, 2003, 24 (13): 1307-1314.

[198] Yin, R. K.. Case Study Research: Design and Methods. Fourth Edition, California: SAGE Publications, 2009.

[199] York, J. G., Venkataraman, S.. The entrepreneur-environment nexus: uncertainty, innovation, and allocation. Journal of Business Venturing, 2010, 25 (5): 449-463.

[200] Zahra, S., Gedajlovic, E., Neubaum, D., Shulman, J.. A typology of social entrepreneurs: motives, search processes and ethical challenges. Journal of Business Venturing, 2009, 24 (6): 519-532.

[201] Zahra, S. A.. Predictors and financial outcomes of corporate entrepreneurship: an exploratory study. Journal of Business Venturing, 1991, 6 (4): 259-285.

[202] Zahra, S. A., Covin, J. G.. Contextual influence on the corporate entrepreneurship-performance relationship: a longitudinal analysis. Journal of Business Venturing, 1995, 10 (1): 43-58.

[203] Zahra, S.. A conceptual model of entrepreneurship as firm behavior: a critique and extension. Entrepreneurship: Theory and Practice, 1993, 17 (4): 5-21.

[204] Zhang, A., Arvey, R.. Rule breaking in adolescence and entrepreneurial status: an empirical investigation. Journal of Business Venturing, 2009, 24 (6): 436-447.

[205] 蔡莉，朱秀梅，刘预. 创业导向对新企业资源获取的影响研究.

科学学研究，2011，29（4）：601－609.

［206］陈劲，刘景江，杨发明．绿色技术创新审计实证研究．科学学研究，2002，20（1）：107－112.

［207］戴鸿轶，柳卸林．对环境创新研究的一些评论．科学学研究，2009，27（11）：1601－1610.

［208］杜晶晶，丁栋虹，王晶晶．基于扎根理论的创业机会开发研究梳理与未来展望．科技管理研究，2014，34（21）：215－221.

［209］方世建，孙累累，方文丽．建构主义视角下的创业机会研究经典模型评介．外国经济与管理，2013，35（5）：2－13.

［210］方世建，王琳，郭佳佳．环境退化、市场非均衡与创业．生态经济，2007，23（10）：33－36.

［211］高嘉勇，何勇．国外绿色创业研究现状评介．外国经济与管理，2011，33（2）：10－16.

［212］高建，石书德．中国转型经济背景下创业地区差异的决定因素研究．科学学研究，2009，27（7）：1011－1019.

［213］高兆明．制度伦理与制度“善”．中国社会科学，2007，38（6）：41－52.

［214］胡美琴，李元旭．西方企业绿色管理研究述评及启示．管理评论，2007，19（12）：41－48.

［215］胡望斌，张玉利．新企业创业导向转化为绩效的新企业能力：理论模型与中国实证研究．南开管理评论，2011，14（1）：83－95.

［216］葛宝山，高洋，杜小民．公司创业下的机会开发与战略管理耦合研究．科学学与科学技术管理，2013，33（2）：103－111.

［217］焦豪，邬爱其．国外经典社会创业过程模型评介与创新．外国经济与管理，2008，30（3）：29－33.

［218］焦豪，周江华，谢振东．创业导向与组织绩效间关系的实证研究——基于环境动态性的调节效应．科学学与科学技术管理，2007，28（11）：70－76.

［219］李华晶，张玉利．创业研究绿色化趋势探析与可持续创业整合框架构建．外国经济与管理，2012，34（9）：26－33.

［220］李雪灵，马文杰，任月峰，姚一玮．转型经济下我国创业制度

环境变迁的实证研究．管理工程学报，2011，25（4）：186－190.

［221］李雪灵，姚一玮，王利军．新企业创业导向与创新绩效关系研究：积极型市场导向的中介作用．中国工业经济，2010（6）：116－125.

［222］林嵩，姜彦福．基于创业机会特征的新创企业竞争性行为研究．科研管理，2008，29（1）：48－52.

［223］刘佳，李新春．创业机会开发：理论前沿与研究动态．学术界，2013，28（12）：216－315.

［224］秦剑．基于效果推理理论的创业实证研究及量表开发前沿探析与未来展望．外国经济与管理，2011，33（6）：1－8.

［225］盛南，王重鸣．社会创业导向构思的探索性案例研究．管理世界，2008，24（8）：127－137.

［226］王重鸣，阳浙江．创业型领导理论研究及发展趋势．心理科学，2006，29（4）：774－777.

［227］王倩，蔡莉．创业机会开发过程及影响因素研究．学习与探索，2011，33（3）：191－193.

［228］王旭，朱秀梅．创业动机、机会开发与资源整合关系实证研究．科研管理，2010，31（5）：54－60.

［229］温忠麟，侯杰泰，张雷．调节效应与中介效应的比较和应用．心理学报，2005，37（2）：268－274.

［230］项国鹏，迟考勋，葛文霞．国外制度创业理论研究现状及未来展望——基于 SSCI（1988—2010）的文献计量分析．外国经济与管理，2012，34（4）：105－114.

［231］向刚，段云龙．基于制度结构的绿色持续创新动力机制研究．科技进步与对策，2007，24（12）：118－120.

［232］徐中，姜彦福，谢伟，林嵩．创业企业架构能力、元件能力与绩效关系实证研究．科学学研究，2010，28（5）：747－756.

［233］杨静，王重鸣．创业机会研究前沿探析．外国经济与管理，2012，34（5）：9－17.

［234］尹珏林，薛红志，张玉利．创业伦理研究：现状评价与未来趋势．科学管理研究，2010，28（2）：1－7.

［235］赵向阳，李海，Rauch，A. 创业活动的国家（地区）差异：文

化与国家（地区）经济发展水平的交互作用．管理世界，2012，28（8）：78－91.

［236］张玉利，闫丽平，胡望斌．新企业生成中创业者成长期望研究——基于 CPSED 首轮调查数据分析．管理学报，2010，7（10）：1448－1454.

［237］张玉利，李乾文．公司创业活动与组织绩效——基于中国成长期私营企业的实证研究．科研管理，2005，26（S1）：28－39.

［238］张玉利．如何防范创业期关键资源流失．中外管理，2011（7）：98－99.

［239］刘晓音．环境规制背景下的企业绿色技术创新探析．技术经济与管理研究，2012（2）：43－46.

［240］韩帅．绿色技术与可持续性建筑初探．西安：西安建筑科技大学，2010.

［241］赵黎明．技术转移论．北京：中国科学技术出版社，1992.

［242］康荣平，张毛地，谢燮正．技术转移加速律与四个现代化建设——略论经济发展战略的一个重要问题．世界经济，1984（8）：19－26.

［243］何钟秀．论国内技术的梯度转递．科研管理，1983（1）：18－21.

［244］陈艳莹，游闽．技术的互补性与绿色技术扩散的低效率．科学学研究，2009，27（4）：541－545.

［245］张群．绿色技术扩散中的社会资本因素研究．科技管理研究，2012，32（14）：123－125.

［246］龚玉环，王大洲. 关于大学技术转移的一个解读．科学技术与辩证法，2005，22（2）：98－104.

［247］王建华．论绿色技术创新中的官产学合作——基于三重螺旋模型的分析．科学·经济·社会，2010，28（4）：41－44.

［248］曾辉．创业板上市企业知识转移活动与企业绩效关系研究．成都：西南财经大学，2012.

［249］彭伟．产学研合作视角下社会网络、知识创新、企业绩效关系研究．长沙：中南大学，2012.

［250］杨雪绒．知识转移对组织绩效的影响研究：知识满意度的中介

检验．情报杂志，2011，30（3）：119－123.

［251］冀明飞．中小企业知识转移活动与企业绩效关系的实证研究．重庆：重庆大学，2010.

［252］苑贤德．企业——中间商关系行为、知识转移和企业绩效的相关性研究．重庆：重庆大学，2010.

［253］魏诗洋．产学研合作中知识管理对企业创新绩效的影响分析．杭州：浙江大学，2007.

［254］孟晓斌，王重鸣．动态能力视野下中小企业国际创业策略研究——基于4家浙江企业案例．技术经济，2011，30（4）：8－13.

［255］揭昌亮．资源约束视角下的公司创业与绩效关系实证研究．北京：北京林业大学，2012.

［256］苏晓华，李倩倩，王平．创业导向对高新技术企业绩效的影响——基于强弱关系的调节作用．软科学，2013，27（1）：10－14.

［257］杜群阳，朱剑光，李凯，等．跨国创业导向的相关研究评述．中国科技政策与管理学术年会．2011.

［258］朱秀梅，陈琛，纪玉山．基于创业导向、网络化能力和知识资源视角的新创企业竞争优势问题探讨．外国经济与管理，2010（5）：9－16.

［259］杨玉丽．新企业创业导向研究．长春：吉林大学，2009.

［260］贾莉，李华晶，王秀峰．社会创业研究综述．现代商贸工业，2012（15）：12－13.

［261］李凯．基于愿景释意行为视角的绿色创业导向与行动模型研究．杭州：浙江大学，2011.

［262］王秀峰，李华晶，李永慧．绿色创业导向与企业绩效关系研究——基于中关村高新技术企业的分析．软科学，2015（6）：42－45.

［263］吴金希，于永达．浅议管理学中的案例研究方法——特点、方法设计与有效性讨论．科学学研究，2004，12（12）：105.

［264］沈超红，罗亮．创业成功关键因素与创业绩效指标研究．湖南医科大学学报：社会科学版，2006，12（2）：231－235.

［265］张捷．创业导向对绩效的影响：基于“双元结构”创业环境的研究．长春：吉林大学，2010.

[266] 陈晟杰．绿色创业导向对企业绩效的影响基于环保企业的实证研究．上海：上海交通大学，2009.

[267] 李先江．服务业绿色创业导向、低碳创新和组织绩效间关系研究．科学学与科学技术管理，2012，33 (8)：36－43.

[268] 李先江．服务业绿色创业导向对绿色服务创新和经营绩效的影响研究．研究与发展管理，2012，24 (5)：1－10.

[269] 刘丽秋，朴华．技术转移浅析．科技情报开发与经济，1997 (3)：34－35.

[270] 郭燕青．技术转移与区域经济发展．北京：经济管理出版社，2004.

[271] 孟浩，周立，何建坤．研究型大学技术与创新能力转移的公共选择．科学学研究，2007，25 (5)：978－985.

[272] 李文波．我国大学和国立科研机构技术转移影响因素分析．科学学与科学技术管理，2003，24 (6)：48－50.

[273] 王名，朱晓红．社会企业论纲．中国非盈利评论，2010 (2)：1－31.

[274] 蔡凌萍．新的企业模式——社会企业初探．天津：天津大学，2010.

[275] 徐永光．中国内地社会企业发展模式选择之困．http：//www.foundationcenter.org.cn/guanli/html/2010－11/12660.html.

图书在版编目（CIP）数据

绿色创业导向研究/李华晶著．—北京：中国人民大学出版社，2016.10
北京市社会科学基金成果文库
ISBN 978-7-300-23295-9

Ⅰ.①绿…　Ⅱ.①李…　Ⅲ.①高技术企业-企业管理-研究-中国　Ⅳ.①F279.244.4

中国版本图书馆 CIP 数据核字（2016）第 195331 号

北京市社会科学基金成果文库
绿色创业导向研究
李华晶　著
Lüse Chuangye Daoxiang Yanjiu

出版发行	中国人民大学出版社		
社　　址	北京中关村大街 31 号	**邮政编码**	100080
电　　话	010－62511242（总编室）		010－62511770（质管部）
	010－82501766（邮购部）		010－62514148（门市部）
	010－62515195（发行公司）		010－62515275（盗版举报）
网　　址	http://www.crup.com.cn		
	http://www.ttrnet.com(人大教研网)		
经　　销	新华书店		
印　　刷	北京联兴盛业印刷股份有限公司		
规　　格	170 mm×240 mm　16 开本	**版　　次**	2016 年 10 月第 1 版
印　　张	23.5 插页 3	**印　　次**	2016 年 10 月第 1 次印刷
字　　数	363 000	**定　　价**	98.00 元